Ullstein Sachbuch

ZUM BUCH

Mit dem Plan, die Erde bis zum Jahre 2000 von allen Kernwaffen zu befreien, als ersten Schritt dazu die Hälfte der Interkontinentalraketen und alle Mittelstreckenraketen in Europa zu vernichten, mit der Einladung zur Kontrolle ‚vor Ort' – damit hat Michail Gorbatschow die Welt in Spannung gehalten, bis es am 8. Dezember 1987 in Washington während des Gipfeltreffens zwischen Präsident Reagan und dem sowjetischen Parteichef zur Unterzeichnung eines Abkommens über nukleare Mittelstrecken gekommen ist. Mit diesem, als ‚historisch' zu wertendem Vertrag wurde zum ersten Mal eine Vereinbarung der beiden Supermächte über die atomare Abrüstung getroffen.
Neben diesem Hauptanliegen Gorbatschows zeigen die hier zusammengestellten Reden den ‚neuen Kurs' der sowjetischen Außen- und Innenpolitik, gipfelnd in der Rede des Generalsekretärs zum 70. Jahrestag der Oktoberrevolution am 2. November 1987.

ZUM AUTOR

(siehe Kurzbiographie S. 331)

Michail Gorbatschow

Was ich wirklich will

Antworten auf die Fragen der Welt

Herausgegeben von Herbert Steiner
und Maria Sporrer
Mit einem Vorwort von Bruno Kreisky

Mit 16 Fotos

Ullstein Sachbuch

Ullstein Sachbuch
Ullstein Buch Nr. 34481
im Verlag Ullstein GmbH,
Frankfurt/M – Berlin

Erweiterte Ausgabe

Umschlagentwurf:
Hansbernd Lindemann
Foto: Ullstein Bilderdienst

Mit freundlicher Genehmigung
der ORAC GesmbH & Co KG, Wien
und der Tageszeitung „Die Wahrheit“,
West-Berlin

Printed in Germany 1988
Gesamtherstellung:
Clausen & Bosse, Leck
ISBN 3 548 34481 X

Mai 1988
16.–23. Tsd.

CIP-Titelaufnahme
der Deutschen Bibliothek

Gorbačev, Michail:
Was ich wirklich will/Michail Gorbatschow.
Hrsg. von Herbert Steiner u. Maria
Sporrer. Mit e. Vorw. von Bruno Kreisky. –
Erw. Ausg., 16.–23. Tsd. – Frankfurt/M;
Berlin: Ullstein, 1988
(Ullstein-Buch; Nr. 34481: Ullstein-
Sachbuch)
ISBN 3-548-34481-X
NE: GT

Inhaltsverzeichnis

Vorwort von Alt-Bundeskanzler Bruno Kreisky

Ich begrüße die Herausgabe dieses Buches. Es beinhaltet ausgewählte Kernstücke von Reden, Erklärungen und Interviews Generalsekretär Michail Gorbatschows im vollen Wortlaut. So kann sich der interessierte Beobachter weltpolitischer Vorgänge ein richtiges Bild über die Veränderungen machen, die sich in personellem Bereich ereignet haben. Ich halte sie für äußerst bemerkenswert.

Beim Kongreß in Rom, der den Dialog als allgemeine Grundlage des Friedens zum Thema hatte, habe ich die Meinung geäußert, daß die Frage der Glaubwürdigkeit der Gesprächspartner bei einer Gipfelkonferenz von entscheidender Bedeutung ist, und ich meinte, daß Generalsekretär Gorbatschow als im höchsten Maße glaubwürdig betrachtet werden könne. Ich stützte mich dabei auf seine Reden und Erklärungen, und das, obwohl ich jahrzehntelang und auch heute noch große ideologische Meinungsverschiedenheiten mit dem Kommunismus und der Praxis der kommunistischen Parteien habe. Ich habe in den Jahrzehnten, in denen ich Erfahrungen sammeln konnte, erkannt, daß neben objektiven Faktoren auch subjektive in der Politik nicht zu unterschätzen sind.

In ihrem Urteil sehr verläßliche Leute, die mit Gorbatschow während einiger Jahre näher bekannt waren – sie studierten miteinander –, erzählten mir, daß er ein kritischer, offener und freundlicher Mann wäre. Eine so unverdächtige Zeugin wie Mrs. Thatcher gab eine sehr kurze deutliche Beschreibung von ihm. Sie sagte: „I like Mr. Gorbatschow, we can do business together." Aus konservativen Zeitungen konnte ich immer wieder entnehmen, wie sehr seine Persönlichkeit eine positive Beurteilung fand.

Michail Gorbatschow hat in seinen Reden und Erklärungen – und ich habe sie sehr aufmerksam gelesen – Aussagen über die innere Situation getroffen, die mir nicht nur ungewöhnlich in ihrer Offenheit zu sein schienen, sondern auch deutlich gemacht haben, wie sehr er vieles in der Sowjetunion für reformbedürftig halte. Vor allem in seinem Bericht vom Februar 1986 an den 27. Kongreß der Kommunistischen Partei der Sowjetunion, aus dem hervorgeht, daß Gorbatschow sich und der

Kommunistischen Partei ehrgeizige Aufgaben gestellt hat. Er kann sie nur erfüllen, wenn der Sowjetunion die gewaltigen finanziellen Belastungen, wie sie der Rüstungswettlauf erfordert, erspart bleiben können. Er verlangt eine effizientere Landwirtschaft, eine beträchtliche Steigerung ihrer Produktivität, was um so verständlicher ist, als die Sowjetunion in den vergangenen Jahren gezwungen war, Millionen und Abermillionen Tonnen Getreide im Ausland zu kaufen. Ich glaube also, daß Generalsekretär Gorbatschow allen Grund hat, die Gespräche über Abrüstung geduldig weiterzuführen und um ein Ende des Wettrüstens sich zu bemühen.
Es gibt im heutigen Europa nirgends eine Kriegsursache. In meiner Jugend war das anders. Ein Krieg zwischen Deutschland und Frankreich schien unabwendbar, es kam zum Zweiten Weltkrieg. Die Entspannungspolitik, die vor zehn Jahren in Helsinki ihren Höhepunkt gefunden hat, hat die Krisenherde beseitigt. Um Berlin herum ist es seit längerer Zeit ruhig, die Demarkationslinie, die mitten durch Europa geht und Europa teilt, ist transparenter geworden. Die Beziehungen zwischen Ost und West haben sich verbessert. Unbedachte Äußerungen führender Politiker sind zwar störend für das Klima, aber doch nicht entscheidend. Noch vieles, vor allem im Bereich der Menschenrechte, das in der Helsinki-Akte enthalten ist, hat noch keine Verwirklichung gefunden; an ihr muß gearbeitet werden. Man kann davon ausgehen, daß ein hohes Maß an innerer Stabilität auf unserem Kontinent erreicht wurde. Um so widersprüchlicher ist es, daß dieser Kontinent heute über gigantische Lager an gefährlichen Waffen verfügt und Millionen Soldaten auf beiden Seiten unter Waffen stehen. Das ist eine paradoxe Situation. Und so glaube ich, daß bei den Abrüstungsverhandlungen eines vor allem im Auge behalten werden müßte: daß es nicht nur um die Herstellung eines Gleichgewichtszustandes zwischen den Supermächten gehen muß, sondern auch um einen im geteilten Europa. Das haben vor nicht allzu langer Zeit die europäischen Verteidigungsminister der NATO sehr deutlich zum Ausdruck gebracht. Wenn es also in Europa keine politischen Ursachen für einen Krieg gibt, dann müssen doch die Gefahrenherde, die Spannungszonen außerhalb Europas besondere Beachtung finden. Hier scheinen mir der Mittlere Osten und die Verschiebung der Spannungen dort ins Mittelmeer sowie der Golf-Krieg von besonderer Bedeutung zu sein. Die Vorstellung, daß die Supermächte allein die Verantwortung

für das, was dort vorgeht, zu tragen haben, scheint mir ein falsches Argument zu sein.

Europa muß hier sehr viel stärker seine politischen Vorstellungen einbringen. Es genügt nicht, miteinander nur Gespräche über Abrüstungsmaßnahmen zu führen, sondern es ist auch notwendig, Überlegungen anzustellen, wie es in diesen Teilen der Welt zumindest zur Ruhigstellung kommen könnte. Sie würden dann leichter zur nächsten Etappe, zu einem Zustand der „non belligerency", führen. Man wird also die rein technisch-militärischen Gespräche verbinden müssen mit politischen Zielen, weil erst dann eine Rückkehr zur Entspannungspolitik, die heute nicht so sehr im kontinentalen, sondern im globalen Sinn verstanden werden muß, erreicht wird. Ich habe schon seinerzeit vor der Helsinki-Konferenz vorgeschlagen, daß man auf ihr auch eine Kommission der guten Dienste derjenigen, die die Helsinki-Akte unterschrieben haben, anbieten müsse, um sich für die Lösung kritischer Fragen zur Verfügung zu halten. Beide Großmächte haben mir deutlich zu verstehen gegeben, daß sie das nicht wünschen.

Es gibt Leute, die meinen, gerade weil das Ende des Rüstungswettbewerbes der Sowjetunion ökonomische Vorteile brächte, könne man das nicht akzeptieren. Ganz abgesehen davon, daß die Sowjetunion bisher in der Lage war, ihren Teil des Rüstungsgleichgewichtes zu finanzieren, so ist zu sagen, daß auch die Vereinigten Staaten ein gigantisches Budgetdefizit von US$ 220,7 Milliarden jüngst verabschiedet haben, daß es dort eine wachsende Armut gibt, die vor allem aus den Arbeitslosen und den „working poors" besteht, daß der Dollar innerhalb von kurzer Zeit mehr als ein Viertel seines Wertes eingebüßt hat, daß die Schulbildung und der Gesundheitszustand großer Gruppen in den Vereinigten Staaten sich verschlechtert hat. Also auch dort wäre es besser, wenn man weniger Mittel für das Wettrüsten ausgeben könnte.

Und so zum Schluß: Wenn Michail Gorbatschow von der Notwendigkeit eines Strukturwandels spricht, so gibt es derartige Probleme auch in den westlichen demokratischen Staaten. Sie manifestieren sich in ganz anderer Weise. Die alte einfache Einteilung in links und rechts, die gibt es nicht mehr, und so manche alte Wahrheit und so manche Ideologien sind im Begriff zu verwittern. Dennoch, der demokratische Sozialismus wird dann seine Rolle wiedergewinnen, wenn er erkennt, daß er als dritte Kraft zwischen dem Konservativismus und dem Kommunismus zu wirken hat. Und er wird es um so besser können, je weniger die weltpolitische Lage im militärischen Sinn polarisiert ist. Eine solche Situation zwingt viele demokratische Staaten, sich in ein militärisches Paktsystem einzugliedern. Das aber wieder ist es, was die Handlungsfreiheit der sozialdemokratischen Parteien einengt. Ich betrachte die gegenwärtige Situation als eine große Chance, zu neuen Beziehungen zwischen den Vereinigten Staaten von Amerika und der Sowjetunion zu kommen. Wodurch auch die Voraussetzungen für ein neues Verhältnis zwischen den westlichen Demokratien und den Kommunistischen Staaten Europas gegeben wären. Wir sollten die Gunst der Stunde nicht verpassen, so wie es oft vorher in der Geschichte geschehen ist. Ich habe meine Rede in Rom mit einem Wort Shakespeares beendet, das er Brutus sagen läßt – unweit der Stelle, auf der wir unseren Dialog-Kongreß abhielten: „Der Strom der menschlichen Geschäfte wechselt: nimmt man die Flut wahr, führet sie zum Glück; versäumt man sie, so muß die ganze Reise des Lebens sich durch Not und Klippen winden."

Dr. Bruno Kreisky
Bundeskanzler der
Republik Österreich
1970 – 1983
Seit 1974 stellvertretender
Präsident der Sozialistischen
Internationalen

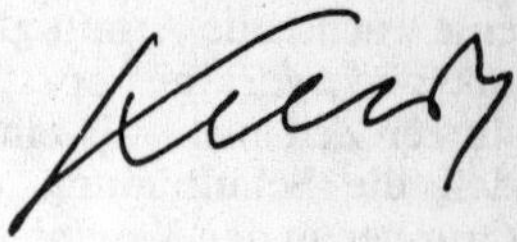

Vorbemerkung der Herausgeber

Mit dem Plan, die Erde bis zum Jahr 2000 von allen Kernwaffen zu befreien, als ersten Schritt dazu die Hälfte der Interkontinentalraketen und alle Mittelstreckenraketen mit Reichweiten von 500 bis 5500 km zu vernichten und mit der Einladung zur Kontrolle „vor Ort“ versetzte Gorbatschow die Welt in Spannung.
Konfrontiert mit der Beharrlichkeit, die der Kremlchef in der Abrüstungsfrage an den Tag legt, und angesichts der revolutionären Ungeduld, mit der er die Reformpolitik in der Sowjetunion betreibt, entsteht bei uns die Frage: Ist das alles „gut für den Westen“? Ist eine durch Einstellung des Wettrüstens wirtschaftlich erstarkte und durch die Reformpolitik offene und demokratische Sowjetunion ein Gewinn oder eine Bedrohung für den Westen? Welche Veränderungen, ob positiv oder negativ, können Menschen der westlichen Hemisphäre durch *Perestroika, Glasnost* und das *„neue Denken in der Außenpolitik“* erwarten. Welche Gültigkeit ist unter diesen geänderten Voraussetzungen der „Bedrohung aus dem Osten“ beizumessen?
Im Geiste des „Gleichgewichtes des Schreckens“ ist die Sowjetunion als nukleare Supermacht ebenso kompetent und ebenso verantwortlich wie die Vereinigten Staaten für die Vernichtung oder Erhaltung allen Lebens auf unserem Planeten. Tritt nun der sowjetische Parteichef mit einem überraschend neuen Weltbild an die Öffentlichkeit und bietet ein gewaltiges Programm zur Vernichtung ganzer Waffenarsenale an, ist das von brisanter Bedeutung. Für alle.
Um nichts weniger wichtig erscheinen seine innerpolitischen Reformen: die stürmische Entwicklung auf dem Weg zu einem „qualitativ neuen Stand“ von Gesellschaft und Wirtschaft in der Sowjetunion.
Die Herausgeber waren bemüht, die veröffentlichten Reden Michail Gorbatschows so aufzubereiten, daß die darin enthaltenen Antworten auf Fragen zur politischen Gegenwart in schlüssiger Form erkennbar sind.
Dazu haben wir wesentliche Aussagen nach Themen geteilt und mit kurzen Fragen, Zwischenbemerkungen, auch Hinterfragungen, versehen. „Landläufige“ Meinungen, Stereotypen und festgefahrene Skepsis sind dabei durchaus nicht ausgespart. Die Antworten Michail Gorbatschows könnten zur Klarlegung und zum Verständnis vieler sowjetischer Positionen beitragen.

Die Reden wurden von uns vollkommen authentisch in den Band aufgenommen, niemals aus dem Kontext gestellt, aber stark gekürzt. Die Ziffern in den Klammern nach jeder Antwort weisen auf Art und Seitennummer jener Broschüre hin, in der die Texte in vollem Wortlaut abgedruckt sind. Das Quellenverzeichnis nennt Titel und Herausgeber der verwendeten Literatur.

Es handelt sich um eine Methodik, die mit großem Erfolg schon bei drei unserer zeitgeschichtlichen Publikationen zur Anwendung gelangte. In der Reihe „Zeitzeugen“ konnten wir das politische Wirken jeweils einer bedeutenden Persönlichkeit der sozialdemokratischen, christlich-konservativen und kommunistischen Bewegung Österreichs auf diese Art einer breiten Öffentlichkeit vermitteln.*)

Maria Sporrer, Herbert Steiner

*) „Rosa Jochmann Zeitzeuge“ 1983, 1984, 1987
„Fritz Bock Zeitzeuge“ 1984
„Erwin Scharf Zeitzeuge“ 1986. Alle Europaverlag Wien

1. TEIL

Aufrüsten – Abrüsten – im Spiegel des „neuen Denkens"

Durch Michail Gorbatschows dynamische Abrüstungsvorschläge scheint die Sowjetunion in der Auseinandersetzung zwischen den Supermächten an weltweitem Ansehen zu gewinnen.

Uns liegt nicht daran, einen Propagandakrieg zu gewinnen. Wir wollen an „Auseinandersetzungen", die angesichts der Wichtigkeit des Gegenstandes unwürdig sind, nicht einmal teilnehmen. Unser Ziel ist es, einen realen Schritt zu realer Abrüstung zu tun. Und dazu laden wir die amerikanische Administration aufrichtig ein. Wir wollen die Verhandlungen von der Stelle bringen, um die nukleare Bedrohung – um der Sicherheit aller und echter Entspannung willen – abzuwenden.
Unsere Bemühungen, den Lauf der internationalen Entwicklung in die Bahnen der Entspannung zu lenken, entsprechen unserer Philosophie, unserer sozialistischen Moral. Und im nuklearen Zeitalter ist die Rettung der Erde vor dem nuklearen Untergang die Aufgabe der gesamten Menschheit, die Sache aller Völker.
(10/198, 174)

„Philosophie" und „sozialistische Moral" also als signifikante Inhalte sowjetischer Außenpolitik?

Unsere Außenpolitik erhält ihre Impulse dadurch, daß sich überall in der Welt im Bewußtsein der Völker, der politischen und gesellschaftlichen Kräfte unterschiedlichster Orientierung und Weltanschauung immer fester die Überzeugung durchsetzt: Die Existenz der Menschheit steht auf dem Spiel. Es ist an der Zeit, entschlossen und verantwortungsvoll zu handeln. Sie erfordert eine umfassende Mobilisierung der Vernunft und des gesunden Menschenverstandes.
Zwei Tragödien, die mit der Technik des nuklear-kosmischen Zeitalters verbunden sind, haben sich in letzter Zeit ereignet: der Tod der „Challenger"-Besatzung und der Unfall im Kernkraftwerk Tschernobyl. Sie haben die Besorgnis verstärkt und mit aller Schärfe daran erinnert, daß die Menschen gerade erst

damit anfangen, diese phantastischen und gewaltigen Kräfte zu nutzen, die sie selbst ins Leben gerufen haben; daß sie erst lernen, sie dem Fortschritt dienstbar zu machen. Diese Ereignisse haben eine ansehnliche Lektion darüber erteilt, was geschieht, wenn Kernwaffen zum Einsatz gelangen.
Alle, doch vor allem die Staatsmänner, müssen daraus konkrete und eindeutige Lehren ziehen. Eine wichtige, wenn nicht die wichtigste Lehre besteht darin, daß die von den Menschen entwickelten Waffen niemals eingesetzt werden dürfen und daß es heute einfach Selbstmord ist, zwischenstaatliche Beziehungen auf der Illusion aufzubauen, Überlegenheit im Bereich der furchtbaren Vernichtungsmittel erlangen zu können. Diese vollständig zu beseitigen ist der einzige Weg zu wirklichem Frieden. Diesen Weg zu beschreiten bedeutet, eine historische Reifeprüfung zu bestehen. Das betrifft alle führenden Politiker, denen eine derart hohe Mission zuteil wurde, die für die ganze Menschheit bedeutend ist.
Man muß lernen, den Fakten mutig ins Gesicht zu sehen: Fachleute haben errechnet, daß die Explosion selbst des kleinsten nuklearen Gefechtskopfes der Strahlungsintensität dreier Tschernobyls gleichkäme. Wahrscheinlich stimmt das. Wenn dem aber so ist, würde das bedeuten, daß die Explosion selbst des kleinsten Teils des angehäuften nuklearen Arsenals eine Katastrophe wäre, und zwar eine nicht wiedergutzumachende Katastrophe. Und wenn sich trotzdem jemand entschließt, als erster einen nuklearen Schlag zu führen, verdammt er sich selbst zu einem qualvollen Tod – nicht einmal durch den Gegenschlag, sondern durch die Folgen der Explosion des eigenen Gefechtskopfes. Das ist keine Propaganda, keine politische Improvisation und keine „Angstmacherei". Das ist Realität, die abzustreiten einfach verantwortungslos und die zu ignorieren sträflich wäre. Auf der Erkenntnis der Veränderungen in der Welt beruht auch die sowjetische Außenpolitik, einschließlich der Politik zu Fragen der Abrüstung.
(10/175, 176, 177)

Militarisierung und nationale Aufrüstung dienen zum Schutz der eigenen Sicherheit...

Der Charakter der modernen Waffen läßt keinem einzigen Staat die Hoffnung, sich allein durch militärisch-technische

Mittel zu schützen, sagen wir, durch die Schaffung einer Verteidigung, und sei sie auch noch so mächtig.
Die Gewährleistung der Sicherheit nimmt immer mehr den Charakter einer politischen Aufgabe an. Deshalb kann sie nur mit politischen Mitteln gelöst werden. Es bedarf vor allem des Willens, den Weg der Abrüstung zu gehen.
Spricht man vom Verhältnis UdSSR – USA, so kann die Sicherheit nur gegenseitig sein. Nimmt man die internationalen Beziehungen insgesamt, kann sie nur allgemein sein. Die höchste Weisheit liegt nicht darin, ausschließlich an sich selbst zu denken, noch dazu zum Nachteil der anderen Seite.
Alle müssen sich gleich sicher fühlen, denn die Angst und Unruhe des nuklearen Zeitalters bewirken Unvoraussagbarkeit in Politik und konkretem Handeln.
Sehr wichtig wird es, die kritische Bedeutung des Faktors Zeit zu berücksichtigen. Das Aufkommen neuer Systeme von Massenvernichtungswaffen läßt die Zeit unablässig schrumpfen und reduziert die Möglichkeit, bei Krisen politische Entscheidungen über Fragen von Krieg und Frieden zu treffen.
(4/28)

Die dringend notwendige Lösung von Sicherheit und Abrüstung setzt erfolgversprechende Beziehungen vor allem mit den USA, aber auch den NATO-Staaten voraus. Welche Perspektiven legt Michail Gorbatschow in die Beziehungen UdSSR – USA?

Die Welt ist natürlich viel größer als die USA und ihre Okkupationsstützpunkte im Ausland. Und man darf in der Weltpolitik nicht alles ausschließlich auf die Beziehungen zu einem einzigen, noch so wichtigen Land setzen. Wie die Erfahrung zeigt, gibt das nur der Arroganz der Stärke neuen Auftrieb.
Aber selbstverständlich messen wir dem Zustand und Charakter der Beziehungen zwischen der Sowjetunion und den USA wichtige Bedeutung bei. Unsere beiden Länder haben nicht wenig Berührungspunkte, sie haben das objektive Bedürfnis, miteinander in Frieden zu leben und auf gleichberechtigter und für beide Seiten nützlicher Grundlage zusammenzuarbeiten.
Doch damit diese Zusammenarbeit einen weiteren Spielraum erhält, benötigt man auch ein allumfassendes System der internationalen wirtschaftlichen Sicherheit, ein System, das jeden Staat vor Diskriminierung, Sanktionen und sonstigen Attribu-

ten der imperialistischen, neokolonialistischen Politik gleichermaßen schützen würde.
Neben der Abrüstung könnte ein solches System zu einem zuverlässigen Eckstein der internationalen Sicherheit insgesamt werden.
(4/28)

Ein neues System der internationalen wirtschaftlichen Sicherheit, von dem Michail Gorbatschow hier spricht, müßte doch vor allem die Sanierung der Dritten Welt einschließen. Durch Einstellung des Wettrüstens könnten die Mittel dazu aufgebracht werden.
„Entwicklungshilfe statt Atomwaffen" lautet denn auch schon viele Jahre die permanente Forderung von Friedens- und Solidaritätsbewegungen.

Die Schaffung einer neuen internationalen Wirtschaftsordnung, die Gewährleistung internationaler wirtschaftlicher Sicherheit und die Suche nach realistischen Wegen zur Regelung des Schuldenproblems der Entwicklungsländer sind Fragen, die uns nahestehen.
Alle Bemühungen zur Schaffung einer Welt, die beständiger und sicherer ist, können sich als wenig wirksam erweisen, wenn nicht gleichzeitig die internationalen Wirtschaftsprobleme auf gerechter Grundlage gelöst werden.
Die Länder des kapitalistischen Westens beginnen scheinbar, das bedrohliche Wesen dieser Probleme – einschließlich der künstlichen Beschränkungen des internationalen Handels, der Verschuldung, des nichtäquivalenten Austausches und so weiter – zu erkennen, aber an deren Lösung gehen sie mit den alten Methoden des Neokolonialismus heran. Man kann mit Sicherheit sagen, daß dies nur in neue Sackgassen, zu neuen Komplikationen, zu noch mehr Leid von Millionen Menschen in Asien, Afrika und Lateinamerika führen wird – mit allen sich daraus ergebenden politischen Folgen.
Die globalen ökonomischen Probleme sind eben deshalb global, weil sie von der ganzen Welt gelöst werden müssen, das heißt, auf Grundlage der Internationalisierung. Alle anderen Methoden sind nicht mehr als schmerzstillende Mittel. Es ist an der Zeit, das zu begreifen. Sonst kann, wie man im Alten Rom sagte, ein schlecht gelöschter Brand mit noch größerer Kraft auflodern.
Die Sowjetunion ist bereit, mit allen Ländern bei der Lösung

dieser akuten Probleme der Welt von heute zusammenzuarbeiten.
(25/27, 28)

Es besteht doch die Gefahr, daß die Lösung globaler Probleme der Sicherheit und Ökonomie auf „Grundlage der Internationalisierung" wieder nur zum Experimentierfeld der Supermächte gerät, mit der bekannten Polarisierung „Kapitalismus – Sozialismus".

Ein neues Denken, das die Welt von heute braucht, ist mit der Vorstellung unvereinbar daß die Welt irgend jemandes Besitztum ist. Es ist unvereinbar mit Versuchen, sich als Wohltäter aufzuspielen und andere zu bevormunden, unvereinbar mit Belehrungen, wie sich jemand zu verhalten und welchen Weg er zu wählen hat – den sozialistischen, den kapitalistischen oder einen anderen.
Die Sowjetunion ist der Ansicht, daß jedes Volk, jedes Land das Recht hat, über sein Schicksal, seine Ressourcen selbst zu entscheiden und seine soziale Entwicklung souverän zu bestimmen, die eigene Sicherheit zu verteidigen und an der Organisation eines umfassenden Systems der internationalen Sicherheit mitzuwirken.
Die Verschärfung globaler Probleme ist charakteristisch für die Welt von heute. Sie können nicht gelöst werden, ohne die Bemühungen aller Staaten und Völker zu vereinen. Die Erforschung des Weltraums und der Tiefen der Ozeane, die Ökologie, die Bekämpfung von Epidemien, Elend und Rückständigkeit: all das sind Realitäten dieses Jahrhunderts, die internationale Aufmerksamkeit, internationale Verantwortung und internationale Zusammenarbeit verknüpfen. Hier könnte die Abrüstung eine große Rolle spielen, indem sie einen bedeutenden Teil von Mitteln sowie intellektuelles und technisches Potential für Aufbauzwecke freisetzt.
Die gegenseitige Abhängigkeit der Welt von heute läßt uns alle Völker mit einer Seilschaft vergleichen, die einen Berg hinaufklettert. Diese Bergsteiger können entweder gemeinsam immer höher zum Gipfel klettern oder alle zusammen in den Abgrund stürzen. Damit es nicht dazu kommt, sollen sich die Politiker über die engstirnigen Interessen erheben und die ganze Dramatik der heutigen Situation begreifen. Deshalb ist die Frage der Notwendigkeit eines neuen politischen Denkens im nuklearen

Zeitalter so akut. Einzig und allein dieses Denken ist in der Lage, alle Teilnehmer der internationalen Beziehungen dazu zu veranlassen, unverzügliche Maßnahmen zur Verhütung einer nuklearen Katastrophe zu ergreifen, die die Menschheit zu vernichten droht.

(10/175; 24/13,14)

Die Einstellung des Wettrüstens – zu der Michail Gorbatschow aufruft – würde der Sowjetunion große wirtschaftliche Vorteile bringen. Sind diese Abrüstungsvorschläge aber auch „gut für den Westen"?

Das sowjetische Abrüstungsprogramm hat Millionen Menschen angesprochen, das Interesse von Politikern und Vertretern der Öffentlichkeit dafür nimmt weiter zu. Wir leben in einer Zeit, in der es schwerfällt, das Programm mit einer Handbewegung abzutun.

Die herrschenden Kreise der USA und einiger mit ihnen verbündeter Länder suchen unsere Friedensinitiativen so hinzustellen, als wären sie nur für die Sowjetunion von Vorteil. In der Tat, die Abrüstung ist für uns von Vorteil – wenn man diesen Begriff schon verwendet –, ebenso wie sie für alle Völker ein Vorteil ist, deren Regierungen Milliarden für die Hochrüstung ausgeben.

Doch das ist nur ein Teil der Wahrheit, ich würde sagen, ein geringer Teil. Die volle Wahrheit aber ist, daß unsere Initiativen unserer tiefen Besorgnis um das Schicksal der Menschen entspringen.

Angesichts der nuklearen Bedrohung ist es absurd und verbrecherisch, nach dem alten, überlebten Schema zu verfahren: Was für die sozialistischen Länder gut ist, ist abzulehnen.

Sicherlich verfolgt die herrschende Klasse der USA oder, genauer, ihre egoistischesten, mit dem Militär-Industrie-Komplex verbundenen Gruppen andere Ziele, die den unsrigen direkt entgegengesetzt sind. Für sie heißt Abrüstung Verlust ihrer Profite und politisches Risiko. Für uns ist sie in jeder Hinsicht – wirtschaftlich, politisch, moralisch – eine Wohltat!

(4/29; 10/168, 169)

Gerechterweise sei festgehalten: In unseren Breiten weiß man, daß durch das Wettrüsten die westlichen Rüstungskonzerne zu gigantischen Profi-

ten gelangen. Man betrachtet den politischen Einfluß dieser Gruppen als ausgesprochen unheilvoll für den Weltfrieden.

Die Lokomotive des Militarismus ist noch immer die USA, ist ihre rüstungsindustrielle Maschinerie, die vorläufig keine Anstalten macht, auf niedrigere Tourenzahl zu gehen. Doch wir verstehen sehr wohl: Die Interessen und Ziele des Militär-Industrie-Komplexes sind keineswegs die Interessen und Ziele des amerikanischen Volkes, keineswegs die wahren nationalen Interessen dieses großen Landes. Ich neige daher nicht zu der Auffassung, daß der Militär-Industrie-Komplex allmächtig ist.
Wir sehen: Die Weltöffentlichkeit wird sich immer klarer der Gefahr des Militarismus bewußt. Wir sehen, daß sich auch in den Vereinigten Staaten ungeachtet der ständigen chauvinistischen Impfungen zunehmend realistische Stimmungen ausbreiten und sich die Einsicht vertieft, daß die Kriegsgefahr für die USA nicht von den sowjetischen Menschen, nicht von den sozialistischen Ländern, nicht von den Bauern Nikaraguas und nicht von den weit entfernt wohnenden Vietnamesen oder Libyern, sondern von den eigenen Waffenfabrikanten und den ihnen dienenden verantwortungslosen Politikern, vom abenteuerlichen Militärklüngel heraufbeschworen wird.
Das amerikanische Volk trägt eine viel größere Verantwortung als früher, ich würde sagen, eine besondere Verantwortung dafür, welchen Lauf die Ereignisse in der Welt nehmen. Ich möchte an die Vernunft, den Realismus, ja, an den elementaren Selbsterhaltungstrieb des amerikanischen Volkes glauben. Unsere beiden Völker müssen zusammenarbeiten und nicht gegeneinander Krieg führen. Dazu rufe ich erneut auf.
(4/28; 10/169, 201)

Gerüchteweise unterliegen die sowjetischen Abrüstungsvorschläge zuweilen auch – zugegeben unmoralischen – Spekulationen wie: Wäre es nicht vorteilhafter, das Wettrüsten fortzusetzen, die Sowjetunion wirtschaftlich auf das äußerste zu fordern, um dann diverse Zugeständnisse von ihr zu erreichen?

Natürlich sind wir uns darüber im klaren, daß das mit immer höherer Tourenzahl fortschreitende Wettrüsten nicht nur den Superprofiten und der Kriegsvorbereitung, sondern auch – und zwar bei weitem nicht zuletzt – anderen unmoralischen

Zielen dient, bei denen es darum geht, die Sowjetunion wirtschaftlich zu zermürben, den Kurs der Partei auf die weitere Hebung des Lebensniveaus des Volkes zu torpedieren und die Erfüllung des sozialen Programms zu hemmen.

Wir wissen, wer namentlich nach wie vor Hoffnungen auf eine planmäßige und methodische Zerstörung der UdSSR und der anderen Länder des Sozialismus hegt und sich zu diesem Zweck ökonomischer, moral-psychologischer, propagandistischer, politischer und militärischer Mittel bedient.

Wir haben ökonomische Probleme und Schwierigkeiten, und wir sprechen darüber offen. Wir würden jede Möglichkeit begrüßen, Mittel und Kräfte von der Verteidigung auf zivile Wege, auf die Erhöhung des Lebensstandards des Menschen umzuorientieren. Aber die Sicherheitsinteressen werden wir dabei niemals preisgeben, und wir werden auf ihre Kosten niemals, auch nicht bei Verhandlungen, Zugeständnisse machen. Das würde uns das sowjetische Volk auch nicht erlauben.

Wenn es in der Abrüstungsfrage zu keinen Vereinbarungen kommt, wird es die Welt nicht leichter haben und keine Ruhe einkehren. Die Angst wird nicht verschwinden, bis nicht gewisse Machthaber im Westen die für sie möglicherweise tröstlichen, aber fruchtlosen und vor allem gefährlichen Versuche aufgeben, die Sowjetunion in die Knie zu zwingen, die sozialistische Gesellschaft zu spalten und unsere Vorwärtsbewegung aufzuhalten.

(10/169, 170, 207)

Zur Durchsetzung der weitreichenden Reformen in der UdSSR wäre zweifellos ein ausgewogenes internationales Klima von Vorteil. Wie könnte die Sowjetunion in den Abrüstungsfragen die vertrauensvolle Zusammenarbeit mit dem Westen erreichen?

Ein neues Gebäude der internationalen Sicherheit kann selbstverständlich nur auf Vertrauen aufgebaut und mit ihm zementiert werden. Wir sehen es ein: Der Weg dahin ist nicht einfach. Und nicht wir allein müssen ihn zurücklegen. Es ist erforderlich, das Vertrauen durch die Erfahrung der Zusammenarbeit, durch das gegenseitige Kennenlernen und die Lösung gemeinsamer Fragen zu schaffen.

Es ist im Prinzip falsch, die Frage folgendermaßen zu stellen: zuerst Vertrauen und erst dann alles andere: Abrüstung, Zu-

sammenarbeit, gemeinsame Projekte. Durch gemeinsames Handeln zum Vertrauen, zu seiner Schaffung, Festigung und Entwicklung. Das ist der rationelle Weg. Jedenfalls denken wir so. Jeder muß mit sich selbst beginnen. Nicht die Pose eines obersten Pseudorichters gegenüber der ganzen Welt, sondern Achtung gegenüber den anderen in Verbindung mit einem objektiven, selbstkritischen Urteil über die eigene Gesellschaft – das fehlt heute den internationalen Beziehungen in hohem Maße.
Zugleich möchte ich unterstreichen: So wichtig und bedeutungsvoll unsere Vorschläge auch sind, wie treu wir ihnen auch immer sein mögen, wir verstehen, daß wir das alles allein nicht schaffen können. Das Problem der internationalen Sicherheit ist ein gemeinsames Problem, und das bedeutet, daß es gemeinsame Sorge und gemeinsame Verantwortung voraussetzt.
Bei der Ausarbeitung unserer Vorschläge studieren und beachten wir die Standpunkte und Initiativen anderer Regierungen sowie gesellschaftlicher und politischer Bewegungen. Wir tragen höchste Sorge dafür, daß in jeder Etappe der Verwirklichung dieser Vorschläge gleiche Sicherheit für alle gewährleistet wird. Doch betrachten wir sie mitnichten als endgültig oder so, als bedürften sie keiner weiteren Erörterung.
Der Weg zur Überwindung der Sackgassen der Konfrontation führt über den Dialog und Kontakte, über Diskussionen und Verhandlungen. Nur auf diese Weise kann man das Eis des gegenseitigen Mißtrauens zum Schmelzen bringen und praktische Ergebnisse erzielen.
(18/13; 10/178)

Dialog und Kontakte in Fragen der Abrüstung gab es bisher auch. Es entstanden sogar wichtige internationale Vereinbarungen (Genfer Gespräche, SALT, ABM, Stockholm etc.).
Gleichzeitig übertrafen sich die Supermächte im nuklearen Wettrüsten. Die gegenseitige Abschreckung durch gewaltige Atomwaffenarsenale, das sogenannte „Gleichgewicht des Schreckens", sorgte aber in den letzten 40 Jahren für Sicherheit. Jedenfalls ist kein dritter Weltkrieg ausgebrochen.

Die Sicherheit kann nicht bis ins Unendliche auf der Angst vor der Vergeltung, das heißt auf den Doktrinen der „Eindämmung" oder „Abschreckung", aufgebaut werden. Es wäre schon an sich absurd und unmoralisch, die ganze Welt zur nuklearen Geisel herabzuwürdigen. Aber darüber hinaus peitschen solche Doktrinen die Hochrüstung an, und früher oder später kann sie sich jeder Kontrolle entziehen.

Die Welt ist in stürmischen Veränderungen begriffen, und niemandem ist es gegeben, in dieser Welt den ewigen Status quo zu bewahren.

In unserem Zeitalter wird eine wahrhaft gleiche Sicherheit nicht durch maximal hohe, sondern durch maximal niedrige strategische Balance gewährleistet, aus welcher man zudem die nuklearen und alle sonstigen Massenvernichtungswaffen völlig ausschließen muß. Es muß erkannt werden, daß das heutige Niveau der Balance der nuklearen Potentiale der einander gegenüberstehenden Seiten unverhältnismäßig hoch ist.

Vorläufig bringt es jeder der Seiten gleiche Unsicherheit. Aber eben nur vorläufig. Die Fortsetzung des nuklearen Wettrüstens würde diese gleiche Unsicherheit unvermeidlich steigern und könnte sie auf einen Punkt bringen, da selbst die Parität aufhört, ein Faktor der militärisch-politischen Zurückhaltung zu sein.

Folglich gilt es vor allem, das Niveau der militärischen Konfrontation bedeutend zu senken. Es sind große und praktische Schritte erforderlich, um den Militarismus zu zügeln und die Entwicklung der Ereignisse zum Besseren zu wenden.

Das „Gleichgewicht der Angst“ hört auf, ein Faktor der Eindämmung zu sein. Und nicht nur deshalb, weil die Angst überhaupt kein guter Ratgeber für die Vernunft ist und zu Handlungen verleiten kann, deren Folgen unvorhersehbar sind. Diese Angst ist unmittelbar am Wettrüsten beteiligt. Sie verstärkt Mißtrauen und Verdächtigungen und schafft dadurch einen Teufelskreis des Schürens von Spannungen. Dafür gibt es nicht wenige Beispiele.

Es ist vollkommen klar, daß die alten Vorstellungen vom Krieg als Mittel zum Erreichen politischer Ziele überlebt sind. Im nuklearen Zeitalter nähren diese veralteten Dogmen eine Politik, die zu einem Weltbrand führen kann.

Das pränukleare Denken hat seine Bedeutung im wesentlichen am 6. August 1945 verloren. Heute kann die eigene Sicherheit nicht gewährleistet werden, ohne die Sicherheit der anderen Staaten und Völker zu berücksichtigen.

Es kann keine wirkliche Sicherheit geben, wenn diese Sicherheit nicht für alle gleich und umfassend ist. Anders denken heißt, in

einer Welt der Illusionen, in einer Welt des Selbstbetruges zu leben.
(4/28; 10/174)

Vierzig Jahre lang erzählten Politiker in Ost und West ihren Völkern von der unabdingbaren Notwendigkeit des nuklearen Hochrüstens als wirksamste Schutzmaßnahme gegen kriegerische Angriffe der anderen Seite.

Sogar wenn man auf dem Boden dieser Doktrin bleibt, muß man zugeben, daß der nukleare „Schutzbrief" nicht einwandfrei und nicht fristlos ist. Zu jedem Zeitpunkt kann er sich als Todesurteil für die Menschheit erweisen. Je mehr Kernwaffen, desto weniger Chancen dafür, daß sie sich sozusagen „brav benehmen" werden.
Ausbreitung dieser Waffen, Komplizierung der damit verbundenen technischen Systeme, Vergrößerung der Transportmaßstäbe, ständige Möglichkeit für technische Störungen, für das Auftreten menschlicher Schwäche oder eines bösen Willens von irgend jemandem – das alles zusammen stellt eine große Menge von Zufälligkeiten dar, von denen es abhängt, ob die Menschheit existieren oder nicht existieren wird.
Jedoch gibt es nicht wenige Menschen, die noch immer daran glauben, daß das Übel des nuklearen Wettrüstens zur Abwendung eines noch größeren Übels – eines Krieges – notwendig ist. Leider haben sich viele Vertreter unserer Generation an nukleare Waffen gewöhnt. Für viele sind sie zu einer Art Idol des Bewußtseins geworden, das immer neue Opfer fordert.
Ja, es gibt auch solche, die das nukleare Wettrüsten geradezu zur Garantie der Erhaltung des Friedens erklären. Leider hat die Kernwaffe in vieler Hinsicht unsere Zeit geprägt.
Selbstverständlich bedeutet ihre Vernichtung nicht eine Rückkehr dazu, was vor ihr war. Es ist notwendig, daß der Verzicht auf nukleare Abschreckung den Liebhabern von Kriegsabenteuern nicht freie Hand läßt.
(17/15, 16, 28)

Bei Vernichtung der Kernwaffen könnten doch „Kriegsabenteuer" mit konventionellen Waffen leichter und häufiger entstehen. Ist der „Friede durch Abschreckung" unbedingt abzulehnen?

Im Grunde genommen ist die Doktrin der Abschreckung eine Politik der Drohungen. Jedes Verhaltensmodell hat seine innere Logik. Wenn die Bedrohung als ein Modell der Politik auftritt, ist der Wunsch natürlich, daß eine solche Bedrohung in jedem Fall von allen ernst genommen wird. Dafür ist aber erforderlich, Bedrohungen periodisch durch Taten zu untermauern. In diesem Falle durch Anwendung der militärischen Gewalt.
Daraus kann man nur den einen Schluß ziehen: Nicht nur, daß die Abschreckungspolitik, in historischer Perspektive betrachtet, die Möglichkeit militärischer Gewaltanwendung nicht senkt, sondern diese vielmehr erhöht.
Man kann in den Abrüstungsdiskussionen immer wieder folgende These hören: Dem Menschen sei angeblich eine Art „Instinkt der Gewalt", ein „Instinkt des Krieges" angeboren, und dieser Instinkt sei angeblich unüberwindbar. Was ergibt sich denn daraus? Ist denn Krieg ein unabdingbarer Begleiter des Menschen? Sind folglich auch Aufkommen, Perfektionierung und Anhäufung immer neuer Mittel zur Vernichtung des Menschen unausbleiblich?
Es ist unmöglich, sich mit derartigen Ansichten abzufinden. Sie erinnern an Zeiten, da vollkommenere Waffen dazu entwickelt und eingesetzt wurden, um andere Völker zu erobern und sie zu zwingen, für sich zu arbeiten, oder sie einfach auszuplündern. Eine derartige Vergangenheit ist kein Vorbild für die Zukunft und erst recht keine Schablone dafür.
Der Mensch an der Schwelle des 21. Jahrhunderts weiß überaus viel und kann überaus viel leisten. Gerade deshalb ist er verpflichtet, die Notwendigkeit einer Demilitarisierung der Welt zu erkennen. Wir glauben daran, daß eine solche Welt möglich ist. Unsere neue politische Denkweise ist berufen, die Zivilisation auf eine qualitativ neue Stufe zu heben. Allein aus diesem Grunde schon ist sie keine einmalige Korrektur der Position, sondern eine Methodologie der Führung der internationalen Angelegenheiten.
(17/15, 16, 17)

Die Sowjetunion stellt dem Wettrüsten die von Michail Gorbatschow beharrlich vertretene „neue politische Denkweise" entgegen.

Es ist ein dringendes Gebot der Zeit, die gegenwärtige Entwicklungsstufe der Zivilisation, der internationalen Beziehungen

und der Welt neu einzuschätzen. Einer Welt, die widerspruchsvoll, kompliziert und doch objektiv durch die Bande wechselseitiger Abhängigkeit geeint ist. Der internationalen Beziehungen, die es bei all den Unterschieden und Interessengegensätzen nicht mehr gestatten, nach den tausendjährigen Traditionen des „Faustrechtes" zu leben. Der Zivilisation, die eine bisher beispiellose Geistes- und Schaffenskraft des Menschen und zugleich ihre Zerbrechlichkeit und Verwundbarkeit durch die Kräfte offenbart, die durch den menschlichen Verstand freigesetzt, jedoch in den Dienst der Zerstörung gestellt worden sind. All das diktiert die Notwendigkeit und macht es dringend erforderlich, so manche Schablone im Herangehen an die Außenpolitik, so manches althergebrachte Modell des politischen Denkens und der Ansichten über Krieg und Frieden, über die Verteidigung, über die Sicherheit einzelner Staaten und die internationale Sicherheit von Grund auf zu verändern.
In diesem Zusammenhang wird verständlich, daß unsere radikalen und in vollem Sinne globalen Vorschläge zur Abrüstung die ganze Welt, alle Länder angehen.
(10/170)

Die neue politische Denkweise, das Umdenken angesichts der riesigen nuklearen Waffenvorräte wird von vielen Menschen im Westen begrüßt, wogegen es in manchen Politiker- und Regierungskreisen noch Mißtrauen und Skepsis zu überwinden gibt.

Die neue Denkweise bricht sich vorläufig noch mit Schwierigkeiten Bahn in die internationale Politik. Mit sehr großer Mühe wird Vertrauen herausgebildet. Ausgerechnet deshalb festigt sich meiner Meinung nach die Überzeugung, daß das Schicksal der wichtigsten Aufgabe der Gegenwart nicht in die Hände ausschließlich der Politiker gelegt werden darf. Das ist eine Sache nicht nur der Politiker. Aber wir sind lebendige Zeugen dessen, wie sich die machtvolle gesellschaftliche Bewegung formiert und weitet, an der sich Wissenschaftler, Intellektuelle verschiedener Fachrichtungen, religiöse Würdenträger, Frauen, Jugendliche und Kinder – und sogar ehemalige Militärs, Generale, die es aus erster Hand wissen, was moderne Waffen bedeuten - überall in der Welt beteiligen. Und zwar deshalb, weil die Menschen es tiefer erkennen, wo die Welt hineingeraten, an was für einen Rand sie gelangt ist.

Wir haben das Recht der Führung eines beliebigen Landes – sei es der UdSSR, der USA oder eines beliebigen anderen – zurückgewiesen, ein Todesurteil über die Menschheit zu fällen. Wir sind keine Richter, und die Milliarden Menschen sind keine Verbrecher, die bestraft werden müssen. Gerade deshalb muß auch die nukleare Guillotine zerstört werden. Die Nuklearmächte müssen über ihren nuklearen Schatten in eine kernwaffenfreie Welt schreiten und somit mit der Lostrennung der Politik von den allgemeinmenschlichen Normen der Moral Schluß machen.
Der nukleare Tornado wird sowohl Sozialisten als auch Kapitalisten, sowohl Gerechte als auch Sünder hinwegfegen. Ist diese Situation moralisch? Wir Kommunisten sind der Meinung, daß dies nicht der Fall ist.
(17/10, 13, 14)

Die Sowjetunion ist weder der erste noch der einzige Staat, der das Wettrüsten verurteilt. Was besonders auffällt: die Eile und revolutionäre Ungeduld, mit der Michail Gorbatschow die Abrüstungsverhandlungen mit dem Westen betreibt.

Wir hören immer noch Stimmen: Wozu solche Eile, wozu diese Hast? Vielleicht wäre es besser, diesen Kampf gegen das Wettrüsten auf Jahre oder sogar auf Jahrzehnte auszudehnen? Das ist eine falsche Meinung. Wir sind in einer Etappe der wissenschaftlich-technischen Revolution angelangt, da neue Entdeckungen das Wettrüsten noch mehr anspornen und zu einer Situation führen können, in der sogar die Aufnahme von Verhandlungen weit schwieriger als jetzt sein wird.
Stellen wir uns vor, daß das Wettrüsten auf den Weltraum übergreift. Wer kann dafür bürgen, was dann geschehen wird? Heute fliegen erst Dutzende künstliche Satelliten und Weltraumschiffe, es kommt aber immer wieder zu außerordentlichen Vorfällen mit ihnen. Wenn aber ganze Staffeln von militärischen Systemen kommen? Die Rechentechnik steuert sie und liefert Informationen, sie befaßt sich aber nicht damit, aus welchen Gründen dort etwas geschieht.
Im Ergebnis werden die „Entscheidungen", von denen das Schicksal und das Leben von Millionen abhängen, nicht auf politischer, sondern auf technischer Ebene getroffen werden. Die ganze Zivilisation wird Geisel der Technik sein.

Oder nehmen Sie die Bereiche der konventionellen Waffen. Die Errungenschaften der Wissenschaft schaffen auch hier eine Basis für die Entstehung einer Waffe, die nach ihren Kampfeigenschaften der Kernwaffe nicht nachsteht. Außerdem gibt es chemische Waffen, biologische Waffen. Die Folgen ihres Einsatzes sind nicht weniger unheilvoll.
Darum sind alle an einer Grenze angelangt, hinter der unvoraussagbare Prozesse einsetzen können. Daher müssen alle handeln – Politiker, Wissenschaftler, alle Völker. Wir sind alle mit einer unbarmherzigen Realität konfrontiert: Die menschliche Zivilisation würde einen Nuklearkrieg nicht überleben. Diese Warnung ist sowohl zeitgemäß als auch überzeugend und erfordert hohes Verantwortungsbewußtsein.
(10/157, 158)

Welchen „Sicherheitsfaktor" gegen einen Atomkrieg bieten die bestehenden Verträge und Verhandlungen über Rüstungskontrollen?

Die Situation wird immer unhaltbarer. Heute reicht es nicht mehr aus, die bestehenden Verträge zu erhalten. Die Einmaligkeit, ich würde sagen, das Dramatische der Situation wird durch die Gefahr unterstrichen, daß das Wettrüsten auf den Weltraum übergreifen kann.
Wenn das geschieht, wird die Idee der Rüstungskontrolle selbst in Verruf gebracht. Mißtrauen, gegenseitiger Argwohn, die Versuchung, bei der Stationierung immer neuer Systeme zuvorzukommen, werden rapide zunehmen. Ich glaube, das dürfte auch einem Laien auf militärischem Gebiet klar sein. Die Destabilisierung wird zur Tatsache und Krisencharakter annehmen. Das Risiko eines zufälligen Kriegsausbruches wird sogleich um mehrere Größenordnungen steigen.
Nach allseitiger Erwägung der heutigen Situation hat die Sowjetunion ein ganzheitliches Programm für die völlige Beseitigung der Massenvernichtungswaffen bis Ende des laufenden Jahrhunderts – ein seinen Dimensionen und seiner Bedeutung nach historisches Programm – unterbreitet.
Seine Verwirklichung würde der Menschheit eine grundsätzlich neue Entwicklungsrichtung eröffnen und die Möglichkeit bieten, sich ausschließlich auf humanes Schaffen zu konzentrieren.
Wie Sie wissen, entsandten wir unsere Vorschläge nicht nur

über die traditionellen diplomatischen Kanäle, sondern wir riefen auch unmittelbar die Weltöffentlichkeit, die Völker auf. Es ist an der Zeit, sich über die harten Realitäten unserer Tage bis zur Endkonsequenz klarzuwerden. Die Kernwaffen drohen mit einem Feuersturm, der das Menschengeschlecht von der Erde hinwegfegen kann.
(10/173; 17/17,18; 4/27)

Bevor wir auf das erwähnte „historische Programm" – das in der Welt neben Zustimmung auch Skepsis und Zweifel hervorruft – zu sprechen kommen, wollen wir das „Genfer Gipfeltreffen" zwischen Michail Gorbatschow und Ronald Reagan vom November 1985 erörtern.

Wir sind der Auffassung, daß die sowjetischen Vorschläge vom 15. Januar 1986, die eine Beseitigung der Kernwaffen in der ganzen Welt bis zum Jahr 2000 vorsehen, den Erfordernissen unserer Epoche voll und ganz entsprechen. Wir haben uns bereit erklärt, nach Kompromißlösungen jener Probleme zu suchen, die Streitigkeiten und Mißtrauen hervorrufen.
Also, wollen wir noch einmal auf das Genfer Treffen zurückkommen. Wir hatten dazu eine ernsthafte Haltung eingenommen. Im Vorfeld des Treffens hatten wir konstruktive Vorschläge unterbreitet. Ich möchte sie in Erinnerung rufen:
Am 6. August 1985 verhängte die Sowjetunion für ein halbes Jahr ein einseitiges Moratorium über alle nuklearen Explosionen. Wir schlugen Washington vor, unserem Beispiel zu folgen, um das Moratorium immerwährend, ewig, zu machen. Als Antwort erhielten wir eine Einladung zu einem weiteren Nukleartest im Bundesstaat Nevada.
Vor 1986, das von der UNO als ein „Jahr des Friedens" proklamiert wurde, erklärten wir, daß wir das Moratorium für die nuklearen Explosionen um weitere drei Monate verlängern. Die Antwort darauf waren amerikanische Kernexplosionen.
Wir hatten gewisse Hoffnungen auf das Genfer Treffen mit dem Präsidenten der Vereinigten Staaten von Amerika gesetzt und damit gerechnet, uns mit ihm über diese Frage zu einigen. Als wir damals erstmalig zusammenkamen, war das ein wichtiger Dialog. Und auch jetzt, nachdem nicht wenig Zeit verstrichen ist, schätzen wir dieses Treffen in Genf genauso ein. Wie Sie sich erinnern werden, haben wir damals die gemeinsame Erklärung abgegeben, daß der Kernwaffenkrieg niemals entfesselt

werden darf und daß es darin keine Sieger geben kann. Das ist eine Feststellung von gewaltiger Bedeutung. Wir haben weiters erklärt, daß keine der beiden Seiten nach militärischer Überlegenheit streben wird. Und das ist ebenfalls eine wichtige Feststellung.

(6/4; 13/204)

Die USA zeigten sich auch nach dem Genfer „Gipfeltreffen" nicht bereit, dem sowjetischen Moratorium beizutreten. Einer der Gründe sei die fehlende Kontrollmöglichkeit in der UdSSR. Warum legt die Sowjetunion so großen Wert auf das Moratorium, daß sie es „einseitig" insgesamt viermal verlängerte?

Im voraus möchte ich folgendes sagen: Eventuelle Hinweise auf die Kontrolle als ein Hindernis für die Einführung des Moratoriums für die nuklearen Explosionen entbehren jeder Grundlage. Wir erklären mit aller Bestimmtheit: Die Kontrolle ist für uns kein Problem. Wenn die USA auf die Einstellung aller nuklearen Explosionen auf gegenseitiger Grundlage eingehen, so wird die gebührende Kontrolle über die Einhaltung des Moratoriums mit „Nationalen Technischen Mitteln" sowie mit Hilfe internationaler Prozeduren – notfalls auch mit Inspektionen vor Ort – vollständig gewährleistet. Unser Einverständnis, amerikanische Kontrollgeräte im Raum von Semipalatinsk zu installieren, ist ein klarer Beweis dafür. Es wäre anzunehmen, daß das Problem der Kontrolle kein Hindernis für die Erreichung von Übereinkünften mehr ist. Doch man strapaziert es beharrlich weiter...
Angesichts der Tatsache, daß in der Welt ganze Berge von nuklearem Zündstoff angehäuft worden sind, hat die Frage der Einstellung der Nukleartests herausragende Bedeutung erlangt. Und das ist verständlich. Die Einstellung der Nukleartests ist der realste Weg, eine Beendigung des Wettrüstens durchzusetzen. Ohne die Tests ist weder die Vervollkommnung noch die Entwicklung neuer Arten von Kernwaffen möglich. Kurzum, wenn wir mit den Vereinigten Staaten und den anderen Nuklearstaaten über die Einstellung der Kernexplosionen übereinkämen, würde dies gestatten, den gesamten Prozeß der nuklearen Abrüstung über den toten Punkt hinwegzubringen. Zum anderen fügt die Fortsetzung der Tests der Natur, jener Umwelt, in der wir alle leben, immensen, möglicherweise noch

nicht bis ins letzte erforschten Schaden zu. Fühlen wir uns etwa nicht verpflichtet, uns um unser eigenes Heim zu kümmern? Und zwar nicht nur unsretwegen, sondern auch wegen unserer Kinder und Enkelkinder.
Gerade unter Berücksichtigung dieses Sachverhalts und nach sorgfältigem Abwägen des Für und Wider ergriff die Sowjetunion am 40. Jahrestag der Tragödie von Hiroshima und Nagasaki eine außerordentlich wichtige Initiative, nämlich alle nuklearen Explosionen – sowohl zu militärischen als auch zu friedlichen Zwecken – einzustellen, und sie appellierte an die Vereinigten Staaten von Amerika und die anderen Nuklearstaaten, ihrem Beispiel zu folgen und den Weg zu einer nuklearen Abrüstung zu beschreiten. Die Reduzierung der nuklearen Arsenale allein, ohne Testverbot für nukleare Waffen, bietet keinen Ausweg aus dem Dilemma der nuklearen Gefahr, weil der verbleibende Teil modernisiert wird und die Möglichkeit erhalten bleibt, immer raffiniertere und lebensgefährlichere nukleare Waffen zu schaffen und neue Versionen dieser Waffen auf den Testgeländen zu erproben. Folglich ist die Einstellung der Versuche ein praktischer Schritt zur Beseitigung der nuklearen Waffen.
Wir verlängerten um drei Monate unser einseitiges Moratorium für alle nuklearen Explosionen, dessen Frist am 31. Dezember 1985 abgelaufen war.
Es ist klar, daß es nicht einfach war, eine solche Entscheidung zu treffen. Wenn Sie so wollen, bedurfte es zu diesem Schritt sowohl der Einsicht in die Verantwortung, die auf den Regierungen der Nuklearstaaten liegt, als auch des entsprechenden politischen Willens. Für dieses Vorgehen hatte die sowjetische Führung das Mandat ihres Volkes, das den Preis des Friedens kennt und aufrichtig danach strebt, den Frieden zu erhalten, zu festigen und mit allen Völkern zusammenzuarbeiten.
Das waren eigentlich die Motive für unsere Entscheidung, ein einseitiges Moratorium für die Nukleartests zu verkünden. Es ist klar, daß die Sowjetunion nicht endlos einseitig Zurückhaltung in bezug auf die nuklearen Tests üben kann. Doch der Einsatz und auch das Maß der Verantwortung sind so hoch, daß wir keine Möglichkeit zu einer beispielgebenden Einwirkung auf die Position der anderen unversucht lassen.
(3/78; 10/178; 6/3,4)

Die „beispielgebende Einwirkung“ der Sowjetunion führte nicht zum Erfolg. Die USA setzten ihre Kernexplosionen fort.

In der Tat, die Vereinigten Staaten, die seit vierzig Jahren führend nach der Zahl der Explosionen sind, haben im Laufe des Jahres, in dem das sowjetische Moratorium galt, weitere 18 nukleare Sprengsätze gezündet. Ich wiederhole: 18, von denen drei nicht angekündigt waren. Dabei machten sie das in der Regel demonstrativ, indem die Tests zeitlich mal an unsere Erklärung über eine weitere Verlängerung des Moratoriums, mal an diese oder jene neue sowjetische Initiative geknüpft wurden. Die sowjetischen Menschen sind, ebenso wie alle Menschen guten Willens in allen Ländern, über dieses Vorgehen der USA empört. Ich sage es offen: Wir betrachten das Vorgehen der amerikanischen Administration, die die Nukleartests entgegen den nachdrücklichen Forderungen der Völker fortsetzt, als eine demonstrative Herausforderung an die Sowjetunion – und nicht nur an sie, sondern auch an die ganze Welt, an alle Völker einschließlich ihres eigenen Volkes.
Indem sie immer neue nukleare Vorrichtungen sprengt, setzt die amerikanische Seite ihre Jagd nach einem unerfüllbaren Traum von der militärischen Überlegenheit fort. Das ist eine fruchtlose und gefährliche Politik, eine Politik, die des Standes der Zivilisation, den die moderne Gesellschaft erreicht hat, nicht würdig ist.
(10/181; 6/2; 3/8)

Die von der Sowjetunion in ihrem einseitigen Moratorium angebotenen Kontrollmaßnahmen fanden in der Öffentlichkeit weniger Beachtung als die von den USA an die UdSSR ergangene Einladung, das Atomwaffentestgelände in Nevada zu besuchen.

Dem kann ich hinzufügen, daß wir die eifrig kolportierte „Antwort“ Washingtons auf unsere Appelle, mit den nuklearen Explosionen Schluß zu machen, nämlich die Einladung an unsere Experten, bei Explosionen in Nevada dabei zu sein, nicht anders denn als Verhöhnung des gesunden Menschenverstandes betrachten können. Auf diese Weise will man uns in den falschen Leumund von „Zusammenarbeit“ beim Wettrüsten statt bei dessen Einstellung bringen. Kurzum, die Sowjetunion hätte genug Grund für die Wiederaufnahme ihrer Nukleartests ge-

habt. Bei Befolgung der gewöhnlichen „Logik" des Wettrüstens hätte man anscheinend so verfahren müssen. Aber die Sache ist die, daß man gerade diese sogenannte Logik entschieden brechen muß. Wir unternahmen weitere Versuche in dieser Richtung.
(10/115,181; 3/8)

Die Verlängerungen des einseitigen sowjetischen Moratoriums ernteten in der Welt viel Anerkennung.

Das gute Beispiel der Sowjetunion hat – und das stellte ich mit großer Genugtuung fest – in der Welt Verständnis und weitgehende Zustimmung gefunden. Unsere Aktion wurde von den Werktätigen aller Länder – sowohl von Kommunisten als auch von Sozialdemokraten, sowohl von Liberalen als auch von Konservativen, sowohl von Christen als auch von Moslems, von einer Vielzahl gesellschaftlicher Organisationen, Vertretern von Wissenschaft, Kultur und Millionen einfacher Menschen – hoch eingeschätzt.
Das Echo auf die Einstellung der Nukleartests durch die Sowjetunion ist auch darauf zurückzuführen, daß dies keine bloße Deklaration, sondern eine Tat war. Wir haben das Moratorium viermal verlängert und bis 31. Dezember 1986 keine Tests durchgeführt – das ist eine politische und militärische Realität. Aus allen Teilen der Welt vernahmen wir Worte der Zustimmung und der Unterstützung. Politiker und Parlamentarier, Vertreter des öffentlichen Lebens und die Massenorganisationen sahen in dieser Aktion ein Beispiel für richtiges Herangehen an die heutigen Probleme, sahen darin eine Hoffnung, sich von der Angst vor einer nuklearen Katastrophe befreien zu können.
Das sowjetische Moratorium wurde von der UNO-Vollversammlung, der repräsentativsten Staatenversammlung der Welt, gebilligt. Uns unterstützten hervorragende Wissenschaftler – Physiker und Ärzte, die besser als andere die Gefahren kennen, die das Atom in sich birgt. Unser Moratorium – davon konnte ich mich bei Begegnungen mit Wissenschaftlern in Moskau überzeugen – hat die Vertreter der Wissenschaft verschiedener Länder zu aktivem Handeln inspiriert.
Wie man amerikanischen Angaben entnehmen kann, wird die Idee der Einstellung der Nukleartests auch von der öffentlichen Meinung der USA und einem bedeutenden Teil des Kongresses

unterstützt. Die amerikanischen Argumente zugunsten der Kernwaffenversuche haben eindeutig an Glanz eingebüßt und ihre Wirkung auf die Öffentlichkeit verloren. Hinzu kommt noch etwas anderes: Die Politik der Vereinigten Staaten flößt den Menschen immer mehr Angst ein. Empörende Erscheinungen des militaristischen Kurses haben vielen die Augen geöffnet, und die Besorgnis darüber, daß es wirklich zur Katastrophe kommen kann, läßt sich nicht mehr verbergen. Es verstärkt sich in der Welt immer mehr das tiefe Bewußtsein von der Realität einer nuklearen Gefahr. Abwenden kann man sie nur, indem man, wie wir es vorschlagen, die Kernwaffen liquidiert und als ersten Schritt die Nukleartests einstellt. Das ist, wie man so sagt, sonnenklar. Das müssen selbst Leute, die vom Wettrüsten besessen sind, insgeheim einsehen.
(6/4; 10/179,195,196)

Bei aller Wertschätzung für den einseitigen sowjetischen Verzicht auf Atombombenversuche ist die damit verbundene hervorragende propagandistische Komponente nicht zu übersehen.

Das Bestreben, die Bedeutung unserer Aktion zu schmälern und sie als „Propaganda“ abzustempeln, bewegt sich in althergebrachten Bahnen. Es erhebt sich die Frage: Wenn dies Propaganda ist, wovon wollen wir dann damit überzeugen, was wollen wir damit sagen? Daß man ohne Nuklearexplosionen auskommen kann? Daß wir den eigenen Appell, die Menschheit von den Kernwaffen zu befreien, durch die Einstellung ihrer Tests untermauern? Was ist schlecht an einer solchen „Propaganda“?
Und überhaupt, zu den Beschuldigungen der „Propaganda“ habe ich wiederholt gesagt: Es ist unseriös, wenn man unsere von Verantwortung getragenen politischen Aktionen auf eine solche Ebene schieben will. Zu einem derart angespannten, man kann sagen entscheidenden Zeitpunkt der weltweiten Entwicklung ist dies nicht das geeignete Herangehen.
Es gibt bereits mehr als genug tatsächlich propagandistische Spekulationen über unser Moratorium, sowohl in der Umgebung des Weißen Hauses als auch in politischen Kreisen und in der Presse. Mitunter wird der Eindruck erweckt, als ob man in den USA überhaupt geneigt ist, Außenpolitik durch Propaganda zu ersetzen. Wo bleibt da der den sachlichen Erfolg verspre-

chende Dialog? Wir lehnen einen solchen Stil ab und sind der Ansicht, daß es sich um viel zu ernste Dinge handelt, um mit ihnen ein Wortspiel zu treiben. Und wir möchten darauf bauen, daß man uns in Amerika letzten Endes begreifen und in adäquater, würdiger Weise auf unseren Appell reagieren wird.
Ich möchte sagen, daß die Einstellung zum Stopp der Nukleartests, zur schnellstmöglichen Ausarbeitung eines Vertrages über ihr vollständiges Verbot heute zum überzeugendsten Gradmesser dafür geworden ist, wie ernsthaft jede der größten Kernwaffenmächte wirklich an die Abrüstung, die internationale Sicherheit und die Frage des Friedens überhaupt herangeht. Mehr noch, das ist der Prüfstein, an dem sich die wirkliche Orientierung und der Hauptinhalt der Außenpolitik einer Nuklearmacht messen läßt.

Seit 1. Januar 1987 hat die Sowjetunion ihr einseitiges Moratorium für Kernwaffenversuche aufgehoben.

Wir hatten öffentlich und in unserem Briefwechsel mit Präsident Reagan wiederholt gewarnt, daß die Sowjetunion ihr einseitiges Moratorium nicht endlos verlängern kann.
Dadurch, daß unser Land über einen längeren Zeitraum weder zu Testzwecken noch für friedliche Belange Explosionen durchgeführt hat, ist es ein gewisses Risiko eingegangen. Die USA fuhren während unseres Moratoriums fort, großangelegte Militärprogramme zu realisieren, darunter auch im Rahmen der sogenannten „strategischen Verteidigungsinitiative“. Ein Bestandteil dieser Programme sind die nuklearen Explosionen auf dem Testgelände von Nevada. Unter diesen Bedingungen sehen wir uns gezwungen, die von uns freiwillig übernommene einseitige Verpflichtung zum Verzicht auf jegliche nukleare Explosionen aufzukündigen, weil wir die eigene Sicherheit und die Sicherheit unserer Verbündeten und Freunde nicht preisgeben können. Ich wiederhole: Zu dieser Entscheidung haben uns die Aktivitäten der USA gezwungen.
Aber auch in dieser neuen Situation bleibt die Hauptaufgabe ein völkerrechtliches Verbot der Kernwaffenversuche. Ich möchte unterstreichen, daß die Sowjetunion alles tut, was erforderlich ist, damit ein bilaterales sowjetisch-amerikanisches Moratorium Realität wird. Wir sind bereit, jederzeit auf die

Frage eines gemeinsamen Moratoriums zurückzukommen, wenn die USA keine Nukleartests durchführen werden.
Wir bedauern, daß die Fortsetzung der Tests durch die Amerikaner die Wirkung unseres Moratoriums eingestellt hat. Es war aber nicht vergeblich. Durch unser Moratorium zeigten wir, daß die Nichtdurchführung der Versuche eine realistische Sache ist, mag nur der politische Wille dazu vorhanden sein. Die Sowjetunion wird ihr Ziel, den nuklearen Versuchen ein Ende zu setzen, eine einschneidende Reduzierung der angehäuften Vorräte an nuklearen Rüstungen und danach deren Vernichtung zu erwirken, nicht aufgegeben.
Der von uns vorgeschlagene Komplex von neuen außenpolitischen Initiativen ist darauf gerichtet, daß die Menschheit das Jahr 2000 unter friedlichem Himmel und Weltraum begeht, daß sie keine Angst vor der nuklearen, chemischen oder irgendeiner anderen Vernichtungsgefahr kennt und fest an das eigene Überleben und das Fortbestehen des Menschengeschlechtes glaubt.
(3/15; 10/114,115; 17/18)

Sicherheit und Frieden für die Menschheit verspricht auch der amerikanische Präsident Ronald Reagan und sieht seine Mission darin, die „Strategic Defense Initiative", zu deutsch „Strategische Verteidigungsinitiative", abgekürzt „SDI", zu verwirklichen.
SDI ist ein in vorbereitender Forschung befindliches weltraumgestütztes Waffensystem zur Abwehr von Atomraketen, insbesondere der strategischen Waffen mit interkontinentaler Reichweite.
Die Befürworter von SDI sehen – neben anderen Vorteilen – in ihrer abschreckenden Wirkung eine Verminderung der Gefahr eines Atomkrieges.
Gegner von SDI, dazu zählt vor allem die Sowjetunion – aber nicht nur – befürchten dagegen, daß SDI ein Wettrüsten im Weltraum fortsetzt und die Gefahr eines Atomkrieges („Sternenkrieges") vergrößert.
Michail Gorbatschows Position zu SDI ist klar:

Das amerikanische „Sternenkriegs"-Programm verstärkt nach unserer tiefen Überzeugung in der Tat die Kriegsgefahr und kann sie in einer bestimmten Etappe zur Wahrscheinlichkeit werden lassen. SDI bedeutet eine neue Etappe des Wettrüstens. Es bedeutet neue Arten von Waffen, Weltraumwaffen. Es ist klar, daß dadurch die internationalen Spannungen nicht gemindert, sondern erhöht werden.

SDI destabilisiert die strategische Situation, festigt das Vertrauen nicht, sondern untergräbt es im Gegenteil noch weiter und wird Verdächtigungen säen. Das Mißtrauen wird sich vergrößern. Die Situation, die entstehen kann, birgt die Gefahr von Kurzschlußhandlungen in sich.
Obwohl die Verwirklichung der „Sternenkriegs"-Idee erst nach Jahrzehnten erfolgen soll und nur eine Handvoll „Enthusiasten" an ihre Durchführbarkeit glaubt, wird sie – wenn die USA weiter darauf beharren – bereits in naher Zukunft sehr ernste Folgen haben. Es handelt sich darum, daß Washington mit der Verwirklichung des „Sternenkriegs"-Programms im Grunde bewußt darauf hinsteuert, die laufenden Verhandlungen zu sprengen und alle bestehenden Rüstungsbegrenzungen zunichte zu machen.
In diesem Falle würden sich die UdSSR und die USA, ihre Verbündeten und die ganze Welt, bereits in den nächsten Jahren in einer Situation absolut unkontrollierbaren Wettrüstens, des strategischen Chaos, der überaus gefährlichen Untergrabung der Stabilität, allgemeiner Unsicherheit und Angst (und des mit alldem verbundenen wachsenden Risikos einer Katastrophe) befinden.
Ich wiederhole: Diese Gefahr droht nicht unseren Urenkeln, sondern uns selbst, uns allen, der ganzen Menschheit.
Wozu dieses Risiko eingehen? Ich nehme an, daß Präsident Reagan persönlich an die „rettende" Mission der „Sternenkriege" glaubt. Aber wenn es nur darum geht, mit der nuklearen Bedrohung Schluß zu machen, warum könnten die USA sich dann nicht im Prinzip mit den jüngsten Vorschlägen der UdSSR einverstanden erklären: Sehen sie doch einen weitaus kürzeren, direkteren, billigeren und vor allem sichereren Weg zur Beseitigung der nuklearen Bedrohung vor – die vollständige Liquidierung der Kernwaffen. Ich betone, einen sichereren. Denn der jetzt von den USA vorgeschlagene Weg zu diesem Ziel ist aussichtslos.
Deshalb müssen sowohl die Amerikaner als auch die gesamte internationale Gemeinschaft genau abwägen, wohin SDI die Welt bringt.
(15/277; 10/37,38)

Hier muß man erwidern, daß sich in vielen Staaten Widerstand gegen das Wettrüsten im Weltraum gebildet hat. Selbst aus dem Weißen Haus

sind Bedenken gegen SDI zu hören – nicht zuletzt im Hinblick auf den zu erwartenden gewaltigen finanziellen Aufwand.

Schließlich ist auch die wirtschaftliche Seite von SDI nicht ohne Bedeutung. Sie ist ein wahrhaft gefräßiges Ungeheuer. Nach amerikanischen Angaben werden dafür mindestens eine Billion Dollar, nach anderen Angaben zwei Billionen Dollar ausgegeben. Das wird Amerika treffen, das wird jene Länder treffen, die gezwungen sein werden, ebenfalls an diesem Wettlauf teilzunehmen. Und schließlich: Die Probleme und Nöte der Entwicklungsländer bleiben auf der Strecke. Und das sind himmelschreiende Probleme.
Dazu folgendes: Heute dehnt sich die Souveränität eines jeweiligen Staates auf den Luftraum über dem nationalen Gebiet aus. Der Staat besitzt das unbestreitbare Recht, ihn vor einem Einfall zu verteidigen. Vom Weltraum aus, wohin man nun Waffen bringen will, wird eine viel größere Gefahr ausgehen. Derartige Absichten stellen den Versuch dar, ein neues Instrument der Erpressung gegenüber den unabhängigen Staaten zu schaffen. Daher ist es wohl an der Zeit, auf völkerrechtlicher Ebene zu verbieten, Waffen im Weltraum über den Köpfen der Bürger anderer Länder zu lagern.
Die Frage der „Sternenkriege" ist also sehr weitreichend. Hier prallen nicht nur zwei Haltungen zu diesem konkreten Programm aufeinander, sondern auch ein unterschiedliches Herangehen, zwei Sicherheitskonzeptionen.
(15/30; 17/20; 10/39)

Das sowjetische Sicherheitskonzept „gleiche Sicherheit für alle" zeigt sich als Produkt des „Neuen Denkens in der Außenpolitik". Wie sieht Michail Gorbatschow das amerikanische Sicherheitskonzept?

Das amerikanische Sicherheitskonzept, das ist die Konzeption der Gewährleistung der Sicherheit vor allem durch militärtechnische Mittel, in diesem Fall durch eine neue „Superwaffe", einen technischen Trick, der helfen soll, aus der nuklearen Sackgasse herauszukommen. Die USA wollen dabei, ungeachtet des sehr vagen und bis zum Lächerlichen unglaubwürdigen Geredes über die Bereitschaft „zu gegebener Zeit" mit anderen Ländern, einschließlich der UdSSR, die „Wundertechnologie" zu teilen, nur allein aus der Sackgasse herauskommen, für sich selbst ab-

solute Sicherheit erreichen und alle anderen in die Lage der „absoluten Unsicherheit“ versetzen.
Die sowjetische Sicherheitskonzeption baut auf die Gewährleistung der gleichen Sicherheit für alle auf dem Wege der Reduzierung von Rüstungen und der Abrüstung bis zur vollständigen Liquidierung aller Arten von Massenvernichtungswaffen.
Denn in unserer Zeit kann es keine Sicherheit der UdSSR ohne eine Sicherheit der USA, keine Sicherheit der Länder des Warschauer Vertrages ohne eine Sicherheit der NATO-Länder geben. Und ohne ihre gegenseitige Sicherheit kann es auch keine allgemeine Sicherheit geben.
Wir wissen, daß die Realisierung unserer Sicherheitskonzeptionen enorme Anstrengungen, Arbeit, beharrlichen Kampf und Bruch mit tausendjährigen Traditionen erfordert.
Aber die Welt kann nicht einfach auf die alte Weise weiter leben und handeln, wenn die reale Gefahr eines Kernwaffenkrieges besteht.
(10/39,40)

Sollten die USA ihre SDI-Pläne realisieren, könnte Michail Gorbatschows neues Sicherheitskonzept nicht Fuß fassen. Keine ermutigenden Aussichten für die Sowjetunion. Dessen ungeachtet verkündete Michail Gorbatschow nach dem Genfer Gipfeltreffen vom November 1985 – als die westlichen Medien keine besonderen Anzeichen der Entspannung registrierten – sein „historisches Abrüstungsprogramm“.

Hier muß man nach meiner Meinung bei den Einschätzungen vorsichtig sein. Gewisse Anzeichen begannen sichtbar zu werden, eine gewisse Änderung der politischen Atmosphäre war zu spüren. Das weckte bei den Völkern vieler Länder die Hoffnung und den Glauben an die Möglichkeit, zur Entspannung zurückzukehren, das sinnlose Wettrüsten zu stoppen und eine normale, friedliche internationale Zusammenarbeit zu entwickeln. Dies ist schon etwas Reales, politisch Bedeutsames.
Die sich verändernde politische Atmosphäre half auch uns, half der Sowjetunion, noch kühner und noch entschlossener an die Ausarbeitung neuer Vorschläge, neuer Initiativen heranzugehen. Manchmal werde ich gefragt: Kann die Sowjetunion glauben, daß die gegenwärtige USA-Administration und die Regierung einiger mit ihr verbündeter Länder den neuen sowjetischen Vorschlägen zustimmen? Beispielsweise dem völligen Verbot

nuklearer Explosionen, der etappenweisen Vernichtung der nuklearen Waffen in Europa und in der ganzen Welt, der Verhinderung des Wettrüstens im Weltraum usw.
Man darf eine Politik, besonders im Zeitalter der Kernwaffen, nicht nach dem Prinzip gestalten: Vertraust du dem Partner überhaupt, oder nicht. Eine Politik muß auf realen Grundlagen aufbauen, die Verteidigung der Kräfte in der internationalen Arena sowie die Bedürfnisse der Zeit, die Interessen des eigenen Volkes, der anderen Völker und des allgemeinen Friedens berücksichtigen.
Da dem so ist, ist die Sowjetunion als sozialistischer Staat einfach verpflichtet, der Welt eine radikale und gleichzeitig realistische, die Interessen aller Völker berücksichtigende Alternative zu einem Nuklearkrieg, ein Programm zur Lösung der vor der Menschheit stehenden Probleme vorzuschlagen.
Diese Vorschläge führen zu einer „Stunde der Wahrheit". Sie zwingen unsere Verhandlungspartner, die Maske fallen zu lassen und zu zeigen, welche Ziele ihre Politik in Wirklichkeit verfolgt. (10/40,41)

Vor der Ära Gorbatschow gehörte es nicht zur Gepflogenheit der Sowjetunion, mit außen- und sicherheitspolitischen Konzepten in so spektakulärer Weise an die Weltöffentlichkeit zu treten, wie dies der derzeitige Parteichef handhabt. Neues Public Relation-Management im Kreml?

In dem von W.I. Lenin geschriebenen „Dekret über den Frieden" (es war übrigens das allererste Dekret der gerade erst geborenen Sowjetmacht) wurde die feste Absicht des ersten sozialistischen Staates der Geschichte zum Ausdruck gebracht, in der Politik „alle Verhandlungen völlig offen vor dem ganzen Volk zu führen", sich an die Regierungen und Völker mit seinen Vorschlägen zu wenden und „...den Völkern (zu) helfen, in die Fragen des Friedens einzugreifen".
Als Lenin den Entwurf dieses Dekrets dem Sowjetkongreß zur Beratung vorlegte, sagte er: „Wir kämpfen gegen den Betrug der Regierungen, die alle die Worte Frieden und Gerechtigkeit im Munde führen, in der Tat aber räuberische Eroberungskriege führen." Und zugleich sagte er in bezug auf die Beziehungen des Sowjetlandes zu den kapitalistischen Mächten: „Wir dürfen und sollen den Regierungen nicht die Möglichkeit geben, sich hinter unserer Unnachgiebigkeit zu verstecken und den Völkern

zu verheimlichen, wofür sie zur Schlachtbank geführt werden... Ultimative Forderungen würden unseren Gegnern die Lage erleichtern. Wir aber werden dem Volk alle Bedingungen zeigen. Wir werden unsere Bedingung allen Regierungen stellen, mögen sie ihren Völkern Rede und Antwort stehen."

So lautet die prinzipielle kommunistische Fragestellung. Und ich habe mich nicht zufällig an diese Leninschen Worte und Leninschen Prinzipien erinnert. Die damalige und die jetzige Situation ähneln einander sehr. 1917, auf dem Höhepunkt des Ersten Weltkrieges, war folgende Frage entscheidend: Wie kann das den Völkern von den imperialistischen Regierungen aufgezwungene Blutvergießen am schnellsten beendet werden?

W.I. Lenin und die Partei beschlossen, daß der wirksamste Weg darin bestünde, sich nicht nur an die Regierungen, sondern auch an die Völker zu wenden. Jetzt sind die Völker der Welt in einen nuklearen Wettlauf hineingezogen worden, der sie mit einem noch schrecklicheren Blutbad bedroht.

Daher ist es natürlich, daß wir, die wir beharrlich und mühselig an der Lösung dieser Probleme mit den Regierungen des Westens arbeiten, uns auch ständig an die Völker wenden und unsere Politik an sie adressieren.

(10/41,42)

Wir lenken jetzt die Aufmerksamkeit auf das sowjetische Abrüstungsprogramm vom 15. Januar 1986, das (unter anderem) die vollständige Vernichtung aller Kernwaffen bis zum Jahre 2000 vorsieht.

Eine atomwaffenfreie Welt? Reale Möglichkeit oder Utopie? Michail Gorbatschows Plan – mit dem er in Befolgung Leninscher Prinzipien an die Weltöffentlichkeit trat – sorgt für Aufregung. Auch innerhalb des westlichen Verteidigungsbündnisses.

Hier muß man sich über nationalen Egoismus, über taktische Kalkulationen, Streitigkeiten und Zwietracht hinwegsetzen, deren Bedeutung im Vergleich zur Erhaltung des einzig wahren Wertes – des Friedens, der sicheren Zukunft – nichtig ist. Zusammenfassend waren unsere Vorschläge folgende:

Die erste Etappe.

Im Laufe von 5 – 8 Jahren reduzieren die UdSSR und die USA die Kernwaffen, die das Territorium des anderen erreichen können, um die Hälfte. Auf den in ihrem Besitz verbleibenden Trägermitteln dieser Art sollen nicht mehr als jeweils 6000 Spreng-

ladungen beibehalten werden. Es versteht sich von selbst, daß eine solche Reduzierung nur im Falle des gegenseitigen Verzichts der UdSSR und der USA auf Schaffung, Tests und Stationierung von Weltraumangriffswaffen möglich ist. Wie die Sowjetunion mehrmals gewarnt hat, würde die Schaffung der Weltraumangriffswaffen die Hoffnungen auf die Reduzierung der Kernwaffen auf der Erde durchkreuzen.
In der ersten Etappe wird als erster Schritt auf dem Wege zur Befreiung des europäischen Kontinents von Kernwaffen die Entscheidung über die vollständige Beseitigung der Mittelstreckenraketen der UdSSR und der USA in der europäischen Zone – sowohl der ballistischen Raketen als auch der Marschflugkörper – erreicht und realisiert.
Dabei müssen die USA die Verpflichtung übernehmen, keine strategischen und Mittelstreckenraketen an andere Länder zu liefern, und Großbritannien und Frankreich sich dafür verbürgen, ihre entsprechenden Kernwaffen nicht aufzustocken.
Es ist notwendig, daß sich die UdSSR und die USA von Anfang an über die Einstellung jeglicher nuklearer Tests einigen und an die anderen Staaten den Aufruf richten, sich möglichst bald einem solchen Moratorium anzuschließen.
(3/4,5)

Die Ablehnung der Nachrüstung und der Widerstand gegen alle atomaren Mittelstreckenraketen in Europa ist seit Anfang der achtziger Jahre das einigende Band aller westeuropäischen Friedensbewegungen, an der parteipolitische, aber auch unabhängige und religiöse Kräfte teilhaben.

Wenn es um die Erhaltung des Friedens, um die Befreiung der Menschheit vor der Gefahr des Atomkrieges geht, so kann es hier keine Unbefugten geben. Das ist die Sache aller und jedes einzelnen. Hier zählt der Beitrag jedes Staates, ob groß oder klein, sozialistisch oder kapitalistisch. Hier zählt der Beitrag jeder verantwortlichen politischen Partei, jeder gesellschaftlichen Organisation, jedes Menschen. Es gibt keine Aufgabe, die dringender, die edler und humaner wäre, als die Anstrengungen zur Erreichung dieses hohen Ziels zu vereinigen. Diese Aufgaben werden Menschen unserer Generation bewältigen müssen, ohne sie auf die Nachkommen abzuwälzen.
(3/16)

Die westeuropäischen Friedensbewegungen hatten anfangs gegen die Verdächtigungen zu kämpfen, „kommunistisch unterwandert“ zu sein und als „Handlanger Moskauer Außenpolitik“ zu fungieren.

Nur Böswillige meinen, daß die gesamte Friedensbewegung, daß alle, die für den Frieden eintreten, den „Machenschaften Moskaus“ folgen. Heute erheben sich Frauen, Kinder, Männer jeden Alters, reichen einander die Hände und fordern, diese gefährliche Tendenz zu stoppen, die die Welt auf einen Kernwaffenkrieg zubewegt.
(12/VII)

Neben der UdSSR und den USA bestehen noch weitere Nuklearmächte. Wie sind diese Staaten in dem Plan erfaßt?

Wenn die erste Etappe der nuklearen Abrüstung die UdSSR und die USA betrifft, so deswegen, weil gerade sie den anderen Nuklearmächten ein Beispiel geben müssen. Das haben wir auch mit aller Offenheit dem Präsidenten, Ronald Reagan, während des Treffens in Genf erklärt.
Die zweite Etappe.
In dieser Etappe, die spätestens 1990 anfangen und fünf bis sieben Jahre dauern soll, beginnen die übrigen Nuklearmächte, sich der nuklearen Abrüstung anzuschließen. Zunächst würden sie die Verpflichtung übernehmen, alle ihre Kernwaffen einzufrieren und sie auch nicht auf den Territorien anderer Länder zu stationieren.
Die UdSSR und die USA setzen inzwischen die Reduzierungen fort, die sie in der ersten Etappe vereinbart haben, ergreifen weitere Maßnahmen zur Beseitigung ihrer Kernwaffen mittlerer Reichweite und frieren ihre taktischen nuklearen Mittel ein.
Nachdem die UdSSR und die USA in der zweiten Etappe die fünfzigprozentige Reduzierung ihrer entsprechenden Rüstungen abgeschlossen haben, wird ein weiterer radikaler Schritt unternommen: alle Nuklearmächte liquidieren ihre taktischen Kernwaffen, das heißt: Mittelstreckenraketen mit Reichweiten bis 1000 Kilometer.
In derselben Etappe soll die sowjetisch-amerikanische Vereinbarung über das Verbot von Weltraumangriffswaffen multilateral unter der obligatorischen Teilnahme der führenden Industriemächte werden.

Alle Nuklearmächte würden ihre Kernwaffentests einstellen.
Die Schaffung von nichtnuklearen, sich auf neue physikalische Prinzipien stützenden Waffen, die ihrer Schlagfähigkeit nach den nuklearen und anderen Massenvernichtungsmitteln gleichen, würden verboten.
Die dritte Etappe beginnt spätestens 1995. In ihrem Verlauf wird die Beseitigung aller noch verbliebenen Kernwaffen abgeschlossen. Ende des Jahres 1999 wird es auf der Erde keine Kernwaffen mehr geben. Es wird eine universelle Vereinbarung darüber erarbeitet, daß sie nie mehr auferstehen.
Dabei wird an die Ausarbeitung spezieller Prozeduren zur Vernichtung von Kernwaffen, sowie zum Abbau, zur Umrüstung oder Vernichtung von Trägermitteln gedacht. Die Zahl der Waffen, die auf jeder Etappe zu vernichten sind, die Orte, an denen sie zu vernichten sind usw., werden vereinbart.
Die Kontrolle über die zu vernichtenden und zu begrenzenden Rüstungen würde sowohl durch die „Nationalen Technischen Mittel" als auch durch Inspektionen vor Ort durchgeführt. Die UdSSR ist bereit, jegliche zusätzliche Kontrollmaßnahme zu vereinbaren.
Also schlagen wir vor, in das dritte Jahrtausend ohne Kernwaffen, auf der Grundlage gegenseitig annehmbarer und streng kontrollierbarer Vereinbarungen einzutreten.
Die Sowjetunion ruft alle Völker und Staaten, in erster Linie selbstverständlich die kernwaffenbesitzenden, dazu auf, das Programm der Beseitigung der Kernwaffen bis zum Jahr 2000 zu unterstützen.
Für jeden unvoreingenommenen Menschen ist es völlig offensichtlich, daß im Ergebnis der Verwirklichung eines solchen Programms niemand verliert, sondern alle nur gewinnen können. Es handelt sich um ein Problem von gesamtmenschlicher Bedeutung, das nur gemeinsam gelöst werden kann und muß. Und je schneller dieses Programm in die Sprache der praktischen Taten umgesetzt wird, desto sicherer wird das Leben auf unserem Planeten.
(3/4,5,6,7)

Die Beseitigung der Mittelstreckenraketen in Europa kommt der von Präsident Ronald Reagan schon in früheren Zeiten propagierten „Null-Lösung für Europa" sehr entgegen.

Als wir am 15. Januar 1986 unser konkretes Programm zur Beseitigung der Kernwaffen verkündeten, begrüßte der Präsident der Vereinigten Staaten nach seinen Worten unseren weiteren Schritt in diesem Prozeß und erinnerte an seine analogen Ausführungen von 1983 und später. Zudem waren wir auch in Genf damit einverstanden, daß ein Kernwaffenkrieg unzulässig ist. Wir sagen also in prinzipieller Hinsicht ein und dasselbe. Doch wir können bei den Genfer Abrüstungsgesprächen nicht vom Fleck kommen, um mit einer realen Fortbewegung auf dieses Ziel hin zu beginnen, das von der sowjetischen und der amerikanischen Seite verkündet wurde. Wir suchen ständig nach Mitteln und Wegen, um gemeinsam mit Amerika und den anderen Nuklearmächten ein Vorankommen auf dem Weg zur Reduzierung der nuklearen Rüstung einzuleiten.
Wenn sich die USA-Administration dem Ziel der vollständigen und allgemeinen Beseitigung der Kernwaffen verpflichtet fühlt, wie sie es mehrmals bekundet hat, wird ihr die praktische Möglichkeit eingeräumt, sich damit tatsächlich zu befassen.
Wäre es nicht vernünftiger, statt die nächsten 10 – 15 Jahre für die Schaffung der neuen, für die Menschheit äußerst gefährlichen Weltraumwaffen zu vergeuden, die angeblich dazu bestimmt sind, die Kernwaffen überflüssig zu machen, mit der Vernichtung dieser Waffen zu beginnen und sie letzten Endes auf den Nullpunkt zu bringen?
Die Sowjetunion schlägt gerade diesen Weg vor.
(10/92, 93; 3/6)

Der sowjetische Friedensplan sieht als ersten Schritt der ersten Etappe die nukleare Abrüstung des europäischen Kontinents vor. Warum diese „Bevorzugung" Europas?

Wir messen der europäischen Dimension in unserer Außenpolitik erstrangige Bedeutung bei. Warum? Vor allem deshalb, weil unsere Völker auf diesem Kontinent leben, zusammen mit anderen Völkern legitime Erben der hier entstandenen Zivilisation sind und ihren unabdingbaren Beitrag zu ihrer Entwicklung leisten.
Es ist durchaus kein Zufall, daß ein wesentlicher Teil der neuen sowjetischen Initiativen unmittelbar Europa betrifft. Bei einer grundlegenden Wende hin zur Friedenspolitik könnte Europa eine besondere Mission zuteil werden. Diese wäre ein Neubau

der Entspannung, Europa verfügt dafür über die notwendigen, oft unikalen historischen Erfahrungen. In Europa hat das neue Denken Wurzeln geschlagen, und es wächst das Verantwortungsgefühl für die Erhaltung und Festigung unseres europäischen Hauses.
(24/20; 3/13; 12/VI)

„Unser europäisches Haus" klingt neuartig. Immerhin gibt es – als Folge des Zweiten Weltkrieges – eine Aufteilung Europas in „Ost und West" oder „Warschauer Pakt und NATO".

Der Sozialismus bedeutete eine tiefgehende Wende in der jahrhundertealten Geschichte auch dieses Teils der Welt. Kriege waren hier von alters her Meilensteine. Die Zerschlagung des Faschismus und der Sieg der sozialistischen Revolution in den osteuropäischen Ländern schufen auf dem Kontinent eine neue Situation – hier entstand eine mächtige Kraft, die sich das Ziel setzte, die unendliche Kette bewaffneter Konflikte zu unterbrechen. Und dem Sozialismus verdankt es Europa auch, daß seine Völker bereits seit über vierzig Jahren keine Kriege kennen.
Wir treten entschlossen gegen die Aufteilung des Kontinents in einander gegenüberstehende Militärblöcke auf, gegen die Anhäufung von Waffenarsenalen in Europa und gegen alles, was eine Quelle der Kriegsgefahr sein könnte.
Im Lichte der neuen Denkweise legten wir die Idee des „gesamteuropäischen Hauses" vor. Das ist nicht nur eine schöne Utopie, sondern das Ergebnis ernsthafter Analysen der Situation auf dem Kontinent.
Der Begriff „gesamteuropäisches Haus" bedeutet vor allem die Anerkennung einer bestimmten Ganzheitlichkeit, obwohl es um Staaten geht, die unterschiedlichen sozialen Systemen und entgegengesetzten militärpolitischen Blöcken angehören.
Bei seiner hohen Bevölkerungsdichte und seinem Urbanisierungsgrad ist Europa mit Waffen übersättigt. Auf diesem Kontinent stehen einander drei Millionen Mann starke Armeen gegenüber. Selbst ein „konventioneller" Krieg wäre hier verderblich. Nicht nur, weil die Zerstörungskraft der „konventionellen Rüstungen" gegenwärtig um mehrere Größenordnungen höher ist als jene, die im Zweiten Weltkrieg eingesetzt wurden, sondern auch, weil es auf seinem Territorium etwa 200 Blöcke in den Kernkraftwerken und ein engmaschiges Netz von lei-

stungsstarken chemischen Betrieben gibt, deren Vernichtung den Kontinent zum Leben ungeeignet machen würde.
Und nehmen Sie die Verschmutzung der Umwelt. Das Ausmaß der Industrialisierung und der Entwicklung des Verkehrswesens auf unserem Kontinent ist so, daß sich die Gefahr der Zerstörung des ökologischen Gleichgewichts bereits dem kritischen Punkt genähert hat. Dieses Problem ist weit über die nationalen Grenzen hinausgegangen. Es ist gesamteuropäisch.
Europa „vom Atlantik bis zum Ural" ist auch die historisch-kulturelle Kategorie im höchsten geistigen Sinne. Hier wurde die Weltzivilisation durch die Ideen der Renaissance und der Aufklärung bereichert, hier erfuhr die humanistische Tradition und die Lehre vom Sozialismus eine mächtige Entwicklung, hier wurde ein unschätzbarer Fonds in allen Zweigen der wissenschaftlichen Kenntnisse und der künstlerischen Erkenntnis der Welt durch die Anstrengungen genialer Menschen aller europäischen Nationen geschaffen.
Also schlagen wir statt des nuklearen Krematoriums für Europa die friedliche Entwicklung der vielgestaltigen und zugleich ganzheitlichen europäischen Kultur vor.
In diesem Sinne handeln, gemeinsame Interessen ermitteln, das Niveau der militärischen Konfrontation senken, eine Welt ohne Kernwaffen anstreben – das sind unsere Absichten in Europa.
(24/20, 21, 23)

Alle bisherigen Kriege in Europa wurden mit „konventionellen Waffen" geführt und verursachten – besonders der Erste und Zweite Weltkrieg – gigantische Verwüstungen und Millionen von Toten. Es erhebt sich die Frage, warum Europa „sicherer" sein sollte, wenn die Kernwaffen beseitigt sind, aber konventionelle Rüstungen, deren „Zerstörungskraft um mehrere Größenordnungen höher ist", bereitstehen?

Ja, das ist keine unnütze Frage. Aber wir werden uns niemals damit einverstanden erklären, daß die Kernwaffen als ein zuverlässiges Mittel zur Friedenssicherung angesehen werden.
Nach unserer Überzeugung müssen in einer kernwaffenfreien Welt starke politisch-rechtliche Mechanismen zur Regelung der internationalen Beziehungen geschaffen werden und funktionieren. Sie zu entwickeln, ist die gemeinsame Aufgabe aller Staaten – der kernwaffenbesitzenden wie der nichtkernwaffenbesitzenden, der entwickelten und der Entwicklungsländer.

Eine wichtige Rolle wird hier offenbar der Organisation der Vereinten Nationen zukommen, deren Rolle und Bedeutung unserer Meinung nach zunehmen muß.
Insgesamt würden wir es begrüßen, wenn ein internationaler Dialog zum gesamten Fragenkomplex eines umfassenden Sicherheitssystems in einer kernwaffenfreien Welt mit einem ausreichenden Minimum an Waffen, deren Struktur nur von den Erfordernissen der Verteidigung bestimmt würde, in Gang käme.
(25/20)

Konservative NATO-Kreise wehren sich gegen eine Null-Lösung bei Mittelstreckenraketen und verweisen auf die Bedrohung durch die Überlegenheit der Warschauer-Pakt-Staaten in konventioneller Rüstung.

Man erklärt uns, Westeuropa könne nicht auf Kernwaffen verzichten, auch auf die amerikanischen nicht, weil es sich dann angesichts der Streitkräfte und konventionellen Rüstungen der Warschauer Vertragsstaaten weniger sicher fühlen würde.
Die Presse sucht dieses Scheinargument noch zu untermauern, indem sie phantastische Schreckensbilder einer Invasion von einer Armada sowjetischer Panzer in den Westen verbreitet.
Ich möchte an alle Menschen in Westeuropa appellieren: Glaubt nicht den Hirngespinsten von der Aggressivität der Sowjetunion. Niemals und unter keinen Umständen wird unser Land Kriegshandlungen gegen Westeuropa beginnen, wenn wir und unsere Bündnispartner nicht zum Objekt eines Überfalles seitens der NATO werden.
Ich wiederhole: Niemals!
Diese Position möchten wir durch eine neue Initiative untermauern, die nunmehr die konventionellen Rüstungen und Streitkräfte betrifft.
Die UdSSR schlägt vor, eine bedeutende Reduzierung aller Komponenten der Landstreitkräfte und der taktischen Fliegerkräfte der europäischen Staaten sowie der in Europa dislozierten entsprechenden Kräfte der USA und Kanada zu vereinbaren.
Die abzubauenden Truppenverbände und -einheiten müßten aufgelöst und ihre Rüstungen entweder vernichtet oder auf den nationalen Territorien gelagert werden.
Der Reduzierungsraum müßte selbstverständlich das Territorium ganz Europas vom Atlantik bis zum Ural umfassen.

Gleichzeitig mit den konventionellen würden auch die nuklearen Rüstungen operativ-taktischer Bestimmung abgebaut werden.
Das ist ein ernsthaftes Verhandlungsangebot. Wir meinen, daß es diese umfassendere Fragestellung ermöglicht, den Knoten zu lösen, der nun schon seit so vielen Jahren bei den Wiener Verhandlungen immer fester wird.
(10/108, 109)

Besonders bei einer Reduzierung der konventionellen Rüstungen müßten doch neben der UdSSR auch die anderen Warschauer-Pakt-Staaten ein gewichtiges Wort mitzureden haben. Im Juni 1986 fand in Budapest eine Tagung des „Politischen beratenden Ausschusses der Teilnehmerstaaten des Warschauer Vertrages" statt. Begrüßen die Verbündeten den Abrüstungskurs Michail Gorbatschows?

Die lebendige und konstruktive Atmosphäre der Budapester Tagung verdient, besonders hervorgehoben zu werden. Alle Genossen – und das sind die Zeichen der Zeit – haben die konkreten Fragen unter dem Aspekt der außenpolitischen Gesamtstrategie der verbündeten sozialistischen Staaten erörtert. Kurzum, in Budapest zeigten sich Einheit und schöpferische Zusammenarbeit, die die internationale Politik des Sozialismus bereichert und seinen Aktionen auf dem Schauplatz des internationalen Geschehens noch größeres Gewicht verleiht.
Die Bedeutung der Tagungen des Politischen beratenden Ausschusses wird bekanntlich in vielerlei Hinsicht durch die neuen Initiativen bestimmt, die von ihm ausgehen.
Ein Kernpunkt des Budapester Treffens war der gemeinsam erarbeitete detaillierte Vorschlag über die Reduzierung der konventionellen Rüstungen und Streitkräfte in ganz Europa – vom Atlantik bis zum Ural. Sein Inhalt wurde veröffentlicht. Es geht darum, in den nächsten Jahren die Streitkräfte beider Seiten um 25 Prozent zu reduzieren.
Damit wird auch das spekulative Argument zunichte gemacht, daß die nukleare Abrüstung in Europa bei Fortbestand der derzeitigen Stärke der konventionellen Streitkräfte die westeuropäischen Staaten in eine nachteilige Lage bringen würde.
Es ist bezeichnend, daß sich der Westen außerstande sah, diesen Vorschlag von vornherein abzulehnen.
Alle Teilnehmer der Tagung stellten mit Genugtuung fest, daß

in der Arbeit des höchsten Organs des Warschauer Vertrages in letzter Zeit mehr Dynamik und Operativität zu verzeichnen waren. Die in Budapest gefaßten Beschlüsse sind ein gewichtiger Beitrag der sozialistischen Länder zum Kampf um die Gesundung der internationalen Lage.
(10/136, 137)

Eine 25prozentige Reduzierung auf beiden Seiten berührt aber noch nicht die von Westeuropa angemahnte Ungleichheit bzw. militärische Überlegenheit des Warschauer Paktes in konventionellen Rüstungen.

Seitens des Westens spricht man über Ungleichheit und Mißverhältnis. Natürlich besteht bei den Streitkräften beider Seiten in Europa eine Asymmetrie, die durch historische, geographische und andere Faktoren bedingt ist.
Wir sind für die Beseitigung eines bei einigen Elementen entstandenen Mißverhältnisses, jedoch nicht durch eine Verstärkung bei dem, der zurückgeblieben ist, sondern durch eine Reduzierung bei dem, der voran ist.
Natürlich müßte man entsprechende Angaben über die Streitkräfte und Rüstungen der UdSSR, der USA und anderer Staaten dieser Region austauschen.
Die Reduzierung der Streitkräfte und Rüstungen in Europa bedarf der Anstrengungen aller europäischen Staaten, der USA und Kanadas. Gegenwärtig (April 1987) finden in Wien Konsultationen zwischen den Ländern des Warschauer Vertrags und der NATO statt. Da entsteht jedoch die Frage: Ist es nicht an der Zeit, daß sich dort alle Außenminister der Teilnehmerstaaten der „Konferenz über Sicherheit und Zusammenarbeit in Europa“ versammeln und beschließen, großangelegte Verhandlungen mit dem Ziel zu beginnen, die taktischen Kernwaffen, Streitkräfte und konventionellen Rüstungen radikal zu reduzieren?
Bei solchen Verhandlungen könnte man auch eine Reihe von erstrangigen Maßnahmen erörtern, die mit dem Abbau der militärischen Konfrontation und der Verhinderung der Gefahr eines überraschenden Überfalls sowie auch mit dem gegenseitigen Abzug besonders gefährlicher Offensivwaffen aus der Zone der unmittelbaren Berührung der beiden militärischen Bündnisse zusammenhängen.
Das Endziel dieser Verhandlungen wären große Reduzierungen

der Streitkräfte und Rüstungen unter Schaffung einer internationalen Kontrolle und Anwendung von Inspektionen vor Ort. Erfahrungen zur Ausarbeitung möglicher Maßnahmen lieferte die vorjährige (1986) Konferenz in Stockholm.
(24/17)

Wir halten fest: Michail Gorbatschow regt am 10. 4. 1987 (während seines Besuches in Prag) ein Treffen aller Außenminister der KSZE-Teilnehmerstaaten in Wien an, um Verhandlungen über radikale Reduzierungen der Streitkräfte und konventionellen Rüstungen sowie der taktischen Kernwaffen durchzuführen.
Angesichts der riesigen Konzentration an Streitkräften, nuklearen und nicht nuklearen Gefechtsfeldwaffen auf beiden Seiten erscheint diese vorgeschlagene Konferenz von höchster Dringlichkeit.

Leider ist einstweilen so gut wie nichts dafür getan worden, die hier entstandene außerordentlich ungünstige Situation zum Besseren zu verändern. Man muß die Situation durch Ergreifung von Maßnahmen zur Reduzierung und letzten Endes zur Liquidierung der taktischen Kernwaffen, zur radikalen Reduzierung der Streitkräfte und konventionellen Rüstungen entscheidend ändern, um die Möglichkeit eines überraschenden Überfalls auszuschließen.
Ein bedeutender Schritt in diese Richtung wäre die Realisierung des Budapester Programms der Länder des Warschauer Vertrages, in dem vorgeschlagen wird, Fragen der Reduzierung der Streitkräfte und konventionellen Rüstungen im Komplex mit den taktischen Raketen, Angriffsfliegerkräften, der atomaren Artillerie und anderen taktischen Nuklearmitteln zu lösen.
Die Notwendigkeit einer derartigen gemeinsamen Erörterung wird dadurch diktiert, daß die taktischen Kernrüstungen in ihrer Mehrheit Waffen mit „zweifacher Zweckbestimmung“ sind, d. h. sowohl konventionelle als auch nukleare Ladungen tragen können.
(24/16, 17)

Ist zu erwarten, daß der Abbau von Mittelstreckenraketen mit einem Zielgebiet von 500 km bis 5.500 km nun parallel mit den radikalen Reduzierungen der Streitkräfte und konventionellen Rüstungen einschließlich der taktischen Waffen erfolgt?

Die Beseitigung von Kernwaffen – strategischen, operativ-taktischen und Mittelstreckenwaffen – ist natürlich für Europa wie auch für die ganze Welt eine vorrangige Aufgabe. Dies wird wohl keiner abstreiten.

Den Prozeß des Abbaus der militärischen Konfrontation in Europa betrachten wir als einen etappenweisen unter Aufrechterhaltung des Gleichgewichtes auf jeder Etappe und in einem vernünftig hinreichenden Maße. Solche Maßnahmen würden es ermöglichen, den ganzen Berg der in Europa angehäuften Probleme der Streitkräfte und Rüstungen vom Fleck zu schieben. Gegenwärtig (Frühjahr 1987) gibt es eine fürwahr einmalige Chance, und es wäre unverzeihlich, sie zu verpassen.

Zur Festigung der europäischen Sicherheit würden ferner auch Maßnahmen wie die Schaffung von kern- und chemiewaffenfreien Zonen beitragen. Ich möchte erklären, daß wir den Regierungsappell der DDR und CSSR an die Regierung der BRD mit dem Vorschlag unterstützen, in Mitteleuropa einen nuklearwaffenfreien Korridor zu schaffen. Auch die Sozialdemokratische Partei Deutschlands hat bekanntlich ihren Beitrag zur Ausarbeitung der Idee eines derartigen Korridors geleistet.

Aus dieser Zone sollten alle Kernladungen, einschließlich nuklearer Minen, operativ-taktische und taktische Raketen, atomare Artillerie, Trägerflugzeuge der taktischen Angriffsfliegerkräfte sowie Fla-Raketenkomplexe abgezogen werden, die Kernladungen abschießen können. Unter diesen Mitteln bilden die Mittel der sogenannten zweifachen Zweckbestimmung einen bedeutenden Teil.

Unsererseits sind wir bereit, aus diesem Korridor alle sowjetischen Kernmittel abzuziehen. Wir sind bereit, den kernwaffenfreien Status einer derartigen Zone zu garantieren und zu achten.

In der Vereinbarung über einen derartigen Korridor soll natürlich vorgesehen werden, daß es in diesem von den Regierungen der DDR und der CSSR vorgeschlagenen Korridor auf der Seite der NATO keine Kernwaffen gibt.

(24/16, 17, 18, 19)

Bevor wir nun das „Schicksal" der Mittelstreckenraketen aufzeichnen, wenden wir uns nochmals den sowjetischen Abrüstungsvorschlägen vom 15. Januar 1986 zu, und zwar dem Kapitel über chemische Waffen.

Die Sowjetunion hält es für durchaus realistisch, noch in diesem Jahrhundert auch solche barbarischen Massenvernichtungsmittel wie chemische Waffen völlig zu beseitigen.
Die Verhandlungen über chemische Waffen, die im Rahmen der Genfer Abrüstungskonferenz geführt werden, haben sich unzulässig in die Länge gezogen. Wir sind dafür, die Verhandlungen über den Abschluß einer wirksamen und kontrollierbaren internationalen „Konvention über das Verbot der chemischen Waffen“ und die Vernichtung der bestehenden Vorräte an solchen Waffen zu beschleunigen, wie es auch mit dem Präsidenten der USA, Ronald Reagan, in Genf vereinbart wurde.
Ich möchte mit aller Bestimmtheit betonen, daß die Sowjetunion für die schnellste vollständige Beseitigung dieser Waffen und selbst der industriellen Basis für ihre Produktion eintritt.
Wir sind bereit, eine rechtzeitige Ankündigung der Standorte von Betrieben zur Erzeugung von chemischen Waffen sowie die Einstellung ihrer Produkte zu gewährleisten, mit der Ausarbeitung von Prozeduren zur Vernichtung der entsprechenden Produktionsbasis zu beginnen sowie an die Beseitigung der Vorräte an chemischen Waffen kurze Zeit nach Inkrafttreten der Konvention heranzugehen. Wobei all das unter strenger Kontrolle durchgeführt würde, einschließlich internationaler Kontrollen vor Ort.
Zu einer radikalen Lösung des Problems würden auch einige Zwischenschritte beitragen. Zum Beispiel könnte man sich auf multilateraler Basis über die Nichtweitergabe von chemischen Waffen an wen auch immer und über deren Nichtstationierung auf dem Territorium anderer Staaten einigen.
Was die Sowjetunion angeht, so hat sie sich in ihrer praktischen Politik immer strikt an diese Prinzipien gehalten. Wir rufen andere Staaten auf, diesem Beispiel zu folgen und die gleiche Zurückhaltung zu üben.
(3/11, 12)

Die von Ronald Reagan und Michail Gorbatschow erörterte internationale Konvention über das Verbot von chemischen Waffen ist heute (September 1987) noch nicht Realität.

Wir treten konsequent für die baldigstmögliche – noch im Jahr 1987 – Ausarbeitung einer entsprechenden Konvention ein und führen aktive diesbezügliche Verhandlungen durch.

Ich kann mitteilen, daß die Sowjetunion die Produktion der chemischen Waffen eingestellt hat. Die anderen Länder des Warschauer Vertrages haben sie bekanntlich niemals produziert und auf ihrem Territorium nicht gehabt.
Die Sowjetunion hat keine chemischen Waffen außerhalb ihrer Grenzen. Was ihre Vorräte betrifft, so möchte ich darüber informieren, daß bei uns ein spezieller Betrieb für ihre Vernichtung gebaut wird. Seine Inbetriebnahme wird es ermöglichen, den Prozeß der chemischen Abrüstung nach dem Abschluß einer internationalen Konvention schnell zu verwirklichen.
(24/19)

Nun zurück zur „vollständigen Beseitigung der Kernwaffen in der ganzen Welt“, wie es in dem sowjetischen Abrüstungsprogramm vom 15. 1. 1986 heißt. Die nukleare Abrüstung Europas wird weltweit heiß diskutiert. Die Supermächte sind aber auch in Asien mit Kernwaffen präsent.

Für die Sowjetunion als eine der größten asiatischen Mächte hat die Gewährleistung der Sicherheit in Asien eine lebenswichtige Bedeutung. Das sowjetische Programm für die Liquidierung von nuklearen und chemischen Waffen bis zur Jahrtausendwende steht im Einklang mit den Stimmungen der Völker des asiatischen Kontinents, für die die Probleme des Friedens und der Sicherheit nicht weniger dringend sind als für die Völker Europas. Wie sollte man hier nicht daran denken, daß Japan, seine Städte Hiroshima und Nagasaki, zu Opfern von Atom-Bombardements und Vietnam zum Einsatzobjekt von chemischen Waffen wurden.
Die Verwirklichung unseres Programms würde die Lage in Asien von Grund auf verändern, den Völkern dieses Teils der Erdkugel die Angst vor der nuklearen und chemischen Gefahr nehmen und die Sicherheit in dieser Region auf eine qualitativ neue Stufe heben.
Wir betrachten unser Programm als einen Beitrag zur gemeinsamen Suche mit allen Ländern Asiens nach einem allgemeinen, komplexen Herangehen an die Errichtung eines sicheren und dauerhaften Friedens auf diesem Kontinent.
(3/13, 14)

Gibt es auch in Asien einen Rüstungswettlauf?

Unwillkürlich vergleicht man die Lage in Asien mit der europäischen Situation. Der Pazifikraum ist im großen und ganzen vorerst nicht so militarisiert wie der Raum Europa. Doch sind die Potenzen für seine Militarisierung wahrhaft gewaltig und die möglichen Folgen äußerst gefährlich.
Schon durch einen Blick auf die Landkarte kann man sich davon überzeugen. Dort befinden sich die größten kernwaffenbesitzenden Staaten. Es sind starke Landstreitkräfte, mächtige Kriegsflotten und Luftwaffenverbände gebildet worden.
Das wissenschaftlich-technische und das industrielle Potential vieler Länder von der West- bis zur Ostküste des Ozeans ermöglicht es, jede Art von Rüstungswettlauf zu forcieren. Die Lage verschärft sich durch anhaltende Konfliktsituationen. Wir dürfen nicht vergessen: Gerade in Asien hat der amerikanische Imperialismus die zwei größten Kriege nach 1945 geführt – in Korea und in Indochina. In den vier Jahrzehnten wird man kaum ein paar Jahre finden, in denen nicht an diesem oder an jenem Punkt des asiatisch-pazifischen Raums das Kriegsfeuer loderte.
Es muß festgestellt werden, daß die Militarisierung und das Anwachsen der Kriegsgefahr in diesem Teil der Welt mit gefährlich zunehmender Geschwindigkeit fortschreiten. Der Stille Ozean verwandelt sich in einen Schauplatz militärisch-politischer Konfrontation. Das ist es, was die hier lebenden Völker in immer größerem Maß beunruhigt.
Es beunruhigt auch uns, und zwar in jeder Hinsicht, darunter auch im Hinblick auf die Sicherheit des asiatischen Teiles unseres Landes.
(9/21)

Welche für die Sowjetunion „beunruhigenden" Aktivitäten setzen die USA in Asien?

Seit der zweiten Hälfte der siebziger Jahre haben die USA großangelegte Maßnahmen zur Konzentration von Streitkräften im Pazifik unternommen. Unter ihrem Druck bildet sich das militärische „Dreieck" Washington – Tokio – Seoul heraus.
Und obwohl zwei der drei Staaten der Region, die Kernwaffen besitzen – die Volksrepublik China und die Sowjetunion – die Verpflichtung eingingen, sie nicht als erste einzusetzen, statio-

nierten die Vereinigten Staaten Kernwaffenträger und nukleare Gefechtsköpfe in einer der Krisenzonen – auf der koreanischen Halbinsel – und außerdem Kernwaffenträger auf dem Territorium Japans.
Die Sowjetunion ist ein überzeugter Anhänger der Auflösung der militärischen Gruppierungen, des Verzichts auf Stützpunkte in Asien bzw. im Pazifikraum und des Abzugs der Truppen von fremden Territorien. Die UdSSR ist Mitglied des Warschauer Vertrages. Doch das ist ein Verteidigungsbündnis in Europa, das in einem genau vertraglich festgelegten geographischen Rahmen operiert. Unsererseits wenden wir uns entschieden gegen die Versuche der USA, die „Kompetenz" der NATO auf die ganze Welt, Asien und den Pazifikraum eingeschlossen, auszuweiten.
Wir sind dafür, gemeinsam an der Herausbildung neuer, gerechter Beziehungen in Asien und im Pazifikraum zu arbeiten. Zugleich sind wir nicht daran interessiert, Privilegien oder eine besondere Stellung zu beanspruchen, in egoistischer Weise zu versuchen, unsere Sicherheit auf Kosten anderer zu stärken oder einen Vorteil zum Nachteil anderer zu suchen.
Wir sehen unser Interesse in der Vereinigung von Anstrengungen und in der Zusammenarbeit bei uneingeschränkter Achtung des Rechts jedes Volkes, der eigenen Wahl gemäß zu leben und seine Probleme unabhängig und in Frieden zu lösen.
(9/22, 25, 21)

Nach dieser letzten Antwort, in der Begriffe wie „Truppenabzug von fremden Territorien" oder „Probleme unabhängig lösen" vorkommen, ist man versucht, Michail Gorbatschow nach Afghanistan zu fragen. Aus methodischen Gründen behandeln wir aber das Thema Afghanistan in dem Kapitel „Außenpolitik und internationale Beziehungen".
Zur politisch-militärischen Situation in Asien fragen wir weiter: Durch ihre asiatischen Republiken ist die Sowjetunion in Asien flächenmäßig die „größere" Supermacht. Birgt das nicht die Verpflichtung, auch größere Verantwortung für die Sicherheit in dieser Region zu tragen?

Die Sowjetunion ist auch ein asiatisches und ein pazifisches Land, dem die komplizierten Probleme dieser riesigen Region am Herzen liegen. Sie kommt mit ihnen in unmittelbare Berührung. Eben das bestimmt die ausgewogene und umfassende Haltung zu diesem gigantischen Erdteil, in dem so viele unter-

schiedliche Staaten und Völker konzentriert sind. Und unsere Position basiert darauf, daß wir die hiesigen Realitäten anerkennen und verstehen.
Im Pazifikraum grenzt die Sowjetunion auch an die Vereinigten Staaten. Ein naher Nachbar im wahrsten Sinne des Wortes, nur sieben Kilometer entfernt – genau soviel sind es zwischen der großen Diomedesinsel in der Sowjetunion und der kleinen Diomedesinsel in Amerika.
Die USA – wir sind uns darüber vollkommen klar – sind eine pazifische Großmacht. Vor allem deshalb, weil ein bedeutender Teil ihrer Bevölkerung an der Küste dieses Ozeans lebt und weil der an sie grenzende Westteil Amerikas eine wachsende Rolle im Leben des Landes spielt und sich durch hohe Dynamik auszeichnet. Und auch deshalb, weil die Vereinigten Staaten in der Region zweifellos wichtige legitime wirtschaftliche und politische Interessen haben.
Es besteht kein Zweifel daran, daß ohne die Mitwirkung der USA das Problem der Sicherheit und Zusammenarbeit im Pazifikraum nicht zufriedenstellend für alle Staaten der Region gelöst werden kann. Washington zeigt bisher leider keine Bereitschaft hierzu, ja denkt nicht einmal an ein ernsthaftes Gespräch zur pazifischen Thematik. Und wenn dieses Thema schon angeschnitten wird, so wird es auf die gewohnte Bahn einer „sowjetischen Bedrohung“ und des Säbelrasselns zur Erhärtung dieses Mythos geleitet.
(9/21, 24)

Ist die Verdächtigung ebenfalls mythisch, die Sowjetunion horte in ihrem asiatischen Teil, willkürlich und uneinsehbar für den Westen, unabschätzbare Mengen Kernwaffen, darunter auch Mittelstreckenraketen?

Wir bekommen oft aus dem Ausland verschiedene Erfindungen über die Aufstockung der Militärmacht durch die Sowjetunion im Osten des Landes zu hören.
Mit allem Nachdruck erkläre ich: Wir tun nichts und werden nichts über das hinaus tun, was dem minimalen Bedarf unserer Verteidigung und des Schutzes unserer Freunde und Verbündeten entspricht, insbesondere im Hinblick auf die amerikanischen militärischen Aktivitäten in der Nähe unserer und ihrer Grenzen.
Das trifft voll und ganz auch für die Mittelstreckenraketen zu.

Wer keinen Abbau der Spannungen in der Welt will, erklärt weiterhin, daß wir unsere SS-20-Raketen vom Westen in den Osten und vom Osten in den Westen verlegen könnten. Deshalb erinnere ich ein weiteres Mal an unseren Vorschlag, sowohl die amerikanischen als auch die sowjetischen Mittelstreckenraketen in Europa zu liquidieren und nicht irgendwohin zu verlegen. Es ist klar, daß dies auch den Interessen der Länder Asiens dienen muß.
(9/25)

Wie ist also der asiatisch-pazifische Raum in den sowjetischen Abrüstungsvorschlägen erfaßt?

Wir sind dafür, der Verbreitung und Aufstockung von Kernwaffen in Asien und im Pazifikraum den Weg zu verbauen.
Bekanntlich hat sich die UdSSR verpflichtet, die Zahl der nuklearen Mittelstreckenraketen im asiatischen Teil nicht zu erhöhen.
Die UdSSR unterstützt die Erklärung des Südpazifiks zu einer kernwaffenfreien Zone und fordert alle Nuklearmächte auf, ihren Status ein- oder mehrseitig zu garantieren.
Ein bedeutender Beitrag hierzu wäre, wenn der Vorschlag der Koreanischen Demokratischen Volksrepublik über die Schaffung einer kernwaffenfreien Zone auf der Koreahalbinsel realisiert würde. Die Idee der Schaffung einer solchen Zone in Südostasien hat gebührende Aufmerksamkeit gefunden.
Weiters schlagen wir vor, in Verhandlungen über die Reduzierung der Aktivitäten der Kriegsflotten im Pazifik zu treten, vor allem der mit Kernwaffen bestückten Schiffe. Der Festigung der Stabilität würde eine Einschränkung im Bereich der U-Boot-Abwehrwaffen dienen. So eine Vereinbarung, von Aktivitäten zur U-Boot-Bekämpfung in bestimmten Gebieten des Pazifiks abgesehen, könnte eine substantielle vertrauensbildende Maßnahme sein.
Ich möchte überhaupt sagen: Wenn die USA auf Militärpräsenz in bestimmten Ländern verzichten würden, blieben wir ihnen nichts schuldig. Wir sind nach wie vor entschieden dafür, die Verhandlungen über die Umwandlung des Indischen Ozeans in eine Zone des Friedens wieder aufzunehmen.
Die Sowjetunion mißt einer radikalen Reduzierung der Streitkräfte und der konventionellen Rüstungen in Asien bis zu einer

vernünftig ausreichenden Grenze große Bedeutung bei. Wir sind uns darüber im klaren, daß dieses Problem teilweise, in Etappen, gelöst werden muß, wobei man mit einem Gebiet – mit welchem auch immer –, etwa dem Fernen Osten, beginnen sollte.
In diesem Zusammenhang ist die UdSSR bereit, mit der Volksrepublik China konkrete Schritte zu einer proportionalen Senkung des Niveaus der Landstreitkräfte zu erörtern.
(9/28)

Ganz plakativ könnte man behaupten, daß diese wahrlich kühnen und umfassenden Abrüstungsinitiativen von Michail Gorbatschow selbst „blockiert" werden, indem er das amerikanische SDI-Programm hartnäckig ablehnt. Ein Umstand, der die Genfer Abrüstungsgespräche sehr kompliziert.

Natürlich wissen wir – und ich habe das schon gesagt –, daß in den USA Kräfte aktiv sind, die überhaupt nicht abrüsten wollen. Mehr noch: Sie tun alles, um uns in immer weitere Runden des Rüstungswettlaufs einzubeziehen und uns zu provozieren, die Verhandlungen abzubrechen.
Doch wir wollen hoffen, daß in den amerikanischen Einschätzungen und Handlungen Realismus und Einsicht in die Notwendigkeit einer gemeinsamen Suche nach Wegen zur Gesundung der internationalen Situation, der Einstellung des sinnlosen Wettrüstens und der Beseitigung der Kernwaffen die Oberhand gewinnen werden.
(10/182)

Präsident Reagan verteidigt SDI als großangelegtes Weltraum-Forschungsprogramm mit unschätzbarer Bedeutung für den Fortschritt von Wissenschaft und Technik. Diese Argumentation ist doch nicht von der Hand zu weisen?

Gewöhnlich bringt jede neue Waffe in gewissem Maße die Technik und Technologie voran. Das ist meiner Meinung nach ein elementarer Faktor. Aber ich will die Frage anders stellen: Denken wir doch einmal an den Preis, den Amerika und die Welt für jene technologischen Leistungen zu zahlen haben, die die amerikanische Administration erwartet, indem sie eine neue

Etappe des Wettrüstens ankurbelt und zur Schaffung von Weltraumwaffen übergeht, die für die Welt unabsehbare Folgen mit sich bringen können. Die ganze vernünftig denkende Menschheit kann mit einem solchen Preis für irgendwelche technologischen Spitzenleistungen der amerikanischen Industrie und Wissenschaft nicht einverstanden sein.
(13/256, 277; 3/10)

Kann man denn dieselben technologischen, technischen und wissenschaftlichen Spitzenleistungen etwa nicht durch die Verwirklichung eines Programms der friedlichen Erschließung des Weltraums erreichen?

Nach unserer tiefen Überzeugung muß man in das dritte Jahrtausend nicht mit dem „Sternenkriegs"-Programm gehen, sondern mit großangelegten Projekten zur friedlichen Erschließung des Weltraums unter Einsatz der Kräfte der ganzen Menschheit. Wir schlagen vor, mit der praktischen Ausarbeitung und Verwirklichung solcher Projekte zu beginnen. Die Sowjetunion hat bekanntlich in der Organisation der Vereinten Nationen einen Antrag dazu unterbreitet.
Wir können über all das sachkundig urteilen. Mit dem Kosmos sind wir gewissermaßen auf du und du. Wir arbeiten in diesem Bereich schon seit langem mit vielen Staaten zusammen.
Und wenn das so ist, wenn man über einen friedlichen Kosmos und seine Erschließung auf der Grundlage der internationalen Zusammenarbeit zu Hochtechnologien gelangen kann, so stellt sich die Frage: Worin besteht das tatsächliche Interesse der USA-Administration an SDI. Es geht hier nicht um Technologie, und das wissen sehr viele Wissenschaftler in den USA und in der ganzen Welt.
Die amerikanische Administration und die militärisch-industriellen Kreise der USA wollen uns überholen, vorpreschen und im Kosmos militärische Überlegenheit erlangen.
Strategische Parität und gleiche Sicherheit passen Amerika nicht. Wie sagte doch Präsident Johnson seinerzeit: Die Nation, die im Kosmos herrscht, wird auch die Erde beherrschen. Von diesem Gedanken sind die Politiker und die Vertreter des Militär-Industrie-Komplexes besessen. Das ist der springende Punkt.
Wir aber können damit nicht einverstanden sein. Und ich denke, das kann niemand. Man versucht in den USA, das SDI-Pro-

jekt in einer solchen Verpackung anzubieten, als gewänne davon die Wirtschaft und letztendlich auch das Volk. Aber das ist Betrug. Und nicht nur Betrug, sondern auch das Haupthindernis auf dem Weg zu Vereinbarungen.
(15/276, 277; 3/10)

Die USA beharren auf dem Standpunkt, daß SDI der Forschung dient und nicht der Installierung eines Raketenabwehrsystems, was ja laut ABM-Vertrag (Anti-Ballistic-Missiles-Vertrag von 1972, in dem die Supermächte auf Raketenabwehrsysteme im Weltraum verzichten) untersagt ist. Michail Gorbatschow ortet in den bisher durch SDI ausgelösten Aktivitäten bereits einen Bruch des ABM-Vertrages und wehrt sich energisch gegen die von den Amerikanern geforderte „erweiterte Auslegung" des Vertrages.

Während über dieses Thema zwischen Washington und seinen NATO-Verbündeten noch gestritten wird, schlug die amerikanische Administration übrigens schon offiziell in Genf vor, einer „erweiterten Auslegung" des ABM-Vertrages gesetzliche Kraft zu verleihen. Und das muß uns alle beunruhigen. Es handelt sich dabei faktisch um den Bruch des ABM-Vertrags. Denn sein politischer und, wenn Sie wollen, philosophischer Sinn lief von allem Anfang an darauf hinaus, durch das Fehlen einer Raketenabwehr die Stabilität zu gewährleisten und damit dem ewigen und im Atomzeitalter besonders gefährlichen Wettbewerb zwischen Schild und Schwert ein Ende zu setzen.
Der ABM-Vertrag ist ja als Ergebnis einer langwierigen und langjährigen Diskussion ausgehandelt worden, an der die größten Kapazitäten teilnahmen, die die Situation einzuschätzen wußten. Damals erkannten die Vereinigten Staaten seine Richtigkeit an. Jetzt will man durch eine erweiterte Auslegung des Vertrags dieses wichtigste Hindernis auf dem Wege des Wettrüstens zerbrechen.
Mit der Zerstörung des Vertrages wird der Wettlauf bei den Raketenkernwaffen neue Dimensionen gewinnen. Dazu wird das Wettrüsten im Weltraum kommen, über dessen unvermeidliche Folgen ich schon gesprochen habe.
Im November 1985 haben Präsident Reagan und ich in Genf die Verpflichtung übernommen, „ein Wettrüsten im Weltraum zu verhindern und es auf der Erde zu beenden, die nuklearen Rüstungen zu begrenzen und zu reduzieren und die strategische

Stabilität zu festigen". Das wurde in der „Gemeinsamen Erklärung" von Genf festgelegt.
Durch einen Bruch des ABM-Vertrages tritt die Administration diese Verpflichtung zusammen mit der Unterschrift, die die Vereinigten Staaten unter diesen unbefristeten Vertrag vor 15 Jahren gesetzt haben, mit Füßen.
Die Situation erfordert, daß das Niveau der völkerrechtlichen Bestimmungen erhöht und gefestigt wird, nicht aber, daß sie gelockert und daß daraus entscheidende Leitsätze herausgerissen werden.
(17/18, 19)

Es ist anzunehmen, daß die UdSSR einer eventuellen Realisierung des SDI-Programms schon jetzt nicht „unvorbereitet" gegenübersteht.

Wir wissen, mit wem wir es zu tun haben. Deshalb ist die Sicherheit unseres Landes eine heilige Sache für uns. Das müssen alle wissen. Das ist eine Frage des Prinzips.
Bei unseren Antworten auf Herausforderungen der USA einschließlich des berüchtigten SDI-Programms gehen wir davon aus. Man soll nicht damit rechnen, uns einzuschüchtern oder zu unnötigen Ausgaben zu bewegen. Wir werden erforderlichenfalls schnell eine Antwort finden. Und das wird nicht die Antwort sein, die man in den USA erwartet. Es wird vielmehr eine Antwort sein, die das Programm der „Sternenkriege" wertlos macht.
Uns ängstigt SDI nicht. Wir haben darüber nachgedacht, was wir tun müssen, wenn die Amerikaner SDI fortführen. Aber das wird nicht unsere Wahl sein, Amerika treibt die Welt zu Handlungen mit unvorhersehbaren Folgen. Und das muß die Welt wissen.
Ich sage das aus einem Grund: Möge die amerikanische Administration den realen Wert der neuen Militärprogramme und des Wettrüstens insgesamt hinsichtlich der Interessen der USA und deren Sicherheit noch und noch einmal überdenken.
(10/182; 15/277, 278)

Der 27. Parteitag der KPdSU im Februar 1986 löste weltweit mediales Interesse aus. Michail Gorbatschows Ausführungen zu Abrüstung und zur sowjetischen Reformpolitik fanden im Westen eine überwiegend po-

sitive Bewertung. Der Parteitag bekannte sich vollinhaltlich zu den Friedensinitiativen vom 15. Januar 1986, zum System der allgemeinen Sicherheit und zur Ablehnung des amerikanischen „Sternenkriegs"-Programms. Mit besonderer Beachtung wurden die aus dem „neuen Denken in der Außenpolitik" entwickelten Grundsätze zum Zusammenleben der Staaten wahrgenommen.

Unser Ideal ist eine Welt ohne Waffen und Gewalt, eine Welt, in der jedes Volk frei über seinen Entwicklungsweg, seine Lebensweise entscheidet. Es muß erkannt werden, daß es in der heutigen Situation keine Alternative zur Zusammenarbeit und zum Zusammenwirken aller Staaten gibt.
Somit haben sich objektive – ich betone, objektive – Bedingungen ergeben, unter denen die Auseinandersetzung zwischen Kapitalismus und Sozialismus lediglich und ausschließlich in Form des friedlichen Wettbewerbs und der friedlichen Rivalität verlaufen kann.
Für uns ist friedliche Koexistenz der politische Kurs, an den sich die UdSSR auch künftig strikt zu halten gedenkt. In Gewährleistung der Kontinuität in der außenpolitischen Strategie wird die KPdSU eine aktive internationale Politik durchführen, die sich an den Realitäten der Welt von heute orientiert.
Natürlich lassen sich die Probleme der internationalen Sicherheit mit einer oder zwei Friedensoffensiven, selbst wenn sie sehr intensiv sind, nicht lösen. Nur eine konsequente, planmäßige und beharrliche Arbeit kann den Erfolg herbeiführen.
Es bedarf einer besonderen Genauigkeit bei der Einschätzung der eigenen Möglichkeiten. Es bedarf der Zurückhaltung und des höchsten Verantwortungsbewußtseins bei Entscheidungen. Es bedarf der Festigkeit bei der Verfechtung von Prinzipien und Positionen, der taktischen Flexibilität, der Bereitschaft zu beiderseits annehmbaren Kompromissen, der Ausrichtung nicht auf Konfrontation, sondern auf Dialog und gegenseitige Verständigung.
(4/28, 29)

Die „sowjetische Bereitschaft zu beiderseits annehmbaren Kompromissen" war zur Zeit des 27. Parteitags nur zu Fragen der Abrüstungsmodalitäten, keinesfalls aber in der Haltung zu SDI wahrzunehmen.

Solange es noch nicht zu spät ist, muß unbedingt eine reale Lö-

sung gefunden werden, die garantiert, daß das Wettrüsten nicht in den Weltraum getragen wird. Die USA haben schon viele Verbündete in dieses Programm einbezogen. Die Sache droht unumkehrbar zu werden.
Es darf nicht zugelassen werden, daß das „Sternenkriegs"-Programm als Stimulans zum weiteren Wettrüsten und zugleich als Schranke auf dem Weg zur radikalen Abrüstung benutzt wird. Zur Überwindung dieses Hindernisses könnte ein merklicher Fortschritt bei einschneidender Reduzierung der nuklearen Potentiale viel beitragen.
Deshalb ist die Sowjetunion bereit, einen realen Schritt in dieser Richtung zu tun und die Frage der Mittelstreckenraketen in der europäischen Zone gesondert – ohne unmittelbaren Zusammenhang mit den Problemen der strategischen Rüstungen und des Weltraums – zu lösen.
(4/29)

Michail Gorbatschows vielseitige Abrüstungsangebote verführen zu der Annahme, daß die Sowjetunion im Ausbau ihrer militärischen Stärke nicht mehr das oberste Ziel erblickt. Wenn das so wäre: Ist die sowjetische Bedrohung für den Westen (an die viele Menschen durchaus glauben) dadurch kleiner geworden? Ist die Sicherheit der Sowjetunion selbst und ihrer Verbündeten dadurch kleiner geworden?

In voller Übereinstimmung mit Geist und Buchstaben der unterbreiteten Initiativen wird auch die sowjetische Militärdoktrin aufgebaut. Sie ist eindeutig auf Verteidigung orientiert. Im militärischen Bereich wollen wir auch künftig so handeln, daß niemand mehr Grund zur Angst um die eigene Sicherheit hat; und sei es nur eine imaginäre Angst.
Aber auch wir und unsere Bündnispartner wollen gleichermaßen vom Gefühl der Gefahr, in der wir schweben, frei sein. Die UdSSR hat sich verpflichtet, keinen nuklearen Erstschlag zu führen, und wird sich strikt daran halten.
Doch es ist kein Geheimnis, daß Szenarien eines nuklearen Überfalls auf uns bestehen. Wir sind nicht berechtigt, uns über sie hinwegzusetzen.
Angesichts der komplizierten internationalen Lage und der zunehmenden Aggressivität der reaktionären imperialistischen Kreise schenken das Zentralkomitee der KPdSU und das Politbüro des ZK der Verteidigungsfähigkeit unseres Landes und der

Kampfkraft der Streitkräfte der UdSSR sowie der Festigung der Militärdisziplin ihre unverminderte Aufmerksamkeit. Die Sowjetarmee und die sowjetische Seekriegsflotte verfügen über moderne Waffen und technische Mittel sowie über gutgeschulten Personalstand, ausgebildete und dem Volk selbstlos ergebene Kommando- und Politkader.
In voller Verantwortung können wir erklären: Die Verteidigungsmacht der UdSSR wird auf einem solchen Niveau gehalten, das uns befähigt, die friedliche Arbeit und das friedliche Leben unserer Völker zuverlässig zu schützen.
Die Sowjetunion ist der überzeugteste Gegner eines wie immer gearteten Nuklearkrieges. Unser Land setzt sich dafür ein, die Massenvernichtungswaffen aus dem Verkehr zu ziehen und das Rüstungspotential auf ein vernünftiges hinreichendes Maß zu begrenzen. Nur daß Charakter und Niveau dieses Maßes noch immer durch die Haltung und Handlungen der USA und ihrer Blockpartner gebremst werden.
Unter solchen Umständen sagen wir immer wieder: Auf die größere Sicherheit erhebt die Sowjetunion keinen Anspruch, die geringere wird sie nicht hinnehmen.
(4/29, 27)

Ziehen die Länder des Warschauer Paktes mit Michail Gorbatschows „neuem Denken“ und der damit verbundenen Entnuklearisierung Europas voll mit?

Unsere Freunde, die Länder der sozialistischen Gemeinschaft, verstehen uns gut und unterstützen uns konsequent und entschlossen. Ich möchte besonders unterstreichen: Wir schätzen die Meinung unserer Verbündeten sehr und berücksichtigen sie gewissenhaft.
Wir sind voller Entschlossenheit, auch weiterhin den Mechanismus und die Methoden der Konsultationen, der gemeinsamen Ausarbeitung der Außenpolitik des Sozialismus zu verbessern. Wir schätzen die politischen Initiativen unserer Verbündeten und Freunde, ihre Aktivität im Kampf für ein neues politisches Denken, ihre aktive und gleichberechtigte Beteiligung an den gemeinsamen Bemühungen um die Lösung der Probleme des Friedens, der Sicherheit und der Abrüstung hoch ein.
Mit unseren Aktionen und Initiativen sind wir bestrebt, die Hoffnung der Völker zu bestärken, daß die Situation verändert

werden kann und daß es eine erreichbare Alternative zur Konfrontation gibt. Ich denke, daß wir bereits in die zweite Phase eines globalen antinuklearen Prozesses eingetreten sind. In eine Phase nicht nur der Hoffnungen, sondern auch realistischer Pläne und aus ihnen resultierender konkreter Aktionen. Als Kommunist glaube ich an die Kraft der Massen, die von einer neuen Denkweise ergriffen werden, welche einen Ausweg aus der Krisensituation zeigt.
Die Zeit für gemeinsame und verantwortungsbewußte Lösungen, selbst für Kompromißlösungen, ist das Wertvollste, was uns bislang noch bleibt. Doch sie verrinnt rasch. Das nukleare Zeitalter ist offensichtlich das schnellebigste von allen, die die Weltgeschichte durchlaufen hat.
(10/210, 211)

Angesichts der absurden Mengen an Vernichtungswaffen in der Welt müßte jeder vernünftige Mensch einen Wettlauf mit der Zeit in der Abrüstungsfrage leidenschaftlich bejahen. Vor dem Plenum des ZK der KPdSU im Juni 1986 verkündete Michail Gorbatschow weitere sowjetische Kompromißvorschläge an die USA.

Wir erörterten mit unseren Freunden die Situation, die sich bei den Genfer Abrüstungsgesprächen herausgebildet hatte. Es erhob sich folgende Frage: weiterhin bei den Genfer Gesprächen auf der Stelle zu treten und sich mit den Amerikanern rumzustreiten, was ihnen vollauf recht ist, oder neue Ansätze suchen, die den Weg zur Reduzierung der nuklearen Rüstungen freimachen. Fest entschlossen, an dem Kurs auf Abkommen in Genf festzuhalten, haben wir den Amerikanern folgende Zwischenvariante vorgeschlagen:
a) Es wird eine Vereinbarung erzielt, aus dem Raketenabwehrvertrag mindestens 15 Jahre lang nicht auszutreten, und die SDI-Arbeiten werden auf Laborforschungen beschränkt, das heißt auf die Schwelle, die die USA faktisch bereits erreicht haben.
b) Die strategischen Offensivwaffen (interkontinentale ballistische Raketen, U-Boot-gestützte ballistische Raketen und schwere Bomber) werden auf gleiche Niveaus begrenzt. Die Frage der Mittelstreckenwaffen, die das Territorium der anderen Seite erreichen, darunter der landgestützten Flügelraketen großer Reichweite, wird in diesem Falle gesondert entschieden.

Eine solche Variante demonstrierte ein weiteres Mal das Streben der Sowjetunion nach einer gegenseitig annehmbaren Übereinkunft. Obwohl wir es natürlich vorziehen würden, sofort über eine radikale, 50prozentige Reduzierung der strategischen Angriffswaffen, die den jeweils anderen erreichen, übereinzukommen.
Wir haben auch den Entwurf eines Abkommens über Raketen mittlerer Reichweite in Europa vorgeschlagen. Wir haben uns damit einverstanden erklärt, daß bei einem Null-Verhältnis in dieser Waffenart zwischen der Sowjetunion und den Vereinigten Staaten in der europäischen Zone die britischen und französischen Nuklearraketen in der jetzt bestehenden Anzahl bleiben. Wir haben ferner erklärt, daß wir die Anzahl der Raketen mittlerer Reichweite in Asien nicht aufstocken werden.
(10/134)

Ergab sich nach den Vorschlägen des Juni-Plenums des ZK der KPdSU ein positives Verhandlungsklima zwischen den Supermächten? Es wurde im November 1985 in Genf vereinbart, daß im Rahmen der Vorbereitung des Besuches von Michail Gorbatschow in den Vereinigten Staaten ein zweites Gipfeltreffen in einer europäischen Hauptstadt stattfinden sollte.

Die Hoffnungen auf eine große Wende in der internationalen Lage, die wir alle nach dem Treffen in Genf hatten, begannen gedämpfter zu werden. Ich glaube, nicht ohne Grund. Führt man sich die gesamte Politik der Administration nach Genf vor Augen, so entstand ein alarmierendes Bild. Da sind: die Forcierung von SDI, die Tests des Antisatellitensystems ASAT, weitere Aktionen zur Untergrabung des ABM-Vertrags, die Tests einer neuen ballistischen Interkontinentalrakete, neue Flugzeuge und U-Boote, die Erklärung über den Ausstieg aus dem SALT-II-Vertrag, und zwar genau zu dem Zeitpunkt, zu dem man mit uns das zweite Gipfeltreffen durchführen will, Rekordanträge für den kommenden Rüstungshaushalt, die Bewilligung für Binärwaffen, die gewaltigen räuberischen „neoglobalistischen“ Aktionen gegen Libyen, Nikaragua, im Süden Afrikas und andernorts, die Schaffung neuer Angriffsformationen bei den Seestreitkräften, Militärmanöver in der Nähe der Sowjetunion – vom Nordmeer und der Ostsee bis zum Fernen Osten – unter Einbeziehung von Kräften in einem Umfang, wie es das seit den fünfziger Jahren nicht mehr gegeben hat.

Marschall Achromejew hatte recht, als er auf der Konferenz in Stockholm sagte: „Stellen Sie sich einmal vor, was wäre, wenn die Länder des Warschauer Vertrages ähnliche Manöver durchführen würden!“
Wie sollten wir diese herausfordernden militärischen Demonstrationen aufnehmen? Doch nicht etwa als Ausdruck der Friedensliebe und des Strebens nach gegenseitigem Verständnis oder vielleicht als Vorbereitung der Atmosphäre für ein Treffen auf höchster Ebene?
(12/II; 10/2, 200)

Wer schließlich die Initiative ergriff, das zweite europäische Gipfeltreffen herbeizuführen – darüber wurden in den Medien einige Mutmaßungen angestellt.

Es wurde viel gesagt, sowohl an die Adresse des Generalsekretärs des ZK der KPdSU als auch an die des US-Präsidenten. Man stellte die Fragen: Handelten sie nicht übereilt? Ist es wirklich notwendig? Wer hat wem nachgegeben? Wer hat wen ausgestochen? Und so weiter und so fort. Sie wissen, daß das Treffen auf Initiative der sowjetischen Führung stattgefunden hat. Aber es hätte natürlich nicht stattfinden können, wenn nicht von seiten Herrn Reagans das Einverständnis zu diesem Treffen vorgelegen wäre. Und deshalb würde ich sagen, daß es unsere gemeinsame Initiative war, dieses Treffen durchzuführen.
(12/II,I)

Einiges Erstaunen verursachte in der Öffentlichkeit, daß Reykjavik, die Hauptstadt des NATO-Mitgliedslandes Island, als Ort des Gipfeltreffens (11. und 12. Oktober 1986) bestimmt wurde!

Ich möchte daran erinnern, daß wir es waren, die Island als möglichen Ort des Treffens vorgeschlagen haben. Also gab es bei uns in dieser Hinsicht keinerlei Schwierigkeiten. Wir begrüßen es außerdem, daß die isländische Regierung dafür eingetreten ist, den Norden zu einer kernwaffenfreien Zone zu erklären. Ich komme jetzt zu den Motiven, warum wir die Initiative zu dem Treffen in Reykjavik ergriffen haben. Unsere umfassenden Abrüstungsvorschläge sind bei der US-Administration nicht auf das entsprechende Verständnis gestoßen. Die Situa-

tion hatte sich verschlechtert. Die Beunruhigung in der Welt nahm weiter zu. Es müßte etwas getan werden, um den Lauf der Ereignisse umzukehren. Wir sind zu der Schlußfolgerung gelangt, daß ein neuer Impuls – ein starker Impuls – notwendig ist, um den Prozessen die erforderliche Richtung zu geben. Solche Impulse können nur auf der Ebene einer Begegnung der führenden Repräsentanten der UdSSR und der Vereinigten Staaten von Amerika gegeben werden. Gerade deshalb habe ich in Beantwortung des Briefes Präsident Reagans vom 25. Juli 1986 beschlossen, ihn zu einem unverzüglichen Treffen einzuladen. Ich sagte, die Situation sei so, daß man die Geschäfte für ein bis zwei Tage liegenlassen und sich unverzüglich treffen sollte. Dieser Brief wurde vom Genossen Schewardnadse dem Präsidenten überreicht. Und nun kam es zu dieser außerordentlich wichtigen Begegnung.
(12/VII, II)

Reiste die sowjetische Führung mit festen Verhandlungszielen an – oder wollte man abwarten, was die amerikanische Delegation anzubieten bereit war?

Die sowjetische Führung hat vor dem Treffen, noch bevor wir die Zusage von Präsident Reagan erhielten, eine große Vorbereitungsarbeit geleistet. Außer dem Politbüro und dem Sekretariat des ZK nahmen daran das Außenministerium und das Verteidigungsministerium sowie andere zentrale Staatsorgane, Vertreter der Wissenschaft, Militärexperten, Spezialisten aus verschiedenen Industriebereichen teil.
Die Positionen, die wir für das Treffen in Reykjavik ausgearbeitet haben, waren Ergebnis einer breiten und wiederholten Absprache mit unseren Freunden, mit der Führung der Länder der sozialistischen Gemeinschaft. Wir waren bemüht, das Treffen mit einem prinzipiellen Inhalt, mit weitreichenden Vorschlägen zu füllen.
Wir legten auf den Verhandlungstisch ein umfangreiches Paket umfangreicher Maßnahmen, die, wenn sie angenommen worden wären, eine neue Epoche für die Menschheit eingeleitet hätten. Eine Epoche ohne Kernwaffen. Das ist das Wesen des kardinalen Umbruchs in der Weltlage, der offensichtlich möglich und real war. Es ging nicht mehr um die Begrenzung von Nuklearwaffen, wie dies im SALT-I und im SALT-II-Vertrag und

in anderen Vereinbarungen der Fall war, sondern um die Beseitigung der Kernwaffen in einer relativ kurzen Zeit.
(12/VIII)

Wie lauteten die konkreten sowjetischen Vorschläge, mit denen sich die Amerikaner in Reykjavik konfrontiert sahen?

Wir sind zu dem Treffen mit konstruktiven und in der ganzen Geschichte der sowjetisch-amerikanischen Verhandlungen radikalsten Vorschlägen zur Rüstungsreduzierung gekommen. Darin werden die Interessen beider Seiten berücksichtigt. Bereits im Verlaufe des ersten Gesprächs mit dem US-Präsidenten wurden ihm diese Vorschläge unterbreitet. Weitreichend und miteinander verknüpft stellen sie ein geschlossenes Paket dar und basieren auf unserem am 15. Januar 1986 verkündeten Programm zur Beseitigung der Kernwaffen bis zum Jahre 2000.
– Der erste Vorschlag betraf die strategischen Offensivwaffen. Ich erklärte unsere Bereitschaft, diese innerhalb der ersten fünf Jahre um 50 % zu reduzieren. Dabei sollten die land-, see- und luftgestützten Rüstungen auf die Hälfte reduziert werden. Um die Vereinbarung zu erleichtern, machten wir ein großes Zugeständnis, indem wir unsere früheren Forderungen zurückzogen, in die strategische Gleichung die amerikanischen Mittelstreckenraketen, die unser Territorium erreichen, sowie die amerikanischen vorgeschobenen Mittel einzubeziehen. Wir waren bereit, auch die Besorgnis der USA über unsere schweren Raketen zu berücksichtigen. Den Vorschlag über strategische Waffen erörterten wir im Kontext ihrer vollständigen Liquidierung, wie das von uns am 15. Januar vorgeschlagen wurde.
– Unser zweiter Vorschlag betraf die Mittelstreckenraketen, mit dem Ziel, von allen bisher diskutierten Varianten Abstand zu nehmen – von den Zwischenvarianten, den zeitweiligen Varianten usw. – und zu dem früheren amerikanischen Vorschlag zurückzukehren, das heißt, die amerikanischen und die sowjetischen Mittelstreckenraketen in Europa vollständig zu beseitigen. Dabei machten wir auch hier ein großes Zugeständnis, und zwar insofern, als wir erklärten, daß, im Gegensatz zu unserer bisherigen Haltung, nun die Raketenkernwaffen Großbritanniens und Frankreichs nicht berücksichtigt werden sollten. Wir gingen davon aus, den Weg zur Entspannung in Europa zu ebnen, den europäischen Völkern die Angst vor einer nuklearen

Katastrophe zu nehmen, um dann weiter zur Liquidierung aller Kernwaffen voranzuschreiten. Sie werden zugeben, daß dies ebenfalls ein kühner Schritt von unserer Seite ist. Denn diese beiden Länder sind Verbündete der USA und besitzen ein nukleares Potential, das weiter vergrößert und vervollkommnet wird. Und ihre gesamte militärische Tätigkeit wird im NATO-Rahmen in allen Punkten eingehend aufeinander abgestimmt. Das wissen wir sehr genau. Nichtsdestoweniger haben wir dieses Hindernis für das Abkommen beseitigt.
(12/XIII, VIII, IX, III)

Nur die Sowjetunion (nicht die NATO) verfügt über Mittelstreckenraketen kürzerer Reichweite (500–1000 Kilometer), die in Reaktion auf die NATO-Nachrüstung in einigen Ländern des Warschauer Paktes aufgestellt wurden. War die sowjetische Delegation bereit, über einen – in diesem Falle einseitigen – Abbau zu verhandeln?

Wir haben verstanden, daß man um die Frage der Raketen mit einer Reichweite bis zu 1000 Kilometern nicht herumkommt, und haben auch zu dieser Frage einen Vorschlag unterbreitet: Diese Raketen sind jetzt einzufrieren und über ihr Schicksal ist zu verhandeln. Zu solchen umfassenden Schritten sind wir bereit. Mir scheint, daß dies die Amerikaner von uns nicht erwartet haben. Sie beharrten halsstarrig auf die sogenannte „Zwischenvariante", die den Verbleib eines Teils ihrer Raketen in Europa vorsieht, darunter der Pershing-2, und natürlich den Verbleib unserer SS-20. Wir sprachen uns kategorisch dagegen aus. Europa verdient es, von Kernwaffen befreit zu werden und nicht mehr eine nukleare Geisel zu sein.
Dem Präsidenten seinerseits fiel es schwer, gegen die eigene „Nullvariante" aufzutreten, die er so lange angepriesen hatte?
Was unsere Mittelstreckenraketen im asiatischen Teil unseres Landes anbelangt, eine Frage, die ständig in der „globalen Variante" von Präsident Reagan präsent war, so haben wir auch dazu den Vorschlag unterbreitet, unverzüglich Verhandlungen aufzunehmen. Wie Sie sehen, trugen unsere Vorschläge auch hier einen großzügigen, ernsthaften Charakter, der die Möglichkeit gab, auch dieses Problem ein für allemal zu lösen.
(12/III, X, IX)

Konnte die Nullvariante – ein ursprünglich westlicher Vorschlag, den die UdSSR aufgriff, seit Januar 1986 konsequent „verteidigt" und in Reykjavik in die Verhandlungen einbrachte – inhaltlich voll geklärt werden?

Es war eine scharfe Diskussion. Viel Unhaltbares wurde von amerikanischer Seite hierzu gesagt. Wir hatten den Eindruck, daß die Amerikaner die Übereinkunft zu untergraben beabsichtigten – unter dem Deckmantel der besonderen Sorge um ihre Verbündeten in Asien.
Die Sache kam erst dann ins Lot, als wir beschlossen, noch einen Schritt entgegenzukommen. Wir stimmten der Formel zu: null Raketen in Europa und jeweils 100 Sprengköpfe mittlerer Reichweite bei uns im Osten und eine entsprechende Anzahl amerikanischer auf dem Territorium der USA.
Das Wichtigste, was uns gelang, ist, daß wir übereingekommen sind, den europäischen Kontinent von Nuklearraketen zu befreien. Auf diese Weise sind wir auch zu einer Vereinbarung über die Raketen mittlerer Reichweite gekommen. Es wurde auch in dieser Richtung der nuklearen Abrüstung ein wichtiger Durchbruch erzielt. Der amerikanischen Administration ist es nicht gelungen, unserem beharrlichen Streben nach positiven Resultaten auszuweichen.
Es entstand die Möglichkeit, mit der Ausarbeitung einer Vereinbarung über die strategischen Angriffswaffen und über die Mittelstreckenraketen zu beginnen.
(12/III,X)

War die Übereinstimmung in den beiden Verhandlungspunkten 1) Strategische Offensivwaffen und 2) Mittelstreckenraketen als gesichert zu betrachten?

Obwohl eine Vereinbarung zu den strategischen Waffen und den Mittelstreckenraketen erzielt wurde, wäre es voreilig anzunehmen, daß im Ergebnis der ersten beiden Gespräche alles endgültig gelöst wurde. Wir hatten noch einen ganzen Tag vor uns, fast acht Stunden ununterbrochener und angestrengter Diskussionen, in deren Verlauf wir immer wieder zu den anscheinend schon abgestimmten Fragen zurückkehren mußten. Immer wieder mußten wir die Gesprächspartner an den dritten Punkt des Paketes unserer Vorschläge erinnern, ohne den keine

Vereinbarung erzielt werden kann. Ich meine damit die strikte Einhaltung des ABM-Vertrages, die Festigung dieses äußerst wichtigen Vertrages und das Verbot der Nukleartests.
(12/X)

Warum ist dieser dritte Punkt des sowjetischen Verhandlungspaketes, „ohne den keine Vereinbarung erzielt werden kann“, von so großer Bedeutung?

In dieser dritten Frage, die ich dem Präsidenten gleich beim ersten Gespräch gestellt habe, sind wir folgender Auffassung: Wenn wir in eine völlig neue Situation eintreten, in der eine wesentliche Reduzierung der Kernwaffen beginnt und ihre Liquidierung in einer überschaubar kurzen Zeit in Aussicht steht, ist es notwendig, sich gegen alle Eventualitäten abzusichern. Es geht um Waffen, die bis auf den heutigen Tag den Kern der Verteidigung unseres Landes ausmachen. Deshalb muß alles ausgeschlossen werden, was im Verlauf der Abrüstung die Parität zerstören könnte. Es muß jedwede Möglichkeit zunichte gemacht werden, neue Waffentypen zu entwickeln, die eine militärische Überlegenheit sichern.
Wir meinen, daß eine solche Haltung völlig gerechtfertigt und logisch ist. Und da es so ist, haben wir fest und unerschütterlich erklärt, daß es notwendig ist, den unbefristeten ABM-Vertrag von 1972 strikt einzuhalten. Mehr noch: Um diesen Vertrag zu festigen, schlugen wir dem Präsidenten vor, seitens der USA und der Sowjetunion die gemeinsame Verpflichtung zu übernehmen, mindestens in den nächsten zehn Jahren nicht von dem Recht Gebrauch zu machen, diesen Vertrag aufzukündigen, und mit den strategischen Waffen Schluß zu machen.
Man muß wirklich dafür sorgen, daß nicht eine Situation entsteht, wo – während beide Seiten ihr nukleares Potential reduzieren – eine Seite insgeheim die Initiative ergreift und militärische Überlegenheit erlangt. Das ist unzulässig. Ich beziehe das auf die Forderungen auch der amerikanischen Seite. Zehn Jahre lang das Recht des Ausstiegs aus dem ABM-Vertrag nicht in Anspruch zu nehmen – das ist eine Frist, die erforderlich ist, um ganz sicher zu sein, daß wir bei der Lösung der Probleme der Rüstungsreduzierung die Sicherheit jeder Seite garantieren. Ich würde sogar sagen, die Sicherheit der ganzen Welt.
(12/X, IX, III, XI)

Würde die Beharrung auf die „Festigung“ des ABM-Vertrages ein „AUS“ für das amerikanische SDI-Programm bedeuten?

In Anbetracht der besonderen Schwierigkeiten, die die Administration selbst in bezug auf dieses Problem vor sich aufgetürmt hat, weil sich der Präsident persönlich mit den Weltraumwaffen, dem sogenannten SDI-Programm, identifiziert, haben wir nicht gefordert, daß die Arbeiten auf diesem Gebiet eingestellt werden, allerdings unter der Voraussetzung, daß alle Festlegungen des ABM-Vertrages eingehalten werden. Das heißt, daß die Forschung und die Erprobung auf diesem Gebiet nicht über das Laborstudium hinausgehen. Das sind gleiche Beschränkungen sowohl für die USA als auch für die UdSSR.
Doch die Amerikaner hatten etwas anderes im Sinn. Wir sahen, daß die USA faktisch den ABM-Vertrag abschwächen, ihn revidieren wollten, um ein großangelegtes weltraumgestütztes SDI-System zu eigenen egoistischen Zwecken zu entwickeln. Dem zuzustimmen, wäre von meiner Seite einfach unverantwortlich gewesen.
Die Hauptgefahr von SDI sehen wir ja gerade in der Ausdehnung des Wettrüstens in eine neue Sphäre, in dem Bestreben, mit Offensivwaffen in den Kosmos vorzudringen und auf diese Weise eine militärische Überlegenheit zu erlangen.
(12/IX,XI,XIV)

Wie reagierte eigentlich Präsident Reagan auf die sowjetische Festschreibung von SDI als „Offensivwaffen im Kosmos“?

Als Antwort hörten wir von Präsident Reagan wieder Überlegungen, die wir noch von Genf, aber auch von seinen öffentlichen Reden gut kannten: SDI sei ein Verteidigungssystem, damit wir uns, wenn wir die Kernwaffen beseitigen, vor irgendeinem „Irren“ schützen können, in dessen Hände sie gelangen könnten. Er sei bereit, die Ergebnisse der Arbeiten an SDI mit uns zu teilen.
Auf diese letzte Bemerkung erwiderte ich: Herr Präsident, ich nehme diese Ihre Idee nicht ernst. Sie wollen uns nicht einmal Erdölanlagen oder Molkereiausrüstungen liefern, und da rechnen Sie damit, daß wir Ihrem Versprechen Glauben schenken, Sie würden uns über die SDI-Entwicklung informieren. Das wäre eine Art „zweite amerikanische Revolution“, aber Revolutio-

nen sind selten. Wir wollen uns wie Realisten und Pragmatiker verhalten. Das ist sicherer. Es geht um viel zu ernste Dinge.
Einen Tag später hat der Präsident übrigens in dem Versuch, seinen Standpunkt bei SDI zu rechtfertigen, erklärt, er brauche dieses Programm, damit Amerika und seine Verbündeten unverwundbar gegenüber einem sowjetischen Raketenschlag blieben. Wie man sieht, wird der „Irre" schon gar nicht mehr erwähnt. Erneut wurde die „sowjetische Bedrohung" hervorgezerrt.
Das ist ein ausgesprochener Trick. Haben wir doch vorgeschlagen, nicht nur die strategischen, sondern alle Kernwaffen zu vernichten, über die die USA und die UdSSR verfügen, und zwar unter strengster Kontrolle. Warum dann die Frage nach der Notwendigkeit, die „Freiheit Amerikas" sowie die seiner Freunde vor den sowjetischen Nuklearraketen zu schützen? Es wird doch diese Raketen überhaupt nicht mehr geben!
Wenn es keine Kernwaffen mehr gibt, warum sich dann gegen sie verteidigen? Folglich hat dieses ganze „Sternenkriegs"-Vorhaben einen zutiefst militaristischen Charakter und zielt auf die Erlangung militärischer Überlegenheit über die Sowjetunion ab.
(12/X)

Warum bestimmte die Sowjetunion für den beiderseitigen Nichtausstieg aus dem ABM-Vertrag gerade eine Frist von zehn Jahren?

Wenn wir jetzt die strategischen Waffen und die Kernwaffen mittlerer Reichweite reduzieren, so müssen beide Seiten überzeugt sein, daß in dieser Zeit niemand neue Mittel entwickelt, die die Stabilität und Parität untergraben würden. Deshalb erschien es mir völlig logisch, die Zeitspanne zu bestimmen – die Amerikaner sprachen von sieben Jahren, wir schlugen zehn Jahre vor. Eben diese zehn Jahre, in denen die Kernwaffen vernichtet werden sollen. Und jede Seite verzichtet auf ihr Recht auf Kündigung des ABM-Vertrages, die Forschung und Erprobung findet nur im Labor statt. Also ich denke, Sie haben verstanden, warum gerade zehn Jahre. Das ist kein Zufall. Die Logik ist einfach und ehrlich. In den ersten fünf Jahren werden 50 Prozent der strategischen Waffen reduziert und in den zweiten fünf Jahren die zweite Hälfte. Das sind die zehn Jahre.
(12/X)

Die USA vertreten die Meinung, daß ihre bisherigen Forschungsarbeiten auf dem Gebiete von SDI den ABM-Vertrag nicht betreffen und laden die Sowjetunion schon wiederholte Male ein, Forschungsinstitutionen für gegenseitige Inspektionen zu eröffnen.

Die USA haben bereits den SALT-2-Vertrag in Frage gestellt, und nun hätten sie gerne hier in Reykjavik den ABM-Vertrag zu Grabe getragen, noch dazu unter Beteiligung der Sowjetunion und von Gorbatschow. Aber das gelingt nicht. Die ganze Welt würde uns nicht verstehen, davon bin ich überzeugt. Wenn wir auch noch den ABM-Vertrag zu attackieren beginnen, den letzten Mechanismus, der so viel für die Zügelung des Wettrüstens bewirkt hat, dann sind wir als Politiker nichts wert.
Deshalb messen wir der Stärkung des ABM-Vertrages solche Bedeutung bei. Es gibt von unserer Seite keinerlei Anschläge auf ihn. Im Gegenteil, wir sind gegen seine Revidierung, gegen Zusätze u.a.m. und erst recht dagegen, ihn durch irgend etwas anderes zu ersetzen, wie der Präsident in Reykjavik, möglicherweise irrtümlich, sagte.
Offen gestanden, hat es mich sehr verwundert, als er versuchte, während des Treffens die sowjetische Seite und mich persönlich davon zu überzeugen, den ABM-Vertrag nicht als „heilige Schrift" zu betrachten.
Ohne die strikte Einhaltung der Verträge, vor allem eines solch grundlegenden, können internationale Ordnung und elementare Stabilität nicht gewährleistet werden. Andernfalls werden in der Welt Willkür und Chaos herrschen.
Die amerikanische Administration und der Präsident beharrten bis zuletzt darauf, daß Amerika das Recht hat, alles, was SDI betrifft, nicht nur in Laboratorien zu erforschen und zu testen, sondern auch außerhalb, unter anderem auch im Weltraum.
(12/VI, XVI, III)

Öffentlichen Erklärungen des amerikanischen Präsidenten ist zu entnehmen, daß SDI nicht den Charakter eines offensiven Waffensystems trägt.

Wir kennen das Festhalten der amerikanischen Administration und des Präsidenten an SDI. Mag sein, unsere Zustimmung zur Fortsetzung und zur Möglichkeit der Labortests gibt dem Präsidenten die Möglichkeit, die Forschungen zu Ende zu bringen und herauszufinden, was SDI ist und was man damit anfangen

kann, obwohl es für viele und auch für uns schon lange klar ist, worum es sich handelt.
Es wurden viele Geschichten erfunden, um die Autorität von SDI zu heben. Eine davon ist, daß die Russen schreckliche Angst davor haben. Eine andere, daß es gerade SDI war, das die Russen zu den Verhandlungen in Genf und später in Reykjavik gebracht hätte. Eine dritte, daß SDI die einzige Rettung Amerikas vor der „sowjetischen Bedrohung" sei. Eine vierte, daß SDI den Vereinigten Staaten einen großen technologischen Vorsprung vor der Sowjetunion und den anderen Ländern sichere. Und so weiter und so fort.
Jetzt, da ich das Problem kenne, kann ich nur eines sagen: Die Amerikaner glauben, auf dem Weg über den Weltraum militärische Überlegenheit erreichen zu können. Sie wollen die Idee jenes Präsidenten verwirklichen, der einmal sagte: „Wer im Kosmos herrscht, der wird auch auf der Erde herrschen." Das zeigt, daß wir es noch immer mit imperialen Ambitionen zu tun haben.
Aber die Welt hat sich verändert. Die Welt will und wird nicht eine Domäne der Vereinigten Staaten von Amerika werden, und sie wird auch keine Domäne der Sowjetunion sein. Jedes Land hat das Recht, seine Wahl zu treffen, ein Recht auf seine Ideologie, auf seine Werte. Wenn das nicht anerkannt wird, gibt es auch keine internationalen Beziehungen. Dann gibt es nur Chaos und Faustrecht. Wir werden damit niemals einverstanden sein.
(12/III, XIV, VII)

Unbestreitbar betrachten die Amerikaner das SDI-Programm auch – wahrscheinlich überwiegend – als Verstärkung ihrer militärischen Verteidigungskraft.

Wir wollen die amerikanische Administration davon überzeugen, daß sie Unverwundbarkeit und Schutz auf einem anderen Weg suchen sollte – dem Weg der vollständigen Beseitigung der Kernwaffen und der Schaffung eines umfassenden Systems der internationalen Sicherheit, das jeglichen Krieg, sowohl einen nuklearen als auch einen konventionellen, ausschließt.
Jedoch bleibt heute das SDI-Programm ein Bestandteil der Militärdoktrin der USA! Die bis jetzt in Kraft befindliche „Verteidigungsrichtlinie für die Jahre 1984–1988", die im Pentagon

am Anfang der Präsidentschaft Reagans entwickelt wurde, sieht direkt die „Ausarbeitung eines weltraumgestützten Systems“ vor. Und schließt Mittel zur Zerstörung sowjetischer Erdsatelliten sowie die Forcierung eines Raketenabwehrsystems für das Territorium der Vereinigten Staaten, verbunden mit einem möglichen Austritt der USA aus dem Vertrag über die Raketenabwehrsysteme, ein.

Wie in diesem Dokument unterstrichen wird, „muß man den militärischen Wettstreit mit der UdSSR auf neue Gebiete ausdehnen, damit alle vorhergegangenen sowjetischen Verteidigungsausgaben sinnlos werden und alle sowjetischen Waffen veralten“.

Wie Sie sehen, besteht eine Kalkulation, die Sowjetunion zu zermürben. Liegt nicht darin die Antwort auf die Frage, warum man so starr an SDI festhält?

(12/XIV)

Eine „Zermürbungstaktik“ ist in jedem Fall unheilvoll – wie könnte sie sich auf die sowjetisch-amerikanischen Beziehungen auswirken?

In den Berechnungen des Westens spielt die These eine Rolle, daß die Sowjetunion im Endeffekt das Wettrüsten ökonomisch nicht verkraften wird, daß sie sich ruiniert und vor dem Westen zu Kreuze kriecht. Man müsse auf sie nur noch ein wenig mehr Druck ausüben, die Position der Stärke noch mehr festigen. Das war übrigens auch aus der Ansprache herauszuhören, die der Präsident nach unserem Treffen hielt.

Ich hatte bereits des öfteren Gelegenheit zu sagen, daß diese Pläne nicht nur auf Sand gebaut, sondern auch gefährlich sind, denn sie können zu katastrophalen politischen Entscheidungen führen.

Unsere Probleme kennen wir besser als andere. Wir haben Probleme, wir diskutieren sie offen und lösen sie. Wir haben dafür unsere Pläne, unsere Methoden und den gemeinsamen Willen von Partei und Volk. Überhaupt muß ich sagen, daß die Sowjetunion heute stark ist durch ihre Einigkeit, durch die politische Aktivität des Volkes, durch ihre Dynamik. Ich denke, daß diese Tendenzen und also auch die Kraft unserer Gesellschaft noch anwachsen werden.

Wir werden stets in der Lage sein, uns zu verteidigen. Die Sowjetunion kann auf jede Herausforderung reagieren, wenn das

erforderlich ist. Das wissen die sowjetischen Menschen, und das sollte man in der ganzen Welt wissen. Das Spiel der Stärke wollen wir jedoch nicht mitspielen. Im Raketen- und Atomzeitalter ist das eine höchst gefährliche Beschäftigung.
Wir sind fest davon überzeugt, daß der anhaltende Fieberzustand in den internationalen Beziehungen die Gefahr einer plötzlichen und verhängnisvollen Krise in sich birgt. Notwendig sind praktische Schritte weg vom nuklearen Abgrund. Notwendig sind gemeinsame sowjetisch-amerikanische Bemühungen, Bemühungen der ganzen Weltgemeinschaft, um die internationalen Beziehungen radikal gesunden zu lassen.
(12/VIII)

Michail Gorbatschows politischer Wille, das Wettrüsten zu stoppen, Atombombenversuche einzustellen, Kernwaffen zu vernichten, das SDI-Programm als offensives Weltraumwaffensystem zu verhindern – kommt unmißverständlich in seinen Ausführungen und in dem „Verhandlungspaket" für Reykjavik zum Ausdruck.
Wie reflektierten die Sowjets die Art der Entscheidungsfindung des amerikanischen Präsidenten und der US-Delegation?

Die Atmosphäre auf dem Treffen war freundlich. Wir hatten die Möglichkeit, frei und unbegrenzt unsere Ansichten darzulegen. Das hat es uns ermöglicht, unser Verständnis vieler großer Probleme der Weltpolitik, der zweiseitigen Beziehungen und vor allem der Probleme, die im Mittelpunkt der Aufmerksamkeit der gesamten Weltöffentlichkeit stehen, zu vertiefen. Das sind die Probleme von Krieg und Frieden, der Einstellung des nuklearen Wettrüstens, mit einem Wort, der gesamte Fragenkomplex, der dieses Thema umschließt.
Leider sind die Amerikaner zu diesem Treffen mit bloßen Händen gekommen, mit diesem eingemotteten Gepäck, an dem bereits die Genfer Abrüstungsgespräche zu ersticken drohten. Wir haben, wie Sie wissen, unsere Vorschläge unterbreitet, um diese Situation zu beenden, den Weg zu öffnen und diesen Prozeß in eine neue Etappe überzuleiten, die Fragen tatsächlich zu lösen. Ich muß Ihnen sagen, daß die erste Reaktion von seiten des Präsidenten Reagan nicht völlig negativ war. Er sagte sogar: Was Sie dargelegt haben, macht uns Hoffnungen. Uns ist aber nicht entgangen, daß unsere Gesprächspartner – an dem Gespräch nahmen jetzt auch Genosse Schewardnadse und Herr Shultz teil

– ein wenig ratlos waren. Gleichzeitig gingen unsere Bemerkungen auseinander; es kam sofort zu Zweifeln und Einwänden. Der Präsident und der Außenminister begannen urplötzlich von Differenzen und Meinungsverschiedenheiten zu reden. In diesen ihren Worten hörten wir die bekannten alten Töne, die wir viele Monate lang bei den Genfer Abrüstungsgesprächen vernommen hatten. Sie erinnerten uns an alle möglichen Unterebenen bei den strategischen Nuklearwaffen, an die Zwischenvariante bei den Raketen in Europa; daran, daß wir uns SDI anschließen sollten – wir, die Sowjetunion! – und den bestehenden ABM-Vertrag ersetzen sollten. Und vieles andere von der gleichen Art wurde von ihrer Seite geäußert. Nicht ein einziger neuer Gedanke, nicht eine einzige frische Verfahrensweise, nicht eine einzige Idee, die auch nur die Andeutung auf irgendeine Lösung enthalten hätte, auf eine Vorwärtsbewegung.
Die Situation gestaltete sich dramatisch: Der amerikanische Präsident war nicht darauf vorbereitet, prinzipielle Fragen in großem Maßstab zu lösen und uns entgegenzukommen, um den Verhandlungen tatsächlich einen Impuls zu geben, sie ergebnisreich und ermutigend zu machen. Und eben dazu hatte ich ja den Präsidenten in meinem Brief aufgerufen, in dem ich zu diesem Treffen eingeladen hatte, nämlich den Verhandlungen über nukleare Abrüstung auf der Ebene der höchsten Repräsentanten beider Länder einen starken Impuls zu geben.
Nur dank der weitreichenden Vorschläge der sowjetischen Seite konnten wir zu bedeutenden Vereinbarungen (ich verweise darauf, daß sie allerdings nicht schriftlich fixiert wurden) über die Reduzierung der strategischen Offensivwaffen und über die Mittelstreckenraketen kommen.
Da aber die amerikanische Administration, wovon wir uns jetzt erneut überzeugen konnten, danach strebt, im Glauben an ihren technologischen Vorsprung durch SDI militärische Überlegenheit zu erlangen, ist sie so weit gegangen, die fast getroffenen Vereinbarungen zu untergraben, die wir bereits abgestimmt hatten. Es ging nur noch darum, den Auftrag zu erteilen, Verträge auszuarbeiten und die Prozedur festzulegen, also wie sie praktisch zu realisieren wären. Und während meines Besuches in Washington hätte alles unterzeichnet werden können. Doch die USA-Administration hat diese Entscheidung vereitelt.

(12/I, II, IV, IX, VI)

Nicht das amerikanische SDI-Programm hätte die Abrüstungsentscheidungen in Reykjavik vereitelt, sondern die Unnachgiebigkeit der Sowjets zu diesem Programm, lautet die amerikanische Darstellung.

Die US-Administration sucht mit allen Mitteln zu beweisen, daß ein möglicher großer Erfolg, der seinen Ausdruck in konkreten Abkommen gefunden hätte, wegen der Unnachgiebigkeit der sowjetischen Seite in bezug auf das Programm der sogenannten „Strategischen Verteidigungsinitiative" nicht erreicht worden sei.
Man sagt sogar, wir hätten den Präsidenten in eine Falle locken wollen, als wir die „atemberaubenden" Vorschläge zur Reduzierung der strategischen Offensivwaffen und der Mittelstreckenraketen unterbreiteten, und wir hätten dann in ultimativer Form den Verzicht auf SDI gefordert. Das Wesen unserer Position, unserer Vorschläge aber besteht in folgendem: Wir sind für die Reduzierung der Kernwaffen und danach für deren vollständige Beseitigung und entschieden gegen eine neue Etappe des Wettrüstens und seine Ausdehnung auf den Weltraum.
Aus diesem Grunde sind wir gegen SDI und für die Festigung des ABM-Vertrages. SDI steht der Einstellung des Wettrüstens, der Befreiung der Menschheit von den Kernwaffen im Wege. Es ist das Haupthindernis auf dem Weg zu einer Welt ohne Kernwaffen geworden.
Ich habe dem Präsidenten gesagt: „Wissen Sie, Herr Präsident, daß man mich bereits zu Ihrem SDI-Kampfgefährten erklärt hat?" Er war darüber erstaunt. Und ich sagte ihm darauf: „Meine scharfe Kritik an SDI liefert Ihnen die überzeugendsten Argumente dafür, daß SDI notwendig ist. Sie sagen einfach: Da Gorbatschow dagegen ist, ist das eine gute Sache. Und man spendet Ihnen Applaus und gibt Ihnen Geld. Es finden sich aber bereits Zyniker und Skeptiker, die meinen, ob es nicht die heimtückische Absicht Gorbatschows sei, selbst von SDI die Finger zu lassen und Amerika durch SDI zu ruinieren. Darüber müssen Sie sich schon selbst klarwerden. Auf jeden Fall, wir haben vor SDI keine Angst."
Das sage ich in voller Überzeugung. Es wird eine Antwort auf SDI geben. Sie wird asymmetrisch sein, aber es wird sie geben. Dabei müssen wir keine großen Opfer bringen.

(12/XIV, V)

Fühlt sich die Sowjetunion mit ihrer Position „gegen SDI und für die Festigung des ABM-Vertrages" völlig „unschuldig" am Scheitern der Abrüstungsverhandlungen in Reykjavik?

Wir schlugen bedeutende Dinge von wahrhaft großer Dimension vor, die einen eindeutigen Kompromiß darstellten. Wir machten Zugeständnisse, sahen aber auf der anderen Seite nicht den geringsten Wunsch, uns auf gleiche Art und Weise entgegenzukommen. Und dennoch bemühten wir uns weiter darum, unsere Partner zu einem konstruktiven Gespräch zu bringen. Wir gerieten bei dem Gespräch, das als Abschlußgespräch geplant war, in Zeitnot. In dieser Situation wurde, anstatt daß wir auseinandergingen – wir nach Moskau, sie nach Washington – noch eine Pause eingelegt. Jeder sollte überdenken, was geschehen sollte. Dann wollten wir noch einmal zusammenkommen. Als wir in das Haus des Bürgermeisters zurückkehrten, unternahmen wir einen weiteren Versuch, das Treffen erfolgreich abzuschließen. Wir schlugen folgenden Text als Grundlage für ein positives Resümee vor. Ich zitiere:
– „Die UdSSR und die USA verpflichten sich, zehn Jahre lang von ihrem Recht keinen Gebrauch zu machen, den unbefristeten ABM-Vertrag aufzukündigen, und innerhalb dieser Zeit alle seine Bestimmungen strikt einzuhalten. Verboten sind Tests aller weltraumgestützten Elemente der Raketenabwehr im Kosmos, außer Forschungen und Tests, die in Labors stattfinden.
– In den nächsten fünf Jahren dieses Zeitraums werden die übrigen 50 Prozent der strategischen Offensivwaffen der Seiten reduziert.
– Auf diese Weise werden die strategischen Offensivwaffen in der UdSSR und in den USA Ende 1996 restlos beseitigt sein."
Als Kommentar zu diesem Punkt habe ich eine wichtige Ergänzung vorgenommen, wobei ich mich auf ein Dokument bezog, das dem Präsidenten am Ende unseres ersten Gespräches übergeben worden war. Sein Kern ist, daß wir vorschlagen, nach diesen zehn Jahren, wenn es schon keine Nuklearwaffen mehr geben wird, in speziellen Verhandlungen beiderseitig akzeptable Lösungen über die weiteren Verfahrensweisen auszuarbeiten.
Aber auch dieses Mal blieben unsere Versuche, Einvernehmen herzustellen, ergebnislos. Vier Stunden lang haben wir unseren Gesprächspartner erneut von der Fundiertheit unseres Standpunktes zu überzeugen versucht, der ihn nicht bedroht und die echten Sicherheitsinteressen der USA nicht antastet.

Aber je weiter wir kamen, desto klarer wurde auch, daß die Amerikaner nicht auf eine Einschränkung der Laborforschungen, -entwicklungen und -versuche für das SDI-Programm eingehen würden. Sie wollen unbedingt Waffen in den Weltraum bringen.
Ich habe mit aller Bestimmtheit erklärt, daß wir niemals zustimmen werden, den ABM-Vertrag zu untergraben. Das ist für uns eine prinzipielle Frage, eine Frage unserer nationalen Sicherheit.
Einerseits die Reduzierung der Kernwaffen zu vereinbaren, die heute besonders gefährlich und schrecklich sind, und auf der anderen Seite die Forschungen zu segnen, die im Weltraum zur Entwicklung der modernsten Waffen führen: Das ist mit normaler Logik nicht zu vereinbaren.
Und so waren wir, buchstäblich einen oder zwei Schritte von Entscheidungen entfernt, die von historischer Tragweite für das gesamte Nuklear- und Kosmoszeitalter hätten sein können, nicht in der Lage, diesen Schritt oder diese Schritte zu tun.
Es hat keine Wende in der Weltgeschichte stattgefunden, obwohl sie – und ich sage das ein weiteres Mal mit voller Überzeugung – noch möglich gewesen wäre. Aber unser Gewissen ist rein. Man kann uns keinen Vorwurf machen. Wir haben alles getan, was in unserer Macht stand.
Unseren Partnern fehlte es an breiter Sicht im Herangehen und an Verständnis für die Einmaligkeit des Augenblicks sowie letztendlich an Mut, Verantwortungsbewußtsein und politischer Entschlossenheit, die für die Lösung so lebenswichtiger internationaler Probleme dringend erforderlich sind.
(12/XI, V)

Die amerikanische Delegation kritisierte, daß in Reykjavik die sowjetischen Vorschläge als „Paket" präsentiert wurden, aus dem einzelne Fragen – für eventuelle Separatverhandlungen – nicht herausgelöst werden durften.

Man sagt, es sei in Reykjavik zu Schwierigkeiten gekommen, weil wir, die sowjetische Seite, unsere umfassenden Vorschläge in einem Paket unterbreitet hätten. Aber ein Paket ist eine Balance von Interessen und Zugeständnissen, eine Balance zwischen der Beseitigung der Sorgen und der gegenseitigen Abhängigkeit der Sicherheitsinteressen.

Wenn wir einen gemeinsamen Standpunkt zur Möglichkeit der Reduzierung der Kernwaffen ausarbeiten, aber keine Einigung in der Frage der Raketenabwehrsysteme und der Nukleartests erreichen, so stürzt alles ein, was wir hier schaffen wollten. Unsere Zugeständnisse sind auch Teil des Pakets. Gibt es kein Paket, so gibt es auch keine Zugeständnisse.

Der Präsident und der Außenminister reagierten auf diese unsere Festigkeit empfindlich, aber ich konnte die Frage nicht anders stellen. Es ging um die Sicherheit der ganzen Welt, aller Völker und Kontinente.

(12/XI, XVI)

Wurden von den Amerikanern die sowjetischen Forderungen nach Einstellung der Nukleartests ebenfalls als Hindernis für feste Vereinbarungen angesehen?

Was die Nukleartests angeht, so war es auch hier völlig klar, warum die amerikanische Seite keine ernsthaften Verhandlungen darüber führen will. Sie würde es vorziehen, diese endlos fortzusetzen und die Lösung des Problems eines Nukleartestverbots auf Jahrzehnte hinauszuschieben. Wie oft schon mußten wir Versuche zurückweisen, die Verhandlungen als Deckmantel für Handlungsfreiheit auf dem Gebiet der Nukleartests zu benutzen. Ich habe unumwunden erklärt: Mir kommen Zweifel an der Ehrlichkeit der US-Position. Ich frage mich, ob sie nicht etwas in sich birgt, was dem Sowjetland schadet.

Wie kann man die Beseitigung der Kernwaffen vereinbaren, wenn die Vereinigten Staaten diese zugleich weiter vervollkommnen?

Dennoch hatten wir den Eindruck, daß das Haupthindernis in SDI liegt. Würde man es beseitigen, könnte man auch das Verbot von Nukleartests vereinbaren.

Wir haben der amerikanischen Seite gesagt: Wir fordern von Ihnen kein Moratorium, das ist Ihre Sache. Sie werden Ihrem Kongreß und Ihrem Volk Rechenschaft darüber ablegen, ob Sie während der Verhandlungen, die wir beginnen werden, weiter Nuklearexplosionen vornehmen oder ob Sie sich unserem Moratorium anschließen. Doch wollen wir uns zusammensetzen und umfassende Verhandlungen führen, um ein Abkommen über das vollständige und endgültige Verbot von Nukleartests auszuarbeiten.

Gleichzeitig werden wir auch Fragen erörtern über die Kontrolle, die Schwellen, über die Anzahl der Nuklearexplosionen, über die Vereinbarungen von 1974 und 1976. Das alles können wir erörtern. Es kam zu einer Annäherung.
Als es zu einem Bruch bei dem ABM-Vertrag kam, als die Diskussion abbrach und die Suche aufhörte, haben wir unser Treffen beendet.
(12/XI, IV)

Die unterschiedliche Einschätzung des SDI-Programms durch die Supermächte führte letztendlich zum Scheitern des Gipfels in Reykjavik. All die kühnen, so leidenschaftlich verfochtenen Abrüstungsvorschläge Michail Gorbatschows blieben auf der Strecke. Wie geht es weiter?

Ich glaube, wir und die Amerikaner müssen jetzt alles nochmals überdenken, die ganze Situation, die hier im Endeffekt entstanden ist. Wir müssen nochmals zurückkehren und versuchen, das zu überwinden, was uns trennt. Wir haben uns doch bereits über vieles geeinigt, haben vieles hinter uns gelassen. Vermutlich muß sich der Präsident noch mit dem Kongreß beraten, mit politischen Kreisen und der amerikanischen Öffentlichkeit. Amerika mag noch einmal nachdenken. Wir werden abwarten, ohne unsere Vorschläge zurückzunehmen. Im Grunde genommen haben wir zu diesen Vorschlägen Vereinbarungen getroffen.
Ich denke, ich übertreibe nicht: Alles, was wir dem Präsidenten vorgeschlagen haben, entspricht sowohl den Interessen des amerikanischen Volkes als auch den Interessen der Völker aller Länder. Wenn jemand aber anderer Meinung ist, so haben wir heute alle das Recht zu sagen, sie sollen dem Gehör schenken, was das amerikanische Volk, das sowjetische Volk und die Völker aller Länder fordern.
Wir werden von unserem Kurs des Friedens, des Kampfes gegen das Wettrüsten, für das Verbot von Kernwaffen, für die Beseitigung von Kernwaffen, dafür, die nukleare Bedrohung von unserer Erdc abzuwenden, nicht abgehen. Und ich glaube, wir werden in diesem Kampf nicht allein stehen.
Ich bin der Ansicht, daß sehr viele in der ganzen Welt, darunter auch mit Macht ausgestattete Persönlichkeiten, ernsthafte Schlußfolgerungen aus Reykjavik ziehen können und müssen. Alle werden nach und nach darüber nachdenken müssen, wor-

an es liegt, daß derart hartnäckige Bemühungen, einen Durchbruch zu erzielen, eine kernwaffenfreie Welt herbeizuführen und allgemeine Sicherheit zu gewährleisten, bis jetzt erfolglos blieben.
(12/IV, V, XII)

Der noch in Genf vereinbarte Besuch Michail Gorbatschows in den Vereinigten Staaten zur Beschlußfassung bedeutsamer Rüstungsabkommen scheint nach Reykjavik in die Ferne gerückt zu sein?

Ungeachtet der Dramatik des Gipfeltreffens in Reykjavik haben wir Washington nicht aufgegeben, denke ich, sondern uns ihm angenähert. Wenn der Präsident und die US-Administration meinem Vorschlag folgen, all das weiter zu prüfen, worüber hier in Reykjavik gesprochen wurde, und wenn sie sich mit denjenigen beraten, mit denen sie es für notwendig halten, so meine ich, daß noch nicht alles verloren ist.
Ich kann mir den Gedanken, daß ein Treffen in Washington scheitern könnte, auch nicht eine Minute lang erlauben. Was sollen dann die Menschen denken, sowohl in der Sowjetunion als auch in der ganzen Welt? Welche Politiker stehen an der Spitze zweier so großer Staaten? Da treffen sie einander, schreiben einander Briefe, bereits das dritte Treffen haben sie durchgeführt und können nicht übereinkommen. Ich würde sagen, das wäre einfach ein skandalöses Ergebnis mit unvorhersehbaren Folgen. Das dürfen wir einfach nicht zulassen. Das würde Enttäuschung in der ganzen Welt hervorrufen, nicht nur in unseren Ländern.
Es bestehen Möglichkeiten, gestützt auf das, was wir in Reykjavik besprochen haben, zu Vereinbarungen zu gelangen, die die Begegnung in Washington real und möglich machen würden.
(12/VI, IV)

Welche Pluspunkte erblickt die Sowjetunion im – eigentlich gescheiterten – Gipfeltreffen von Reykjavik. Welche Schlußfolgerungen oder Lehren sind aus Reykjavik zu ziehen?

Das hinter uns liegende Treffen war ein großes Ereignis. Es kam zu einer Neueinschätzung. Es ist eine qualitativ andere Situation entstanden. Keiner kann mehr so wie bisher weitermachen.

Das Treffen bestärkte uns in der Gewißheit, daß der eingeschlagene Kurs richtig und daß eine neue politische Denkweise im Atomzeitalter notwendig und konstruktiv ist. Einen anderen Weg gibt es einfach nicht. Wir wissen jetzt: Die Beseitigung der nuklearen Bedrohung ist real und möglich. Ich möchte hier anmerken, daß das sowjetische Programm zur Beseitigung der nuklearen Rüstungen bis zum Jahre 2000 noch vor ganz kurzer Zeit von vielen „Koryphäen" der Weltpolitik als Illusion und unerfüllbarer Traum bezeichnet wurde.
Wir sind Realisten und uns völlig darüber im klaren, daß Fragen, die lange Jahre, ja Jahrzehnte, keine Lösung gefunden haben, nicht auf Anhieb gelöst werden können. Wir haben auch genügend Erfahrung im Umgang mit den Vereinigten Staaten von Amerika gesammelt. Wir wissen, wie wechselhaft dort das innenpolitische Wetter ist, wie stark und einflußreich jenseits des Ozeans die Gegner des Friedens sind. Reykjavik hat nicht nur Hoffnungen erweckt, Reykjavik hat auch die Schwierigkeiten auf dem Weg zu einer Welt ohne Kernwaffen aufgezeigt. Im Lager der Gegner der Entspannung und Abrüstung hat eine neue Umgruppierung der Kräfte begonnen. Es werden fieberhaft Anstrengungen unternommen, solche Hindernisse aufzubauen, daß der in Reykjavik eingeleitete Prozeß angehalten wird.
Abschließend möchte ich sagen: Die Sowjetunion hat in ihren Vorschlägen ein Maximum an gutem Willen gezeigt. Und diese Vorschläge ziehen wir nicht zurück, wir ziehen sie nicht zurück. Alles zu ihrer Begründung und Entwicklung Gesagte bleibt gültig.
Und noch etwas: Nach Reykjavik steht der ganzen Welt noch deutlicher das berüchtigte SDI-Programm als Symbol für die Obstruktion des Friedens vor Augen als konzentrierter Ausdruck militaristischer Pläne und fehlenden Willens, die Menschheit von der nuklearen Bedrohung zu befreien. Anders kann es nicht verstanden werden. Das ist die wichtigste Lehre des Treffens in Reykjavik.
(12/XII, XIII, XVI)

Die amerikanische Darstellung des Gipfels von Reykjavik – die in den meisten westlichen Medien Verbreitung fand – konnte mit so klaren Einschätzungen und so analytischen Rückblenden, wie sie in den Berichten Michail Gorbatschows enthalten sind, nicht aufwarten.

Verschiedentlich gab es Andeutungen – aber auch Dementi –, daß Präsident Reagan über die Köpfe der Europäer hinweg eine zu große Abrüstungsfreudigkeit gezeigt hätte, welche bei seinen Verbündeten mit Schaudern aufgenommen worden wäre, und mehr. Ja, man konnte sogar lesen: Die Westeuropäer wurden durch Gorbatschows SDI-Blockade „gerettet", denn die nukleare Abschreckung stelle weiterhin die ultima ratio dar.

Jeder Tag nach Reykjavik zeigt deutlicher, daß das Treffen in Island jener Prüfstein war, an dem der wahre Wert der Worte und Deklarationen der Politiker gemessen wird.
Wieviel wurde darüber geredet, wie notwendig es sei, sich von dem nuklearen Alptraum zu befreien, und wie leicht es sein werde, in einer Welt ohne Kernwaffen zu atmen, wenn nur die UdSSR und die USA das Problem über den toten Punkt hinausbringen würden.
Aber schimmerte ein Fünkchen Hoffnung, waren viele von denen, die noch gestern die nuklearen Waffen verdammten und ihre Treue zur Idee einer Welt ohne Kernwaffen beteuerten, nicht mehr zu hören und zu sehen.
Es werden sogar Stimmen in Westeuropa laut, daß es schwierig sei, sich von den amerikanischen Kernwaffen und Raketen zu trennen.
Offensichtlich geht es darum, daß jene, die im Westen Politik machen, über Kernwaffen ganz und gar nicht im Sinne der Verteidigung denken. Anders wäre es schwer zu erklären, warum man jetzt nach Vorwänden sucht, die Raketen zu erhalten, oder sich für eine Unterstützung des SDI-Programms auf Regierungsebene ausspricht. Darüber müssen wir und die westeuropäische Öffentlichkeit nachdenken.
(12/XVI)

Unklarheiten im nachhinein treten auch über die Inhalte der sowjetischerseits klar definierten vereinbarten (aber wegen SDI nicht beschlossenen) Verhandlungspunkte auf.

Es bedurfte nur weniger Stunden, vielleicht eines Tages, um alles, was in Reykjavik besprochen wurde, mit einem Nebel von Erfindungen und Phantasien zu umgeben. Die Keime des Vertrauens sollen getötet werden, bevor sie aufgehen.
Der Präsident erklärte einige Tage nach Reykjavik, daß ledig-

lich die ballistischen Raketen Gegenstand des Einvernehmens waren, während seine Berater offen erklären, daß die Bomber und alle Flügelraketen unangetastet bleiben.
Der Außenminister hat eine andere Version gebracht, nach der die Vereinbarung alle strategischen Rüstungen betrifft. Er war übrigens genau wie unser Außenminister Eduard Schewardnadse bei meinen Gesprächen mit dem Präsidenten zugegen.
Herr Speakes erklärte im Namen des Weißen Hauses, Ronald Reagan wäre möglicherweise falsch verstanden worden, und der Präsident hätte niemals der Beseitigung aller Kernwaffen zugestimmt. Man verstieg sich sogar zu direkten Fälschungen. So wird beispielsweise behauptet, der US-Präsident hätte auf dem Treffen dem sowjetischen Vorschlag über die vollständige Vernichtung *aller* strategischen Angriffswaffen der UdSSR und der USA bis zum Jahre 1996 *nicht* zugestimmt. Als wäre es nicht gelungen, zu diesem unserem Vorschlag einen einheitlichen Standpunkt zu finden.
Als Teilnehmer an den Verhandlungen erkläre ich in vollem Bewußtsein meiner Verantwortung: Der Präsident hat, wenn auch ohne großen Enthusiasmus, zugestimmt, daß alle, ich unterstreiche, *alle* und nicht nur einzelne strategische Angriffswaffen vernichtet werden. Und zwar genau innerhalb von zehn Jahren und in zwei Etappen.
Von der Wahrheit weit entfernt sind auch die Interpretationen der Diskussion über das Problem der Nukleartests. Es wird so dargestellt, als ob sich die Sowjetunion mit dem einseitigen Herangehen der USA an diese Frage voll und ganz einverstanden erklärt hätte. So etwas hat es nicht gegeben und konnte es auch nicht geben.
Falsch dargestellt wird auch die Frage der Beseitigung der Mittelstreckenraketen in Europa. Damit nicht genug, wird sie auch noch aus dem von der sowjetischen Seite vorgeschlagenen Paket herausgelöst.
Auch unsere Zustimmung, die Anzahl der Raketen mit einer Reichweite von weniger als 1000 Kilometern zu begrenzen, stellt man jetzt so dar, als ob die Sowjetunion das „Recht" der USA „anerkennt", in Westeuropa amerikanische Raketen derselben Klasse zu stationieren.
Bei derartigen Interpretationen beginnt man sich bald selbst zu fragen, worüber wir in Reykjavik eigentlich gesprochen haben: Über die Beseitigung der nuklearen Gefahr sowie die Reduzierung und Abschaffung der Kernwaffen oder etwa darüber, wie

diese Gefahr weiter vergrößert, wie die Kernwaffenarsenale weiter ausgebaut, wie nicht nur der ganze Planet, sondern auch der Weltraum, das All, zum Schauplatz militärischer Konfrontationen gemacht werden könnte.
(12/XV, XVI)

Im Gegensatz zu Michail Gorbatschows Mitteilung, daß die US-Delegation „mit leeren Händen" nach Reykjavik angereist sei, vermittelten amerikanische Resümees den Eindruck, die federführenden und starken Verhandlungspartner seien eigentlich die USA gewesen.

Man stellte die Sache so dar, als ob die USA aus der Position der Stärke heraus die Sowjetunion fast zum Einverständnis gebracht hätten, einer Einigung aufgrund der amerikanischen Bedingungen zuzustimmen. Und der Tag sei nicht weit, da die USA, wie man sagt, das ihre erreichen werden. Es darf, so sagten sie, nur nicht das Tempo der militärischen Vorbereitungen vermindert werden. Das „Sternenkriegs"-Programm muß forciert und der Druck in alle Richtungen verstärkt werden.
In diesen Tagen wurden wir Zeugen dafür, daß eine große Sache in kleinlicher Biertischpolitik ertränkt wurde, daß die Lebensinteressen des eigenen Volkes, der Verbündeten und die internationale Sicherheit insgesamt den Waffenfabrikanten geopfert wurden.
(12/XV)

In fast alle Verhandlungen mit der UdSSR werden von den USA üblicherweise auch Fragen nach Demokratie und Freiheit in der Sowjetunion eingebracht. Wie sah es damit in Reykjavik aus?

Die Aussicht auf eine mögliche sowjetisch-amerikanische Verständigung hat manchen so aufgescheucht, daß er beizeiten darangegangen ist, ganz undenkbare Hindernisse zu errichten und „Vorbedingungen" zu erfinden. Der Berater des Präsidenten ging sogar soweit zu sagen, daß die USA, bevor sie auf die nukleare Abrüstung eingehen, „Veränderungen des politischen Klimas in der Sowjetunion erkennen müssen". Das ist unseriös, absolut unseriös. Wenn man derartige Ansprüche vor 70 beziehungweise 40 Jahren erhoben hätte, so wäre es noch eine Dummheit, eine historische Blindheit gewesen. Heute ist das ei-

ne Demonstration des völligen Unverständnisses für die Realität.
In den Diskussionen versuchte auch der Präsident auf eine ideologische Problematik einzugehen, wobei er, gelinde gesagt, absolute Uninformiertheit und Unverständnis dafür unter Beweis stellte, was die sozialistische Welt ist und was in ihr vorgeht.
Ich habe die Versuche zurückgewiesen, die ideologischen Unterschiede mit den Fragen der Einstellung des Wettrüstens in Verbindung zu bringen. Beharrlich habe ich dem Präsidenten und dem Außenminister die Gründe in Erinnerung gerufen, weswegen wir in Reykjavik zusammengekommen sind.
(12/XVI, X)

Die Vereinigten Staaten von Amerika, die sich als freiestes Land der Welt bezeichnen, vermissen in der Sowjetunion Freiheit und Menschenrechte nach ihren Maßstäben.

Wir sprachen in Reykjavik über humanitäre Probleme und schnitten dabei konkrete Fragen an. Es kam zu einem interessanten Meinungsaustausch. Und bestimmte Vereinbarungen, die es dort gab, hätten als Bestandteil in das Abschlußdokument eingehen können. Da aber das Wichtigste scheiterte, brach der gesamte Prozeß ab.
Wieviel ist gesagt worden über die Offenheit der amerikanischen Gesellschaft, über die Informationsfreiheit, über den Meinungspluralismus und darüber, daß jeder sehen und hören kann, was er will. In Reykjavik sagte mir der Präsident: „Wir erkennen die Pressefreiheit an sowie das Recht, jeden beliebigen Standpunkt anzuhören.“ Das sind die Worte des Präsidenten gewesen. Aber wie sieht es damit in der Praxis aus? Hier die neueste Tatsache.
Man hat mir berichtet, daß unsere gesellschaftliche Organisation APN die Texte seiner Pressekonferenz in Reykjavik und meine Ansprache im sowjetischen Fernsehen in englischer Sprache herausgegeben und sie in viele Länder, darunter auch in die Vereinigten Staaten, geschickt hat. Eine Broschüre mit diesen Texten wurde vom amerikanischen Zoll festgehalten. Sie erreichte nicht den amerikanischen Leser. Da haben Sie das „Recht, jeden Standpunkt zu hören“.
Oder: Was die humanitären Angelegenheiten anbelangt, so sagte ich dem Präsidenten: Nehmen Sie zum Beispiel das Kino. Auf

den Leinwänden der Sowjetunion wird eine große Anzahl amerikanischer Filme gezeigt. Die sowjetischen Menschen haben die Möglichkeit, sich durch diese Filme ein Bild über die Lebens- und Denkweise der Amerikaner zu verschaffen. Doch im „freien Amerika" werden sowjetische Filme praktisch nicht gezeigt. Der Präsident wich einer Antwort aus, wie es in solchen Fällen üblich ist, und verschanzte sich hinter dem privaten Unternehmertum, das tut, was es will.

Ich sprach mit ihm auch über die Herausgabe amerikanischer Bücher bei uns und unserer Bücher in den USA: Das Verhältnis ist annähernd 20:1.

Auch warf ich die Frage der Rundfunkinformation auf. Ich sagte, daß wir uns hier ebenfalls in einer ungleichen Lage befinden. Sie haben die Sowjetunion mit einem Netz von Rundfunkinformationen umkreist und senden vom Territorium anderer Länder rund um die Uhr in vielen Sprachen der Sowjetunion alles, was ihnen einfällt. Amerika hingegen nutzt die Tatsache aus, daß wir keine unmittelbaren Nachbarn sind, und schirmt sich von unseren Mittelwellensendern – nur Empfänger dieser Wellenlänge gibt es dort – ab. Der Präsident konnte auch darauf nichts entgegnen.

Da habe ich ihm folgende Verfahrensweise vorgeschlagen: Wir hören auf, den Sender „Stimme Amerikas" zu stören, und sie geben uns die Möglichkeit, auf ihrem Territorium oder irgendwo in der Nähe Rundfunksendungen für die Vereinigten Staaten auszustrahlen, so daß sie die Bevölkerung ihres Landes erreichen. Der Präsident versprach, darüber nachzudenken.

Es sieht so aus, als würden die Vereinigten Staaten zu einer immer geschlosseneren Gesellschaft. Geschickt und wirksam werden dort die Menschen von objektiven Informationen abgeschottet. Das ist ein gefährlicher Prozeß. Das amerikanische Volk sollte die Wahrheit über die Vorgänge in der Sowjetunion, über den wahren Inhalt der sowjetischen Außenpolitik erfahren, über unsere wirklichen Absichten, und auch die Wahrheit über die Lage der Welt insgesamt. In der gegenwärtigen Etappe, würde ich meinen, erlangt dies außerordentliche Bedeutung.

(12/V, XV,)

Wird die Sowjetunion nach den für sie enttäuschenden amerikanischen Einschätzungen des Gipfeltreffens in Reykjavik die Abrüstungsfragen mit den USA in gleicher Qualität fortsetzen?

Ich denke, daß die Notwendigkeit des Dialogs jetzt noch weiter gewachsen ist, so schwierig er auch sein mag.
(12/V)

Nach Reykjavik sah sich die Sowjetunion dem ständigen Vorwurf aus dem Westen ausgesetzt, die Frage der Mittelstreckenraketen im Reykjaviker „Verhandlungspaket verschnürt zu haben". Die UdSSR verhindere dadurch eine vorgezogene, separate Abrüstungsverhandlung über diese wichtige Waffengattung. Michail Gorbatschows Antwort (vom 1. März 1987) auf diesen Vorwurf könnte als Beispiel des „neuen Denkens" in der Sowjetunion dienen.

Die neue Denkweise bedeutet die Fähigkeit, der Stimme der Öffentlichkeit, sowohl der europäischen als auch der internationalen, Gehör zu schenken, die Sorgen und Interessen der anderen Völker zu verstehen, die eigene Sicherheit nicht von der Sicherheit der Nachbarn in unserer wechselseitig abhängigen Welt zu trennen.
Die Sowjetunion schlägt vor, das Problem der Mittelstreckenraketen in Europa aus dem Block von Fragen herauszulösen, darüber ein Einzelabkommen abzuschließen und dies unverzüglich zu tun. Für einen solchen Schritt ist nicht einfach eine Grundlage, sondern faktisch eine fertige Vereinbarung da. In Reykjavik wurde vereinbart, daß die UdSSR und die USA im Laufe der nächsten fünf Jahre alle ihre Mittelstreckenraketen in Europa beseitigen. In derselben Frist wird die Anzahl der sowjetischen Raketen dieser Klasse im asiatischen Teil unseres Territoriums auf 100 Gefechtsköpfe reduziert, womit gemeint ist, daß die USA eine gleiche Anzahl von Sprengköpfen der Mittelstreckenraketen auf ihrem nationalen Territorium belassen können.
Sobald ein Abkommen über die Beseitigung der sowjetischen und amerikanischen Mittelstreckenraketen in Europa unterzeichnet ist, wird die UdSSR aus der DDR und der CSSR – im Einvernehmen mit den Regierungen dieser Länder – die operativ-taktischen Raketen größerer Reichweite abziehen, die dort als Gegenmaßnahme auf die Stationierung von „Pershing 2" und Marschflugkörpern in Westeuropa aufgestellt worden waren. Was die anderen Raketen operativ-taktischer Bestimmung betrifft, so sind wir bereit, sogleich Verhandlungen mit dem Ziel aufzunehmen, diese zu reduzieren und völlig zu beseitigen.

Indem die Sowjetregierung das Problem der Mittelstreckenraketen in Europa jetzt herauslöst, hält sie die Erreichung eines Abkommens über eine wesentliche Reduzierung und danach über die Beseitigung der strategischen Rüstungen nach wie vor für eine sehr wichtige Sache. Der Abschluß eines solchen Abkommens, wie mehrmals unterstrichen wurde, muß selbstverständlich den Beschluß über die Nichtzulassung der Waffenstationierung im Kosmos voraussetzen, denn zwischen diesen Fragen besteht ein organischer Zusammenhang.
(20/4,2,3)

Eine Lösung der Mittelstreckenraketen-Frage in Europa ist nicht mehr (wie in Reykjavik) an den Verzicht auf SDI gebunden. Der Weg zur Beschlußfassung über die Null-Lösung ist frei. Auf die USA wartet die Aufgabe der Auseinandersetzung mit ihren europäischen Verbündeten.

Die Aufgabe besteht darin, die Chance nicht ungenutzt zu lassen, die sich dank unserer an Initiativen reichen Politik bietet. Es entstand jedoch eine paradoxe Situation: Manche Politiker, ja mitunter auch manche Regierung, sagen sich nun von ihrer eigenen „Null-Variante“ wie von einem bösen Geist los. Es erweist sich, daß einige Regierungen in Westeuropa sich noch nicht entschieden haben, ob sie die Liquidierung sowjetischer Raketen mittlerer Reichweite wollen, wenn gleichzeitig auch amerikanische liquidiert werden.
Wir haben gemerkt, daß gewisse Leute versuchen, eine endlose Kette immer neuer Einwände zu schaffen. Anfangs haben sie gesagt, daß das Problem der Raketen mittlerer Reichweite nicht ohne die gleichzeitige Liquidierung der operativ-taktischen Raketen gelöst werden darf. Dann begannen Sie damit, die taktischen Kernwaffen und die nuklearen Gefechtsfeldwaffen und auch noch die konventionellen Rüstungen und Streitkräfte einzubeziehen.
Doch diese Probleme dürfen unserer Meinung nach nicht für irgendwelche Verzögerungen genutzt werden. Dennoch denken wir, daß der politische Realismus die Oberhand gewinnen wird. Zuviel steht auf dem Spiel. Es handelt sich um Angelegenheiten, die für die Menschheit zu bedeutsam sind. Den Schwankenden rufe ich einen Ausspruch von Seneca ins Gedächtnis: Wenn ein Mensch nicht weiß, in welchen Hafen er einlaufen soll, wird ihm kein Wind günstig sein.

Wir dürfen nicht zulassen, daß die sich bietende Chance verpaßt wird. Ein Abkommen wird den Weg zur Lösung vieler anderer Probleme der Einstellung des Wettrüstens und der Abrüstung leichter machen. Wir vervollkommnen unsere Vorschläge in jeder Richtung, damit die nützlichen Ideen und Überlegungen anderer Staaten darin eingehen können. Über viele wird bereits verhandelt, und manche dieser Verhandlungen, zum Beispiel über chemische Waffen, befinden sich in fortgeschrittenem Stadium.

(23/9; 24/15; 25/17,18)

Michail Gorbatschow hält die Abrüstungsdebatte in Spannung. Schon einen Monat nach seiner „Freigabe" der Mittelstreckenraketen ruft er aus Prag (10.4.1987) zu einer „Reduzierung und darauffolgenden Beseitigung" der in Europa stationierten operativ-taktischen Raketen mit einer Reichweite von 500–1000 Kilometern auf. Die „doppelte Null-Lösung" ist geboren.

Um einen unverzüglichen Abschluß eines Abkommens über die Mittelstreckenraketen in Europa zu erleichtern, schlagen wir vor, mit der Erörterung der Frage einer Reduzierung und darauffolgenden Beseitigung der Raketen mit einer Reichweite von 500 bis 1000 Kilometern, die auf dem europäischen Kontinent stationiert sind, zu beginnen, ohne davon den Verlauf und den Ausgang der Lösung des Problems der Mittelstreckenraketen abhängig zu machen.
Für die Zeit der Verhandlungen könnten die Seiten die Verpflichtung übernehmen, die Zahl der operativ-taktischen Raketen nicht zu vergrößern. Ich unterstreiche: Wir möchten die Sache auf eine radikale Reduzierung und letzten Endes auf eine vollständige Liquidierung der operativ-taktischen Raketen in Europa hinauslaufen lassen und halten es für unnütz, in einer künftigen Vereinbarung allerlei „Toleranzen" für ihre weitere Verstärkung und Perfektionierung vorzuprogrammieren.

(24/15)

Die Sowjetunion verfügt einseitig über operativ-taktische Raketen (OTR) mit Reichweiten von 500–1000 Kilometern, welche auf ihrem eigenen Territorium wie auch in der DDR und CSSR lagern. Als erstes würde die UdSSR die OTR aus diesen beiden Ländern abziehen und vernichten. In-

nerhalb eines Jahres (die Frist muß noch festgesetzt werden) wird die Vernichtung der übrigen „sowjetischen" OTR erfolgt sein. Die USA macht geltend, daß in der Zeit des Vernichtungsprozesses die UdSSR eine Überlegenheit an OTR besitzt – und möchte ihrerseits in dieser Waffengattung nachrüsten (weil sie ja auch Einbußen an Mittelstreckenraketen „erleidet") – und zwar genau die Stückzahl, die auf sowjetischem Gebiet vorhanden ist. Diese Haltung der USA wurde von Michail Gorbatschow mit Befremden aufgenommen. Während sich die UdSSR vor aller Welt verpflichtet, ihre OTR zu vernichten, ist die USA bestrebt nachzurüsten. Aus Sorge um ihre Verbündeten, die ja durch den „Verlust" der Mittelstreckenraketen „schutzloser" geworden sind? Aus Mißtrauen gegen die UdSSR, die vielleicht in der Zeit des Vernichtungsprozesses „aggressiv" werden könnte? Michail Gorbatschow am 14. April 1987 in Moskau zu Außenminister George Shultz:

Wir gehen weiter, als in Prag gesagt worden ist. Wir sind bereit, auch taktische Gefechtsfeldraketen zu liquidieren. Wovor aber haben Sie Angst? Sind wir doch für ein zuverlässiges Abkommen mit striktester und allumfassender Kontrolle. Wenn der Prozeß der Liquidierung von Kernwaffen wirklich einsetzt, werden wir in der Frage der Kontrolle die strengste Haltung einnehmen, überall Kontrolle und Inspektion fordern – an den Orten der Demontage der Raketen, an den Orten ihrer Liquidierung, auf den Versuchsgeländen und in den Militärstützpunkten, darunter auch in Drittländern, in Lagern und Werken, unabhängig davon, ob diese privat oder staatlich sind.
Das trifft auch auf die Mittelstreckenraketen und auf die strategischen Kernwaffen zu. Da es sich um eine Reduzierung handelt (und das gilt um so mehr für die Liquidierung ganzer Klassen von Kernwaffen in Europa), erlangen Fragen der Kontrolle über die Einhaltung künftiger Abkommen eine qualitativ neue Bedeutung. Die Kontrolle wird unter diesen Bedingungen eines der wichtigsten Mittel der Gewährleistung der Sicherheit. Der Zutritt der Inspektoren soll auch zu den Militärstützpunkten der anderen Seite auf dem Territorium von Drittländern gewährleistet werden.
(22/5; 24/15,16)

Ob die Vereinigten Staaten in operativ-taktischen Raketen nachrüsten werden, wird noch Thema eingehender Debatten in NATO-Kreisen sein. George Shultz überraschte in Moskau mit der Mitteilung, daß die USA

bei den strategischen Offensivwaffen eine 50prozentige Reduzierung nicht innerhalb von fünf, sondern von sieben Jahren in Erwägung ziehen (bei komplizierenden waffentechnischen Einschränkungen...) und eine eventuelle Abmachung über den Nichtausstieg aus dem ABM-Vertrag ebenfalls auf nur sieben Jahre vorsehen: eine deutliche Abkehr von den in Reykjavik dargelegten Positionen. Michail Gorbatschow mahnte einmal mehr, den ABM-Vertrag einzuhalten und lehnte die Hinweise ab, die Arbeiten an SDI würden diesen Vertrag nicht verletzen. Um die Abrüstung der strategischen Offensivwaffen und damit den gesamten Abrüstungsprozeß „lebendig" zu erhalten, erklärte Michail Gorbatschow:

Unter Berücksichtigung dessen, daß sich die USA-Administration an SDI gebunden hat, sind wir auf der Suche nach einer Lösung; und um den Prozeß der Verhandlungen über nukleare Abrüstung nicht zu vereiteln, sind wir bereit, auch hier nach einem Ausweg zu suchen. Wir erklären uns mit Forschungen auf dem Gebiet der Raketenabwehr einverstanden, aber nur mit solchen, die nicht über den Rahmen von Laboratorien hinausgehen. Was man in der Sowjetunion darunter versteht? Wissenschaftliche Forschungsarbeiten auf der Erde – an Instituten, auf Versuchsgeländen, in Werken. Die Spezialisten beider Länder sollen sich ruhig hinsetzen, darüber nachdenken und ein Verzeichnis von Vorrichtungen vereinbaren, deren Unterbringung im Weltraum im Lauf dieser Forschungen untersagt wäre. Auf diesem Wege liegt die Lösung. Wie Sie sehen, suchen wir nach Kompromißlösungen, unternehmen sozusagen „die letzten Anstrengungen".

(22/7)

An Anstrengungen, Verhandlungsbereitschaft, Tatkraft und Kompromißbereitschaft hat es der sowjetischen Führung unter Michail Gorbatschow bei allen Initiativen zur Abrüstungsproblematik nicht gefehlt. Im Sommer 1987 schien der Zeitpunkt für ein endgültiges Abkommen zwischen den Supermächten in Fragen der Mittelstreckenraketen nahe zu sein. Um so mehr, als die UdSSR verlauten ließ, daß ein Verzicht auf die 100 Gefechtsköpfe in ihrem asiatischen Teil und auf dem amerikanischen Territorium nicht ausgeschlossen sei.

Der gesamte Komplex von Fragen der Verminderung der militärischen Spannung und Konfrontation in der Welt kann nicht sofort und gleichzeitig gelöst werden. Es ist jedoch notwendig,

mit einer Sache zu beginnen. Vor unseren westlichen Partnern liegen auf dem Verhandlungstisch vollwertige Vorschläge über das ganze – wenn ich mich so ausdrücken darf – „Quintett" der modernen Waffen: über die strategischen Nuklearwaffen, die Mittelstreckenraketen, die operativ-taktischen Raketen, die chemischen Waffen und über die konventionelle Rüstung.
Ich möchte glauben, daß bei endgültigen Entscheidungen im Westen guter Wille und politischer Realismus die Oberhand gewinnen und es dadurch möglich sein wird, noch in diesem Jahr einen Vertrag über die Beseitigung der Mittelstreckenraketen abzuschließen. Wir verlieren nicht die Hoffnung, daß auf die Lösung des Problems der Mittelstreckenraketen eine Art Kettenreaktion folgt, in deren Ergebnis Europa allmählich aufhört, eine Stätte der Konzentration der ungeheuerlichsten Waffenmengen in der ganzen Geschichte der Menschheit zu sein.
(22/7; 26/4; 27/5)

Das Abkommen über die Mittelstreckenraketen zu unterzeichnen, wird Anlaß eines – nunmehr dritten – Gipfeltreffens sein. Diesmal in Washington, wie noch 1985 in Genf vereinbart. Es ist voraussehbar, daß Michail Gorbatschow die angesprochene „Kettenreaktion" auch bei diesem Treffen auf höchster Ebene zu verwirklichen sucht. Welche Abrüstungsprobleme drängen nach?

Die Sowjetunion ist bestrebt, die Vereinigten Staaten davon zu überzeugen, daß es notwendig ist, den Vertrag über die Raketenabwehr (ABM-Vertrag) allseitig zu festigen. Er bildet das Fundament für Vereinbarungen über einschneidende Reduzierungen strategischer Offensivwaffen. Um zu vermeiden, daß das Abkommen über die strategischen Offensivwaffen durch Beförderung von Waffen in den Weltraum gesprengt wird, müssen die UdSSR und die USA nach unserer Ansicht die Verpflichtung übernehmen, zehn Jahre lang aus dem Vertrag nicht auszusteigen und dabei die Liste der weltraumgestützten Systeme abzustimmen, deren Beförderung in den Weltraum, darunter auch zu Testzwecken, in dieser Zeit untersagt wäre.
Ich denke, daß der Weltöffentlichkeit auch unsere prinzipienfeste Haltung zur Frage der Nukleartests wohlbekannt ist. Ich wiederhole: Die Einstellung des länger als eineinhalb Jahre währenden einseitigen Moratoriums durch die Sowjetunion war eine erzwungene, uns aufgedrängte Entscheidung.

Wir fordern die USA immer wieder auf, umfassende Verhandlungen über einen vollständigen Kernteststopp unter strenger internationaler Kontrolle, Vor-Ort-Inspektionen eingeschlossen, aufzunehmen. Als erste Schritte zu diesem Hauptziel könnte man bei diesen Verhandlungen Fragen der Ratifizierung der sowjetisch-amerikanischen Verträge von 1974 und 1976 und einer wesentlichen Senkung der in diesen Verträgen vorgesehenen Schwellenstärke von nuklearen Explosionen bei gleichzeitiger Begrenzung ihrer Zahl erörtern.
Um zur schnellstmöglichen Ratifizierung der genannten Verträge beizutragen, ist die UdSSR bereit, mit den USA die Durchführung von entsprechenden Kalibrierexperimenten in den Versuchsgebieten des anderen zu vereinbaren. Wir sprechen uns dafür aus, bei der Durchführung solcher Experimente sowohl nationale seismische Apparate beider Länder als auch seismische Kontrollmittel der Sechs-Staaten-Gruppe (Argentinien, Griechenland, Indien, Mexiko, Tansania und Schweden) zu benutzen. Selbstverständlich unter der Voraussetzung, daß sie sich damit einverstanden erklären. Wir sind im Zusammenhang mit diesen Verhandlungen auch zu praktischen Sofortmaßnahmen bereit, nämlich zu einer Zwischenvereinbarung mit der amerikanischen Seite über die Begrenzung der Stärke der unterirdischen nuklearen Explosionen mit einer Schwelle von einer Kilotonne und der Zahl der Kernwaffenversuche auf zwei bis drei pro Jahr.
Ich schlage vor, „Grundsätze“ in bezug auf die strategischen Offensivwaffen, die Raketenabwehr und die Nukleartests auszuarbeiten. Zusammen mit der Unterzeichnung eines Vertrages über die Mittelstreckenraketen könnten sie zum Gegenstand eines Übereinkommens auf höchster Ebene und zur Grundlage werden, auf der rechtlich bindende Abkommen zwischen der UdSSR und den USA vorbereitet werden könnten.
Um diese „Grundsätze“ abzustimmen und einen Vertrag über die Mittelstreckenraketen abzuschließen, bin ich zu einem Treffen mit dem Präsidenten der Vereinigten Staaten bereit.

(28/3; 22/7,8)

Trotz sporadischer verheißungsvoller Ankündigungen gab es kein entschlossenes Herangehen der USA an die Verhandlungen über die Mittelstreckenraketen und keine Einigung bei den Genfer Abrüstungsgesprächen – bis Juli 1987. Wieder ergreift der Generalsekretär der KPdSU

die Initiative: Nachdem seine frühere Zustimmung zum Verzicht auf die 100 Gefechtsköpfe im asiatischen Teil der Sowjetunion offenbar irgendwo auf der Strecke blieb, konkretisierte Michail Gorbatschow Ende Juli 1987 seine Abrüstungsbereitschaft in Asien und setzte damit einen weiteren Schritt zum Gipfel in den USA.

Im Zusammenhang mit den Verhandlungen zwischen der UdSSR und den USA gaben asiatische Länder ihr Interesse daran kund, daß die Mittelstreckenraketen auch in Asien vollständig beseitigt werden. Sie betrachten diese Frage in Verbindung mit der eigenen nationalen Sicherheit.
Die sowjetische Führung ging an diese Wünsche mit allem Ernst und mit Verantwortung heran. Jetzt kann ich mitteilen:
Den asiatischen Ländern entgegenkommend und unter Berücksichtigung ihrer Sorge, ist die Sowjetunion bereit, die Vernichtung aller ihrer Mittelstreckenraketen auch im asiatischen Raum des Landes zu akzeptieren, d.h. sie ist bereit, die Frage der Beibehaltung jener 100 Gefechtsköpfe auf Mittelstreckenraketen zu streichen, von denen auf den Genfer Verhandlungen mit den Amerikanern die Rede war. Unter der Bedingung natürlich, daß die USA das gleiche tun. Auch die operativ-taktischen Raketen werden dann liquidiert.
Mit anderen Worten: Wir werden uns von der Konzeption einer „globalen Null-Lösung“ leiten lassen.
In diesem Falle bringen wir die Frage der nuklearen Präsenz der USA in Korea, auf den Philippinen, auf der Insel Diego Garcia mit dieser Initiative nicht in Verbindung. Jedoch möchten wir hoffen, daß sie zumindest nicht vergrößert wird.
Neben unserer Bereitschaft zum Verzicht auf die 100 Gefechtsköpfe nenne ich noch einige andere eventuelle Maßnahmen.
Erstens. Die Sowjetunion ist bereit, die Verpflichtung einzugehen, die Anzahl der Flugzeuge, die Kernwaffen tragen, im asiatischen Teil des Landes nicht zu vergrößern, wenn die USA in dieser Region keine zusätzlichen Nuklearsysteme stationieren, die das Territorium der UdSSR erreichen können.
Zweitens. Ich erinnere erneut an unsere Bereitschaft, daß die Kriegsflotten der UdSSR und der USA ihre Aktivitäten im Pazifik abschwächen. Ich habe darüber vor einem Jahr gesprochen, jedoch haben die USA darauf nicht geantwortet. Es ist jedoch augenscheinlich, daß die Grenze der Konfrontation dort verläuft, wo einander die Flotten gegenüberstehen. Daraus resultiert die Gefahr von Konflikten.

Man könnte über eine Begrenzung der Gebiete übereinkommen, in denen kernwaffentragende Schiffe fahren, und zwar so, daß sie den Küsten der anderen Seite nicht so nahe kommen dürfen, wie die Reichweite ihrer bordgestützten Nuklearwaffen ist. Man könnte über eine Begrenzung der Rivalität bei der U-Boot-Abwehr, über das Verbot der Aktivierung bei der U-Boot-Abwehr, einschließlich der U-Boot-Abwehrfliegerkräfte, in bestimmten Zonen übereinkommen.

Zur Festigung des Vertrauens würde auch die Begrenzung von Maßstäben der Übungen und Manöver der Kriegsflotten im Stillen und im Indischen Ozean sowie in den angrenzenden Meeren beitragen: nicht mehr als eine bis zwei große Übungen und Manöver der Kriegsflotten (einschließlich der Marinefliegerkräfte) im Jahr, rechtzeitige Vorankündigung ihrer Durchführung, gegenseitiger Verzicht auf Übungen oder Manöver der Kriegsflotten in den internationalen Wasserstraßen und den angrenzenden Gebieten und auf den Einsatz von Gefechtswaffen während der Übungen in den Zonen der traditionellen Wasserwege.

Man könnte dieses „Modell“ zuerst im Norden des Pazifik erproben, wo die Zahl der „handelnden Personen“ gering ist, und danach diese Praxis auf den Süden des Pazifik, auf die anderen Länder der Region ausdehnen.

Drittens. Die UNO-Deklaration über die Umwandlung des Indischen Ozeans in eine Friedenszone wurde vor über 15 Jahren unterzeichnet. Bereits seit einigen Jahren erfolgt die Vorbereitung auf die Einberufung einer internationalen Konferenz über den Indischen Ozean unter der Ägide der UNO. Jetzt wurde dafür das Jahr 1988 festgelegt. Es gibt aber nach wie vor keine Sicherheit dafür, daß sie auch wirklich stattfindet. Denn die Erfahrungen zeigen, daß Washington die Verhandlungen zum Scheitern bringt, sobald sich eine Vorwärtsbewegung abzeichnet.

Es wird Zeit, internationale Sicherheitsgarantien für die Seeschiffahrt im Indischen Ozean und in den zu ihm gehörenden Meeren, Meerengen und -busen zu schaffen. Es existiert auch die Frage der Sicherheit der Luftwege. Auch sie kann gelöst werden, wenn der politische Wille vorhanden ist. Akut ist die Frage bezüglich der kollektiven Maßnahmen gegen den Terrorismus auf den See- und Luftwegen im Indischen Ozean.

Kurz gesagt, es kann viel Nützliches für die Festigung der Sicherheit im Indischen Ozean getan werden.

Wir hoffen auf die Zusammenarbeit auch mit den USA, obwohl wir seitens Washingtons immer wieder Reden darüber hören, daß die UdSSR angeblich Anstrengungen unternimmt, die für die Staaten der asiatisch-pazifischen Region eine Gefahr darstellen. Aber das ist einfach absurd. Wir sind um die Zusammenarbeit mit den Staaten dieser Region bemüht, und unsere neuen Abrüstungsvorschläge bestätigen das.

(40/2, 3, 4, 15, 16)

2. Teil

Die „Umgestaltung" in Gesellschaft und Wirtschaft

Reformpolitik in der Sowjetunion? Die Welt verfolgt mit großen Erwartungen Michail Gorbatschows energische Bemühungen um die „Beschleunigung der sozialökonomischen Entwicklung", wie sie der 27. Parteitag der KPdSU im Februar 1986 festschrieb. Durch tiefgreifende „Demokratisierung" aller Bereiche des Lebens wird eine radikale „Umgestaltung" angestrebt. Ziel: ein qualitativ neuer Stand der sowjetischen Gesellschaft.
„Umgestaltung" steht aber auch für die Überwindung von Stagnation, Formalismus und Disziplinlosigkeit, was bei den Betroffenen Unbehagen, ja Widerstand hervorrufen könnte. In jedem Falle sorgt das Zentralkomitee der KPdSU für neuen „drive" in der Sowjetunion.

Unsere Gesellschaft ist in Bewegung gekommen. Bei uns sind gegenwärtig viele Diskussionen im Gange. In solchen Perioden läuft nicht immer alles glatt ab. „Umgestaltung", „Beschleunigung", „Demokratisierung" – das alles ist kein Spaziergang auf einer glatten asphaltierten Straße und in Sportschuhen. Das sieht dem Aufstieg über einen steilen Berghang voller Hindernisse ähnlich, da Kraft und Können nottun, einen Berg zu erklimmen. Hier muß man alles berechnen: die Kräfte, den Atem, und man darf auch das Ziel nicht aus den Augen verlieren.
Gerade dieser Prozeß erfaßt heute unsere ganze Gesellschaft. Er entwickelt sich nicht problemlos. Die größte Schwierigkeit besteht darin, daß es darauf ankommt, eine Umgestaltung in den Köpfen zu vollziehen, das Denken umzugestalten. Das gilt für alle. Es ist eine interessante Zeit. Eine schwere, aber eine interessante Zeit.
(14/47; 41/32)

Ein „qualitativ neuer Stand der Gesellschaft" – impliziert das einen höheren Lebensstandard und eine verbesserte Lebensqualität des Sowjetvolkes? In welcher Wechselwirkung steht dazu die vom 27. Parteitag festgelegte „Beschleunigung der sozialökonomischen Entwicklung"?

Was verstehen wir unter Beschleunigung? In erster Linie geht es um die Temposteigerung beim Wirtschaftswachstum. Doch

nicht nur darum. Ihr Wesen besteht in einer neuen Qualität des Wachstums: in der größtmöglichen Intensivierung der Produkte auf der Grundlage des wissenschaftlich-technischen Fortschritts, der strukturellen Umgestaltung der Wirtschaft, der Anwendung effektiver Formen der Leitung, der Arbeitsorganisation und Arbeitsstimulierung.
Der Kurs der Beschleunigung sieht vor, daß eine aktive Sozialpolitik betrieben und das Prinzip der sozialistischen Gerechtigkeit konsequent durchgesetzt wird.
Die Beschleunigungsstrategie setzt Vervollkommnung der gesellschaftlichen Verhältnisse, Erneuerung der Arbeitsformen und -methoden der politischen und ideologischen Institutionen, Vertiefung der sozialistischen Demokratie und entschlossene Überwindung von Trägheit, Stagnation und Konservativismus, das heißt all das voraus, was den gesellschaftlichen Fortschritt hemmt. Kurz und gut, die Beschleunigung der sozialökonomischen Entwicklung unseres Landes ist der Schlüssel zu allen unseren Problemen.
Heute besteht die erstrangige Aufgabe der Partei, des ganzen Volkes, darin, mit den ungünstigen Tendenzen in der Entwicklung der Wirtschaft entschieden aufzuräumen, ihr die gebotene Dynamik zu verleihen, der Initiative und dem Schöpfertum der Massen sowie den wirklich revolutionären Umgestaltungen Tür und Tor zu öffnen. Einen anderen Weg gibt es nicht.
Ohne beschleunigtes Wirtschaftswachstum werden die sozialen Programme nur ein frommer Wunsch bleiben, und diese weisen einen unaufschiebbaren Charakter auf. Die sowjetischen Menschen müssen innerhalb einer kurzen Frist die Resultate der gemeinsamen Anstrengungen zur kardinalen Lösung des Lebensmittelproblems, zur Deckung des Bedarfs an hochwertigen Waren und Dienstleistungen, zur Verbesserung der medizinischen Betreuung, der Wohn- und der Lebensverhältnisse wie auch des Umweltschutzes verspüren.
(41/31,32,35)

Ungünstige Tendenzen in der Entwicklung, Revolutionären Umgestaltungen Tür und Tor öffnen. Einen anderen Weg gibt es nicht...
Wie weit sind diese Losungen des 27. Parteitags – die schon das April-Plenum 1985 bestimmten – als Absage an die bisherigen Erfolge des sozialistischen Systems bzw. an die Vorstellungen des bestehenden Parteiprogramms der KPdSU zu werten?

Der von unserem Land zurückgelegte Weg, seine wirtschaftlichen, sozialen und kulturellen Errungenschaften bestätigen überzeugend die Lebenskraft der marxistisch-leninistischen Lehre und das dem Sozialismus innewohnende riesige Potential, das im Fortschritt der sowjetischen Gesellschaft realisiert ist.
Seit der Annahme des heute geltenden Parteiprogramms ist die sowjetische Gesellschaft in ihrer Entwicklung weit vorangekommen. Im Grunde haben wir das ganze Land neu aufgebaut, enorme Umwälzungen in Wirtschaft, Kultur und auf sozialem Gebiet herbeigeführt, Generationen von Erbauern der neuen Gesellschaft erzogen. Wir haben der Menschheit den Weg in den Weltraum gebahnt, haben die militärstrategische Parität gesichert, was die aggressiven Pläne des Imperialismus und seine Möglichkeiten, einen Nuklearkrieg zu entfesseln, wesentlich eingeengt hat. Die internationalen Positionen unserer Heimat und des Weltsozialismus sind beträchtlich fester geworden.
Die Führung der KPdSU schätzt das Erreichte nach Gebühr, hält es jedoch für ihre Pflicht, mit der Partei und dem Volk ehrlich und offen über unsere Versäumnisse in der politischen und praktischen Tätigkeit, über die ungünstigen Tendenzen in der Wirtschaft und im sozialen und geistigen Bereich sowie über die Ursachen solcher Erscheinungen zu sprechen.
Im Laufe von mehreren Jahren blieben praktische Handlungen der Partei- und Staatsorgane – nicht nur wegen objektiver Faktoren, sondern auch vor allem wegen subjektiver Gründe – hinter den Erfordernissen der Zeit, des Lebens selbst zurück.
(41/6)

Hemmten die Handlungen der Partei- und Staatsorgane – aus subjektiven Gründen – den Fortschritt? Welche sind die „subjektiven" Gründe?

Die Probleme bei der Entwicklung des Landes wuchsen rascher an, als sie gelöst wurden. Trägheit, verknöcherte Leistungsformen und -methoden, verminderte Dynamik bei der Arbeit, der zunehmende Bürokratismus – all das schadete unserer Sache beträchtlich. Im Leben der Gesellschaft zeigten sich allmählich Stagnationserscheinungen.
Die Situation brauchte Veränderungen, doch sowohl in den zentralen Organen als auch an der Basis gewann eine eigenartige Mentalität die Oberhand: Wie könnte man der Sache abhel-

fen, ohne etwas zu verändern? Aber das gibt es nicht! Wie es so schön heißt, braucht man nur einen Augenblick stehenzubleiben, und schon ist man kilometerweit zurückgeblieben. Man darf der Lösung herangereifter Probleme nicht aus dem Weg gehen. Eine solche Haltung kostet das Land, den Staat, die Partei viel zu viel.
(41/6,7)

Stagnationserscheinungen? Zu dieser Einschätzung ist man im Westen schon vor vielen Jahren gekommen. Fast hatte man sich daran gewöhnt, den Zustand der sowjetischen Gesellschaft mit Dogmatismus, Bürokratismus und erstarrten Strukturen zu identifizieren.
Ohne in die Tiefe zu gehen, geben viele Menschen die Schuld an diesen Entwicklungen dem sozialistischen Gesellschaftssystem, dem „Kommunismus", wie man hierzulande sagt.
Die ungewohnten und revolutionären Töne des 27. Parteitags führten zu Überlegungen, ob der Sozialismus wohl durch ein Stückchen Kapitalismus „modernisiert" werden könnte?

Um alle möglichen Faseleien und Spekulationen auszuschließen (davon aber gibt es im Westen nicht wenige), möchte ich unterstreichen: Unsere Umgestaltungen verwirklichen wir entsprechend der eigenen, der sozialistischen Wahl, auf der Grundlage unserer Vorstellungen über die gesellschaftlichen Werte, wobei wir uns von den Kriterien der sowjetischen Lebensweise leiten lassen. Unsere Erfolge und unsere Fehler messen wir mit sozialistischen Maßen und keinerlei anderen.
Das Zentralkomitee läßt sich bei der Formulierung der langfristigen grundsätzlichen Aufgaben konsequent vom Marxismus-Leninismus als wissenschaftliche Theorie der gesellschaftlichen Entwicklung leiten. In der KPdSU und im ganzen Land herrscht die einheitliche Auffassung: Die Antworten auf die Fragen, die das Leben stellt, müssen wir nicht außerhalb des Sozialismus, sondern innerhalb unseres Systems suchen, indem wir das Potential der Planwirtschaft, der sozialistischen Demokratie, der Kultur und des menschlichen Faktors erschließen und uns auf das rege Schaffen des Volkes stützen.
Das gefällt so manchem im Westen nicht. Dort wartet man auf etwas, was einer Abkehr vom Sozialismus gleichkäme, darauf, daß wir vor dem Kapitalismus zu Kreuze kriechen und seine Methoden übernehmen. Wir bekommen aus dem Ausland viele

„Ratschläge“, wie und in welche Richtung wir uns weiterbewegen sollen. Auch gibt es verschiedene provokatorische Sendungen und Artikel, die darauf abzielen, die sich in unserem Lande vollziehenden Veränderungen in Mißkredit zu bringen und einen Keil zwischen Parteiführung und Volk zu treiben. Diese untauglichen Versuche sind zum Scheitern verurteilt. Die Interessen von Partei und Volk sind untrennbar, unsere Wahl und unser politischer Kurs sind fest und unerschütterlich. In diesem wichtigsten Punkt sind Volk und Partei eins.
(17/9; 41/8; 11/8)

In den meisten kapitalistischen Ländern mit starken Gewerkschaften sind die materiellen Lebensbedingungen der Menschen höher als in der Sowjetunion. Es ist kaum einsehbar, in welchen Bereichen sich die sozialistische Gesellschaftsordnung als die erstrebenswertere oder gerechtere für die arbeitenden Menschen erweisen sollte – wie in einschlägigen Reden und Schriften betont wird.

Der Sozialismus hat die Hauptquelle der sozialen Ungerechtigkeit beseitigt: die Ausbeutung des Menschen durch den Menschen, die Ungleichheit gegenüber den Produktionsmitteln. Diese soziale Gerechtigkeit durchdringt alle Seiten der sozialistischen gesellschaftlichen Verhältnisse. Sie drückt sich aus in der realen Macht des Volkes und der Gleichheit aller Bürger vor dem Gesetz, in der faktischen Gleichberechtigung der Nationen, der Achtung der Persönlichkeit, der Schaffung der Bedingungen für ihre allseitige Entwicklung.
Es bestehen auch umfassende soziale Garantien: gesicherter Arbeitsplatz, Zugang zu Bildung, Kultur und medizinischer Betreuung, Wohnraum, die Fürsorge für die älteren Menschen, für Mutter und Kind. Die strikte Verwirklichung des Prinzips der sozialen Gerechtigkeit ist eine wichtige Bedingung für die Einheit des Volkes, die politische Stabilität der Gesellschaft, die Dynamik der Entwicklung. Gerade hier wird die humane Natur der sozialistischen Ordnung, ihr qualitativer Unterschied zum Kapitalismus sichtbar.
Nun wird vieles, ja praktisch alles davon abhängen, inwieweit wir es verstehen werden, die Vorzüge und Möglichkeiten der sozialistischen Gesellschaftsordnung, ihre wirtschaftliche Macht und ihr soziales Potential zu nutzen, die gesellschaftlichen Formen, den Stil und die Methoden der Arbeit, soweit sie veraltet

sind, zu erneuern und mit den veränderten Bedingungen in Übereinstimmung zu bringen.
Denn nur auf diesem Weg werden wir imstande sein, unser Land noch stärker zu machen, das materielle und geistige Leben des Sowjetvolkes auf ein qualitativ neues Niveau zu heben und den schöpferischen Einfluß des Beispiels des Sozialismus als Gesellschaftsordnung auf die Entwicklung in der Welt zu verstärken.
(41/63, 64, 7, 9)

Am Beispiel des Alkoholismus konnte die sozialistische Gesellschaftsordnung keinen sichtbaren „qualitativen Unterschied zum Kapitalismus" erreichen. Wohl aber in der Bekämpfung dieses Übels. Schon nach einem Monat Amtszeit verblüffte Michail Gorbatschow die Welt durch seine energische Kampagne gegen den Alkohol.

Im Interesse der Gesundheit von Gesellschaft und Mensch haben wir energische Maßnahmen beschlossen im Kampf gegen Trunksucht und Alkoholmißbrauch. Die Wurzeln dieser Erscheinung reichen Jahrhunderte zurück, wurden zur Gewohnheit, zur Tradition, und es ist nicht leicht, gegen sie anzukämpfen. Die Gesellschaft ist jedoch reif für eine einschneidende Wende bei der Lösung dieses Problems.
Ohne sich an erreichten Erfolgen zu berauschen, kann man sagen, daß die Trunksucht am Arbeitsplatz zurückgedrängt worden ist, sie macht sich in der Öffentlichkeit weniger bemerkbar. Die Atmosphäre in den Familien wird gesünder, die Zahl der Betriebsunfälle hat sich verringert, die Ordnung ist gestärkt worden. Aber auch weiterhin ist eine umfangreiche, beharrliche, vielseitige Arbeit erforderlich, damit mit den alten Gewohnheiten endgültig gebrochen wird. Hier darf es kein Nachlassen geben!
(41/71; 25/14)

Wie reagiert das Sowjetvolk, wenn die Partei in so liebgewordene und „private" Gewohnheiten wie den Alkoholkonsum eingreift?

Alle Maßnahmen wurden auf Grundlage von Meinungen der Werktätigen beschlossen und werden mit ihrer Beteiligung verwirklicht, ja sie erinnern uns sogar daran, daß im Kampf gegen

den Alkoholmißbrauch nicht nachgelassen werden darf. Überhaupt muß man sagen: Nähme die Gesellschaft in dieser Frage eine negative Position ein, so würde bei uns nichts erreicht werden. Obwohl natürlich nicht alle mit den eingeleiteten Maßnahmen zufrieden sind.
Die Frauen fordern sogar die Einführung eines Gesetzes über das Alkoholverbot. Wir verstehen jedoch, daß man ein solches Gesetz im staatlichen Maßstab nicht einführen kann und antworten: Wenn Sie wollen, so beschließen Sie ein solches Gesetz in der Familie, im Wohngebiet, im Dorf, in der Siedlung und schließlich im Rayon. In Tausenden von Dörfern und Siedlungen haben so die Werktätigen auf Versammlungen beschlossen, den Verkauf und Konsum von alkoholischen Getränken einzustellen und den Kampf gegen den Alkoholmißbrauch fortzuführen.
In den letzten zwei Jahren ist der Pro-Kopf-Verbrauch von Alkohol auf die Hälfte zurückgegangen. Das Schwarzbrennen von Alkohol hat sich jedoch verstärkt. Gegen diese Erscheinung werden wir einen entschiedenen Kampf führen, bis hin zur Verschärfung entsprechender Maßnahmen. Dies ist ein großes Problem.
Der Weg zur Befreiung von einem solchen Übel, wie es der Alkoholmißbrauch ist, verläuft über die Entwicklung der Dienstleistungssphäre, des Handels sowie über die weitere Entwicklung von Sport und Kultur, über die Demokratisierung des gesamten gesellschaftlichen Lebens.
(25/15, 14)

Dienstleistungssphäre, Handel, Freizeitmöglichkeiten (Sport und Kultur) sowie Wohnkomfort und Gesundheitsdienste umschreiben wir im Westen mit dem Begriff „soziale Infrastruktur“. Eine hochwertige soziale Infrastruktur kann nicht nur als starkes Gegengewicht zum Alkoholmißbrauch wirken, sondern auch zu einer Verbesserung der allgemeinen Lebensqualität der Bürger beitragen, was ja – im Zuge der angepeilten Wirtschaftsreform – vorrangiges Ziel der Umgestaltung, der Perestroika ist.

Das Sozialprogramm, welches im Geiste der Perestroika geboren wurde, stellte Michail Gorbatschow am 27. Parteitag der KPdSU vom Februar 1986 vor. Der Generalsekretär scheute dabei keineswegs die nüchterne Darlegung des Ist-Zustandes, die

Aufzählung der Versäumnisse und die strikte Betonung der unumkehrbaren Notwendigkeit einer radikalen Umgestaltung. Die wichtigsten Vorhaben im Bereiche der Sozialpolitik seien hier sinngemäß zitiert:

– Das reale Pro-Kopf-Einkommen wird bis zum Jahre 2000 um 60 – 80 % erhöht.

– Reform der Lohnpolitik

– Anhebung des Lohnniveaus in einigen Regionen Ostsibiriens und des Fernen Ostens, umgehende Lohn- und Gehaltserhöhung der Beschäftigten in der Volksbildung, der Ärzte, der Beschäftigten im kulturellen Bereich

– Anhebung und gerechtere Verteilung der Mittel aus staatlichen Kultur- und Unterstützungsfonds („gesellschaftliche Konsumtionsfonds")

– Ausbau der Dienstleistungsbetriebe und Versorgungseinrichtungen*)

– Lösung des Wohnungsproblems. Jede Familie soll bis zum Jahre 2000 eine eigene Wohnung bzw. ein Eigenheim zur Verfügung gestellt bekommen, wobei der genossenschaftliche und der Eigenheimbau maximal gefördert werden.

– Tiefgreifende Veränderungen im Inhalt der Arbeit, wobei der technischen Neuausrüstung der Volkswirtschaft besondere Bedeutung zukommt. Durch Automatisierung, Mechanisierung, Computerisierung und Roboterisierung – die aber eine deutliche soziale Ausrichtung haben müssen – soll der Anteil der manuellen Arbeit im Produktionsbereich bis zum Jahre 2000 auf 15 – 20 % gesenkt werden.

– Schaffung eines einheitlichen Systems der kontinuierlichen Ausbildung

– Reform der allgemeinbildenden und der Berufsschulen mit Schwerpunkten auf Erforschung wissenschaftlicher Grundlagen der modernen Produktion (Computertechnik)

– Umgestaltung des Hoch- und Fachschulwesens, Erhöhung der Qualität in der Ausbildung und mehr ingenieurtechnische Fachkräfte, Neugestaltung und Ausbau der Beziehungen der Hoch- und Fachschulen zu den Zweigen der Volkswirtschaft.

*) Reparatur- und Servicestellen, Klempner, Wohngestalter, Kleinhandelsgeschäfte, kleine gastronomische Betriebe, wobei die „individuelle Arbeitstätigkeit" gefördert werden soll (was nicht einem Privatbetrieb im kapitalistischen Verständnis entspricht, sondern der Führung eines Kleinbetriebes auf genossenschaftlicher Basis oder im Vertragsverhältnis mit einem sozialistischen Betrieb. A. d. Hsg.)

– Gesundheitsschutz und -pflege als Aufgabe von erstrangiger Bedeutung, wobei die Bevölkerung zur Eigeninitiative aufgerufen wird, eine Bewegung für mehr Aktivität und Sport, z. B. innerhalb der Wohngebiete, ins Leben zu rufen sowie Sport-, Touristik- und andere Klubs auf genossenschaftlicher Basis zu organisieren.
– Förderung der Familienpolitik mit besonderen Vergünstigungen für Jungverheiratete, Erhöhung der Verantwortung der Bürger für die Festigung der Familie (Ehescheidungen vermindern)
– Pflege der Familientradition, Erziehung der Jugend im Sinne der Erfahrungen der älteren Generation
– Verbesserung der Arbeits- und Lebensbedingungen für Frauen und Mütter
– Ausbau der Vorschuleinrichtungen
– Steigerung des materiellen Wohlstandes der Arbeits- und Kriegsveteranen
– Maßnahmen, die Veteranen am wirtschaftlichen, gesellschaftlichen und politischen Leben teilnehmen zu lassen, um bei ihnen nicht das Gefühl, ins Abseits gedrängt zu werden, aufkommen zu lassen.
(41/65 – 75)

In diesem Sozialprogramm scheinen auch „Frauen und Mütter" auf. Wie sieht es mit der Gleichberechtigung der Frau in der Sowjetunion aus? Wohl tauchen in unseren Medien sporadisch Bilder von stolzen Sowjetfrauen auf, die Traktoren fahren, eine Arbeitsbrigade leiten, ja in den Weltraum fliegen, doch besitzen wir wenig Information, wie es mit der Frauenemanzipation und den Frauenaktivitäten tatsächlich bestellt ist. Wie frauenfreundlich ist die Perestroika?

Bald werden die sowjetischen Menschen den 70. Jahrestag ihrer großen Revolution begehen. Zum erstenmal ist ein Staat entstanden, der am geistigen Wachstum jedes seiner Bürger, an dessen bewußter politischer Aktivität interessiert ist. Kein Staat, keine demokratische Gesetzgebung hat vor 1917 auch nur die Hälfte davon für die Frau getan, was die Sowjetmacht gleich in den ersten Monaten ihres Bestehens geleistet hat.
In der UdSSR besitzt die Frau tatsächlich die gleichen Rechte wie der Mann, in einigen Dingen sogar größere. Keine Diskriminierung bei der Entlohnung. Gleiche Bedingungen für die Er-

haltung der Bildung, für die Berufslaufbahn, für die Mitwirkung an der Tätigkeit der Partei, in Regierungsämtern und örtlichen Machtorganen. Die Frauen arbeiten in allen Volkswirtschaftszweigen, sie dominieren in Bereichen wie Gesundheitswesen, Volksbildung, Kultur. Überdies machen bei uns die Frauen unter den Hoch- und Fachschulspezialisten 60 Prozent aus. Darf man aus dem, was ich sagte, den Schluß ziehen, hier sei bei uns alles in Ordnung? Ich will Ihnen ganz offen sagen: nein.

Einige Mängel sind, wie es auch bei einzelnen Menschen vorkommt, eine Fortsetzung der Tugenden unserer Gesellschaft. Die aktive und gleichberechtigte Beteiligung der Frau an der gesellschaftlichen Produktion, an der politischen, wissenschaftlichen und kulturellen Tätigkeit hat das Ansehen der Frau, ihre Selbstachtung, ihr Selbstbewußtsein, ihre Unabhängigkeit vom Mann gesteigert. Aber nicht immer wurde es durch Erleichterung ihrer ureigenen Funktionen – jener der Mutter, der Ehefrau, der Erzieherin – begleitet. Einige Probleme haben sich wegen der Unzulänglichkeiten im Bereich der Dienstleistungen und des Handels verschärft. Die soziale Belastung der Frau ist somit gewachsen. Übrigens sehen wir die Gesundung der Familie, die Erhöhung ihres sittlichen Potentials als eine überaus aktuelle soziale Aufgabe an.

In der außerordentlich interessanten und sehr komplizierten Periode der tiefgreifenden Wandlungen, in der sich unsere Gesellschaft befindet, wollen wir die Initiative der sowjetischen Frauen für die Umgestaltung maximal freisetzen und aktivieren.

Vor kurzem taten wir zu diesem Zweck einen großen Schritt. Wir bildeten im ganzen Land ein Netz von Frauenräten, indem wir sie zu einem einheitlichen System mit dem Komitee der Sowjetfrauen an der Spitze vereinten. Von der Arbeit der Frauenräte erwarten wir vieles. Sie sind eine Art Speicher der Energie und der Initiative der Frauen. Ihnen wurde eine Mission von ausschließlicher Wichtigkeit zuteil. Die Frauenräte, die mitten im Leben, in jeder Stadt, jedem Dorf, Betrieb, Wohnviertel und Haus arbeiten, können besser als andere die Probleme von Frauen und deren Familien kennen, ihnen gleichzeitig helfen und, sollte es notwendig sein, die Machtorgane einbeziehen.

(29/4, 5, 6, 7)

Vielleicht bringt es die Perestroika eines Tages mit sich, daß die jüngst entstandenen Frauenräte selbst zu Machtorganen werden? Übrigens, wenn der Generalsekretär der KPdSU von der „ureigenen Funktion der Mutter, Ehefrau und Erzieherin" spricht, wäre unsere moderne feministische Frauenbewegung von dieser Funktionszuteilung nicht entzückt... Noch weitere schöpferische Aufgaben für die Frauen aus dem Munde von Michail Gorbatschow?

Ein altes Gleichnis lautet: Es gibt auf der Welt drei Hauptwerte. Das tägliche Brot, das uns Lebenskraft und Gesundheit bringt. Weisheit, die in Büchern eingeschlossen ist und den Zusammenhang der Zeiten gewährleistet. Und – die Frau, die nicht zuläßt, daß der Faden des Lebens reißt.
Zu allen Zeiten hoben die besten Denker die friedensstiftende Rolle der Frau hervor, ihre Fähigkeit, Hitzköpfe zu kühlen und erbitterte Herzen weicher zu machen. Kein Wunder, daß heute die Idee des Friedens gerade in den Frauen, denen es von der Natur bestimmt ist, das Menschengeschlecht zu wahren und fortzusetzen, ihren uneigennützigsten, selbstlosesten Massenverteidiger findet.
Energische und leidenschaftliche Friedensinitiativen und -aktionen der Frauenorganisationen sind zu einer unabdingbaren Besonderheit des sozialen Klimas geworden. Die Frauen haben die Sache des Friedens ernsthaft in Angriff genommen. Darin sind sie eine gewaltige und inspirierende, eine schaffende und – schöne Kraft.
(29/2, 3, 14)

Kehren wir zurück zu dem großen Sozialprogramm des 27. Parteitages der KPdSU, welches die Verbesserungen der sozialen und materiellen Lebensbedingungen der Frauen und aller Sowjetbürger auflistet. Wir fragen dazu: Bedeutet „soziale Gerechtigkeit", daß alle Sowjetbürger eigentlich die gleichen Ansprüche stellen dürfen und die gleichen Lebensbedingungen vorfinden müssen?
Der ausländische Besucher sieht sich in der UdSSR widersprüchlichen Erscheinungen ausgesetzt: Einerseits scheinen hochqualifizierte, kreative oder geistig schaffende Menschen nicht viel mehr zu verdienen als durchschnittliche Arbeiter, wodurch bei manchen eine gewisse Frustration entstanden ist. Andererseits existiert eine zweifellos privilegierte Schicht, die über exzellente Einkaufsmöglichkeiten, Ferienhäuser und anderen Wohlstand verfügt. Soziale Gerechtigkeit?

Einige Worte zu den sogenannten Privilegien und den Fragen der sozialen Gerechtigkeit. Es ist so, daß der Sozialismus nicht für alle gleiche Lebens- und Konsumbedingungen sichern kann. Das wird es im Kommunismus geben. Im Sozialismus lautet das Kriterium für die Verteilung der Güter anders: jeder nach seinen Fähigkeiten, jedem nach seiner Leistung.

Wie schon erwähnt, besteht eine ganze Reihe historischer Errungenschaften, die die Stabilität der sozialistischen Gesellschaft sichern: keine Ausbeutung, Gleichheit der Nationen, Vollbeschäftigung, unentgeltliche Bildung und damit Zugang zur mittleren und höheren Bildung für alle, unentgeltliche medizinische Betreuung und damit Gesunderhaltung als Gemeingut, Versorgung im Alter, faktisch unentgeltlicher Wohnraum für die Mehrheit der Bevölkerung. So sieht die soziale Gerechtigkeit im Sozialismus aus. Übrigens macht das unsere Gesellschaft politisch zu einer der stabilsten. Sind die Grundlagen für ein stabiles Leben der Gesellschaft gesichert, müssen Quantität und Qualität der Arbeit das Hauptkriterium für die Tätigkeit der Menschen werden.

In der Vergangenheit gab es Abweichungen von diesem Kriterium, machten sich Tendenzen zur „Gleichmacherei" bemerkbar. Das bedeutete, daß die Einnahmen des Menschen nicht seiner Leistung und seinen schöpferischen Fähigkeiten entsprachen. Das wirkte sich auf die Aktivität der Menschen aus. Die Politik der materiellen und moralischen Stimulierung einer hochproduktiven Arbeit war inkonsequent. Auf den Berichts- und Wahlversammlungen stellten die Kommunisten zurecht nicht nur die Frage, wie die Formen der moralischen Stimulierung zu vervollkommnen sind, sondern auch, wie die entschiedene Verbesserung der materiellen Stimulierung, die Schaffung der gebührenden Ordnung in dieser wichtigen Sache zu erreichen sind. Mit Recht wurde auf die Unzulässigkeit der sogenannten Abrundungspraktiken hingewiesen, der Auszahlung nichterarbeiteter Gelder, der Zahlung nichtverdienter Prämien, der Festlegung „garantierter" Lohnsätze, die nicht mit dem Arbeitsbeitrag des Beschäftigten zusammenhängen. Diesbezüglich soll eindeutig gesagt werden: Wird einem guten und einem nicht gewissenhaften Mitarbeiter der gleiche Lohn bezahlt, ist das ein grober Verstoß gegen unsere Prinzipien und trifft jene Werktätigen, die besser arbeiten konnten bzw. wollten und erleichterte gleichzeitig denjenigen das Leben, die gern während der Arbeit eine ruhige Kugel schieben.

Die Verletzung des organischen Zusammenhangs zwischen dem Maß der Arbeit und dem Maß des Verbrauchs deformiert nicht nur das Verhältnis zur Arbeit, indem das Wachstum ihrer Produktivität gehemmt wird, sondern führt auch zu einer Entstellung des Prinzips der sozialen Gerechtigkeit. Das ist schon eine Frage von großer politischer Bedeutung.
Unsere Hauptaufgabe besteht jetzt deshalb darin, die „Gleichmacherei“ zu überwinden. Die Leistung des Menschen, Qualität und Quantität seiner Arbeit müssen respektiert werden.
Es gibt natürlich auch solche, die wenig arbeiten, aber viel verdienen möchten, und zwar genausoviel wie ein führender Wissenschaftler, ein guter Fachmann, ein hochqualifizierter Arbeiter oder ein fleißiger Bauer. Ich wiederhole: Unsere Hauptaufgabe besteht darin, das Prinzip des Sozialismus „jeder nach seinen Fähigkeiten, jedem nach seiner Leistung“ in vollem Umfang durchzusetzen.
Was die Vergünstigungen betrifft, so sei dazu folgendes gesagt: Es gibt staatliche Vergünstigungen, die die Quantität und Qualität der gesellschaftlich nützlichen Arbeit und die Leistung jedes einzelnen Menschen berücksichtigen. Vergünstigungen gibt es sowohl im ökonomischen Bereich als auch im Bereich der Wissenschaft (wir kümmern uns zum Beispiel um verdiente Wissenschaftler und Akademiemitglieder). Menschen, die zum sozialistischen Aufbau einen hervorragenden Beitrag leisten, werden mit besonderen Titeln, zum Beispiel „Held der sozialistischen Arbeit“, oder „Verdienter Kultur- und Kunstschaffender“ ausgezeichnet. Sie genießen bestimmte Privilegien, so bei der Wohnungsvergabe. Mit anderen Worten, wir berücksichtigen die konkrete Leistung des Menschen. Ich glaube, das ist berechtigt. Geht es doch dabei um Privilegien, die der Staat diesem oder jenem Mitglied der Gesellschaft im Interesse der Entwicklung der gesamten Gesellschaft gewährt. Auch in Zukunft wird es sicherlich noch eine bestimmte Zeitlang Vergünstigungen und Privilegien geben.
Es gibt aber auch Privilegien, die der Staat nicht festlegt, die aber irgend jemand kraft seiner Stellung für sich selbst festgelegt hat.
Das kann nicht akzeptiert werden, gegen derartige Erscheinungen werden wir ankämpfen.
(25/11, 12, 13; 41/66; 16/12, 13)

Es erscheint als eine fast nicht zu bewältigende Aufgabe, in jeder Produktionsstätte die „Qualität" der Mitarbeit jedes einzelnen zu bewerten und dafür den adäquaten Lohn zu bestimmen. Von welchen Kriterien soll eine künftige Lohnpolitik ausgehen?

Die neue Lohnpolitik des Staates muß eine strenge Abhängigkeit des Lohnes von der Qualität und Quantität der Arbeit unbedingt sichern. Unter Berücksichtigung dessen wird die für das zwölfte Planjahrfünft vorgesehene Erhöhung der Tarifsätze und Gehälter der Arbeiter und Angestellten in den Produktionsbereichen zum erstenmal hauptsächlich in den Grenzen und aus den Mitteln erfolgen, die von den Betrieben selbst erwirtschaftet werden. Ein solches Verfahren wird auf die Beschleunigung des technischen Fortschritts, die Steigerung der Effektivität der Produktion aktiver einwirken.
Eine wichtige Funktion hat auch der Kampf gegen nichterarbeitete Einkünfte. Wir müssen heute eingestehen, daß infolge der nachgelassenen Kontrolle und einer Reihe weiterer Gründe sich Gruppen von Menschen mit deutlich ausgeprägter Eigentümermentalität abgezeichnet haben, die die gesellschaftlichen Interessen mißachten. Es vergrößerte sich die Schicht von Menschen, darunter auch Jugendliche, für die materieller Wohlstand und Bereicherung um jeden Preis das Lebensziel wurden. Ihre zynische Haltung nahm immer aggressivere Formen an, vergiftete das Bewußtsein der sie umgebenden Menschen und brachte eine Welle von Konsumdenken hervor. Ein Verfall der sozialen Sitten waren die Zunahme von Trunksucht, die Verbreitung der Rauschgiftsucht und Kriminalität.
Die Werktätigen fordern mit Recht, daß solche Erscheinungen ausgemerzt werden. Das Zentralkomitee unterstützt diese Forderungen voll und ganz. Es wird für erforderlich erachtet, bereits in der nächsten Zeit zusätzliche Maßnahmen zu ergreifen, die gegen Nichtstuer, Veruntreuer des sozialistischen Eigentums, korrupte Menschen, gegen jene gerichtet sind, die einen Weg eingeschlagen haben, der unserer auf Arbeit beruhenden Ordnung wesensfremd ist.
(41/66, 67; 16/13)

Jene Leute, die „Privilegien für sich selbst festgelegt haben", sowie die „Nichtstuer" und „korrupten Menschen" tragen zu einem unschönen Bild der sowjetischen Gesellschaft bei und liefern Argumente gegen die

Ansprüche der sozialistischen Gesellschaftsordnung. Um so mehr als auch von wohlmeinenden, aufgeschlossenen Menschen nicht übersehen werden konnte, daß sich der Lebensstandard des überwiegenden Teils der Sowjetbürger in den letzten Jahren kaum verbesserte – was mit einer gewissen Lethargie beantwortet wurde. Der Sozialplan des 27. Parteitags klingt verheißungsvoll, gleichzeitig fragt man sich, warum es überhaupt zu einem so großen Aufholbedarf in sozialen Belangen kommen mußte, in einem sozialistischen Land mit reichen Rohstoffvorkommen und gigantischen Industriekomplexen. Wer oder was ist wirklich „schuld" an den eher tristen materiellen Lebensbedingungen der Sowjetbürger? Warum zitiert man im Westen das Bonmot eines amerikanischen Korrespondenten gerne: „Sowjetunion – erstklassige Raketen – drittklassiges Leben"?

Schuld daran ist natürlich nicht die sozialistische Ordnung, wie unsere ideologischen Feinde behaupten, sondern schuld sind Fehlkalkulationen in der Führung und Leitung des Landes, was wir der Partei und dem Volk offen gesagt haben. Wir haben ihnen auch offen gesagt, daß die Disziplin und die Stimuli für eine produktive und schöpferische Arbeit nachgelassen haben.
In den vergangenen Planjahrfünften zeigte sich eine eindeutige Schwächung bei der sozialen Zielsetzung der Wirtschaft. Es trat eine eigentümliche Ignoranz gegenüber sozialen Fragen auf. Heute sehen wir, wohin das geführt hat. Wir lösten erfolgreich die Fragen der Beschäftigung der Bevölkerung und sicherten die sozialen Garantien grundsätzlichen Charakters, konnten aber gleichzeitig die Möglichkeiten bei der Verbesserung der Wohnverhältnisse, der Versorgung mit Lebensmitteln, der Organisierung des Transportwesens, der medizinischen Betreuung, der Bildung und bei der Lösung einer Reihe anderer vordringlicher Probleme nicht vollständig realisieren.
Die Errungenschaften der Sowjetunion in den verschiedenen Bereichen der gesellschaftlichen Tätigkeit sind gut bekannt. Aber gerade vor dem Hintergrund dieser Errungenschaften wurden jene ernsten Probleme und Stagnationserscheinungen, die sich in den siebziger Jahren bemerkbar machten, besonders unerträglich. Ich sage offen, daß sich bei uns starke Kontraste gebildet hatten. Es gibt die ihrem Ausmaß nach gewaltige Produktion von Stahl, Rohstoff-, Brennstoff- und Energieressourcen, wo sich schon lange keiner mehr mit uns messen kann – aber gleichzeitig mangelt es an diesen Stoffen infolge ihrer verschwenderischen, uneffektiven Nutzung.

Wir nehmen einen der ersten Plätze in der Welt bei der Getreideerzeugung ein – gleichzeitig stehen wir vor der Notwendigkeit, jährlich Millionen Tonnen Futtergetreide zu kaufen.
Wir haben die größte Anzahl von Ärzten und von Spitalsbetten pro tausend Personen der Bevölkerung – aber wesentliche Mängel in der Qualität der medizinischen Hilfe.
Unsere Raketen finden mit erstaunlicher Genauigkeit den Halleyschen Kometen und fliegen zu einem Rendezvous zur Venus, aber neben diesem Triumph des wissenschaftlichen und ingenieurtechnischen Denkens konstatieren wir ein klares Zurückbleiben in der praktischen Anwendung der wissenschaftlichen Erkenntnisse für die Bedürfnisse der Volkswirtschaft, was etwa zu bedauerlichen Mängeln bei Haushaltsgeräten führt.
(24/4,3; 16/12)

Die Erwähnung der „einfachen Geräte“ läßt das Bild jener vorsintflutlichen Handrechengeräte mit den verschiebbaren Kugeln entstehen, mit denen in manchen großen Moskauer Geschäften die Verkäuferinnen, zum Erstaunen der westlichen Besucher, komplizierte Verkaufssummen ausrechnen. Ein Vergleich mit den elektronischen Kassen in hiesigen Supermärkten fällt traurig aus! Außerdem drängen sich Zweifel an dem technischen Stand anderer Gebrauchsgegenstände und Maschinen in der UdSSR auf.

Unzulänglichkeiten in der Investitionspolitik haben sich auf die Entwicklung und das technische Niveau der Zweige des Maschinenbaus äußerst negativ ausgewirkt. Der Anteil der Investitionen für den Maschinenbau am gesamten Investitionsumfang wurde ungerechtfertigt herabgesetzt. Planungsorgane und Ministerien haben dazu Hand angelegt. Das Prestige des Ingenieurberufs wurde untergraben, die weltbekannten sowjetischen Konstrukteurschulen verschwanden. Es entstand eine falsche Philosophie des Nachahmens und der Mittelmäßigkeit. Dadurch entspricht ein Teil unserer Erzeugnisse nicht dem gegenwärtigen Stand von Wissenschaft und Technik.
Woran liegt das? Wo sind die Wurzeln der entstandenen Lage im Hinblick auf das technische Niveau unserer Maschinen zu suchen?
Vor allen Dingen darin, daß es uns im Grunde genommen bisher an einer Systemanalyse der neuesten Errungenschaften der Welt fehlte. Bei der Entwicklung neuer Technik wurde prak-

tisch das höchste Niveau von Qualität und Zuverlässigkeit nicht angestrebt. In letzter Zeit hat man allerdings damit begonnen, die Technik nach vergleichbaren Produkten einzuschätzen. Dabei werden jedoch als Muster nicht gerade die neuesten ausländischen Modelle zugrunde gelegt. Das ist ein trauriges Beispiel von vorsintflutlichem Denken und der Augenauswischerei derjenigen, die für die Schaffung der notwendigen Technik verantwortlich sind. Wen betrügen eigentlich alle diese Leute? Es ist doch so, daß sie ihr eigenes Volk betrügen.
In gewissem Maße wurde die Orientierung auf ein mittleres, bisweilen auch niedriges technisches Niveau der Erzeugnisse durch die geltenden Normen legalisiert. Dieses System mobilisierte die Konstrukteure nicht zur Suche nach neuen Lösungen und setzte der Herstellung veralteter Technik keine Schranken. Dabei wirkte sich offensichtlich auch der Umstand aus, daß sich in vielen Forschungsinstituten und Konstruktionsbüros so etwas wie ein Minderwertigkeitskomplex herausgebildet hatte. Niedrige schöpferische Leistung wurden damit gerechtfertigt, daß man angeblich nicht besser arbeiten könne. Auch um die Stimulierung der Arbeit der Wissenschaftler war es nicht zum besten bestellt. Jahrelang ließ man es an der nötigen Aufmerksamkeit für die Entwicklung der Forschungs- und Experimentierbasis fehlen. Die hierfür notwendigen Investitionen und Ressourcen blieben aus. Das alles mußte sich natürlich auf das technische Niveau des Maschinenbaus und auf das Tempo des wissenschaftlich-technischen Fortschritts auswirken.
(8/26, 27, 28)

In bisherigen sowjetischen Wirtschaftsberichten – stets optimistisch und mit imponierenden Plandaten und Produktionsziffern gespickt – wurde u. a. gerade das enorme Wachstum der Maschinenbauindustrien und anderer Industriezweige als „Beweis“ für den wirtschaftlichen und technischen Fortschritt des ganzen Landes angeführt.

Wir wissen alle, wie es mit der Wirtschaft Rußlands am Vorabend des Großen Oktober bestellt war. Im Vergleich zu den USA betrug der Umfang seiner Industrieproduktion insgesamt nur 12,5 Prozent. Für Lenin, die Partei der Bolschewiki war es ganz klar, daß der Sozialismus nur siegen kann, wenn eine grundlegende Umgestaltung der Wirtschaft verwirklicht und die höchste Arbeitsproduktivität erzielt wird.

Auf der Grundlage des Leninschen Plans für den Aufbau des Sozialismus schuf unser Volk in kurzer Zeit die materiell-technische Basis einer Industrie, deren Kern die mit der für jene Zeit modernen Technik ausgestatteten Werke bildeten. Es wurden Zweige geschaffen, die den beschleunigten technischen Fortschritt sicherten, tatkräftig wurde eine umfassende Neuausrüstung der Produktion vorgenommen.
Das einstmals rückständige Bauernland rückte in historisch kürzester Zeit in die Reihe der führenden Industriemächte der Welt auf. Schon in den fünfziger Jahren erreichten bei uns die Volumen der Industrieproduktion trotz gewaltiger Verluste im Krieg 30 Prozent und bis 1970 75 Prozent des amerikanischen Niveaus. Das Nationaleinkommen der UdSSR machte zwei Drittel des Niveaus der USA aus.
In den siebziger und achtziger Jahren büßten wir jedoch in bestimmtem Maße die frühere Dynamik ein. Die Wirtschaft konnte nicht rechtzeitig von der extensiven zur intensiven Entwicklung übergehen. Aus Trägheit erfolgte die Planung der Volkswirtschaft vom „erreichten Niveau" aus. Ressortinteressen verhinderten, daß Investitionen und Ressourcen in die aussichtsreichsten Zweige flossen.
Die Struktur unserer Produktion blieb unverändert und entsprach nicht den Forderungen des wissenschaftlich-technischen Fortschritts. Die Sowjetunion fördert beträchtlich mehr Eisenerz als die USA und produziert Stahl bei erheblich geringerem Produktionsumfang des Maschinenbaus, gewinnt ebensoviel Nutzholz, produziert aber weniger Erzeugnisse daraus. Für jede weitere Wachstumseinheit beim Nationaleinkommen in der Industrie- und Agrarproduktion benötigen wir unter den derzeitigen Bedingungen immer mehr Ressourcen.
(8/22, 23)

Die von der KPdSU in Angriff genommene Wirtschaftsreform sollte zu einer Verbesserung dieser Lage beitragen. Zur „Verteidigung" der extensiven Entwicklung der Wirtschaft sei darauf verwiesen, daß durch diesen Umstand ausreichende und gesicherte Arbeitsplätze geschaffen wurden. Die Sowjetunion befindet sich in der beneidenswerten Situation, keine Arbeitslosigkeit zu verzeichnen. Im Gegenteil – es herrscht Arbeitskräftemangel. Oder?

Um die Lage zu verbessern, muß man die Ursachen des zugelas-

senen Rückstands klar sehen. Der Zuwachs der Zuführungen in den Investitionskomplex wurde völlig ungerechtfertigt von Fünfjahrplan zu Fünfjahrplan reduziert. Hinzu kommt, daß der Investitionsabbau ineffektiv betrieben wurde, daß sich die Bauzeiten verlängerten und die Bestände an nicht installierten Ausrüstungen vergrößerten.
Die unbegründete Errichtung immer neuer Betriebe und die Mißachtung der Erfordernisse der vorhandenen Betriebe sind fest in die Praxis der Planungsorgane und vieler Ministerien eingegangen. Den Großteil der Maschinen und Ausrüstungen erhielten die neuen Objekte, und in den vorhandenen Betrieben und Fabriken wurde veraltete Technik praktisch nicht rechtzeitig ersetzt.
Und schließlich führten die extensiven Formen der Vergrößerung der Produktionsfonds zu einem künstlichen Arbeitskräftemangel. Manch einer klammert sich auch heute an diesen Rettungsring bei der Erklärung der Ursachen für ein niedriges Wachstumstempo, die Nichteinhaltung vertraglich festgelegter Lieferungen und die Nichterfüllung der Pläne. Natürlich ist uns die demographische Situation im Land bekannt. Aber es sei die Frage erlaubt: Wenn die Arbeitskräfte nicht ausreichen, warum werden dann immer neue Betriebe errichtet, und dazu noch auf der Grundlage veralteter Technik, und warum nicht selten Erzeugnisse von gestern produziert? So sieht es aber aus. Gegenwärtig gibt es allein in der Industrie über 700.000 unbesetzte Arbeitsplätze. Und dies praktisch bei einschichtiger Auslastung der Anlagen. Bei einem Schichtkoeffizienten von 1,7 übersteigt die Zahl der unbesetzten Arbeitsplätze in der Industrie vier Millionen. Für deren Schaffung Dutzende Milliarden Rubel ausgegeben wurden. Und so kommt es, daß in den bestehenden Betrieben alte Anlagen im Einsatz sind, während es in den neuen niemanden gibt, den man an die Maschinen stellen kann. Die Mittel sind ausgegeben, der erforderliche Rückfluß aber bleibt aus.
(8/24, 25)

Der zur Zeit gültige „Fünfjahrplan der wirtschaftlichen und sozialen Entwicklung der UdSSR für die Jahre 1986–1990" ist der 12. Fünfjahrplan der UdSSR und zugleich der erste Fünfjahrplan der „Perestroika-Periode".

Dem 12. Planjahrfünft wird eine besondere Bedeutung beigemessen. Davon, welches Fundament wir in diesen Jahren für die Verwirklichung grundlegender Umgestaltungen in der Volkswirtschaft und für die Beschleunigung des wissenschaftlich-technischen Fortschritts legen, werden das Tempo der sozialökonomischen Entwicklung und das Lebensniveau des Volkes abhängen.
Wie Sie wissen, wurde der Fünfjahrplan unter nicht einfachen Bedingungen erstellt. Wie Berechnungen zeigten, hatten die früheren Wirtschaftsmethoden und die Planung „von der Basis aus" (vom erreichten Niveau aus) die Wirtschaft auf ein totes Gleis geführt. Im Laufe des Jahres 1986 haben wir beharrlich nach neuen Arbeitsweisen gesucht, die die Voraussetzung für eine Vertiefung der Intensivierung der Produktion schaffen und eine Erhöhung des Tempos bei der Einführung der Ergebnisse von Wissenschaft und Technik gewährleisten würden.
Bei der Vorbereitung des Fünfjahrplans konnten wir bei den meisten quantitativen und hauptsächlich qualitativen Kennziffern die obere Grenze der Auflagen der Hauptrichtungen der wirtschaftlichen und sozialen Entwicklung ansetzen.
Welchen Besonderheiten des Plans sollte man Aufmerksamkeit schenken? Vor allem muß man sagen, daß der Plan insgesamt den Festlegungen des 27. Parteitages entspricht. Der Plan zielt auf eine Erhöhung der Effektivität der Volkswirtschaft, auf eine verstärkte Wirkung ökonomischer Hebel und Stimuli, auf eine wirksame Ressourceneinsparung, die Einführung langfristiger Normative und auf die Anwendung neuer Leitungs- und Wirtschaftsmethoden. Die beste Vorstellung von den Veränderungen in der Wirtschaft geben die im Plan festgelegten absoluten Zuwachsraten. Die wichtigsten von ihnen sind um 50 Prozent höher als im vergangenen Planjahrfünft. Das Nationaleinkommen wächst z.B. um 124 Milliarden Rubel gegenüber 79 Milliarden Rubel im elften Planjahrfünft. Der Zuwachs der Industrieproduktion soll 200 Milliarden Rubel anstelle 133 Milliarden Rubel und die durchschnittliche Jahresbruttoproduktion der Landwirtschaft 29 Milliarden Rubel gegenüber zehn Milliarden Rubel betragen.
Dabei ist es wichtig, hervorzuheben, daß von den ersten Jahren des Planjahrfünfts eine Erhöhung des Tempos vorgesehen ist.
Die hochgesteckten Ziele, die im Plan festgelegt sind, erforderten es, auf neue Weise an die Bestimmung der Quellen des Wirtschaftswachstums heranzugehen. Aussschlaggebend ist hierbei

die grundlegende Verbesserung der Kennziffern der Effektivität der Produktion auf der Grundlage der Beschleunigung des wissenschaftlich-technischen Fortschritts. Das ist die Grundlage, auf der der gesamte Plan aufgebaut ist.
Im Plan ist ein umfassendes Programm zur technischen Neuausrüstung und Rekonstruktion der produzierenden Betriebe enthalten. In großen Dimensionen werden sich die Mechanisierung und Automatisierung der Produktion und die Einführung neuer Technologien entfalten. Insgesamt wird es der im Plan vorgesehene Maßnahmenkomplex zur Überleitung der Erkenntnisse von Wissenschaft und Technik und zur Vervollkommnung der Leitungs- und Wirtschaftsmethoden ermöglichen, die Zuwachsrate des Nationaleinkommens im Jahresdurchschnitt auf 4,1 Prozent zu steigern, das heißt um fast ein Drittel im Vergleich zum vorangegangenen Planjahrfünft.
(8/18, 19, 20, 21)

Der 12. Fünfjahrplan favorisiert die Neuausrüstung (Rekonstruktion) bereits bestehender Industrieobjekte (Produktionsgrundfonds) gegenüber dem totalen Neubau von Fabriken. Ein „Spar"-Fünfjahrplan?

Die bessere Nutzung der Produktionsgrundfonds und die Optimierung ihrer Reproduktion ist der entscheidende Teil des Reichtums der sozialistischen Gesellschaft, die materielle Grundlage unseres Wirtschaftspotentials. Wir müssen für eine haushälterische, rationelle Einstellung ihnen gegenüber und für ihre effektive Reproduktion sorgen.
Insgesamt sind die Reserven der Wirtschaft enorm. Wir sind noch nicht einmal daran gegangen, viele von ihnen ordentlich zu erschließen. Die Denkweise eines bedeutenden Teils von Leitungskadern verschiedener Ebenen wurde angesichts eines Überflusses an Ressourcen geformt. Dieser Reichtum hat viele verwöhnt und zur Verschwendung geführt. Doch die Lage hat sich längst gewandelt. Der frühere Arbeitskräftezustrom bleibt aus, wir müssen nun für jede gewonnene und transportierte Tonne Erdöl, Erz und Kohle einen hohen Preis zahlen. Wir dürfen vor diesen Tatsachen die Augen nicht verschließen, sondern müssen ihnen Rechnung tragen. Und so gilt es, überall und in allem zu sparen, in der Produktion und im Haushalt, gilt es, nicht an Mißwirtschaft und Verschwendung gleichgültig vorbeizugehen.

Das ist eine wichtige Aufabe, doch nicht alle leitenden Wirtschaftskader verstehen sie, da sie alten Vorstellungen verhaftet sind. Eine nicht geringe Anzahl von Betrieben hat nach wie vor Direktverluste an wertvollsten Rohstoffen und Produkten aufzuweisen. Nutzlos werden jährlich 13 Milliarden Kubikmeter bei der Erdölgewinnung anfallendes Erdgas abgefackelt. Bei Eisenbahntransporten gehen Millionen Tonnen Kohle verloren. Groß sind die Verluste an landwirtschaftlichen Erzeugnissen, sie betragen insgesamt fast 20 Prozent. Und wieviel Elektroenergie, Wärme und Wasser werden verschwendet! Mit der Nutzung von Sekundärrohstoffen ist es noch immer schlecht bestellt.
Es muß offen gesagt werden: Wir sind an einem Punkt angelangt, an dem ein weiteres derartiges nachlässiges Wirtschaften nicht nur unzulässig, sondern bereits untragbar ist. Zur Ausrottung gewohnter Mängel müssen die wissenschaftlich-technische Politik, die Planung sowie ökonomische und administrative Hebel eingesetzt werden. Wir sind verpflichtet, der Verschwendung schonungslos den Kampf anzusagen und ein strengstes Sparsamkeitsregime zu errichten.
Wir müssen dahin kommen, daß die Erfüllung der Auflagen zur Einsparung der Ressourcen und dem Grad ihrer Nutzung zu einem der Hauptkriterien bei der Einschätzung der Arbeit eines jeden Betriebes und Kollektivs wird.
Die Einsparung von Rohstoffen und Material muß auch aktiver stimuliert werden. Kann man es wirklich als normal ansehen, daß ein Zuschuß für die Einsparung von Ressourcen buchstäblich Kopeken ausmacht? Das ist nicht der richtige Weg.
Es ist ferner erforderlich, daß die Sparsamkeit zu einem ganz normalen und organischen Wesenszug eines jeden Werktätigen wird. In der Familie und in der Schule muß man der heranwachsenden Generation das Gefühl für Sparsamkeit ständig anerziehen! Die Partei-, die Komsomol- und die Gewerkschaftsorganisationen müssen die Fragen der Sparsamkeit stets in ihrem Blickfeld halten und jene unterstützen, die Rohstoffe, Elektroenergie und Brennstoffe einsparen und rationell verbrauchen.
Durch die grundsätzliche und wirtschaftliche Erneuerung der Produktionsfonds und die Reduzierung des Umfangs des Neubaus können wir beträchtliche Geld- und Materialressourcen für die beschleunigte Entwicklung der sozialen Sphäre, vor allem für den Wohnungsbau, freisetzen.

(8/30, 47, 48; 41/61, 62)

Warten nicht durch die Perestroika gigantische Aufgaben auf die sowjetischen Führungskräfte?

Nun, Umrüstung und Rekonstruktion der Produktion verlangen neue Arbeitsweisen. Es wurden in der Vergangenheit schon viele Rekonstruktionen in Großbetrieben vorgenommen. Milliarden Rubel wurden für den Einsatz veralteter Anlagen ausgegeben. Dennoch wurde der nötige Effekt häufig nicht erzielt. Einer der Hauptgründe dafür ist die geringe Qualität der technischen Projekte.

Nicht selten sahen sie eine wenig effektive Technologie und rückständige Arbeitsorganistation vor. Die neuen Technologien unterschieden sich von den früheren häufig nur durch ihr Herstellungsjahr!

Wie stehen aber jetzt, in der Periode der Umgestaltung, die Ministerien zu den Fragen der technischen Erneuerung? Welche Projekte sollen in dem neuen Planjahrfünft realisiert werden?

Auf der Grundlage von Stichproben wurden im Auftrag des Zentralkomitees die Projekte für die Rekonstruktion von Betrieben mehrerer Industrieministerien bewertet. Was hat diese Überprüfung ergeben? Bei weitem noch nicht alle Projekte kann man als dem heutigen Niveau entsprechend einschätzen. Viele von ihnen bedürfen einer Überarbeitung, wobei einige so sehr veraltet waren, daß empfohlen wurde, die begonnenen Arbeiten zu ihrer Realisierung einzustellen.

Hier einige Beispiele: Das Projekt für die Rekonstruktion des Werkes für hydraulische Pressen in Wosnessensk wurde vom Charkower „Ukrgipromasch"-Institut des Ministeriums für Werkzeugmaschinen- und Werkzeugbau erarbeitet. Man sehe, welche Kenndaten es enthält: Die Zahl der Beschäftigten soll auf mehr als das Fünffache vergrößert, die Arbeitsproduktivität aber nur um 70 Prozent gesteigert werden. Darüber hinaus wird bei diesem Zuwachs nur ein Drittel durch technische Lösungen und zwei Drittel durch höhere Preise für die Erzeugnisse gesichert.

Ebenso verfährt man auch an anderen Orten. Das staatliche Institut für die Projektierung von Textilbetrieben hat ein Projekt für die Rekonstruktion der Moskauer Kattundruckfabrik des Ministeriums für Leichtindustrie der UdSSR ausgearbeitet. Die Hälfte des Maschinenparks soll hier aus Anlagen bestehen, die ohne Modernisierung seit mehr als 15 Jahren produziert werden. Mit solchen Maschinen kann man keine hochwertigen Er-

zeugnisse des gewünschten Sortiments produzieren und keine hohe Arbeitsproduktivität erreichen.
Da fragt man sich, in was solche Pseudoprojektanten und Ministeriumsmitarbeiter, die diese Projekte bestätigen, das Land hineinziehen wollen. Solche Projekte müssen einfach die Idee von der Beschleunigung des wissenschaftlich-technischen Fortschritts kompromittieren und die Wirtschaft in belastende Ausgaben stürzen.
Aus alldem müssen wir die notwendigen Lehren ziehen. Unverzüglich, in kürzester Zeit, müssen alle im zwölften Planjahrfünft zur Realisierung vorgesehenen Projekte für technische Neuausrüstung und Rekonstruktion einer Expertise unterzogen werden. Und diejenigen, die den Aufgaben des beschleunigten wissenschaftlich-technischen Fortschritts nicht gerecht werden, sind entschieden zu verwerfen, ihre Realisierung ist zu verbieten, die frei werdenden Mittel sind für die Entwicklung der Produktion modernster Technik zu verwenden.
Wir können nicht zulassen, daß Milliarden in moralisch veraltete Objekte investiert werden, die auf unbrauchbaren technischen Lösungen basieren. Wenn wir so verfahren, werden wir unsere Produktion nicht auf das gegenwärtige internationale Niveau bringen.
Und das können wir nicht, ich würde sogar sagen, dürfen wir nicht länger hinnehmen.
(8/36, 37)

Im internationalen und nationalen Leistungsvergleich westlicher Wirtschaftsunternehmen stehen an erster Stelle meist sogenannte Großkonzerne. Das ist eine Vereinigung selbständiger Unternehmen zu einer wirtschaftlichen Einheit. Denkt man auch in der Sowjetunion im Zuge der radikalen Reform der Wirtschaftsleitung an Betriebszusammenschlüsse, also an Konzernbildungen?

Wenn man den Wirtschaftsmechanismus ändert und zu neuen Methoden der Wirtschaftsleitung übergeht, kommt man nicht aus, sich auch gründlich mit der Verbesserung der Organisationsstruktur zu beschäftigen.
Was ließe sich in diesem Zusammenhang über die Grundeinheit der Wirtschaft sagen? Die vorhandenen Betriebe und Vereinigungen gestalteten sich unter den Bedingungen, da sie gezwungen waren, ihre eigenen Vorbereitungsabteilungen, Werkzeug-

machereien, Gießereien, Instandhaltungs- und andere Abteilungen zu schaffen, ohne auf die wachsenden Selbstkosten Rücksicht zu nehmen, ohne den primitiven Charakter der Produktion und die niedrige Arbeitsproduktivität zu beachten. Die Schaffung der Naturalwirtschaft erfolgte ebenfalls innerhalb der Zweige und bedingte unzweckmäßige Beziehungen, eine Vergeudung der gesellschaftlichen Arbeit.

Ungeachtet all unserer Bemühungen, ist die Schaffung besonders von Forschungs- und Produktionsvereinigungen ins Stocken geraten. Sie traf auf Ressortschranken und Territorialgrenzen, auf das Streben der übergeordneten Organe, in die Vereinigungen nur die Betriebe ihres Ministeriums, manchmal auch nur ihrer Hauptverwaltung aufzunehmen.

Welche Betriebe und Vereinigungen brauchen wir? Darauf gibt es offensichtlich keine eindeutige Antwort. Bei der Lösung einer derart wichtigen Frage darf man nicht routinemäßig vorgehen. Und doch muß man von einigen Ausgangsideen sprechen. Vor allem muß die Zusammensetzung der Betriebe und Vereinigungen der zweckmäßigen Spezialisierung und Kooperation entsprechen, sowie Bedingungen für den Einsatz der progressivsten Technik und Technologie schaffen. Es ist wichtig, in einer Organisation alle Produktionsstufen – von angewandter Forschung bis hin zur Serienproduktion und zum Service – zu vereinigen. Dabei muß man natürlich den Faktor der Leitbarkeit berücksichtigen. Schließlich gilt es, bei der Produktion dieser oder jener Erzeugnisse die Monopolstellung der Vereinigungen zu vermeiden.

Ich meine, daß die Überführung der Betriebe und Vereinigungen auf die vollständige wirtschaftliche Rechnungsführung und Selbstfinanzierung damit einhergehen soll, daß ihnen das Recht gewährt werden soll, gemeinsame Betriebe und Vereinigungen auf anteiliger Grundlage bis zur völligen Fusionierung zu schaffen, wenn das durch ökonomische Zweckmäßigkeit diktiert wird.

Wir sind davon überzeugt, daß bei den Betrieben unter den neuen Bedingungen das Interesse daran erweckt wird, verschiedenartige freiwillige Vereinigungen zu bilden, die mit der Schaffung neuer Technik, von Rechenzentren mit gemeinsamer Nutzung, sozialer und Naturschutzobjekte, Verkehrsknotenpunkte, ja sogar Schulen zur Kaderausbildung und Leitung zusammenhängen. Die Leitungsorgane dürfen hierbei nicht eine passive, geschweige denn konservative Position einnehmen. Es ist

notwendig, die Tür für verschiedenartige Integrationsprozesse weit zu öffnen.
In der Perspektive könnten an der Stelle der 37.000 vorhandenen Industriebetriebe, die in den Staatsplan übernommen sind, einige Tausend große Zweig-, zwischenzweigliche und territoriale wirtschaftsbereichsgebundene Vereinigungen zu Objekten der unmittelbaren Leitung aus dem Zentrum werden, die in der Lage sind, aus eigenen Kräften den gesamten Zyklus: „wissenschaftliche Forschung – Investitionen – Produktion – Absatz – Service" zu verwirklichen. Neben ihnen können Zehntausende mittlere und kleine Betriebe, darunter genossenschaftliche, auf die Bedienung großer Vereinigungen und den örtlichen Markt orientierte Betriebe, den Republik- und örtlichen Staatsorganen unterstellt werden.
(36/59, 60)

Artikel und praktische Geräte für den täglichen Gebrauch und die Freizeit, auch aus modernen Kunststoffen, Dinge, die den Menschen das Leben erleichtern, sind in sowjetischen Geschäften rar. Ist es gedacht, für diese Produkte die bisher vermutlich in zu kleinem Umfang (oder gar nicht) hergestellt wurden, neue Fabriken zu bauen?

Jeder weiß, wie brennend die Frage der Versorgung der Bevölkerung mit Waren der Leichtindustrie ist. Einige Fachleute raten deshalb zum Bau neuer Betriebe. Diesen Weg schließt niemand aus, vor allem betrifft das die Produktion moderner Werkstoffe und Erzeugnisse.
Prinzipiell kann die Aufgabe der Steigerung der Warenproduktion aber nur auf Grundlage der technischen Umrüstung und Rekonstruktion der Betriebe der Leichtindustrie gelöst werden. Wichtig ist es, dafür die richtige Lösung zu finden.
Die Berechnungen zeigen folgendes: Wenn wir die Rekonstruktion der Betriebe mit der modernsten Technik und Technologie durchführen, können wir deren Effektivität um 30 bis 40 Prozent steigern. Offensichtlich muß man so verfahren: Dort, wo derartige Anlagen vorhanden sind, ist die Rekonstruktion energisch durchzuführen, und wo nicht, ist sie zwei bis drei Jahre aufzuschieben, um die Produktion effektiver Ausrüstungen zu organisieren und dann das Versäumte auf einer neuen Produktionsbasis aufzuholen.
Insgesamt haben die Ministerien und andere zentrale Staatsor-

gane mit einem hohen Verantwortungsgrad an diese Fragen heranzugehen, und dabei dürfen sie sich nicht an Altes klammern, um nicht vor dem Volk bankrott dazustehen!
Die Pläne zur Rekonstruktion der Volkswirtschaft auf Grundlage der modernsten Errungenschaften von Wissenschaft und Technik stützen sich letzten Endes auf den Maschinenbau. Hier nämlich konzentrieren sich alle aktuellen Probleme der Wirtschaft.
Wenn wir nicht innerhalb einer kurzen Frist den Maschinenbau modernisieren und wenn wir ihn nicht auf die Produktion neuer Maschinensysteme und moderner Ausrüstungen für alle Zweige der Volkswirtschaft umstellen, werden wir die vom Parteitag gestellten Aufgaben nicht lösen können.
(8/38, 39)

Die Rekonstruktion der Volkswirtschaft auf Grundlage des wissenschaftlich-technischen Fortschritts, also der Übergang von der extensiven zur intensiven Produktion unter Einsatz modernster Technologien – die aber ihrerseits erst geschaffen werden müssen: Und das alles soll terminisiert und praktisch unter Zeitdruck erreicht werden?

Die Überführung einer so riesigen Wirtschaft wie der unsrigen auf den intensiven Entwicklungsweg ist ein Anliegen, das alles andere als einfach ist und beachtliche Anstrengungen sowie überaus hohes Verantwortungsbewußtsein erfordert. Doch wenn man Umgestaltungen in Angriff genommen hat, darf man sich nicht auf Halbheiten beschränken. Es gilt, konsequent und energisch vorzugehen, ohne vor den kühnsten Schritten zurückzuschrecken.
Das Tempo der technischen Modernisierung wird durch die umfassende Anwendung der Elektronik und die komplexe Automatisierung der Produktion stark beeinflußt werden. Es sind konkrete Auflagen für die Entwicklung und die Aufnahme der Massenproduktion moderner EDV-Technik sowie für die Entwicklung der Bausteinbasis festgelegt worden. Die Software für EDV-Anlagen und automatisierte Steuerungssysteme wird industriemäßig gesichert. An der Akademie der Wissenschaft der UdSSR besteht nunmehr die Abteilung Informatik und Rechentechnik, die Forschungsinstitute und Entwicklungsbüros vereint, welche diese Arbeiten wissenschaftlich abzusichern haben.
Der Gedanke von der grundlegenden Rekonstruktion des

Brennstoff- und Energiekomplexes durchdringt das Energieprogramm. Darin werden die Akzente auf die Anwendung von energiesparenden Technologien, auf Umstellung von flüssigem Brennstoff auf Gas und Kohle sowie auf tiefere Erdölveredelung gesetzt. Es wurden Beschlüsse zur grundlegenden Rekonstruktion des Hüttenwesens, zur weiteren Chemisierung der Volkswirtschaft, zur Einführung von flexiblen Fertigungssystemen, Rotorfließstraßen und Systemen der automatisierten Projektierung, zur Industrialisierung des Investitionsbaus und zur Vervollkommnung der Kostenvoranschläge gefaßt.
Enorme Bedeutung mißt die Partei der technischen Neuausrüstung, der Infrastruktur der Produktion, in erster Linie des Verkehrs- sowie des Post- und Fernmeldewesens bei.
Wir werden nicht imstande sein, die technische Modernisierung in die Tat umzusetzen, ohne den Investitionsbau grundlegend verbessert zu haben. Und das erfordert, den gesamten Bauwesenkomplex auf ein neues industrielles und organisatorisches Niveau zu heben und den Investitionszyklus sowohl bei der Rekonstruktion von Betrieben als auch bei der Errichtung neuer Objekte mindestens um die Hälfte zu verkürzen.
Wir dürfen uns nicht mehr mit einem niedrigen Bautempo zufriedengeben, wodurch enorme Mittel auf Eis gelegt und der wissenschaftlich-technische Fortschritt in der Volkswirtschaft gehemmt wird.
Das alles sind ihren Ausmaßen und ihrer Bedeutung nach gigantische Aufgaben. Ihre Lösung wird letzten Endes über die Erfüllung der Pläne und unser Wachstumstempo entscheiden. Jeder Wirtschaftszweig, jeder Betrieb muß ein exaktes Programm für kontinuierliche Erneuerung der Produktion haben.
(41/38, 39; 8/29)

Es erscheint doch als wahrscheinlich, daß die Betriebe während ihrer Phase der Umrüstung, der Modernisierung, der Rekonstruktion in ihrem Produktionsvorgang behindert sind bzw. diesen gar nicht durchführen können?

Der neue und fortgeschrittene Teil der Produktionsfonds muß zwei- beziehungsweise dreischichtig ausgelastet werden. Auf dieser Grundlage sind die Auflagen des 12. Planjahrfünfts zu erfüllen, veraltete Ausrüstungen stillzulegen und die frei gewordenen Flächen für eine moderne Produktion zu nutzen. Das

sind, am Beispiel und nach Berechnungen der Leningrader Genossen, etwa drei Millionen Quadratmeter Fläche. Durch die Erneuerung von Maschinen und Anlagen wird sich der prozentuale Anteil fortgeschrittener Technik im Maschinenpark der Stadt und des Gebiets verdoppeln. Die qualitativen Kennziffern der Industrie werden sich verbessern. Die entschiedene Reduzierung des Neubaus wird es den Leningradern ermöglichen, die Investitionen für diese Zwecke zu senken. Ein Teil der eingesparten Mittel wird für die technische Rekonstruktion von Betrieben verwendet, hauptsächlich aber für die Erweiterung des Wohnungsbaus, zur Entwicklung der Städte und Siedlungen. Auf diese Weise werden die wichtigen technischen, wirtschaftlichen und sozialen Probleme gelöst.
Den Übergang zum Zweischichtsystem halten wir gegenwärtig für eine wichtige Initiative. Man muß sagen, daß in vielen Ländern ein ähnliches Arbeitsregime seit langem die Norm ist. Die Betriebe, die sich an der Spitze des wissenschaftlich-technischen Fortschritts befinden, arbeiten dort auch im Zwei- und Dreischichtsystem. Darin kommt das Bestreben zum Ausdruck, moderne Anlagen maximal zu nutzen und diese schneller durch effektivere zu ersetzen.
Die Werktätigen, die in Spät- und Nachtschichten arbeiten, erhalten einen zusätzlichen Anreiz. Unsere zentralen Organe müssen sich dieser Frage unverzüglich annehmen und Vorschläge zur Verbesserung der moralischen und materiellen Stimulierung von Werktätigen, die in Spät- und Nachtschichten arbeiten, unterbreiten.
Es sagte jemand ganz am Anfang, es werde nicht so einfach sein, die Maschinenbaubetriebe auf die Zwei- oder Dreischichtarbeit umzustellen.
Diese Aufgabe ist wirklich nicht einfach. Aber wir haben das Recht zu fragen: Warum können die Menschen in den Betrieben mit kontinuierlicher Produktion dreischichtig arbeiten, so in der Metallurgie, der Chemie, ferner in der Nahrungsgüter- oder Textilindustrie, wo übrigens vor allem Frauen tätig sind? Und warum wird in den Betrieben des Maschinenbaus und der Metallverarbeitung, wo die Arbeitsbedingungen um nichts schlechter sind, in der Regel einschichtig gearbeitet?
Es ist offenbar sinnvoll, den Gebieten, Regionen und Republiken beim Übergang zur Mehrschichtarbeit zu garantieren, daß der Gesamtumfang der für das Planjahrfünft bereitgestellten Investmittel erhalten bleibt, und ihnen das Recht einzuräumen,

die durch die Reduzierung des Neubaus von Produktionsobjekten eingesparten Mittel für die Rekonstruktion von Betrieben sowie für die Entwicklung des sozialen und kulturellen Bereichs zu nutzen. Sie ihrerseits müssen die Erfüllung der Aufgaben des Fünfjahrplans garantieren.
Wie man sieht, verlangt die Verwirklichung eines so außerordentlich verantwortungsvollen und komplizierten Programms ungewöhnliche Anstrengungen, angespannte und sachkundige Arbeit. Sie muß geleistet werden, einen anderen Weg gibt es für uns nicht. Jeder andere Weg würde die Preisgabe von Positionen, die Orientierung auf ein Zurückbleiben bedeuten. Darauf kann sich das Zentralkomitee der KPdSU nicht einlassen.
(8/31, 32, 33, 34, 42)

Die Qualität von Produkten ist weltweit für alle ernstzunehmenden Erzeugungsbetriebe von herausragender Bedeutung. Nur Erzeugnisse und Waren, deren Qualität und Entwicklungsniveau strengen Kriterien entsprechen, sollten „Daseinsberechtigung" haben.

Der Parteitag der KPdSU hat die Qualität zur gesamtnationalen Aufgabe erklärt.
Dazu hat sich das Zentralkomitee der KPdSU mit einem speziellen Brief an alle Werktätigen gewandt. Jetzt kann man mit aller Bestimmtheit sagen, daß die Mehrheit der sowjetischen Menschen die Notwendigkeit einer unverzüglichen Lösung dieses überaus wichtigen Problems erkennt.
Viele Arbeitskollektive sind tatkräftig ans Werk gegangen. Ohne besondere Aufwendungen, zum beträchtlichen Teil durch gewissenhafte Einstellung zur Arbeit, durch bessere Arbeits- und technologische Disziplin und mit Hilfe einiger unaufschiebbarer organisatorisch-technischer Maßnahmen ist in vielen Betrieben in letzter Zeit die Zahl der Reklamationen stark zurückgegangen und die Produktion in strenger Übereinstimmung mit den Forderungen der festgelegten Normen organisiert worden.
Ich möchte besonders hervorheben, daß die Fortschritte bei der Qualitätsverbesserung der Erzeugnisse praktisch mit den bisher installierten Ausrüstungen erreicht worden sind.
Somit kann und muß man schon heute, ohne auf die Technik zu warten, entschlossene Schritte zur Verbesserung der Qualität der Maschinen, Ausrüstungen und Konsumgüter unternehmen.
Das Politbüro des ZK und der Ministerrat der UdSSR haben

dazu einen speziellen Beschluß gefaßt. Die Verbesserung der Qualität der Erzeugnisse wird durch technische und ökonomische Maßnahmen, durch Standardisierung und Qualitätseinstufung der Erzeugnisse, durch Preisbildung und durch ein System moralischer und materieller Stimuli erreicht.
In den Betrieben wird eine außerbehördliche, staatliche Abnahme der Erzeugnisse eingeführt. Es ist sehr wichtig, daß die Parteikomitees die Tätigkeit der Produktionskollektive sowie der Organe der staatlichen Kontrolle und Abnahme aktiv unterstützen, um die Sache in nächster Zeit gründlich in Ordnung zu bringen. Daß das real ist, zeigen die Erfahrungen der Betriebe, in denen das System der außerbehördlichen Abnahme im Jahre 1985 in Form eines Experiments eingeführt wurde.
Im großen und ganzen haben die Kollektive die herausragende Bedeutung dieser Maßnahme verstanden und sich gut auf die Arbeit unter den neuen Bedingungen eingestellt. Es läuft, wenn auch nicht ganz ohne Schwierigkeiten. Die Arbeitsdisziplin festigt sich und die Qualität der Erzeugnisse erhöht sich.
Doch es gibt auch Leute, die vor den hohen Anforderungen kapitulieren. Anstatt die Ärmel hochzukrempeln und sich um die Verbesserung der Qualität zu kümmern, machen sie sich selbst und anderen Angst vor möglichen Komplikationen, Konfliktsituationen und sogar einem Stillstand der Werke.
Ich bin weit davon entfernt, die Lage zu verharmlosen. Doch eines ist klar: Alle Menschen in der Sowjetunion können sich nicht länger damit abfinden, daß in vielen Betrieben Jahr für Jahr hoffnungslos veraltete Erzeugnisse hergestellt werden, die bei den Verbrauchern ernst zu nehmende Kritik hervorrufen und den wissenschaftlich-technischen Fortschritt aufhalten. Wir haben die Umgestaltung begonnen und müssen sie zu Ende führen.
(8/45, 46; 16/63)

Der Agrarsektor – die Landwirtschaft – die Versorgung der Bevölkerung mit Nahrungsmitteln – die „Lösung des Lebensmittelproblems“: Kann die Umgestaltung auch in diesen gewichtigen Bereichen wirksam werden?

Im Agrarbereich kommt es auf eine entscheidende Wende an, damit die Lebensmittelversorgung bereits im zwölften Planjahrfünft merklich verbessert werden kann. Und dies ist zweifellos gerechtfertigt. Wir müssen klar sehen, daß die in diesen Bereich investierten gewaltigen Ressourcen bis jetzt nicht den erwünschten Effekt erbringen. Insgesamt ist das elfte Planjahrfünft mit geringen Kennziffern abgeschlossen worden. Das hatte seine Auswirkungen auf die Lebensmittelversorgung der Bevölkerung und das Tempo der ökonomischen Entwicklung des Landes.

Es wird geplant, das Wachstumstempo der Agrarproduktion mehr als zu verdoppeln und eine bedeutende Zunahme im Pro-Kopf-Verbrauch von Fleisch, Milch, Obst und Gemüse zu sichern.

Können wir das durchsetzen? Wir können, ja, wir müssen es. Zu diesem Zweck hat die Partei zusätzliche Maßnahmen ausgearbeitet, die auf Effektivitätssteigerung aller Zweige des Agrar-Industrie-Komplexes abzielen. Ich möchte das Wichtigste hervorheben: Der Weg zur hohen Produktivität der Felder und Tierfarmen führt über die breite Anwendung intensiver Technologien. Das ist nicht nur der realste, sondern auch der effektivste Weg, um sowohl in der Feldwirtschaft als auch in der Tierproduktion beste Ergebnisse zu erzielen.

Durchdacht werden muß auch die Frage der Bildung von Forschungs- und Produktionsvereinigungen auf Gebiets- und möglicherweise auf Rayonebene, mit dem Ziel, daß sie Katalysatoren einer beschleunigten Entwicklung der Kolchose und Sowchose des jeweiligen Territoriums werden und diesen Hilfe bei der Einführung progressiver Technologien und moderner Methoden der Wirtschaftsführung leisten. Ein solches Herangehen sichert die rationelle Nutzung des ökonomischen Potentials sowie die Erzielung hoher Endergebnisse. Solche Erfahrungen gibt es bereits in Moldawien, in der Ukraine und in anderen Republiken. Dort wurden Vereinigungen auf der Grundlage von regionalen Instituten sowie von Lehr- und Versuchsgütern gebildet. In einigen sozialistischen Bruderländern gibt es ähnliche Erfahrungen. Es wäre zweckmäßig, diese Erfahrungen tiefschürfend zu studieren und aktiver in der Praxis anzuwenden.

Wenn wir bedeutende Erfolge im Agrar-Industrie-Komplex erzielen wollen, können wir nicht nur traditionelle Wege beschreiten. Nur wenn wir die Ressourcen konzentrieren, Prioritäten für die entscheidenden Richtungen setzen, geschickt die dem neuen Wirtschaftsmechanismus und der neuen Leitungsstruktur zugrunde liegenden Vorzüge nutzen, werden wir effektiv handeln, die Produktion rasch entwickeln und die vom Lebensmittelprogramm der UdSSR gestellten Aufgaben erfolgreich lösen können.

(41/44, 45; 8/48, 49, 50)

Die Erforschung und Einführung progressiver Technologien in der Landwirtschaft soll höhere Ernte- und Viehzuchtergebnisse bringen und damit auf Sicht (aber auch rasch genug?) zu einer verbesserten Lebensmittelversorgung der Bevölkerung beitragen. Viele Besucher der Sowjetunion gewinnen den Eindruck, daß gerade die Lebensmittelversorgung ein bedeutend höheres Niveau aufweisen sollte und einer möglichst schnell wirksamen Perestroika bedarf.

Die am nächsten gelegene Quelle für die Auffüllung der Lebensmittelbestände bietet sich mit der Verringerung der Verluste an Erzeugnissen von Feld und Farm bei Ernte, Transport, Lagerung und Verarbeitung. Hierin liegen bei uns beachtliche Reserven, und das Mehr an Konsumtionsressourcen kann sich auf 20 und bei einigen Erzeugnisarten sogar auf 30 Prozent belaufen. Auch betragen die Kosten für die Abschaffung der Verluste bloß die Hälfte, ja sogar nur ein Drittel der für die zusätzliche Produktion der gleichen Mengen an Erzeugnissen benötigten Kosten. Gegenwärtig haben das ZK und die Regierung umfangreiche Maßnahmen zur Senkung der Verluste festgelegt.
Eine rasche Entwicklung erfährt der Landmaschinenbau, was ermöglichen wird, die Kolchose und Sowchose in ausreichenden Mengen mit hochleistungsfähiger Technik zu beliefern, die sie befähigen soll, sämtliche Feldarbeiten zügiger und qualitätsgerechter durchzuführen.
Partei und Staat werden auch künftighin die materiell-technische Basis des Agrar-Industrie-Komplexes konsequent ausbauen. Doch genauso einleuchtend ist es auch, daß der Mensch die wichtigste Triebfeder des Fortschritts, dessen Seele er war, ist und bleibt. Heute braucht die Landwirtschaft dringender denn je Menschen, die daran interessiert sind, mit hohem Einsatz und beruflichem Können zu arbeiten und sich als Neuerer zu bewähren.

(41/45)

Gerade der Charakter der Kolchosen und Sowchosen stößt im Westen auf lebhaftes Interesse. Weniger exakte Zahlen als Gerüchte besagen,

daß die in der UdSSR in einem gewissen Umfang gestatteten „privaten Landwirtschaften" weit erfolgreicher und produktiver arbeiten als die Kolchosen und Sowchosen. Welchen Fortschritt wird die Anwendung des „neuen Wirtschaftsmechanismus" den Kolchosen und Sowchosen bringen?

Im Agrarbereich muß der Übergang zu den neuen Methoden der Leitung und Wirtschaftsführung abgeschlossen werden. Die Bildung der einheitlichen Verwaltungsorgane des Agrar-Industrie-Komplexes im Zentrum und an der Basis, der Organe, die berufen sind, eine reale und wirksame Integration der Landwirtschaft und der mit ihr verbundenen Industriezweige zu gewährleisten, gestaltet sich zweifelsohne zu einem Schritt von grundsätzlicher Bedeutung. Die Bildung einer solchen Organisationsstruktur wird durch einen wirksamen Wirtschaftsmechanismus untermauert. Die diesbezüglichen Vorschläge sind bereits vorbereitet. Sie laufen im wesentlichen darauf hinaus, den ökonomischen Methoden der Wirtschaftsführung einen weiten Spielraum zu bieten, die Selbständigkeit der Kolchose und Sowchose beträchtlich zu vergrößern sowie ihr Interesse und ihre Verantwortung für die Endresultate zu erhöhen.
Es ist vorgesehen, für die Kolchose und Sowchose stabile Pläne für den Ankauf von Erzeugnissen mit Aufschlüsselung auf die Jahre des Planjahrfünfts festzulegen, die nicht geändert werden dürfen.
Gleichzeitig wird ihnen die Möglichkeit gewährt, alles, was sie über den Plan hinaus erwirtschaften, und bei Kartoffeln, Obst und Gemüse auch einen beträchtlichen Teil der planmäßig produzierten Erzeugnisse, nach eigenem Ermessen zu verwenden. Die Agrarbetriebe können diese zusätzlich zum Plan an den Staat verkaufen, frisch bzw. verarbeitet auf dem Kolchosmarkt oder über den konsumgenossenschaftlichen Handel vertreiben sowie zu anderen Zwecken verwenden, darunter auch für den Bedarf der persönlichen Nebenwirtschaften.
Der überplanmäßige Getreideverkauf an den Staat wird durch Bereitstellung zusätzlicher materieller Ressourcen, die sich einer erhöhten Nachfrage erfreuen, sowie durch andere Förderungsmaßnahmen stimuliert.

Die Erfahrungen der Vergangenheit lehren, daß Mißachtung des Rentabilitätsprinzips, Verstöße gegen die materiellen Interessen und gegen die Verantwortung für die Arbeitsergebnisse die finanzielle und die wirtschaftliche Lage der Kolchose und Sowchose verschlechtert und zu ihrer erheblichen Verschuldung geführt haben.
Eine wahrhaftige wirtschaftliche Rechnungsführung und die Abhängigkeit der Einnahmen der Betriebe von den Endresultaten müssen für alle Elemente des Agrar-Industrie-Komplexes und in erster Linie für die Kolchose und Sowchose zur Norm werden.
Weitgehende Anwendung sollen das Werkvertrags- und das Akkordsystem auf der Ebene einer Brigade, einer Arbeitsgruppe bzw. einer Familie finden, wobei diesen Menschen für die vertraglich festgelegte Frist Produktionsmittel, einschließlich des Grund und Bodens, zugeteilt werden.
Große Möglichkeiten bieten sich, um Initiative und Unternehmungsgeist an den Tag zu legen. Doch setzt das auch eine höhere Verantwortung für die Erfüllung der Auflagen des Lebensmittelprogramms, für die Ergebnisse der Finanz- und der Wirtschaftstätigkeit der Kolchose, Sowchose, zwischenwirtschaftlichen Betriebe und Einrichtungen voraus.
Es kommt darauf an, der Mißwirtschaft und der Schmarotzerideologie einen sicheren Riegel vorzuschieben und mit Berufungen auf die sogenannten objektiven Umstände Schluß zu machen, die für einen Teil von Kolchosen und Sowchosen zum Deckmantel ihres Unvermögens und mitunter auch ihrer Unlust, besser zu arbeiten, geworden sind.
Nun steht es ihnen bevor, vorwiegend aus den eigenen Mitteln die Produktion zu entwickeln, den Gewinn und die Einnahmen zu erhöhen und die Arbeit zu stimulieren.
(41/45, 46, 47)

Als Michail Gorbatschow am 27. Parteitag der KPdSU im Februar 1986 über die „wirtschaftliche Rechnungsführung, Eigenwirtschaftlichkeit und Eigenfinanzierung" der Vereinigungen und Betriebe sprach, horchte die Welt auf. Sollte die Perestroika, die „Umgestaltung", tatsächlich die erstarrten bürokratischen Reglementierungen der Staats- und Parteiorgane lockern, lösen?

Wir stehen zweifellos vor der bedeutendsten Umgestaltung des sozialistischen Wirtschaftsmechanismus. Ihre Verwirklichung hat schon eingesetzt. Von der Ausrichtung der Arbeit im Agrar-Industrie-Komplex war bereits die Rede. Die Leitung des Maschinenbaukomplexes wird vervollkommnet. Die neuen Methoden der Wirtschaftsführung, die erprobt wurden und sich bei diesen Experimenten bewährt haben, hielten dieses Jahr (1986) in das Leben von Betrieben und Vereinigungen, die die Hälfte der gesamten Industrieproduktion herstellen, Einzug. Mit ihrer Durchsetzung im Dienstleistungsbereich, im Bau- und Transportwesen ist begonnen worden.
Aber wir stehen erst am Anfang des Weges. Für die Umgestaltung des Wirtschaftsmechanismus sind unter den Bedingungen unseres Landes mit seiner immensen und komplizierten Wirtschaft Zeit und energische Anstrengungen erforderlich. Es kann da Schwierigkeiten geben; wir sind auch nicht gegen Fehlkalkulationen gefeit, doch das Wichtigste, worauf es jetzt ankommt, besteht darin, sich zielstrebig, Schritt für Schritt in der gewählten Richtung zu bewegen, den Wirtschaftsmechanismus auf der Grundlage der gesammelten Erfahrungen zu ergänzen und zu vervollkommnen und alles, was überlebt ist oder sich nicht bewährt hat, aus dem Weg zu räumen. Eine radikale Reform tut not.
Ihr Sinn und Zweck besteht darin, unsere gesamte Produktion in der Tat den gesellschaftlichen Erfordernissen, der Befriedigung des Bedarfs der Menschen unterzuordnen und die Leitungstätigkeit auf die Erhöhung der Effektivität und Qualität, auf die Beschleunigung des wissenschaftlich-technischen Fortschritts, auf die Förderung des Interesses der Beschäftigten an den Arbeitsergebnissen, der Initiative und des sozialistischen Unternehmungsgeistes in jedem Bereich der Volkswirtschaft, vor allem in den Arbeitskollektiven, zu orientieren.
Das Zentralkomitee der KPdSU und sein Politbüro haben die Hauptrichtungen für die Umgestaltung des Wirtschaftsmechanismus festgelegt. Wir stellen die Aufgabe, die Grenzen der Selbständigkeit der Vereinigungen und Betriebe entschlossen zu erweitern und ihre Verantwortung für das Erreichen der höchsten Endresultate zu heben. Zu diesem Zweck sind sie auf die wahre wirtschaftliche Rechnungsführung, die Eigenwirtschaftlichkeit und Eigenfinanzierung umzustellen, und das Niveau der Einnahmen der Belegschaften ist in eine direkte Abhängigkeit zur Effektivität ihrer Arbeit zu setzen.

Es muß durchgesetzt werden, daß die Höhe des Lohnfonds der Betriebe unmittelbar mit den Einnahmen aus dem Verkauf ihrer Erzeugnisse verknüpft wird. Das wird uns befähigen, die Produktion und die Lieferung von unnötigen und minderwertigen Produkten, von sogenannten Ladenhütern, auszuschließen.
Wir dürfen uns nicht länger damit abfinden, daß Mitarbeiter der Betriebe, die untaugliche Erzeugnisse herstellen, ein sorgenfreies Leben führen und Löhne, Prämien und andere Bezüge in vollem Maße erhalten. In der Tat, warum müssen wir die Arbeit bezahlen, deren Erzeugnisse niemand kaufen will? All das kehrt sich auf diese oder jene Weise gegen uns. Das darf man nicht vergessen.
(41/49, 48, 53)

Für die „wahre wirtschaftliche Rechnungsführung" – wir würden sagen: für eine gewinnorientierte, nach kaufmännischen Prinzipien aufgebaute Unternehmensführung – ist die Preiskalkulation ein äußerst bedeutsamer Faktor.
Kann ein Unternehmen für seine Produkte gute Preise erzielen und andererseits seine Materialien und Maschinen günstig einkaufen – entsteht ein besseres Betriebsergebnis.
Wie werden die (bisher – oder noch immer?) vom Staat festgelegten Preise in der Umgestaltung behandelt? Preise nach Angebot und Nachfrage?

Die Preise müssen zu einem aktiven Instrument der Wirtschafts- und Sozialpolitik werden. Uns steht bevor, eine planmäßige Umgestaltung des Preisgefüges als einheitliches Ganzes im Interesse der Durchsetzung einer wirksamen wirtschaftlichen Rechnungsführung und in Übereinstimmung mit den Aufgaben zur Erhöhung der Realeinkünfte der Bevölkerung in die Tat umzusetzen.
Den Preisen muß größere Flexibilität verliehen werden, wobei ihr Niveau nicht nur mit dem Aufwand, sondern auch mit den Gebrauchseigenschaften der Waren, der Effektivität der Erzeugnisse und damit zu verbinden ist, wie das hergestellte Produkt mit den gesellschaftlichen Erfordernissen und mit der Bevölkerungsnachfrage übereinstimmt. Es wird geplant, von den Limit- und Vertragspreisen umfassender Gebrauch zu machen. Da die Preisbildung bei der Entwicklung ökonomischer Leitungsmethoden eine Schlüsselbedeutung hat, muß man darüber

sprechen, daß sich hier eine Menge ungelöster Probleme angestaut hat. Unter dem Vorwand der Modernisierung werden die Preise für Maschinen, Ausrüstungen und die veranschlagten Baukosten erhöht. Sortimentsveränderungen führen häufig zu unbegründeten Preiserhöhungen auch bei Konsumgütern.
Leider verschließen die Staats- und Wirtschaftsorgane davor oftmals die Augen, und häufig sind sie selbst an einer Erhöhung des Produktionsumfangs (Umsatz, A. d. Hsg.) durch das „Spiel" der Preise interessiert. Kontrollen haben ergeben, daß allein im vergangenen Jahr mehr als 100 Millionen Rubel der ungesetzlich von den Betrieben erzielten Erlöse wegen Verletzung der Preisbildungsordnung zugunsten des Staatshaushaltes eingezogen wurden. Die künstliche Erhöhung von Preisen heilt ökonomische Gebrechen nicht, sie demoralisiert nur die Arbeiter und bremst den technischen Fortschritt. Überhöhte Preise, die auf dem Aufwandsprinzip beruhen, verdecken Mängel in der Technologie und der Organisation der Produktion, führen zu Vernachlässigung der Suche nach ökonomischen Methoden der Wirtschaftsführung.
Die Erhöhung von Preisen ist nur bei einer wesentlichen Verbesserung der Gebrauchseigenschaften der Waren, bei höherer Effektivität der Erzeugnisse gerechtfertigt. Wir müssen Ordnung in die Preisbildung bringen.
Das staatliche Komitee für Preise muß in dieser Hinsicht eine deutlichere und prinzipiellere Linie verfolgen.
Herangereift sind auch Fragen der Vervollkommnung des Kredit- und des gesamten Bankwesens. Beim Übergang zu neuen Methoden der Wirtschaftsführung müssen wir die Rolle der Bank als eines wichtigen ökonomischen Leistungsorgans erhöhen.
(41/50, 51; 8/54, 55)

Aus welchen Gründen haben sich gerade in einer so wichtigen und ausschlaggebenden ökonomischen Sparte wie der Preisbildung „eine Menge ungelöster Probleme angestaut"?

Das Preissystem, das sich herausgebildet hatte, orientierte sich lange Zeit an billigen Naturressourcen. Die heute gültigen Preise für Kohle, Erdöl, Erdgas und Elektroenergie sichern keine Bedingungen für die Selbstfinanzierung des Brennstoff- und Energiekomplexes. Sie schaffen nach wie vor die Illusion, daß

die Naturressourcen billig und unerschöpflich seien, und zielen auf die weitere Steigerung ihrer Produktion, ihres Verbrauchs und ihrer Ausfuhr.
Die in wirtschaftlicher Hinsicht ungerechtfertigte Handlungsweise bei der Preisbildung führte zu einem schnellen Wachstum von Subventionen für die Produktion und Realisierung verschiedener Arten von Produkten und Dienstleistungen. Das summarische Volumen der Subventionen aus dem Staatshaushalt übersteigt heute 73 Milliarden Rubel im Jahr.
Andererseits hat sich bei vielen Erzeugnisarten ein unbegründet hohes Niveau der Rentabilität herausgebildet, das die Effektivität der Produktion keineswegs widerspiegelt. Und das ist eine Folge der Verzerrung in der Preisbildung.
Derjenige, bei dem die Preise für Erzeugnisse unbegründet zu niedrig angesetzt sind, hat keine Stimuli zur Steigerung ihrer Produktion, und wer wegen zu hoch angesetzter Preise Mehrgewinn erhält, hat keine Stimuli zur Verringerung der Kosten und zur Erhöhung der Effektivität. In einer solchen Situation sind normale ökonomische Beziehungen in der Volkswirtschaft einfach unmöglich.
Daher stehen wir vor der Notwendigkeit, nicht irgendeine teilweise Vervollkommnung des Preissystems durchzuführen, sondern eine radikale Reform der Preisbildung, eine gegenseitig zusammenhängende Umgestaltung unserer ganzen „Preiswirtschaft“ – der Großhandels-, Aufkaufs- und Einzelhandelspreise und Tarife – zu verwirklichen.
(36/54, 55)

Die Umgestaltung zielt auch auf eine Anhebung der Qualität vieler Industrieprodukte, deren Preise von den Erzeugerbetrieben – im Rahmen der geplanten künftigen wirtschaftlichen Rechnungsführung – weitgehend selbständig festgesetzt werden können.
Bei höherer Qualität ist auch ein höherer Preis gerechtfertigt? Sind die sowjetischen Arbeitnehmer in der Lage, ein allgemein höheres Preisniveau finanziell zu verkraften?

Es geht nicht nur um das Preisniveau, sondern auch um das Verfahren zu ihrer Bildung. Für die wichtigsten Erzeugnisse muß man die Preise natürlich zentralisiert, gleichzeitig mit der Ausarbeitung des gesamtstaatlichen Plans als seinen Teil festlegen.

Es ist aber auch zweckmäßig, die Sphäre der Vereinbarungspreise im neuen Mechanismus zu erweitern, was zur Erweiterung der Rechte und wirtschaftlichen Selbständigkeit der Betriebe beitragen wird.
Was die Einzelhandelspreise anbelangt, so darf ihre Veränderung nicht zur Verschlechterung des Lebensniveaus der Werktätigen führen, sondern sie wird, im Gegenteil, zu einer Erhöhung dieses Niveaus für bestimmte Kategorien der Werktätigen, zu einer vollständigeren Realisierung der sozialen Gerechtigkeit beitragen.
Da die Reform der Preisbildung wichtig und kompliziert ist, muß man an ihre Vorbereitung mit großer Verantwortung herangehen. Es steht bevor, in kurzer Zeit eine überaus große Arbeit zu bewältigen, und dazu muß man erforderliche Kräfte heranziehen. Wir müssen im Auge behalten, daß es unmöglich ist, den Fünfjahrplan auf eine Art zusammenzustellen und zu einem einheitlichen System der Wirtschaftsleitung überzugehen, ohne diese Frage gelöst zu haben.
Unter Berücksichtigung der politischen und sozialen Bedeutung der Reform der Preisbildung soll sie zum Gegenstand einer umfassenden Erörterung im Lande werden.
(36/55)

„Die Förderung des Interesses der Beschäftigten an den Arbeitsergebnissen" – ist ein weiteres Ziel der Umgestaltung. Wie ist dieses „Interesse" zu erreichen? Die materielle Stimulierung durch gute Löhne und Sozialleistungen wäre eine Möglichkeit dazu.
In einer sozialistischen Gesellschaftsordnung werden jedoch – aus ideologischen Gründen – höhere Ansprüche gestellt: Den Beschäftigten (dem Arbeitskollektiv) muß es eine moralische, eine sozialistische Verpflichtung sein, zum Erfolg des Unternehmens durch gute Arbeit beizutragen.

Hier erlangen die Probleme des sozialistischen Eigentums als Grundlage unserer Gesellschaftsordnung große Aktualität. Das sozialistische Eigentum ist überaus gehaltvoll, es umfaßt ein vielschichtiges System von Beziehungen zwischen Menschen, Kollektiven, Zweigen und Regionen unseres Landes zur Nutzung von Mitteln und Ergebnissen der Produktion, eine ganze Palette von ökonomischen Interessen. Dieser komplizierte Komplex von Verhältnissen macht eine bestimmte Verknüpfung und ständige Regulierung erforderlich, umso mehr, als er

in Entwicklung begriffen ist. Ohne diese Veränderungen in theoretischer Hinsicht tiefschürfend ergründet zu haben, werden wir auch keine richtigen praktischen Lösungen finden und folglich auch keine Maßnahmen rechtzeitig erarbeiten können, die eine Einstellung zum sozialistischen Eigentum prägen sollen, wie sie sich für die wirklichen Herren im Lande gebührt.
Uns steht bevor, das Interesse der Werktätigen an einer besseren Nutzung und Mehrung des Volksreichtums zu erhöhen. Wie soll diese Aufgabe gelöst werden? Es wäre naiv zu glauben, das Gefühl, Herr im eigenen Lande zu sein, könne einem durch Worte anerzogen werden.
Die Einstellung zum Eigentum wird vor allem durch jene realen Bedingungen geformt, in die der Mensch versetzt worden ist, durch die Möglichkeiten seiner Einflußnahme auf die Organisation der Produktion, auf die Verteilung und Nutzung der Arbeitsergebnisse. Das Problem besteht somit in der Vertiefung der sozialistischen Selbstverwaltung auf dem Gebiet der Wirtschaft.
Bei der Nutzung des gesellschaftlichen Eigentums muß die Rolle der Arbeitskollektive entschieden verstärkt werden. Es kommt darauf an, unentwegt das Prinzip in die Tat umzusetzen, wonach die Betriebe und Vereinigungen voll und ganz dafür verantwortlich sind, daß ihre Arbeit keine Verluste bringt und der Staat nicht für ihre Verbindlichkeiten verantwortlich zeichnet. Gerade darin besteht das Wesen der wirtschaftlichen Rechnungsführung.
Man kann nicht Herr im eigenen Haus sein, ohne sich in seinem Werk oder seiner Kollektivwirtschaft, in seiner Abteilung oder in seiner Farm als wahrer Herr zu – fühlen. Ein Arbeitskollektiv muß alles verantworten und dafür Sorge tragen, daß der gesellschaftliche Reichtum zunimmt. Dessen Mehrung muß sich genauso wie die Einbußen auf das Einkommensniveau jedes Belegschaftsangehörigen auswirken.
Und natürlich gilt es, jeglichen Versuchen, aus dem gesellschaftlichen Gemeingut nicht redlich erarbeitete Einnahmen zu erzielen, einen sicheren Riegel vorzuschieben. Existieren doch bei uns die „Mitnehmer" noch, die es für kein Verbrechen halten, in ihrem Betrieb alles mitgehen zu lassen, was einem gerade unter die Finger kommt, ebenso wie allerlei korrupte Elemente und Raffer, die es sich nicht nehmen lassen, ihr Amt zum eigenen Vorteil zu mißbrauchen. Gegenüber den einen wie den anderen gilt es, die ganze Kraft des Gesetzes und der Verurteilung durch die Öffentlichkeit anzuwenden.

Beachtenswert ist auch solch aktuelles Problem der Regelung der sozialistischen Eigentumsverhältnisse wie die Gewährleistung der unbedingten Priorität der Volksinteressen vor den Zweigen bzw. Regionen. Die Ministerien und die anderen zentralen staatlichen Einrichtungen sowie die territorialen Organe sind keine Eigentümer der Produktionsmittel, sondern lediglich Institutionen der staatlichen Verwaltung, die gegenüber der Gesellschaft dafür verantwortlich sind, daß das Volkseigentum wirksam genutzt wird. Und wir dürfen nicht zulassen, daß Ressortgeist und Lokalegoismus die Durchsetzung der Vorzüge des sozialistischen Eigentums verhindern.
(41/56, 57, 58)

Die Grenzen der Selbständigkeit der Betriebe werden erweitert, es soll die wirtschaftliche Rechnungsführung praktiziert werden, es dürfen keine Verluste eintreten, die Löhne der Mitarbeiter sind vom Betriebsergebnis abhängig. Das setzt doch eine weitgehende freie Entscheidungsgewalt der Betriebsmanager, in Übereinstimmung mit der Belegschaft, voraus. Wird die Abhängigkeit der Betriebe von den Weisungen des Staatlichen Planungskomitees und anderen zentralen Wirtschaftsorganen überhaupt eine erfolgreiche Betriebsführung möglich machen?

Der Erfolg wird in vieler Hinsicht tatsächlich von der Umgestaltung der Tätigkeit der zentralen Wirtschaftsorgane, vor allem des Staatlichen Plankomitees der UdSSR, abhängen. Wir haben mit dieser Aufgabe begonnen.
Unter den gegenwärtigen Bedingungen ist es nicht zulässig, alle Fragen aus dem Zentrum zu lösen, ja es ist praktisch auch unmöglich. Diese Wahrheit müssen sich alle aneignen.
Den Hauptteil der Verantwortung für die Lösung praktischer Fragen müssen die Arbeitskollektive der Betriebe und Vereinigungen tragen.
Und die zentralen Leitungsorgane haben die direkte Pflicht, die erforderlichen wirtschaftlichen, rechtlichen und sozialen Bedingungen für eine erfolgreiche Tätigkeit zur Entwicklung des wissenschaftlich-technischen Fortschritts zu schaffen sowie sich auf die ökonomischen Bedingungen und Anreize zu konzentrieren, die jedem Bereich der Volkswirtschaft die höchsten Endresultate ermöglichen.
Die Zeit nach dem Parteitag hat gezeigt, daß das Tempo unseres Fortkommens und der Meisterung der neuen Methoden der

Wirtschaftsführung in nicht geringem Maße durch die Schwerfälligkeit und die ineffektive Arbeit des Verwaltungsapparates behindert wird. Sehr schleppend vollzieht sich der Prozeß der Umverteilung der Rechte und Pflichten zwischen den zentralen Wirtschaftsorganen und den Ministerien auf der einen und den Betrieben, Produktionsvereinigungen und Arbeitskollektiven auf der anderen Seite.
Von blindem Glauben an die Allmacht des Apparates zeugt auch die Tatsache, daß im Zentrum auch jetzt noch Bitten eingehen, immer neue Leitungsorgane zu bilden und zusätzliche Planstellen zuzuteilen!
(41/49, 50; 8/14, 15)

Das Staatliche Plankomitee der UdSSR und die zentralen Wirtschaftsorgane und Ministerien waren bisher für die sozialistische Planwirtschaft zuständig. Die zentrale Wirtschaftsplanung ist eine wichtige Position der sozialistischen Gesellschaftsordnung.
Durch die Aktivitäten Michail Gorbatschows und seine inzwischen berühmt gewordenen Leitworte Perestroika, Glasnost und „einen anderen Weg gibt es nicht" wird plötzlich die „unumkehrbare Notwendigkeit einer radikalen Umgestaltung" vor Augen geführt.
Einer Umgestaltung mit Schwerpunkten auf gerade jenen Bereichen (Rekonstruktion der Volkswirtschaft, Reform der Wirtschaftsmechanismen), die in das Zuständigkeitsgebiet eben der Staatlichen Planungsorgane fallen. Warum wird die zentrale Wirtschaftsplanung ins Abseits gedrängt?

Im Verlauf von Jahrzehnten wurden in der Praxis der Wirtschaftsführung und der Verwaltung veraltete Methoden konserviert, einige effektive wirtschaftliche Formen dagegen ungerechtfertigt abgelehnt. Gleichzeitig verbreiteten sich in Produktion und Distribution Beziehungen, die nicht der realen Reife der Gesellschaft entsprachen und in einigen Fällen zu deren Natur in Widerspruch gerieten. Die Produktion und die Stimulierung der Arbeit waren im Grunde genommen auf die quantitative, extensive Entwicklung orientiert.
In der Planung häuften sich ernsthafte Deformierungen. Die Autorität des Plans als Hauptinstrument der Wirtschaftspolitik wurde untergraben durch subjektivistisches Herangehen, Unausgewogenheit, Instabilität und das Bemühen, alles bis hin zu Kleinigkeiten zu erfassen, sowie durch die Vielfalt der Entschei-

dungen auf Zweig- und Regionalebene, die am Plan vorbei und oftmals ohne Berücksichtigung der realen Möglichkeiten getroffen wurden. Mitunter mangelte es den Plänen an wissenschaftlicher Fundiertheit. Sie waren nicht auf die gebührende Entwicklung des sozialen Bereichs und auf die Lösung der vielen strategischen Aufgaben gerichtet.

Das führte dazu, daß die gewaltigen Vorzüge des sozialistischen Systems der Wirtschaftsführung und vor allem seine Planmäßigkeit uneffektiv genutzt wurden.

Unter diesen Bedingungen breitete sich Verantwortungslosigkeit aus, es wurden die verschiedensten bürokratischen Regeln und Instruktionen erfunden. Die lebendige Arbeit wurde durch Administrieren, hektische Betriebsamkeit und durch den Amtsschimmel ersetzt.

Die Vorurteile gegenüber der Ware-Geld-Beziehung und der Wirkung des Wertgesetzes, die oftmals auch als dem Sozialismus wesensfremd hingestellt wurden, führten zu willkürlichen Methoden in der Wirtschaft, zur Unterschätzung der wirtschaftlichen Rechnungsführung, zu „Gleichmacherei" in der Entlohnung. Sie verursachten subjektivistisches Herangehen bei der Preisbildung, Störungen der Geldzirkulation sowie Vernachlässigung der Regelung von Angebot und Nachfrage.

Besonders schwerwiegende Folgen hatten die Einschränkungen der Rechte der Betriebe und Vereinigungen in der wirtschaftlichen Rechnungsführung. Das untergrub die Grundlagen der materiellen Stimulierung, verhinderte, daß hohe Endergebnisse erreicht wurden, und führte zu einem Absinken der Aktivität der Menschen in der Arbeit und im gesellschaftlichen Leben, zum Nachlassen von Disziplin und Ordnung.

Im Grunde genommen entstand ein ganzes System zur Schwächung der ökonomischen Machtinstrumente. Es bildete sich eine Art Mechanismus heraus, der die sozialökonomische Entwicklung bremste und die progressiven Umwandlungen aufhielt, die es gestatten, die Vorzüge des Sozialismus aufzudecken und zu nutzen.

Die Ursachen dieser Verlangsamung liegen in ernsten Funktionsmängeln der Einrichtungen der sozialistischen Demokratic, in veralteten, zuweilen auch realitätsfremden politischen und theoretischen Prinzipien sowie in einem konservativen Leitungsmechanismus.

All das wirkte sich negativ auf die Entwicklung vieler Lebensbereiche der Gesellschaft aus. Nehmen wir die materielle Produk-

tion. Das Wachstumstempo des Nationaleinkommens verringerte sich in den vergangenen drei Planjahrfünften um mehr als die Hälfte. Seit Anfang der siebziger Jahre wurden die meisten Plankennziffern nicht erfüllt. Die Wirtschaft war Neuerungen gegenüber wenig aufgeschlossen und schwerfällig. Die Qualität eines erheblichen Teils der Erzeugnisse entsprach nicht mehr modernen Ansprüchen, und die Disproportionen in der Produktion verschärften sich.
Der Entwicklung des Maschinenbaus wurde nicht mehr genügend Beachtung geschenkt. Forschung und Entwicklung entsprachen nicht den Bedürfnissen der Volkswirtschaft und den Aufgaben ihrer technischen Umgestaltung. Der Erwerb von Ausrüstungen und vielen anderen Waren auf dem kapitalistischen Markt war maßlos und keineswegs immer gerechtfertigt.
(16/10, 11, 12)

Die zentrale Wirtschaftsplanung war Basis des wirtschaftlichen und sozialistischen Aufbaus in der Sowjetunion seit der Oktoberrevolution. Heute ist die zentrale Planung stark reformbedürftig und wird als „konservativer Leitungsmechanismus" bezeichnet.
Wann hatte die zentrale Wirtschaftsplanung ihre „besten Jahre"?
Oder anders gefragt: Stand die zentrale Wirtschaftsplanung vor dem April 1985 stets außerhalb jeder Kritik?

Das heutige Leitungssystem ist nicht in einem Jahr entstanden. Es umfaßt zahlreiche Schichten, in denen die Bedingungen und Besonderheiten verschiedener Perioden in der Geschichte unseres Landes mit allen ihren Errungenschaften, Widersprüchen und Schwierigkeiten ihren Niederschlag finden.
Die Grundlagen des jetzigen Leitungssystems wurden bereits in den dreißiger Jahren geschaffen. In jener schweren Zeit wurde unser Land, in wirtschaftlicher Hinsicht noch keineswegs am weitesten entwickelt und der kapitalistischen Welt Auge in Auge gegenüberstehend, mit der Notwendigkeit konfrontiert, das technische und wirtschaftliche Zurückbleiben rasch zu überwinden und in der Volkswirtschaft durchgreifende strukturelle Wandlungen zu vollziehen – und sie wurden in einer beispiellos kurzen Frist vollzogen.
Gerade im Einklang mit diesen Zielen wurde das Leitungssystem errichtet, das auf starre Zentralisierung, detaillierte Reglementierung der Arbeit, richtungsweisenden adressierten Aufla-

gen und Haushaltsbewilligungen fußte. Unter den damaligen Sonderbedingungen gewährleistete es die kurzfristige Lösung solcher strategischer Aufgaben, für die die entwickelten kapitalistischen Länder Jahrzehnte benötigten. In den Kriegsjahren hatte sich der zentralisierte Charakter der Leitung noch mehr verstärkt. Im wesentlichen wurde er auch unter den Bedingungen des Nachkriegs-Wiederaufbaus beibehalten. Im Laufe der Jahre geriet jedoch das entstandene Leitungssystem in einen zunehmend akuten Widerspruch zu den Bedingungen und Bedürfnissen der wirtschaftlichen Entwicklung.

Eine Umgestaltung der Wirtschaftsleitung wurde immer dringlicher auf die Tagesordnung gesetzt. Diese Frage wurde in wissenschaftlichen und gesellschaftlichen Kreisen diskutiert. Ich kann mich da auf den Beitrag von Akademiemitglied W. S. Newtschinow in der Zeitschrift „Kommunist" von 1964 berufen. Schon damals schrieb er: „Eine primitive Auffassung von den Wechselbeziehungen zwischen großen und kleinen Wirtschaftssystemen kann nur ein solches verknöchertes mechanisches System entstehen lassen, in dem alle Leitungsparameter von vornherein vorgegeben sind und das ganze System von oben bis unten für jeden gegebenen Augenblick und für jeden gegebenen Punkt limitiert ist... Ein solches von oben bis unten limitiertes Wirtschaftssystem wird den sozialen und technischen Fortschritt bremsen und muß unter dem Druck der realen Prozesse des Wirtschaftslebens früher oder später abgerissen werden".

Im Laufe der letzten Jahrzehnte wurden wiederholt auch praktische Versuche unternommen, das bestehende Leitungssystem zu ändern. Das wurde in den fünfziger, in der zweiten Hälfte der sechziger und Ende der siebziger Jahre getan. Diese Versuche waren jedoch unvollständig und inkonsequent, sie zeitigten bestenfalls einen kurzfristigen Effekt und führten nicht zum erforderlichen Umbruch. Indessen wurde die stimulierende Wirkung des alten Wirtschaftsmechanismus immer schwächer, während die bremsende Wirkung zunahm.

Heute, da wir an einem Wendepunkt und im Begriff stehen, grundsätzliche Lösungen in Angriff zu nehmen, sind wissenschaftliche Begründung, theoretische und politisch-ideologische Klarheit in der Auffassung vom Wesen und vom Hauptsinn der begonnenen Änderungen, von der Zielsetzung der Leitungsumgestaltung besonders wichtig. Wie und wohin sollen wir uns weiter bewegen? Worauf können und müssen wir ver-

zichten, was soll verstärkt und vervollkommnet und was neu eingeführt werden?
Vom grundsätzlichen Standpunkt sind uns der Sinn und die Zielrichtung der radikalen Leitungsreform klar. Sie werden durch die Formel „Mehr Sozialismus, mehr Demokratie" ausgedrückt.
(36/40, 41, 42)

Weniger zentrale Wirtschaftsplanung bedeutet mehr Sozialismus? Führt „mehr Sozialismus" zu einer anderen Art von Sozialismus in der Sowjetunion?

Was bedeutet in der Tat Verstärkung des Sozialismus? Der ganze Sinn unserer revolutionären Lehre, alle unsere gewaltigen Erfahrungen beweisen, daß man sich den Sozialismus nicht als eine erstarrte, unwandelbare Gesellschaft und die praktische Arbeit zu seiner Vervollkommnung nicht als ein Verfahren vorstellen darf, in dem die komplizierte Wirklichkeit den ein und für allemal formulierten Ideen, Begriffen, Formeln angepaßt und darauf zugeschnitten wird.
Die Vorstellungen vom Sozialismus und von seiner Wirtschaft entwickeln sich ständig und werden mit Rücksicht auf historische Erfahrungen und objektive Bedingungen bereichert. Wir sollen von Lenin das schöpferische Vorgehen bei der Entwicklung der Theorie und der Praxis des sozialistischen Aufbaus lernen, uns mit wissenschaftlicher Methodologie wappnen, die Kunst der konkreten Analyse einer konkreten Situation beherrschen.
Darin ist auch die Antwort auf die Frage enthalten, ob unsere Umgestaltung nicht ein Abrücken von den Grundlagen des Sozialismus oder jedenfalls ihre Schwächung bedeute. Nein, so etwas bedeutet sie nicht. Im Gegenteil, das, was wir bereits tun, planen und vorschlagen, soll den Sozialismus verstärken, alles, was der Entwicklung des Sozialismus im Wege steht und seinen Fortschritt hemmt, beseitigen, sein riesiges Potential im Interesse des Volkes erschließen, die gewaltigen Vorteile unserer Gesellschaftsordnung zum Einsatz bringen, ihr die modernsten Formen verleihen.
Freilich hat manch einer auch das vorgeschlagen, was nicht in den Rahmen unseres Systems paßte, zum Beispiel auf das Instrument der Planwirtschaft zu verzichten. Darauf sind wir

nicht eingegangen und werden nie eingehen. Das ist absolut eindeutig, und folglich ist auch vieles, was uns vorgeschlagen und aus einer anderen Ökonomik unterschoben wurde, für uns unannehmbar. Mehr noch, wir sind davon überzeugt, daß der Sozialismus, wenn seine Grundprinzipien zur Geltung gebracht werden, über alles verfügt, um die Interessen des Menschen wirklich einzubeziehen und die Vorzüge unserer Planwirtschaft zu nutzen.
(36/43; 38/7)

Wie in den dreißiger Jahren steht die Sowjetunion der kapitalistischen Welt auch heute – vielleicht mehr denn je – „Auge in Auge gegenüber". Heute gilt es, die von Kommunisten stets mit tiefer Überzeugung verteidigten Theorien der sozialistischen Gesellschaftsordnung zum Wohle der arbeitenden Menschen in die Praxis umzusetzen.

Die Hauptfrage in der Theorie und in der Praxis des Sozialismus ist: Wie lassen sich auf sozialistischer Grundlage stärkere Anreize für den wirtschaftlichen, wissenschaftlich-technischen und sozialen Fortschritt als unter dem Kapitalismus schaffen, wie verknüpft man die planmäßige Leitung auf eine denkbar wirksame Art mit den Interessen der Persönlichkeit und des Kollektivs?
Das ist die schwierigste Frage, auf welche das sozialistische Denken und die gesellschaftliche Praxis eine Antwort suchten und suchen. In der gegenwärtigen Etappe des Sozialismus ist die Bedeutung dieser Frage unermeßlich gewachsen.
(36/43)

Auf „ernste Funktionsmängel der Einrichtungen der sozialistischen Demokratie" führt der Generalsekretär der KPdSU das uneffiziente Zusammenspiel der zentralen Planungsstellen mit den Betrieben zurück. Und die „sozialistische Demokratie", die „tiefgehende Demokratisierung" der sowjetischen Gesellschaft – zugleich Basis, Voraussetzung und Ziel der großen Umgestaltung – ist es auch, die, besonders im Westen, aber nicht nur, auf angespanntes Interesse stößt.
Der Westen sieht die Bürger der Sowjetunion als in ihren Rechten und ihrer Freiheit eingeschränkte Menschen. „Schuld" daran gibt man dem Charakter der sozialistischen Gesellschaftsordnung und dem allmächtigen, alle Lebensbereiche beherrschenden Parteiapparat.

Als nun Michail Gorbatschow am 27. Parteitag im Februar 1986 und auch später immer wieder und eindringlich die Notwendigkeit von mehr Demokratie verkündete, vermutete man eine Annäherung der sowjetischen Gesellschaft an Freiheit und Menschenrechte, wie sie westliche Bürger als selbstverständlich ansehen.

In der bürgerlichen Presse wird der sich bei uns vollziehende Prozeß der Demokratisierung falsch ausgelegt. Es ist erkennbar, daß mancher seine Leser und Zuhörer sehr gerne davon überzeugen möchte, daß man in der Sowjetunion die Absicht habe, sich zu guter Letzt jener Demokratie zu nähern, die im Westen herrscht.
Ich würde sagen, es ist genau umgekehrt. Wir entwickeln das ursprüngliche Wesen der Leninschen Prinzipien der sowjetischen sozialistischen Demokratie unter Berücksichtigung des angehäuften politischen und kulturellen Potentials der sowjetischen Gesellschaft und des Volkes weiter. Die sozialistische Demokratie ist unser Ziel, ist Voraussetzung und ein mächtiges Instrument der Umgestaltung gleichermaßen. Umgestaltung bedeutet Vertiefung der sozialistischen Demokratie und Entwicklung der Selbstverwaltung des Volkes. Es geht nicht um die Umwälzung unseres politischen Systems, sondern um die vollständigere und effektivere Nutzung seiner Möglichkeiten.
Auf der Tagesordnung stehen neue, wichtige Schritte, ferner werden Gesetzgebungsakte vorbereitet, die darauf abzielen, dem Prozeß der Demokratisierung eine größere Stabilisierung sowie Unumkehrbarkeit zu verleihen. Eines der Ziele ist, noch konsequenter die Macht des arbeitenden Volkes zu festigen, ihm völlige Schaffensfreiheit zu gewähren und das gesamte System auszubauen, das dem sowjetischen Menschen die politischen und bürgerlichen Rechte und Freiheiten garantiert.
Natürlich sind unsere sowjetischen Gesetze und umfangreichen wirtschaftlichen und sozialen Garantien dabei Mittel zur Sicherung und zum Schutz dieser Rechte und Freiheiten. Dies entspricht völlig den internationalen Menschenrechtsabkommen.
Ich möchte dem hinzufügen, daß es keinen Weg zur Selbstvervollkommnung und Selbsterneuerung des bei uns aufgebauten Sozialismus gibt außer dem über die Vertiefung des Demokratismus.
Die Demokratisierung hat einen eigenständigen Wert, da über sie – neben der Schaffung materieller Voraussetzungen – der Weg zur Schaffung der Bedingungen für die allseitige Entwick-

lung jeder Persönlichkeit, ihrer staatsbürgerlichen Aktivität und Verantwortung führt.

Gleichzeitig ist die Demokratisierung real, wenn sie fest auf dem gesellschaftlichen Eigentum – frei von jeglicher Ausbeutung – basiert, die Mobilisierung aller intellektuellen und geistigen Kräfte der Gesellschaft für deren Umgestaltung sichert und dem Sozialismus das modernste Gepräge verleiht.

Dank dieser Tatsache ist die Demokratisierung in allen Bereichen das wichtigste Werkzeug und die Garantie für die Umgestaltung.

In der sozialistischen Gesellschaft kann die Leitung, besonders unter den gegenwärtigen Bedingungen, kein Privileg eines engeren Kreises von Berufspolitikern sein. Nicht nur aus der Theorie, sondern auch aus der eigenen jahrelangen Praxis wissen wir, daß sich die sozialistische Ordnung erst dann erfolgreich entwickelt, wenn das Volk selbst seine Angelegenheiten real verwaltet, wenn sich Millionen von Menschen am politischen Leben beteiligen.

Das ist denn auch die Selbstverwaltung der Werktätigen, wie sie von Lenin aufgefaßt wurde, sie bildet den Wesensinhalt der Sowjetmacht.

(25/33, 34, 35, 36; 41/79)

Nach westlichem Verständnis beinhaltet der Begriff „Demokratie" aber doch noch eine Reihe von persönlichen bürgerlichen Rechten und Freiheiten, die das Leben der Menschen bereichern – und nicht in ideologischen Gegensätzen zum Sozialismus oder Kommunismus stehen. Trotzdem scheinen die Sowjetbürger über diese Freiheiten nicht zu verfügen.

Aus mehreren Gründen wurde bei uns unter Demokratie vornehmlich die Interessensvertretung der Klassen, der großen sozialen Gruppen verstanden.

Der gegenwärtige Entwicklungsstand unserer sozialistischen Gesellschaft erfordert, daß man weiter geht. Wir setzen uns das Ziel, die Demokratie dem Menschen anzunähern und der Realisierung des staatsbürgerlichen und schöpferischen Potentials der Persönlichkeit einen denkbar breiten Freiraum zu eröffnen, damit jedes Mitglied unserer Gesellschaft reale Garantien für den Schutz seiner legitimen Rechte und Interessen erhält, damit der einzelne sich nicht als ein einfaches Schräubchen in der Staatsmaschinerie, sondern als Persönlichkeit und Schöpfer

fühlt und sich bewußt und interessiert in den Kampf um die Verwirklichung der hohen Ziele einreiht, die unsere Partei stellt.
Bei der Entfaltung der Umgestaltung und der Demokratisierung geht die KPdSU natürlich von den konkreten Bedingungen in der Sowjetunion, von unserem Verständnis der Theorie des Sozialismus aus und berücksichtigt die Bedürfnisse und den Willen des sowjetischen Volkes.
Als Führungskraft und wichtigster Garant für die Entwicklung der sozialistischen Demokratie und Selbstverwaltung tritt die Partei auf. Sie nimmt in der Gesellschaft die Führungsrolle wahr und bildet zugleich die höchste Form einer sich selbst verwaltenden gesellschaftspolitischen Organisation. Indem die KPdSU die innerparteiliche Demokratie entfaltet und die Aktivität der Kommunisten, die in allen Bereichen des politischen Systems tätig sind, steigert, lenkt sie die Vertiefung der sozialistischen Selbstverwaltung des Volkes und die verstärkte Beteiligung der Massen, eines jeden Menschen an den Belangen unseres Landes in die richtigen Bahnen.
(27/3; 41/79)

Wenn die Partei, die KPdSU, wichtigster Garant für die Umgestaltung, die tiefgehende Demokratisierung, für die Erneuerung des Sozialismus ist – dann muß sie auch die Verantwortung für die erstarrten Strukturen und die unbefriedigenden wirtschaftlichen und politischen Entwicklungen tragen, die letztlich die radikalen Reformen notwendig gemacht haben. Der 27. Parteitag der KPdSU bekannte sich offen („glasnost") zu Fehlern und Versäumnissen der Vergangenheit. Bevor Michail Gorbatschow im März 1985 zum Generalsekretär des ZK der KPdSU gewählt wurde, wirkte er als hoher kommunistischer Parteifunktionär im Zentralkomitee, im Politbüro und als Deputierter des Obersten Sowjets der Russischen Föderation. Seine Heimat ist die Region Stawropol, wo er als erster Sekretär des Regionskomitees der KPdSU bis zu seiner Wahl zum Generalsekretär tätig war. Also befand er sich einige Jahrzehnte mitten im Parteileben, ja, gestaltete dieses mit. Wann fand bei Michail Gorbatschow seine persönliche Perestroika statt?

Es war keine Einsicht, die plötzlich über Nacht kam. Obwohl es natürlich auch solche Situationen gibt, wo einem auf einmal eine Lösung einfällt. Ihr geht aber trotzdem langes Nachdenken voraus.

Natürlich spürte man in der Partei schon seit einigen Jahren, daß Umgestaltungen und Erneuerungen notwendig sind. Das Begreifen dieser Notwendigkeit fand sogar in den Dokumenten und Beschlüssen der KPdSU, darunter auch ihrer Parteitage, seine Widerspiegelung.
Das Unglück bestand jedoch darin, daß sich viele sehr wichtige politische Schlußfolgerungen und Entscheidungen, die mit der Entwicklung des Sozialismus in Zusammenhang standen, letztlich als fromme Wünsche erwiesen haben. Sie wurden nicht durch praktische Taten und praktische Tätigkeit der Partei untermauert. Es häuften sich weiterhin ungelöste Probleme an, die Gesellschaft spürte dies, und all das wirkte sich letztlich auf die Partei selbst aus.
Die Probleme müssen jedoch gelöst, die Krankheiten geheilt werden. Wenn man eine Krankheit in das Innere des Organismus verdrängt, so verstärkt sich die Krankheit nur. Es ist kein Zufall, daß wir für die Charakterisierung der Lage, die sich bei uns im Lande an der Wende der siebziger und achtziger Jahre herausgebildet hatte, sogar den Terminus „Vorkrisenerscheinungen" gebrauchen.
(25/4, 5)

Man könnte die Zeit vor dem März 1985 auch die „Vor-Gorbatschow-Ära" nennen. Weltweit steht der Name des Generalsekretärs der KPdSU nicht nur für historische Abrüstungsinitiativen, sondern auch für eine mutige neue Politik im größten Land der Erde. Eine der ersten mutigen Aktivitäten: die Entfernung einer Reihe alteingesessener hoher Funktionäre aus der Führung der Partei.

Ich kann dem nicht zustimmen, daß der Kurs auf Erneuerung des Sozialismus, wie bisweilen gesagt wird, persönlich mit dem Namen Gorbatschow verbunden ist. Dies würde der Wahrheit widersprechen.
Die Herausbildung des neuen Kurses ist ein Ausdruck dafür, daß es in der sowjetischen Gesellschaft und im sowjetischen Volk ein großes Verständnis für die Notwendigkeit von Veränderungen gegeben hat und gibt.
Mit anderen Worten: Gäbe es Gorbatschow nicht, gäbe es jemand anderen. Unsere Gesellschaft ist für Veränderungen reif geworden, und die Notwendigkeit von Veränderungen hat sich den Weg gebahnt.

Diese Veränderungen machten bestimmte Umbesetzungen in den Kadern erforderlich. Dies vollzog sich sowohl im ZK der Partei als auch in der Regierung. Es gelangten neue Leute in leitende Positionen, die in den vergangenen Jahren ein feines Gespür für die Situation sowie Ideen dafür entwickelt hatten, was zu tun ist.
Nach dem März 1985 wurde die Führung der Partei erneuert und auf dem Aprilplenum 1985 des Zentralkomitees ein Aktionsplan erörtert. Ich möchte noch einmal sagen, daß dies keine Eingebung war, keine Erleuchtung, sondern das Verstehen der objektiven Notwendigkeit von Veränderungen in unserer Gesellschaft, auf deren Grundlage auch die Linie der Erneuerung und Beschleunigung der Entwicklung der Gesellschaft festgelegt wurde. Nebenbei gesagt, haben viele der neuen Genossen, die ins ZK und in die Regierung gekommen sind, die großartige Schule der praktischen Arbeit an der Basis durchlaufen. Auf diese Weise verfügt man über eine Art Synthese aus Erfahrung und Analyse der Wirklichkeit sowohl auf unterer als auch auf höherer Ebene.
(25/5, 6)

Wie beantwortet die „untere Ebene“ die neue Politik der Parteiführung? Welche Meinung hat das Volk zu Perestroika – aber auch zu Glasnost, der Offenlegung von Fehlern der Partei? Michail Gorbatschow versucht auf seinen Reisen durch das Land so oft wie möglich Gespräche und Diskussionen mit einfachen Sowjetbürgern zu führen. In spärlichen westlichen TV-Berichten ist dann der gutaussehende Generalsekretär in eifrigen Disputen mit „dem Mann auf der Straße“ zu sehen.

Das ist für mich nichts Neues, keine Neuentdeckung. Ich habe immer so gearbeitet, und in dieser Frage muß ich mich nicht umstellen.
Ich meine, ein Parteiarbeiter, erst recht ein Funktionär auf gesamtstaatlicher Ebene, kann seinen Verpflichtungen nicht erfolgreich nachkommen und nicht fruchtbringend arbeiten, wenn ihm die lebendige Verbindung mit den Werktätigen, mit ihrem Alltag fehlt.
An dieser Nahtstelle, das heißt an der Nahtstelle von Politik und Kontakten zu den Massen, sind sowohl die Richtigkeit als auch die Mängel der gesamten Arbeit sichtbar. Auf dieser Grundlage können und müssen Korrekturen vorgenommen

werden, wenn etwas nicht richtig läuft. Das ist der Dreh- und Angelpunkt in unserer Tätigkeit. Die Unterstützung der Werktätigen für die Politik der Partei, für ihren Kurs auf Erneuerung ist heute wohl das Wichtigste. Gäbe es diese Unterstützung nicht, würde unsere Politik nichts taugen.

Unsere Menschen zeigen viel Anteilnahme, es ist ein großartiges Volk. Ein solches Volk trifft man nirgendwo noch einmal. Unsere Menschen beweisen größte Standfestigkeit, sie zeigen größte politische Aktivität, und diese nimmt jetzt zu. Das muß man begrüßen und auf jede Art und Weise fördern.

Und in diesem Zusammenhang möchte ich etwas zur Glasnost sagen. Manche fragen: Warum hat denn das Zentralkomitee einen solchen Prozeß der Kritik und Selbstkritik, der Offenheit entfaltet? Ich kann versichern, daß wir bislang nichts verloren, sondern nur gewonnen haben. Das Volk hat einen Zustrom neuer Kraft verspürt, es ist mutiger und in der Arbeit sowie gesellschaftlich aktiver geworden.

Diejenigen, die versuchen, unsere Gesetze zu umgehen, treten weniger in Erscheinung. Denn nichts ist stärker als die Kraft der öffentlichen Meinung, wenn sie voll wirksam werden kann, und das wird sie nur unter den Bedingungen von Kritik und Selbstkritik und breiter Publizität.

Wir brauchen die Öffentlichkeit, um die Erfüllung der Parteitagsaufgaben zu gewährleisten und das Volk wirklich in alle Belange der staatlichen Leitung einzubeziehen. Das ist es, wovon Lenin geträumt hat. Man braucht sich doch nicht vor Offenheit zu fürchten. Wir sind stark, das Volk ist für den Sozialismus, für die Politik der Partei, für Veränderungen, für die Umgestaltung.

Überhaupt darf man an die Frage der Publizität nicht mit den Maßstäben und Gewohnheiten einer Kampagne herangehen. Offenheit ist keine einmalige Maßnahme, sondern eine Norm des gegenwärtigen sowjetischen Lebens, ein ständiger, ununterbrochener Prozeß, in dessen Verlauf die einen Aufgaben gelöst werden und neue auf die Tagesordnung treten, die in der Regel noch komplizierter sind.

Das gleiche könnte ich über Kritik und Selbstkritik sagen. Wenn wir uns nicht selbst kritisieren und uns einer Analyse unterziehen, was passiert dann? Deshalb ist dies ein direktes Erfordernis für das normale Funktionieren sowohl der Partei als auch der Gesellschaft.

(25/10; 11/34, 35, 36)

Die Partei als Quelle und Trägerin der Demokratisierung und Umgestaltung, damit auch Motor der „Beschleunigung der sozialökonomischen Entwicklung" und deshalb letztendlich zudem verantwortlich für alle Aktivitäten zur Verbesserung der Lebensqualität des Sowjetvolkes ist mit einer historischen Aufgabe betraut: Hunderttausende, ja Millionen kommunistische Parteiorganisationen und Kader sollen die Ideen der Erneuerung des Sozialismus in das Volk tragen, dort im Bewußtsein und in der Einstellung zur Arbeit eine Umgestaltung erreichen, aber gleichzeitig und parallel dazu ihre persönliche Umgestaltung organisieren und zur Erneuerung, Umgestaltung und Demokratisierung der ganzen KPdSU mit voller Kraft beitragen. Wie geht man das an?

Die Dimensionen und die Neuartigkeit unserer Vorhaben stellen außerordentlich hohe Anforderungen an den Charakter der politischen, ideologischen und organisatorischen Tätigkeit der KPdSU, der heute mehr als 19 Millionen Kommunisten angehören, geeint durch die Gemeinsamkeit von Ziel, Willen und Disziplin.

Und jedesmal, wenn das Land mit neuen Aufgaben konfrontiert wird, findet die Partei Wege zu deren Lösung, sie ändert und modifiziert die Leitungsmethoden und beweist damit ihre Fähigkeit, auf der Höhe der historischen Verantwortung für die Geschicke des Landes, für die Sache des Sozialismus und Kommunismus zu sein.

Die gegenwärtige Etappe, die Etappe einer qualitativen Umgestaltung der Gesellschaft, verlangt von der Partei und von jeder ihrer Organisationen neue Anstrengungen, Prinzipientreue bei der Einschätzung der eigenen Tätigkeit, Sachlichkeit und Selbstlosigkeit. Die Partei kann die neuen Aufgaben erfolgreich lösen, wenn sie selbst in kontinuierlicher Entwicklung begriffen, vom „Unfehlbarkeits"-Komplex frei ist, die erzielten Ergebnisse kritisch bewertet und klar die noch zu lösenden Aufgaben erkennt.

Die Tragweite und Kompliziertheit der Probleme, die Notwendigkeit, in vollem Maße kompromißlose Lehren aus der Vergangenheit zu ziehen – das ist es, was die neuen Anforderungen an die Kader, an den gesamten Stil der Arbeit, an deren Methoden und Charakter diktiert.

Heute müssen wir uns auf die praktische Organisierung unseres Vorgehens, auf Einsatz und Erziehung der Kader und des Parteiaktivs konzentrieren und unsere gesamte Arbeit – auf allen Ebenen und in allen Bereichen – parteigemäß neu einschätzen.

In diesem Zusammenhang möchte ich an das Wort Lenins erinnern: „Hat sich die Lage verändert und müssen wir neue Aufgaben anderer Art lösen, so dürfen wir hier nicht zurückblicken und versuchen, sie mit Methoden von gestern zu lösen. Man versuche es nicht – es wird nicht gelingen!“

Denken wir daran, welche Energie, welchen Elan unsere Partei bei der Verwirklichung der Umgestaltung an den Wendepunkten unserer sozialistischen Geschichte gezeigt hat, wieviel Reden und Artikel Wladimir Iljitsch Lenin der Erläuterung des neuen Herangehens beim Aufbau des Sozialismus und der Neuen Ökonomischen Politik gewidmet hat, als die Frage der Notwendigkeit ihrer Einführung, der Umgestaltung der Arbeit des Staates in der neuen Etappe aktuell wurde. Das gleiche kann man auch vom Herangehen der Partei an die Beschlüsse während der ersten Planjahrfünfte, des Wiederaufbaus nach dem Krieg und der Entwicklung der Volkswirtschaft sagen.

Heute geht es um Veränderungen von nicht geringeren Ausmaßen. Die derzeitige Umgestaltung umfaßt nicht nur die Wirtschaft, sondern auch alle anderen Seiten des gesellschaftlichen Lebens: die sozialen Beziehungen, das politische System, den geistig-ideologischen Bereich sowie Arbeitsstil und -methoden der Partei und all unserer Kader.

Umgestaltung ist ein umfassendes Wort. Ich würde zwischen den Wörtern „Umgestaltung“ und „Revolution“ ein Gleichheitszeichen setzen. Unsere Umgestaltungen und Reformen, die in den Beschlüssen des April-Plenums 1985 und des 27. Parteitags der KPdSU vom Februar 1986 vorgesehen sind, stellen eine wahre Revolution im ganzen System der gesellschaftlichen Beziehungen, in den Hirnen und Herzen der Menschen, in der Psychologie und im Verständnis der heutigen Zeit dar.

Und noch eines möchte ich sagen. Je weiter wir bei der Umgestaltung vorankommen, desto deutlicher wird sichtbar, wie kompliziert diese Aufgabe ist und wie gewaltig die Ausmaße und der Umfang der vor uns stehenden Arbeit sind.

Es wird klarer, wie viele Vorstellungen über Wirtschaft und Leitung, über soziale Fragen, Staatlichkeit und Demokratie, Erziehung und Bildung, sowie über moralische Ansprüche noch hinter den Anforderungen und Aufgaben des heutigen Tages und umso mehr hinter den Aufgaben der weiteren Entwicklung zurückbleiben.

Es gilt, Schicht für Schicht die angehäuften Probleme in allen Sphären des gesellschaftlichen Lebens abzutragen und sich von

Überlebtem zu trennen, indem man kühn schöpferische Lösungen sucht.
Lernen müssen wir, während wir neue Aufgaben lösen, und wir dürfen keine Angst haben, mutig vorwärts zu schreiten, etwas zu riskieren und Verantwortung zu übernehmen. Die Umgestaltung werden wir, wie man so sagt, auf dem Marsch, während der aktiven Lösung der wirtschaftlichen und sozialen Aufgaben, vollziehen.
(4/33; 11/7, 9, 6)

Das Rahmenkonzept der KPdSU zur Umgestaltung ist eine Sache – die tagtägliche Auseinandersetzung der Parteikader mit dem Volk, mit den Werktätigen, mit dem Bürokratismus, mit der Verwaltung ist die andere Sache. Eine so große Partei kann sich – auch bei den zielstrebigsten Absichten und Plänen – nicht auf einen Schlag umgestellt haben. Und das Sowjetvolk – wohl im großen und ganzen für die Umgestaltung – wird auch erst lernen müssen, mit dem neuen Maß an Demokratisierung umzugehen.

Nach dem Parteitag bekunden die sowjetischen Menschen ein immer größeres Interesse für die Angelegenheiten der Partei, für die sich in der Gesellschaft vollziehenden Prozesse. Sie wollen ihren Platz im Kampf des ganzen Volkes für die Realisierung der Ideen des Parteitags finden, wollen ihren Beitrag zur Umgestaltung leisten. Eben davon zeugen die an das ZK und an Zeitungsredaktionen gerichteten vielen Briefe.
Die Aufgabe der Parteikomitees sollte ganz klar sein: Es gilt, die Aktivitäten der Menschen in Arbeit und Gesellschaft in jeder Weise zu unterstützen. Vielerorts bleibt aber alles beim alten: Initiative stößt auf eine Mauer der Gleichgültigkeit, mitunter auch auf offenen Widerstand.
In der pharmazeutischen Fabrik Irbit im Gebiet Swerdlows ging das Parteibüro zusammen mit der Direktion und mit Unterstützung des Stadtkomitees der Partei im Grunde genommen gegen einen Abteilungsleiter vor, der sich für progressive Formen der Arbeitsorganisation und Entlohnung einsetzte.
Diese Initiative eines Kommunisten, eines suchenden Menschen, stieß auf schlimmsten Bürokratismus. Wir hielten es für notwendig, diesen Fall wegen seiner außerordentlichen Wichtigkeit im Zentralkomitee der KPdSU zu erörtern.
Der Parteitag der KPdSU hat die Parteikomitees auf politische

Leitungsmethoden orientiert. Manche Parteiorgane sind jedoch nach wie vor bestrebt, Verwaltungsfunktionen auszuüben. Man höre sich nur einmal die Gespräche mancher Parteifunktionäre an. Mit Begeisterung und Sachkenntnis reden sie von der laufenden Wirtschaftskampagne, von Milchleistungen und Gewichtszunahmen, von Tonnen und dergleichen mehr. Nicht selten geraten sie aber in Verwirrung, wenn das Gespräch auf die politische Analyse gesellschaftlicher Erscheinungen, auf die sozial-ökonomischen Aufgaben, auf wissenschaftlich-technische Probleme, auf die Möglichkeiten, die dem menschlichen Faktor innewohnen, kommt.

Offen gesagt, wir müssen uns auf allen Ebenen – von der Grundorganisation bis zum ZK-Apparat – umstellen und uns von allen Elementen des Administrierens freimachen.

Ich hatte viele Begegnungen und Unterredungen mit Betriebsleitern, Arbeitern, Ingenieuren und Sekretären von Parteikomitees, und sie alle waren sich darin einig, daß die Möglichkeiten für eine initiativreiche Arbeit nur langsam erweitert werden. Hier macht sich die Bürokratie bemerkbar – der leibliche Bruder des Administrierens und wütende Gegner der breiten Beteiligung der Volksmassen an der Leitung.

Man nehme zum Beispiel die Leitungsorgane. Wenn man sich unmittelbar mit ihrer Tätigkeit vertraut macht, sieht man, daß es einige Minister und Leiter von Hauptverwaltungen und Betrieben überhaupt verlernt haben, miteinander zu reden, direkte sachliche Kontakte herzustellen, daß sie sich auf Briefwechsel beschränken.

Entweder sind die Genossen nicht imstande, telefonische Absprachen zu treffen und zusammenzukommen, um Fragen zu lösen, oder ist dies ein Versuch, sich mit Papieren gegen die Verantwortung abzusichern?

In einem bestimmten Maße trifft das auf Parteiorgane zu. So haben zum Beispiel die Parteikomitees der Stadt und der Stadtbezirke von Taschkent in vier Monaten eineinhalb- bis zweimal so viele Beschlüsse an die Grundorganisation übermittelt wie in der gleichen Zeit des vergangenen Jahres. Solchen Papierkrieg trifft man auch an anderer Stelle.

Papierkrieg ist keine technische, sondern eine politische Frage. Worauf läuft bei uns jede Kontrolle hinaus? Auf die Überprüfung von Belegen, Tabellen, Protokollen und Maßnahmeplänen, auf die Klärung dessen, ob eine Frage erörtert und dazu ein entsprechender Beschluß gefaßt wurde.

Mit einem Wort, man hat sich daran gewöhnt, mit Papier und nicht mit Menschen zu arbeiten, ja, die Menschen durch das Papier zu sehen. Wie sie arbeiten, leben, was sie denken, welche Probleme sie haben und wie ihre Stimmung ist – all das bleibt außerhalb unseres Blickfeldes.
Es wird zu keiner Umgestaltung kommen, wenn sich nicht in der Partei, in allen ihren Organisationen eine Atmosphäre der Unduldsamkeit gegenüber Mängeln, Stagnation, Prunksucht und Phrasendrescherei durchsetzt.
Deshalb müssen wir die kritischen Gespräche im Sinne des 27. Parteitags verstärken. Wir brauchen eine prinzipielle, genau adressierte Kritik, die die Ursache für Mängel und Versäumnisse aufdeckt und Mittel zu deren Beseitigung aufzeigt, eine Kritik, die den Geist der Ruhelosigkeit und einer gesunden Unzufriedenheit mit dem Erreichten nährt.
(8/62, 63, 64, 65, 66)

Besteht die Gefahr, daß die Sowjetmenschen – aufgefordert zur demokratischen Kritik und Kontrolle der Kader – in eine so große Aufbruchstimmung geraten, daß „Freiheiten" oder Kompetenzen gefordert werden, die über die Möglichkeiten der Demokratisierung oder Umgestaltung hinausgehen?

Ich sage es ganz offen: Unsere Kader – in Partei, Staat und Wirtschaft – müssen lernen, unter den Bedingungen der Erweiterung der Demokratie, der Aktivierung des menschlichen Faktors und der Entfaltung der Initiative des Volkes zu arbeiten.
Es ist kein Geheimnis, daß ein Teil unserer Kader die Reaktion der Menschen, ihre erhöhte Sensibilität für die in der Gesellschaft vor sich gehenden Prozesse als persönliche Kränkung aufnahm.
Und manche unbequeme, aber engagierte Menschen, Menschen, die von unserer Ordnung und Ideologie überzeugt sind und die für die Sache kämpfen, wurden nicht selten als Demagogen abgestempelt, es fanden sich Methoden, um sie abzuschieben, aber so, daß man möglichst nicht beschuldigt werden konnte, sich für Kritik gerächt zu haben.
Natürlich können sich auch Demagogen die Demokratisierung zunutze machen. Sie treten aber nur vereinzelt auf. Die große Masse ist dafür, daß in der Gesellschaft eine gesunde Atmo-

sphäre herrscht, daß die Führung den Werktätigen näher steht, sich mit ihnen berät, ihnen Rechenschaft ablegt, sie informiert und daß die Führung an Klarheit interessiert ist, daran, daß jeder äußern kann, was ihm am Herzen liegt.
Wladimir Iljitsch Lenin sagte, ein Analphabet stehe außerhalb der Politik. Jetzt haben wir das Land zum gebildetsten in der Welt gemacht. Das Streben der Menschen nach Teilnahme an der Leitung der Gesellschaft und des Staates ist natürlich. Das müssen alle verstehen und ihre Einstellung ändern.
Die Arbeitsmethoden der leitenden Kader der Parteiorgane müssen so sein, daß sie sich auf diese Aktivität des Volkes in der Politik und bei der Arbeit stützen. Es können Vorschläge gemacht werden, die Nutzen bringen. Es kann auch Vorschläge geben, für deren Realisierung die Bedingungen noch nicht reif sind. Dann muß man das sagen.
Kurzum, der Arbeitsstil muß geändert werden. Er muß von Achtung vor dem Volk, vor seiner Meinung, von echter, nicht zur Schau gestellter Verbundenheit mit ihm getragen sein. Man muß wirklich zu den Menschen gehen, auf sie hören, die Begegnung mit ihnen suchen und sie informieren. Und je schwieriger es ist, desto öfter muß man sich mit ihnen treffen, mit ihnen zusammen sein, wenn diese oder jene Aufgabe gelöst wird.
(11/33, 34)

Die Kader an allen Fronten haben gewaltige Aufgaben zu leisten. Sie sind es, die die Umgestaltung theoretisch, ideologisch und vor allem praktisch umsetzen müssen.
Sie sind nicht nur den verschiedensten Stimmungen und Mitbestimmungswünschen des Volkes ausgesetzt, sondern stehen vor der Notwendigkeit, in reiferen Jahren (es gibt eher selten junge Partei- und Wirtschaftskader) ihre lange Zeit ausgeübte Tätigkeit der Umgestaltung anzupassen.

Wir verstehen, daß jetzt sehr viel von unseren Kadern, vom Parteiaktiv abhängt. In ihrer Mehrheit nehmen diese Leute heute den Platz ein, den sie mit ihrer Arbeit, ihrem persönlichen Beitrag zur Sache des ganzen Volkes errungen haben. Gewaltig ist ihre Rolle als Organisatoren der Volkswirtschaft, die die Politik der Partei in der gegenwärtigen Etappe der Entwicklung der sowjetischen Gesellschaft umsetzen. Eine schwierige, aber sehr interessante Arbeit entfaltet sich im Lande.

Unsere Linie ist die folgende: Alles muß sich nach den Leninschen Prinzipien entwickeln. Es muß eine Mischung von erfahrenen und jungen Kadern auf der Basis eines ständigen Wachstums und der Beförderung der Kader unter Berücksichtigung ihrer politischen und fachlichen Qualitäten gewährleistet werden. Alle unsere Kader brauchen natürlich Unterstützung. Diese Unterstützung wird ihnen vom Zentralkomitee und von den Parteikomitees zuteil. Sie ist aber auch mit Forderungen verbunden. Ich glaube, das ist richtig so, denn Vertrauen schließt hohe Forderungen nicht aus, sondern beinhaltet sie. Nur in einer solchen Atmosphäre werden alle Kader sicher handeln, erfolgreich ihre Aufgaben meistern.
(11/36, 37)

Die Umgestaltung bringt dem Volk, den Kadern und Leitungen unbedingt einen erhöhten Arbeitsaufwand. Könnte das Volk die Umgestaltung nicht als einen Entscheidungsprozeß auf höchster Ebene empfinden, der die „kleinen Leute" aus ihren bisherigen Überzeugungen, Lebensgewohnheiten in einen Strudel von Unbequemlichkeiten stürzt?

Die Erfahrung bestätigt, daß der Prozeß der Umgestaltung gleichzeitig von oben und von unten vor sich gehen muß. Die Umgestaltung muß alle Leitungsebenen, alle Glieder der staatlichen Führung erfassen, und der Kreis muß sich mit der Umgestaltung in den Produktionskollektiven schließen.
Wir im Zentralkomitee, im Politbüro sind der Ansicht, daß mit der Umgestaltung, der ganzen Arbeit zur Umgestaltung jeder bei sich selbst anfangen muß, und zwar mit der Bestimmung der eigenen staatsbürgerlichen Haltung, mit der Aktivierung der politischen Tätigkeit, der Arbeit, mit der Erhöhung der Verantwortung für übertragene Aufgaben und die Endergebnisse.
Meiner Meinung nach muß das völlig klar sein. Der einfache, gesunde Menschenverstand gebietet es: Niemand sollte mit dem Finger nach oben oder unten, nach rechts oder links zeigen. Jeder muß sich vor allem selbst fragen, sich selbst die Aufgabe stellen, alles ehrlich zu tun, mit großem Verantwortungsbewußtsein gegenüber sich selbst und gegenüber seinem Volk.
Wenn das alles getan wird, dann wird auch die Umgestaltung ihren Gang gehen. Niemand kann und niemand darf im Prozeß der Beschleunigung der sozialökonomischen Entwicklung der Gesellschaft abseits stehen.

Die Umgestaltung betrifft aber nicht nur diese Seite. Sie setzt die Schaffung einer Atmosphäre in der Gesellschaft voraus, die die Menschen anregen würde, die angestaute Trägheit und Gleichgültigkeit zu überwinden, in der Arbeit und im Leben alles abzuschütteln, was nicht den Prinzipien des Sozialismus, unserer Weltanschauung und Lebensweise entspricht. Offen gesagt, gibt es viel, woran gearbeitet werden muß. Aber auch in diesem Fall muß jeder vor allem vor der eigenen Tür kehren – sowohl im Politbüro als auch in der Parteigrundorganisation – und jeder einzelne muß versuchen, mit sich selbst zu Rande zu kommen.

Wir haben uns in den vergangenen Jahren an so manches gewöhnt, in einer Situation unzureichender Kritik, Offenheit und Verantwortung gegenüber Erscheinungen, die den Prinzipien des Sozialismus in keiner Weise entsprechen. Ich beziehe das sowohl auf die einfachen Arbeiter als auch auf die Funktionäre. Wir müssen den ganzen „Kalk", der sich abgesetzt hat, abkratzen, uns säubern. Und die Parteikomitees müssen bei diesem Prozeß aktiv helfen.

Wir verwirklichen die Umgestaltung in einer komplizierten, angespannten internationalen Lage. Der Imperialismus dreht weiter an der Spirale des Wettrüstens. Deshalb müssen wir unsere Verteidigung stärken, was große Mittel und Anstrengungen erfordert. Auch unter diesem Gesichtspunkt ist die Beschleunigung lebensnotwendig. Von welchem Standpunkt aus man auch herangeht, es gibt nur eine Antwort: Man muß die Umgestaltung beharrlich fortsetzen, das bedeutet, daß jeder an seinem Arbeitsplatz mehr leisten muß: jeder Arbeiter, Kolchosbauer, Angestellte, Ingenieur, Wissenschaftler, Lehrer, Minister, Parteifunktionär. Das ist jedoch bei weitem nicht überall und nicht immer der Fall.

Der Jahresanfang 1987 zeigte, daß positive Wandlungen noch nicht zu einer stabilen Tendenz der ökonomischen Entwicklung geworden sind. Bereits ab der zweiten Hälfte des vergangenen Jahres nahmen die Schwierigkeiten im Hüttenwesen, in der chemischen und der elektronischen Industrie zu.

Sie wurden jedoch weder in den Ministerien noch im Staatlichen Plankomitee oder im Staatlichen Komitee für materielltechnische Versorgung der UdSSR gebührend beachtet, und auch das Personal vieler Betriebe dieser Zweige machte sich nicht rechtzeitig daran, die entstandene Situation zu korrigieren.

Die Resultate des Januar 1987 zeigten, daß sich viele sowohl im Zentrum als auch an der Basis auf die Arbeit unter den Bedingungen gewachsener Anforderungen an die Tätigkeit der Betriebe und Vereinigungen beim massiven Übergang zu den neuen Methoden des Wirtschaftens schlecht vorbereitet haben. Die Situation verbessert sich nur langsam. Das Zentralkomitee der KPdSU vertraut darauf, daß die Arbeiterklasse, alle Werktätigen begreifen, wie wichtig die Erfüllung der vorgemerkten Pläne für die Beschleunigung ist, daß sie einen zunehmenden Beitrag zur Entwicklung der Wirtschaft leisten werden.
(11/10, 11, 12; 19/7, 8)

Da die Partei von den Werktätigen und Arbeitskollektiven höhere Arbeitsleistungen erwartet – ist damit die Funktion der sowjetischen Gewerkschaften angesprochen. Wie nehmen die Gewerkschaften an Demokratisierung und Umgestaltung teil?

Die neue Rolle der Gewerkschaften im Prozeß der Umgestaltung sehe ich vor allem darin, daß sie eine Art Gegengewicht zu den technokratischen Bestrebungen in der Wirtschaft sein müssen, die, wie man sagen muß, in den letzten Jahren recht große Verbreitung gefunden haben, daß sie auf eine Verstärkung der sozialen Ausrichtung wirtschaftlicher Entscheidungen hinwirken müssen.
Mehr noch – die Gewerkschaften sind im gesamtstaatlichen Rahmen verpflichtet, als aktive Verfechter dessen aufzutreten, daß keine Diskrepanz zwischen der Lösung von wirtschaftlichen Aufgaben und der Entwicklung der sozialen Sphäre zugelassen wird. Das ist bei uns bekanntlich passiert, das bringt uns noch heute hohe Verluste, und jetzt sind große Anstrengungen vonnöten, um die Situation zu verbessern.
In diese Arbeit muß man sich aktiv einschalten. Und wenn es solche Probleme gibt, die einer gesetzlichen Regelung bedürfen, so ist den Gewerkschaften der Weg, wie es so heißt, auch hier nicht verbaut.
Die Vorschläge der Gewerkschaften zu diesen Fragen werden auch weiterhin von Parteiführung und Staat mit aufrichtigster Aufmerksamkeit entgegengenommen und erhalten ihre interessierte Unterstützung. Ich will es geradeheraus sagen: Wir sind an einer aktiveren Arbeit der Gewerkschaft interessiert. Einige Gewerkschaftsfunktionäre hat meine Kritik vielleicht getrof-

fen, und man erinnert sich vielleicht daran, daß ich im Kuban-Gebiet sagte, einige Gewerkschaftsfunktionäre tanzen mit den Wirtschaftsleitern Krakowjak. Ich denke, daß der Sinn dieser kritischen Bemerkung verstanden wurde: Man muß eine feste Position haben und unbeirrbar die Interessen der Werktätigen vertreten.

(19/15, 16)

Wenn die Betriebe auf die geplante vollständige wirtschaftliche Rechnungsführung und damit auf ökonomische Eigenverantwortlichkeit übergehen, bedingt das auch, die Betriebsaufwendungen möglichst gering zu halten, um einen Gewinn auszuweisen. Die Gefahr, gerade beim Personalaufwand (Löhne und Sozialleistungen) „einzusparen", ist doch gegeben? Wie können sich sowjetische Arbeitnehmer dagegen wehren? Welche Möglichkeiten der Intervention haben sowjetische Gewerkschaften?

Meiner Meinung nach müssen die Arbeitskollektive unter den Bedingungen der wachsenden ökonomischen Selbständigkeit von den Gewerkschaftsfunktionären fordern, daß sie prinzipienfester und energischer die Rechte der Gewerkschaften nutzen. Sie haben diese Rechte. Die Sowjetgewerkschaften verfügen sowohl über große materielle Ressourcen als auch über große Rechte. Das ist u.a. auch das Recht auf die Kontrolle über die Erfüllung von Verträgen und Vereinbarungen durch die Betriebsleitung sowie das Recht auf Kritik am Vorgehen der Wirtschaftsleiter, wenn diese den legitimen Interessen der Werktätigen zuwiderlaufen.
Wenn man nun höhere Anforderungen an die Gewerkschaftsfunktionäre stellt, muß man ihnen selbstverständlich auch ein Höchstmaß an Aufmerksamkeit und Einfühlungsvermögen entgegenbringen und sie unterstützen.
Ich würde sagen, die Betriebsgewerkschaftsleitungen müssen ein echter und nicht ein bequemer Partner der Betriebsleitung sein, müssen die Interessen der Werktätigen konsequent verfechten. Die miserablen Arbeitsbedingungen in vielen Betrieben, die mangelhafte ärztliche Betreuung und die schlechten Sozialräume – das alles, seien wir ehrlich, haben die Gewerkschaftsorganisationen vielerorts stillschweigend geduldet. Solchen Erscheinungen begegnet man noch ziemlich oft. Die legitimen Rechte und Interessen des arbeitenden Menschen verteidigen heißt, die eigenen großen Möglichkeiten kühn nutzen und,

wenn es sein muß, gegen den Strom zu schwimmen, um die richtigen Entscheidungen durchzusetzen.

Folgenden Umstand würde ich extra unterstreichen. In der heutigen Situation der wirtschaftlichen Rechnungsführung werden die Arbeitskollektive, die Gewerkschaften zu starken Partnern des Staates bei der Realisierung der sozialen Programme. Der Zentralrat der Gewerkschaften der Sowjetunion, die republikanischen Räte der Gewerkschaften könnten heute das Recht der gesetzgebenden Initiative breiter für die Interessen der Werktätigen einsetzen und, wenn nötig, sich noch energischer gegen Versuche der Wirtschaftsorgane wehren, Vorrechte der Arbeitskollektive anzutasten.

Es geht nicht, wenn ohne Zustimmung der Gewerkschaften Produktionspläne verändert, wenn Mittel der Fonds der ökonomischen Stimulierung eingezogen und andere Verstöße zugelassen werden. Die Gewerkschaften dürfen solche Mißstände nicht dulden. Und wir werden sie dabei unterstützen.

Wahrscheinlich verdient der Vorschlag des Zentralrates der Sowjetischen Gewerkschaften Beachtung, den Gewerkschaften das Recht zu gewähren, ohne ihr Wissen angenommene Beschlüsse über Lohnfragen, über Arbeits- und Erholungsbedingungen zu stoppen und die Preispolitik für verschiedene Waren und Dienstleistungen aktiv mitzugestalten. Die Gewerkschaften müssen die Möglichkeit haben, genauso entschlossen gegen die Streichung von Sozial- und Umweltschutzobjekten aus der Liste der Anlaßkomplexe neu zu bauender Betriebe vorzugehen.

Aber es ist auch nicht zu übersehen, daß viele Gewerkschaften gleichsam in der zweiten Staffel der Umgestaltung trotten, und zwar in einer so ureigenen Sache wie dem Schutz der Interessen der Werktätigen und der Verteidigung der sozialen Gerechtigkeit. Man nehme die Sache der Entlohnung.

Wir haben eine tiefgreifende Umgestaltung in diesem Bereich begonnen. Dabei handelt es sich um keine Kampagne, um keinen einmaligen Schritt, sondern um einen prinzipienfesten Kurs auf die Beseitigung der Gleichmacherei. Das ist eine wichtige politische Frage. Die Arbeit, und nur sie, muß das Maß des Stellenwertes eines Menschen, seines gesellschaftlichen Ansehens und seines materiellen Wohlstandes sein.

Dabei hängen unter den Bedingungen der wirtschaftlichen Rechnungsführung der Selbstfinanzierung und der Rentabilität die Quellen des Entgelts und der materiellen Stimulierung vom Gewinn des jeweiligen Betriebs und von den dort erwirtschafte-

ten Mitteln ab, wobei über deren Verteilung im Grunde genommen das Arbeitskollektiv entscheiden muß.
Tun die Gewerkschaften wirklich alles, um die Lohnpolitik mitzuprägen? Sie wissen besser als ich, daß man in vielen Betrieben immer noch an der Gleichmacherei festhält. Die Betriebsleitung hat es nicht sehr eilig, weil das eine knifflige Sache ist, die eine Umstellung der Produktionsorganisation und ein Ordnungsschaffen bei der Arbeitsnormung erfordert. Die Gewerkschaft aber möchte sich mit niemandem anlegen.
Nein, es ist an der Zeit, mit einer solchen „Zurückhaltung" Schluß zu machen. Wenn man einen Faulpelz, einen Säufer oder einen Liederjan ins Gebet nimmt, geschieht es ihm recht! Diese „Ehre" haben sie verdient. Aber wir müssen – sowohl in moralischer als auch in materieller Hinsicht – den arbeitenden Menschen hochstellen, jenen, der gewissenhaft arbeitet. Hinter seine Interessen müssen sich die Gewerkschaften stellen!
(19/15, 16, 25, 22, 23)

Die sehr niedrigen Preise für Grundnahrungsmittel, die Sozialtarife bei den Verkehrs- und Kommunikationsmitteln (z.B. Metro, Telefon etc.) sowie die traditionell starken Sozialleistungen der sowjetischen Betriebe für ihre Arbeitnehmer: ein imponierendes „Sozialpaket". Also Verdienste für den Arbeiter schon vor der Perestroika?

Ein Werk in unserem Land – das ist nicht nur seine Produktion, sondern auch der Dienstleistungsbereich für die Mitarbeiter des Werkes.
In den Großbetrieben gibt es ein Gastronomiesystem. Und wenn es, sagen wir es direkt, in den Handelsgeschäften manchmal an diesen oder jenen Waren mangelt, gibt es sie in den Werkskantinen. Der Betrieb trägt die Kosten für den Betrieb der Kantine und andere Kosten und bietet den Werktätigen Essen zu niedrigen Preisen. Dafür sorgen die Werksleitung und das Gewerkschaftskomitee.
Es gibt medizinische Einrichtungen, die die Mitarbeiter des Betriebes betreuen. Das sind nicht nur Polikliniken, sondern auch Erholungsheime und Einrichtungen für prophylaktische Kuren sowohl in der Nähe des Betriebes als auch zum Beispiel am Schwarzen Meer und in anderen Gegenden. In den Betrieben gibt es ferner Verkaufseinrichtungen, Bestelldienste, Maßschneidereien usw.

So ist es in den Betrieben. Wenn wir zum Beispiel die Akademie der Wissenschaften, den Schriftstellerverband oder eine andere Institution dieser Art nehmen, so haben auch sie ihre Dienstleistungsbereiche, Sanatorien, Erholungsheime, Wochenendsiedlungen. So werden also die Versorgungsaufgaben gelöst.
Ein vergleichbares System haben auch Komsomol und Gewerkschaften – übrigens die reichste Organisation im Lande –, und es gibt sie auch im Parteiapparat. Das hat sich historisch herausgebildet.
Natürlich können bei einem solchen System auch Probleme auftreten. Vor allem kommt es gewissermaßen zu Übertreibungen, wenn sich jemand zum Beispiel zu weit vom allgemeinen Niveau entfernt hat. Solche Erscheinungen unterliegen natürlich berechtigter Kritik von seiten der Werktätigen.
(25/13, 14)

Während über die KPdSU und die sowjetischen Gewerkschaften im Westen doch einige Informationen bestehen, teils durch sowjetische Broschüren, teils durch Kongresse und Feierlichkeiten, an denen westliche Menschen persönlich oder durch die Medien teilnehmen, ist der Komsomol ein weitgehend „unbeschriebenes Blatt". Programmatische Broschüren in Übersetzungen sind spärlich, eher selten sind Komsomolzen im westlichen Ausland anzutreffen.
Komsomol, der riesige sowjetische Jugendverband für junge Menschen zwischen 14 und 26 Jahren, wurde 1918 gegründet.
Vereinigt der Komsomol eine kritische, interessierte Jugend? Oder ist der Komsomol reif für die Umgestaltung? Ist Michail Gorbatschow mit dem Komsomol zufrieden?

Das Leben hat uns spüren lassen, und zwar mit allem Nachdruck, daß viele Komsomolkomitees in die Gefangenschaft bürokratischer Arbeitsmethoden geraten sind. Anstelle lebendiger Arbeit wurden übermäßig viele Sitzungen durchgeführt und ein Papierkrieg organisiert. Anstelle des offenen und breiten Umganges mit der Jugend fanden pompöse Maßnahmen, lautstarke Berichterstattungen und Aufgebote statt.
Im Komsomol entstanden sehr viele Organisationen, von denen man sagen kann, daß diese Organisationen unvollendete Initiativen geblieben sind. Das ist eine gefährliche und schädliche Krankheit, die überwunden werden muß.
Wenn wir die Arbeit des Komsomolaktivs durchdenken, ent-

steht mitunter der Eindruck, daß die Jugend auf der einen Straßenseite geht, die Komsomolfunktonäre aber auf der anderen und außerdem auch noch in die entgegengesetzte Richtung.
Ich bin der Meinung, daß dies in starkem Maße mit der allgemeinen Lage im Lande, mit der Atmosphäre in der Gesellschaft zusammenhängt. Wir sollten da nicht der Jugend allein die Schuld in die Schuhe schieben. Das ist der Preis für jene Erscheinungen, die für die Gesellschaft in den vergangenen Jahrzehnten charakteristisch waren, für die Unterlassungen bei der Erziehung der Jugend, für den Formalismus in der Führung des Komsomol durch die Partei. Aber auch der Komsomol selbst ist nicht berechtigt, die Verantwortung für diesen Stand der Dinge von sich zu schieben. Meiner Meinung nach ist das auch eine richtige Fragestellung. Uns gefällt, daß der Komsomolkongreß (16. April 1987) die Fragen des inneren Lebens des Komsomol gerade von diesen Positionen aus diskutiert hat.
(21/25, 26)

Die heutige Jugend ist die arbeitende und bestimmende Gesellschaft von morgen. Eines „Morgen", in dem die zurzeit angestrebten Reformen realisiert sein werden. Der Komsomol müßte eigentlich zum Bannerträger von Perestroika, Glasnost und Demokratisierung werden. Der große Komsomolkongreß im April 1987 zeigte die Bereitschaft der Jugend, „festgefahrene Geleise" zu verlassen. Wie wünscht sich der Generalsekretär der KPdSU den Komsomol, brav, fügsam, revolutionär, oder...

Es ist gut, daß sich die Jugend nicht damit abfinden will, womit sie sich, wie es schien, schon lange genug abgefunden hat. In dieser Unduldsamkeit sehen wir Kommunisten die Lebens- und Tätigkeitsnorm des Komsomol. Der Komsomol muß unduldsam gegenüber allen Erscheinungen sein, die den Werten und Idealen des Sozialismus widersprechen. Für uns im Zentralkomitee sind jene Diskussionen und jene Suche nah und verständlich, die der Komsomol, unser nächster Gehilfe, unsere Reserve, führt.
So muß die Jugend sein, die uns einmal ablöst: engagiert, kritisch denkend und anspruchsvoll.
Wie läßt sich das erreichen? Welche Aufgaben in der Tätigkeit des Komsomol sind in den Vordergrund zu rücken? Auch hier muß man Lenin zu Rate ziehen. Lenin zweifelte nie auch nur im geringsten daran, daß der Komsomol vor allem eine politische

Organisation ist. Der Komsomol muß sich bei seiner Teilnahme an der Lösung der verschiedensten Fragen des Lebens unseres Landes immer und in allem an Lenins Weisung erinnern, die junge Generation mitzureißen und sie sowohl organisatorisch als auch ideologisch zu führen. Gerade von diesen Positionen aus hielt Lenin die umfassende organisatorische Selbständigkeit und die Entwicklung der Eigeninitiative der Jugendbewegung für unbedingt erforderlich. Ansonsten „wird die Jugend nicht imstande sein, sich zu guten Sozialisten zu entwickeln und sich darauf vorzubereiten, den Sozialismus vorwärtszuführen". Das sind Lenins Worte.
Der Komsomol ist eine Schule des staatsbürgerlichen Mutes und der politischen Reife, eine Schule der Herausbildung des Menschen im Sinne der sozialistischen Prinzipien, die sich das Ziel setzt, eine Persönlichkeit zu erziehen, die unseren Idealen treu ergeben ist. Heutzutage ist der Komsomol dazu berufen, die junge Garde der Umgestaltung zu sein.
(21/26, 27)

Die Jugendlichen in westlichen Ländern haben die Möglichkeit, frei zu wählen, welcher politischen Ideologie, welcher Geisteshaltung sie sich zuwenden werden. Der junge Sowjetbürger muß die Lösung aller Probleme des Lebens im Marxismus-Leninismus finden. Dies bedingt doch auch eine Auseinandersetzung mit bürgerlichen Ideologien bzw. auch eine gewisse „Immunmachung" gegen eventuelle bürgerliche Einflüsse. Werden solche Diskussionen im Komsomol geführt?

Es mangelt im Komsomol an Diskussionen. Nur die Zeit vor dem Kongreß wurde für Diskussionen benützt. Diskussionen sind im Komsomol aber die wichtigste Methode, politische Haltungen und Staatsbewußtsein herauszuprägen.
Bei uns haben selbst Studenten keine Möglichkeit, in gesellschaftspolitischen Seminaren zu diskutieren. Wir quälen unsere Jugend mit Predigten! Man kann aber nur dann zum richtigen Streiter für die Sache Lenins, für den Sozialismus werden und rein menschlich wie auch politisch wachsen, wenn man sich am politischen Prozeß, an allen Angelegenheiten des Lebens und der Gesellschaft beteiligt.
Ich stelle keineswegs in Abrede, daß Vorlesungen, daß Bildung eine erforderliche Etappe im Leben eines Menschen, besonders eines jungen Menschen, sind. Die Persönlichkeit wird aber letz-

ten Endes nicht durch sie geprägt. Auf die Leninsche Weise das Studium mit praktischen Taten verbindend, muß der Komsomol der Jugend dadurch richtige soziale Orientierungspunkte zeigen, sie befähigen, die Normen und Sitten der bürgerlichen Lebensweise kritisch zu betrachten, soziale Erscheinungen aufzufassen und einzuschätzen.

Um seine Stellung im Leben richtig zu bestimmen, muß man diese Welt deutlich sehen, sie in allen gegenseitigen Zusammenhängen, in aller Kompliziertheit, in allen Widersprüchen, in der Hauptrichtung ihrer Entwicklung begreifen. Die Jugend hat ein außerordentlich starkes Interesse für Weltanschauung. Wer hat sich schon in den jungen Jahren nicht über die moralische Wahl, über den Sinn des Lebens den Kopf zerbrochen, und nicht über das Glück und die Gerechtigkeit, über die Geschicke der Menschheit nachgedacht?

Es ist sehr wichtig zu gewährleisten, daß sich unsere Jugend eben in ihren jungen Jahren, da sie besonders aufnahmefähig ist und das größte Interesse für das Leben zeigt, dem lebenspendenden Quell des Marxismus-Leninismus zuwendet. Diese Lehre entstand doch als Antwort auf die akutesten Probleme des menschlichen Daseins mit all seinen Sorgen, Problemen und Hoffnungen!

Wir müssen also den Prozeß der revolutionären Erneuerung unserer Gesellschaft und den Prozeß der ideologischen und moralischen Erziehung des Menschen zu einem einheitlichen Ganzen vereinigen. Das Gefühl der staatsbürgerlichen Pflicht wird reichlich von unserer Gegenwart genährt, aber auch unsere Geschichte muß als Quell dafür dienen.

Welche Bedeutung maß Lenin der Herausbildung des historischen Bewußtseins bei! Als wichtigstes politisches Anliegen betrachtete er die Vorbereitung eines nach Methode und Inhalt wissenschaftlichen, nach der Art der Darlegung populären und nach dem Stil prägnanten Lehrbuchs der vaterländischen Geschichte.

Fehlt es uns heute etwa an Elan, an wissenschaftlichen und literarischen Kräften, um die Geschichte der Heimat, der Partei zu schreiben?

Das muß ein ehrliches, kühnes, mitreißendes Buch sein, das den heldenhaften Weg unseres Landes und unserer Partei in all seiner Größe als Weg von Bahnbrechern zeigt. Ein Buch, das keinen Bogen um dramatische Ereignisse und Menschenschicksale macht, das keinerlei weiße Flecken aufweist, das von keinen subjektivistischen Sympathien oder Antipathien geprägt ist und seinen Wert unabhängig von konjunkturbedingten Momenten bewahrt.

(21/28, 29, 30)

Ein Buch der Heimat, der Partei, das „keinerlei weiße Flecken aufweist", führt zu einem sensiblen Bereich.
Im Westen wird das gebrochene Verhältnis der sowjetischen Historiker, Chronisten, aber auch Politiker und Publizisten zu den schicksalsschweren Jahren der Regierungszeit Josef W. Stalins, besonders zu der Epoche der „Säuberungen" in den dreißiger Jahren, sehr kritisch angenommen. Und das durchaus nicht nur von „Antikommunisten".
Den „Säuberungen" fielen unzählige Menschen aus allen Gesellschaftsschichten zum Opfer. Die bisher in der Sowjetunion vermiedene historische Aufarbeitung dieser Jahre löst bei vielen Menschen Befremden aus. Die Sowjetunion begeht in Kürze den 70. Jahrestag der Oktober-Revolution. Zeit, sich lückenlos zur eigenen Geschichte zu bekennen? Auch zu jenen Jahren, die für Millionen heute lebender Sowjetbürger deren entscheidende Lebensjahre gewesen sind, in denen sie unter Opfer und Entbehrungen zum Aufbau ihrer Heimat beigetragen haben.
Werden die sowjetischen Historiker dabei bleiben, diese dreißiger Jahre von der klärenden Geschichtsschreibung auszusparen und damit die „weißen Flecken" in der Geschichtsschreibung beizubehalten?

Ich denke, wir sollen jeden Tag, den wir nach der Oktoberrevolution gelebt haben, zu schätzen wissen. Selbst die härtesten Tage wurden nicht umsonst gelebt. All das ist unsere Geschichte. Wie kann man eine achtlose Haltung gegenüber den Generationen zulassen, die das Fundament des Sozialismus geschaffen und unser Vorankommen ermöglicht haben?
Natürlich hat es Fehler, ja sogar Tragödien gegeben. Ich glaube, daß wir das, was in den Jahren 1937 und 1938 vorgekommen ist, nie verzeihen oder rechtfertigen können und dürfen. Niemals! Die Verantwortung dafür tragen diejenigen, die damals an der Macht waren. Das macht jedoch das, was wir heute erreicht haben, was die Partei und das Volk, die diese Prüfungen durchgemacht haben, verwirklichen konnten, nicht weniger bedeutsam.
Wir wissen, welche Folgen die Jahre 1937 und 1938 nach sich gezogen haben, welch einen großen Schaden dadurch den Kadern der Partei, der Intelligenz und den militärischen Kadern

zugefügt wurde. Die Verluste waren ernst und groß. Und doch sind wir verpflichtet zu sehen, welch eine gewaltige Kraft dem Sozialismus, unserer Gesellschaftsordnung, innewohnt, die all dem standgehalten hatte, den Kampf gegen den Nazismus aufnahm und siegreich vollendete. Darum muß man über unseren 70. Jahrestag und von unserem Volk, von seinen Heldentaten und seiner Geschichte mit Stolz sprechen. Die Wahrheit ist, wir sind stolz auf jeden Tag unseres Lebens. Und jeder Tag ist uns teuer, auch wenn er sehr schwer war. Weil es unsere Schule der Geschichte, unsere historischen Lehren waren. All das haben wir zusammen erlebt. Wir alle sind Kinder des Oktober, und unsere heutige Gesellschaft ist ein Ergebnis der 70jährigen Entwicklung nach dem Oktober. Das ist unser Gemeingut, das ist der Wendepunkt in der Geschichte der Menschheit und der Weg in eine neue Welt.
Wie viele Veränderungen haben sich nach unserer Revolution vollzogen – nicht nur in unserem Land, sondern auch in der ganzen Welt. Und all das soll man in seiner Gesamtheit erfassen und sich nicht von einseitigen Vorstellungen leiten lassen. Deshalb wollen wir über den Oktober, über den Sozialismus mit voller Stimme sprechen und darüber, wer wir sind und woher wir stammen und was wir infolge der Revolution und der Entwicklung des Sozialismus erreicht haben. Ohne historische Wurzeln gibt es kein Volk. Ohne Wurzeln wird der Baum trocken und geht ein.
All das begann man schon ohne Sensationen, ernsthaft und verantwortungsvoll zu erörtern, weil man über diese Sachen weder mit Spott noch mit Zorn sprechen darf. Betrifft es doch das Schicksal unseres Volkes. Unsere Publizisten machen sich darüber Gedanken, wie sie über unsere große Revolution zu berichten haben, wie sie an professionelle Revolutionäre und auch an Dichter, aber auch an diejenigen erinnern werden, die vergessen wurden. Das müssen sie verantwortungsvoll und tiefgreifend, im Geiste der Demokratie und Transparenz tun.
(39/4, 5; 38/16, 15, 17)

Wenden wir uns der sowjetischen Literatur und Kunst zu. Die sowjetische Literatur ist im Westen mit dem Geruch behaftet, „systemkonform“ zu sein. Stimmt das? Welche Ansprüche stellt die KPdSU an die sowjetischen Künstler?

Unsere Literatur, in der sich die Geburt einer neuen Welt dokumentierte, war an deren Entstehung maßgeblich beteiligt, indem sie den Menschen dieser Welt als Patrioten seiner Heimat und echten Internationalisten darstellte. Dadurch bestimmte sie richtig ihren Platz und ihre Rolle in dem Aufbauwerk des ganzen Volkes.
Dies ist aber auch das Kriterium, das Volk und Partei bei der Bewertung der Arbeit des Schriftstellers, des Künstlers und das auch die Literatur selbst und die sowjetische Kunst für ihre eigenen Aufgaben geltend machen. Wenn es sich für die Gesellschaft als erforderlich erweist, die jeweilige Zeitspanne, insbesondere an einem Wendepunkt, künstlerisch auszuwerten, bringt diese immer Menschen hervor, denen das ein inneres Bedürfnis ist. In einer solchen Zeit leben wir.
Weder die Partei noch das Volk brauchen schwülstige Vielschreiberei oder sozialthematische Kleinkrämerei, Konjunkturrittertum oder engstirnigen Praktizismus. Die Gesellschaft erwartet vom Schriftsteller künstlerische Entdeckungen und die Lebenswahrheit, wie sie einer echten Kunst stets zugrunde lag. Allerdings ist Wahrheit kein abstrakter, sondern ein durchaus konkreter Begriff. Sie liegt in den Leistungen des Volkes und den Widersprüchen der gesellschaftlichen Entwicklung, in Heldentum und Arbeitsalltag, in Siegen und Mißerfolgen, das heißt im Leben selbst, in all seiner Vielfalt, Dramatik und Größe.
Nur eine ideologisch engagierte, künstlerisch hochwertige und volksverbundene Literatur ist dazu geeignet, ehrliche, aufrechte und mutige Menschen zu erziehen, die den Aufgaben ihrer Zeit gewachsen sind.
Ein natürliches Lebensprinizip unserer Gesellschaft sind Kritik und Selbstkritik. Wenn sie fehlen, gibt es keine Entwicklung. Für die Literatur- und Kunstkritik ist es an der Zeit, Selbstgefälligkeit und Unterwürfigkeit, die auf die gesunde Moral zersetzend wirken, abzuschütteln – eingedenk dessen, daß Kritik eine öffentliche Angelegenheit ist, nicht aber eine Dienstleistungseinrichtung, die Ehrgeiz und Ambitionen von Autoren befriedigen soll.
Unsere Künstlerverbände können auf reiche Tradition zurückblicken. Sie spielen in der Kunst, aber auch in der gesamten Gesellschaft eine bedeutende Rolle. Dennoch sind auch in disem Bereich Veränderungen notwendig.
Nicht Resolutionen und Sitzungen sind ausschlaggebend für die Bewertung des Hauptergebnisses ihrer Tätigkeit, sondern mit

viel Talent geschaffene originelle und gesellschaftlich nützliche Bücher, Filme, Theaterstücke, Bilder und Musikwerke, die das geistige Leben des Volkes bereichern.
Überaus beachtenswert sind in diesem Zusammenhang Anregungen der Öffentlichkeit, höhere Anforderungen an die Werke zu stellen, die für hohe Preise vorgeschlagen werden.
Die Leitung der geistigen und kulturellen Entwicklung ist keine einfache Angelegenheit. Sie erfordert Taktgefühl, Einsicht in die Natur des künstlerischen Schaffens und unbedingt Liebe zur Literatur und Kunst sowie Achtung vor dem Talent. Viel hängt hierbei von der Fähigkeit ab, die Kulturpolitik der Partei zu propagieren und in die Tat umzusetzen, von der gerechten Einschätzung und von der wohlwollenden Haltung, wo es um das Schaffen und die schöpferische Suche des Schriftstellers, des Komponisten und des Künstlers geht.
(41/127, 128)

Konflikte in Künstlerverbänden haben Tradition. Finden sich doch in diesen Verbänden Individualisten, Menschen mit besonderen Talenten, mit besonderen Ansprüchen an die „Freiheit der Kunst“. Wie gut verstehen sich die sowjetischen Künstler mit der KPdSU?

Ich bin mit den Diskussionen, die in unseren Künstlerverbänden stattfinden, vertraut und muß sagen, die Kulturschaffenden wie die gesamte Intelligenz unterstützen aktiv den Kurs der Partei auf Umgestaltung und Demokratisierung. Die Interessen der Intelligenz und die Entwicklungsziele der sowjetischen Gesellschaft stimmen überein. Künstler und Partei steuern ein Ziel an: die Erneuerung der Gesellschaft auf sozialistischer Grundlage.
Unter den Schriftstellern, Malern, Komponisten, im Theatermilieu und unter den Filmeschaffenden gibt es heiße, manchmal scharfe Diskussionen. Die Menschen, darunter auch die Intelligenz, müssen sich an ein Leben und die Arbeit unter den Bedingungen einer breiter werdenden Demokratie gewöhnen. Die Probleme und Zusammenstöße von Ansichten müssen in einem demokratischen Prozeß von den Beteiligten selbst gelöst werden, unter denen die Kommunisten eine ihnen würdige Position beziehen müssen.
Die Umgestaltung ließ bei unserer Intelligenz ein gewaltiges Potential des Glaubens an den Sozialismus und die Bereitschaft

zutage treten, für seine Ideen und Werte zu kämpfen und sie in ihren Werken zu mehren.
Wir spüren, daß der Umgestaltungskurs der Partei wirklich unterstützt wird. Deswegen hegen wir keinerlei Zweifel, daß die sowjetische Intelligenz ihren Teil an der Umgestaltung des Landes übernimmt.
(25/38)

Wird die Umgestaltung, die Transparenz, ja, die Offenlegung (von Geschichte und Gegenwart) von der sowjetischen Intelligenz einhellig und ohne Widersprüche angenommen? Keine kontroversiellen Meinungen? Keine Polemik?

Als auf einer Sitzung des Vorstandes des Schriftstellerverbandes der Russischen Föderation Leidenschaften entbrannten, bat ich, den Genossen zu übermitteln, wir wären sehr beunruhigt, wenn es statt der Konsolidierung unserer künstlerischen Intelligenz sozusagen zum Zank käme und seine Teilnehmer versuchen würden, unter den Bedingungen von Transparenz und Offenheit und verstärkter Demokratie, eine Art Revanche für jegliche Kritik anzustreben. Das ist unzulässig, das wäre ein Spiel mit dem Volk, mit dem Land, mit dem Sozialismus. Darauf werden wir uns auf keinen Fall einlassen!
Auch die akutesten Fragen muß man bei gegenseitiger Achtung besprechen. Selbst bei einem äußerst radikalen Standpunkt gibt es etwas Wertvolles, Rationales, denn der Mensch, der ihn ehrlich verteidigt, bekundet Sorge um die gemeinsame Sache. Lenin sagte, daß man es können muß, die Haltung seines Opponenten, sogar eines Klassengegners zu analysieren, weil niemand die Fragen so tiefgreifend und kritisch stellt, niemand so hartnäckig wie unser Gegner nach Schwächen in unserer Position sucht.
Bei uns wird aber kein Klassenkampf, kein antagonistischer Kampf geführt, das ist Suche, das sind Diskussionen: Wie sollen wir auf die breite Straße der Umgestaltung gelangen, unseren Schritt beschleunigen und ihn fest werden lassen, wie sollen wir unsere Bewegung unumkehrbar gestalten. Daher sehe ich kein Drama in der Polemik, im Vergleich von Standpunkten. Das ist normal.
Heute machen wir sozusagen die Schule der Demokratie aufs neue durch. Wir lernen. Es mangelt bei uns noch an politischer

Kultur, an der Kultur, Diskussionen zu führen, den Standpunkt selbst eines Freundes, eines Kameraden zu achten – auch daran mangelt es bei uns. Wir sind ein leidenschaftliches Volk. All das werden wir sicherlich überwinden. Wir werden nach und nach erwachsen werden. Alles, was nach dem April 1985 von unserer künstlerischen Intelligenz getan worden ist, schätzen wir sehr und hoffen, daß dieser Beitrag immer größer wird. Wenn es auch irgendwo Extremfälle gegeben hat – nebenbei gesagt, ist es tatsächlich dazu gekommen und wir haben das gesehen – so geschah das dennoch im Rahmen des Kampfes um den Sozialismus, um seine Vervollkommnung, im Rahmen des Kampfes, der den Interessen des Volkes entsprach. Ich habe keinen Grund zu irgendwelchen großen politischen Vorwürfen. Wenn man aber beginnt, nach Werten und Entdeckungen außerhalb der Interessen des Volkes und außerhalb des Sozialismus zu suchen und uns diese zu unterschieben, dann wird das Zentralkomitee das öffentlich kritisieren, werten und seine Haltung – im Rahmen der Demokratie und Offenheit – genauso prinzipiell äußern. Ich glaube, das ist richtig.
(38/4, 5, 6)

Sehen manche Gruppen oder Persönlichkeiten der sowjetischen Intelligenz in der radikalen Reformpolitik der KPdSU und der Offenlegung von ungünstigen Erscheinungen in der Vergangenheit eine Art von Nichtwürdigung der bisherigen historischen Errungenschaften?

Ich habe Verständnis für die Sorgen, ob die neue Etappe eine Negation all dessen, was gewesen ist, mit sich bringt, ob wir etwa unsere Geschichte vergessen haben, ob sich in der gegenwärtigen Politik eine Unterschätzung dessen bemerkbar macht, was die vorangegangenen Generationen geleistet haben. Das zu meinen und zu glauben, wäre ein Fehler. Ich will unterstreichen, daß die Umgestaltung keine Negation ist, und wenn eine Negation, dann eine dialektische. Indem wir unseren Kurs auf die Beschleunigung, auf die Umgestaltung bestimmen, stehen wir nicht auf irgendwelchen glitschigen Hügeln mit sumpfigem Untergrund, sondern auf jener festen Grundlage, die sich durch die Anstrengungen vieler Generationen der sowjetischen Menschen, im Ergebnis des Kampfes auf unserem Weg zum Sozialismus herausgebildet hat.
Bei uns hat es alles gegeben: überaus große Errungenschaften

und zugleich auch Verluste. Schwere Prüfungen mußten bestanden werden. Ich glaube, daß das, was wir heute tun, was wir heute entfalten, eine große Verantwortlichkeit und Ausgewogenheit erfordert, und dadurch wird auch unser Tempo bestimmt. Hinter uns stehen ein großes Land, ein großes Volk, das so viel dafür gegeben hat, um die Errungenschaften des Oktober zu festigen und zu mehren, unsere Heimat zu einer starken sozialistischen Macht zu gestalten. Deshalb erfordern alle unsere Schritte ein hohes Maß an Verantwortungsbewußtsein sowohl gegenüber dem Volk als auch gegenüber der gesamten Menschheit unter Berücksichtigung der Rolle, die unser Land, unser Staat, in der Welt von heute spielen.

Die Umgestaltung – das ist die Antwort auf die historische Herausforderung der Zeit. Unsere Partei, unser Volk werden es vermögen, darauf so zu antworten, wie sie mit dem Vollbringen der größten sozialen Revolution, mit dem Aufbau des Sozialismus, mit dem welthistorischen Sieg im Großen Vaterländischen Krieg geantwortet haben. So war es immer, wenn uns Aufgaben historischer Entscheidung gestellt wurden.

(38/1, 4; 36/71)

Wird Glasnost für Zeitgeschichte, also umfassende Offenlegung der Vergangenheit, vorwiegend in Kreisen der Intelligenz diskutiert?

Zu den Errungenschaften der Umgestaltung darf die gegenwärtig stattfindende Explosion der geistigen Aktivität gezählt werden. Das Interesse der Öffentlichkeit für die in der Wissenschaft, in der Literatur und in der Kunst stattfindenden Prozesse, für das Wirken der Presse, des Rundfunks und des Fernsehens ist gestiegen.

Die Menschen wollen mehr über die Vergangenheit, die Gegenwart und die Zukunft wissen. Größer und angespannter ist die Aufmerksamkeit für gesellschaftliche Angelegenheiten, für weltanschauliche und moralisch-ethische Probleme geworden.

Wir gehen dem 70. Jahrestag unserer Revolution entgegen. Wir müssen noch den zurückgelegten Weg tiefgreifend verallgemeinern und die historische Analyse mit der Lösung gegenwärtiger Probleme der Umgestaltung organisch verbinden. Man muß im Rahmen der Transparenz, Demokratie und Kritik die Atmosphäre der Offenheit in unserer Gesellschaft bewahren.

(36/5; 38/20)

Massenmedien in der Sowjetunion haben im Westen kein aufregendes Image. Ob berechtigt oder nicht – hier ist man der Meinung, den Sowjetbürgern werde vieles an Berichterstattung vorenthalten. Gibt es in der UdSSR für die Medien eine staatliche Zensur?

Es gibt sie bei uns. Ihre Aufgabe besteht darin, nicht zuzulassen, daß staatliche und militärische Geheimnisse, Propagierung von Krieg, Gewalt und Brutalität, Verunglimpfung der Persönlichkeit und Pornographie in den Medien publiziert werden.
Die Auswahl der zur Veröffentlichung bestimmten Werke, ihre redaktionelle Bearbeitung, Kürzung usw. ist Sache der Massenmedien und Buchverlage selbst, ihrer Redaktionskollegien und Redaktionsräte.
Ich kann nur eines hinzufügen – in der einen oder anderen Form existiert eine solche Zensur in jedem Land. Bei Ihnen zum Beispiel bestimmen die Besitzer der Zeitungen und Verlage oder die von ihnen angestellten Chefredakteure, was gedruckt wird und was nicht.
Und wegen Verleumdung oder Preisgabe von Staatsgeheimnissen wird man im Westen ebenfalls gerichtlich belangt.
(4/44)

Die Massenmedien wurden sicher in die Demokratisierung und Umgestaltung mit einbezogen. Hat sich das auf die Qualität der Informations- und Unterhaltungsangebote ausgewirkt?

Die seit dem April-Plenum 1985 der KPdSU vergangene Zeit wurde für die gesamte Parteijournalistik zu einer ernsten Prüfung. Die Redaktionskollektive nahmen komplizierte und in vieler Hinsicht neue Themen kühn in Angriff. Zeitungen und Zeitschriften sowie Fernsehprogramme wurden erfüllt vom pulsierenden Leben mit all seinen Errungenschaften und Widersprüchen, zu verzeichnen ist ein höheres Maß an Analyse und staatsbürgerlichem Engagement, an Schärfe bei der Problemstellung und an konkreter Kritik von Mängeln, Versäumnissen. Das Zentralkomitee sieht in ihnen ein Instrument des Schaffens und einen Vermittler des Standpunktes der gesamten Partei, der mit Ressort- und Lokalegoismus unvereinbar ist. Die Arbeit der Massenmedien ist um so fruchtbarer, je mehr sie geistig durchdrungen und aktuell ist und je weniger ihr die Jagd nach Ausgefallenem und Sensationsmache anhaften.

Kann man aber sagen, daß unsere Nachrichten- und Propagandamedien ihre Möglichkeiten voll ausnutzen? Derzeit noch nicht. Noch wird nicht wenig an Seichtheit geboten, noch ist die Trägheit nicht überwunden, noch ist die Taubheit gegen das Neue nicht auskuriert worden. Die Menschen klagen über die unzureichende Aktualität in der ereignisbezogenen Berichterstattung und über die oberflächliche Darstellung des Kampfes für das Progressive, das in der Praxis wirksam wird.
Zurecht beanstandet wird das niedrige Niveau von Literaturwerken, Fernsehprogrammen und Filmen, die nicht nur der ideologisch und ästhetisch klaren Stellungnahme, sondern auch des elementaren Geschmacks entbehren. Die Mängel sind allgemeiner Natur, die Verantwortung aber ist konkret, und dessen müssen die ideologischen Kader stets eingedenk sein.
(41/125, 126, 127)

Für Demokratie, aber besonders für Transparenz, Offenlegung und Kritik bieten Fernsehen, Rundfunk und Zeitungen breite Möglichkeiten. Sowohl an einem „Zuwenig" als auch an einem „Zuviel". Wie gehen die sowjetischen Massenmedien mit den neuen Werten um? Wie zufrieden sind die „ideologischen Kader" und die Partei mit den Massenmedien?

Transparenz, Demokratie – das ist, und ich glaube, daß es unser gemeinsamer Standpunkt ist, keine Narrenfreiheit. Die Transparenz ist berufen, den Sozialismus, den Geist unseres Menschen, die Moral und die moralische Atmosphäre in der Gesellschaft zu festigen. Die Transparenz – das ist auch Kritik der Mängel. Das ist aber keine Untergrabung des Sozialismus, unserer sozialistischen Werte.
Wir haben vieles, was wir durchsetzen und verteidigen müssen. Das sind historische Errungenschaften unserer Gesellschaft als einer in sozialer Hinsicht am stärksten geschützten Gesellschaft. Daran können nur diejenigen zweifeln, die unsere sozialistische Demokratie und unsere Forderung, verantwortungsvoll zu sein, nur stören und ihre persönlichen Ambitionen befriedigen, die von den Interessen des Volkes weit entfernt sind. Wir brauchen unsere Politik und unsere Werte nicht zu beschönigen. Wir stehen allen offen. Gegenwärtig entfalten sich die Prozesse der Umgestaltung sowohl in die Breite als auch in die Tiefe. Es ist eine schwere Übergangsperiode gekommen.
In diesem Zusammenhang ist es für die Partei und auch für die

Massenmedien notwendig, laufend „die Uhren zu vergleichen“. Wenn wir unser Leben ins rosa Licht rückten, sah das Volk alles und verlor das Interesse für die Presse, für die gesellschaftliche Tätigkeit. Es meinte, daß man es einfach erniedrigte, beleidigte, wenn man ihm Fälschungen unterschiebt. Denn das Volk kennt ja das reale Leben, das, was in Wirklichkeit vor sich geht. Lenin sagte, daß ein unwissender Mensch der Politik fernbleibt, unser Volk ist jetzt aber gebildet. So zu handeln, wie wir es in den letzten Jahren getan haben, bedeutete, das Volk von der Politik fernzuhalten. Das bedeutete die Mißachtung des Volkes. Das ist schon eine Art elitäres Benehmen.

Jetzt gilt es, über die verstärkte Demokratisierung alles auf den rechten Platz zu rücken, denn die Menschen erkannten die Diskrepanz zwischen Wort und Tat, weil sie von ihren alltäglichen Erfahrungen ausgingen.

Das bedeutet aber, daß nicht alles in Ordnung ist. Das bedeutet, daß es Bremsen, daß es irgendwelche Erscheinungen gibt, die die Menschen ernsthaft beunruhigen. Die Menschen begreifen: Es gibt Fragen der Umgestaltung, für deren Lösung ein oder zwei Planjahrfünfte erforderlich sind, einige andere erfordern aber für ihre Lösung drei Planjahrfünfte. Das sind grundlegende Fragen von gewaltiger Bedeutung, die das Gesicht des Landes verändern müssen. Es gibt aber auch solche Fragen, wie zum Beispiel die Arbeit des Handels, des städtischen Verkehrs, die Ordnung in den Straßen, die Dienstleistungssphäre. Wie verhält man sich dort zu den Menschen? Herrscht dort eine Atmosphäre der Achtung oder gedeiht dort Grobheit? Wie werden Wohnungsfragen gelöst, verbessert sich hierbei etwas, kommt etwas hinzu, wie wird gebaut? Das ist eben das reale Leben, mit dem der Mensch nach der Arbeit sofort konfrontiert wird: Wie die Kinder versorgen, wie die Familie versorgen, wie diese oder jene Frage lösen. Wenn sich der Mensch mit allen diesen Angelegenheiten herumgeplagt hat, sagt er manchmal: „Die Reden der Leiter verändern sich, das Leben bleibt aber so, wie es gewesen ist...“

Darum kommt es für uns alle vor allem darauf an, zu handeln und zu handeln, energisch und zielstrebig. Jetzt gilt es, alles in die Tat umzusetzen, weil es unserer Umgestaltung schaden wird, wenn der Mensch nicht spürt, daß Veränderungen gerade bei der Lösung von erstrangigen, dringenden Aufgaben vor sich gehen.

Die Presse muß diese Aufgaben unter ihre Kontrolle nehmen

und aufzeigen, wer sich wie zu den Aufgaben verhält. Das bedeutet – wer sich wie zum Volk verhält.
Einen Menschen, der die Fähigkeit verliert, die Belange der Menschen, ihren Schmerz mitzufühlen, der nicht mehr versteht, wie sie leben – einen solchen Menschen muß man seiner Funktion entheben. Wir brauchen ihn nicht!
Ein solches Herangehen bedeutet aber bei weitem nicht, daß wir die Kader ohne Achtung behandeln. Ja, unsere Kader, unsere Intelligenz, begabte Menschen müssen mit Sorge umgeben werden. Wir müssen gut begreifen, daß der Kaderkorps die gewaltige Bürde der Umgestaltung trägt. Wird man die Gesellschaft mit einem Bügeleisen glätten wollen, so wird man kein Talent, keinen gewissenhaften Werktätigen übriglassen. Das ist kein Sozialismus und keine soziale Gerechtigkeit, sondern eine Gleichmacherei und Demagogie.
Und soziale Demagogen haben sich auch in die Redaktionen einiger Zeitungen und Zeitschriften eingeschlichen. Besonders gehässig kritisieren sie die Kader. Natürlich gibt es Menschen, die ihre Rayons, ihre Kolchose in eigene Domänen verwandelt haben, solche Menschen muß man sozusagen ans Tageslicht zerren. Es darf aber keine geringschätzige Behandlung der Kader insgesamt geben.
Zugleich darf es – wie schon gesagt – keine hartherzigen, unaufmerksamen Menschen in leitenden Funktionen geben.
Unsere Medien mögen so handeln, daß alle, die für den Menschen, für das Volk, für die einfachsten Dinge sorgen, ganz tief an der Basis und im Zentrum, zu Helden unserer Presse werden.
Und noch eines: Es ist undemokratisch, wenn alle Spalten der Zeitungen und alle Seiten der Zeitschriften von Moskauer Autoren usurpiert werden. Bei den Zeitschriften und Zeitungen handelt es sich doch um Unionspresseorgane. Und wenn man mitunter diese oder jene Zeitung durchgelesen hat, so fragt man sich: „Wo ist das Land? Wo sind die Meinungen vor Ort?" Man muß alles überwinden und sich verändern können, dann bekommen wir Ergebnisse, die die Gesellschaft braucht. Daher müssen die Massenmedien mehr kompetente Menschen heranziehen.
In den Medien wird viel über die Wirtschaft gesprochen. Leider wird das häufig schwach, oberflächlich, mitunter sogar lärmvoll und absolut nicht sachkundig getan. Auch gibt es den Hang, das Autorenaktiv auf drei bis fünf schreibende Menschen zu beschränken. Das riecht manchmal nach Cliquenwirt-

schaft. Wir wollen in unsere Publikationen Abwechslung bringen, damit die ganze Gesellschaft daran teilnimmt, damit es in jeder Ausgabe sozusagen einen sozialistischen Pluralismus gibt. Das ist gerade, was wir brauchen!
Abschließend möchte ich eines sagen: Die KPdSU schätzt den Beitrag der Massenmedien zur Umgestaltung hoch ein. Das Kriterium bleibt das eine: mehr Sozialismus, mehr Demokratie. Nach allen Antworten auf neue Fragen muß man im Rahmen des Sozialismus, nicht aber außerhalb suchen. Sozialismus ist die Wahl unseres Volkes. Der Dienst am Volk ist die höchste Pflicht der Mitarbeiter der Massenmedien.
(38/17, 3, 12, 9, 13, 14, 18, 19)

Die sowjetischen Massenmedien waren im Mai 1986 einer harten Kritik vieler westlicher Länder ausgesetzt und gerieten erneut in den Verdacht „Dinge zu verschweigen“. Von den skandinavischen Ländern gingen die Informationen über die Atomkraftwerksexplosion in Tschernobyl in die Welt. Erst viel später berichteten die sowjetischen Fernseh- und Rundfunkstationen. Trotz anfänglicher Empörung über die verspätete Meldung – man war der Ansicht, eventuelle Strahlenschutzmaßnahmen versäumt zu haben – brachte man dem sowjetischen Volk aufrichtiges Mitgefühl und Anteilnahme zum Ausdruck. Weltweit wurden der UdSSR Hilfe und Beistand angeboten. Die Aufklärung aller Umstände, die zu dem Unglück führten, fand durch eine sowjetische Delegation ein Jahr später in Wien statt. Diese offene und schonungslose Darlegung – bereits im Geiste von Glasnost entstanden – wurde international mit großem Respekt registriert.

Das Unglück von Tschernobyl ist unser Unglück. Wir haben die Kraft, es zu überwinden. Wir danken aufrichtig und von ganzem Herzen allen für ihr Mitgefühl und ihre Unterstützung in diesem Fall.
Lockere Disziplin und geringe Verantwortung hatten zu tiefe Wurzeln geschlagen und machten sich auf schmerzvolle Weise bemerkbar. Gerade verbrecherische Verantwortungslosigkeit und Schlamperei sind die Hauptursachen solcher tragischen Ereignisse wie des Unfalls in dem Kernkraftwerk Tschernobyl. Durch die Umgestaltung muß überall eine solche Atmosphäre geschaffen werden, die jede Möglichkeit für die Wiederholung solcher tragischer Ereignisse ausschließt. Organisiertheit, Exaktheit und Verläßlichkeit müssen zum Gesetz werden.

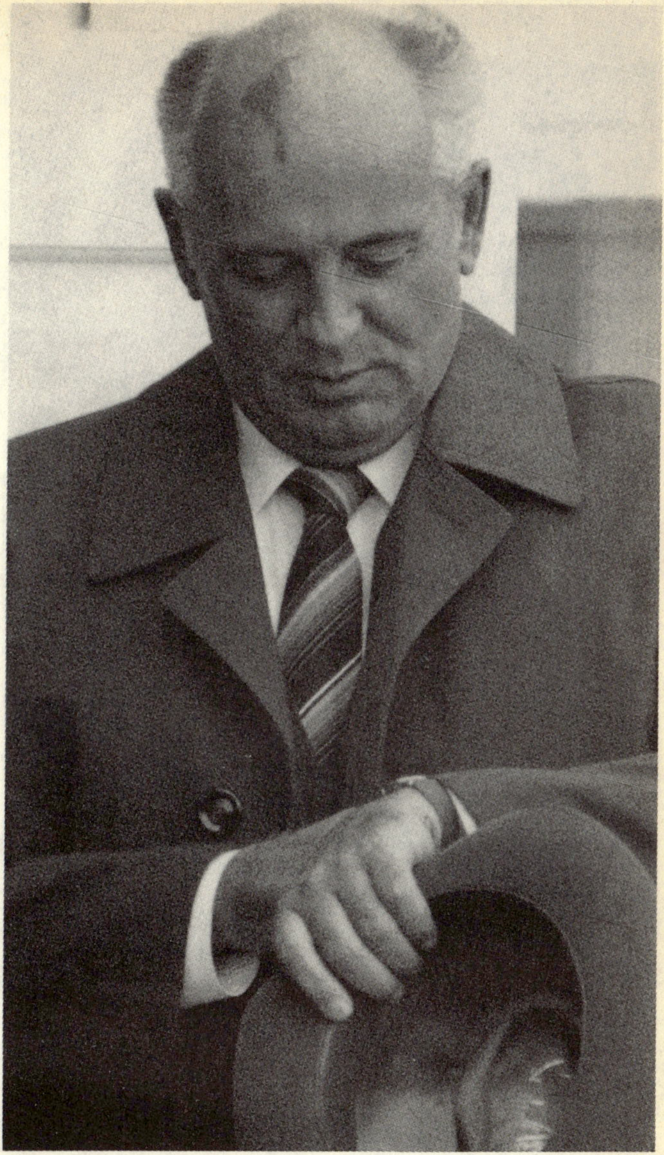

Der Patriotismus der sowjetischen Menschen hat sich besonders stark in der außerordentlichen Situation von Tschernobyl offenbart: Der Unfall im Kernkraftwerk wurde zu einer harten Prüfung. Arbeiter, Feuerwehrleute, Ingenieure, Ärzte, Wissenschaftler und Soldaten bewiesen in schwieriger Stunde Standhaftigkeit, Selbstaufopferung und Mut. Das ganze Land erhob sich, um die Folgen des Unglücks zu beseitigen. Im Zentralkomitee der KPdSU wie auch in örtlichen Staats- und Parteiorganisationen ging eine Vielzahl von Briefen der Werktätigen mit der Bitte ein, sie nach Tschernobyl zu entsenden. Die freiwillige Sammlung von Mitteln für Familien, die in Not geraten sind, hat weite Verbreitung erfahren. Viele Arbeitskollektive übernahmen die Verpflichtung, einige Schichten unentgeltlich zu arbeiten und damit den Betroffenen zu helfen.
(8/78, 11; 16/58)

Der Patriotismus der sowjetischen Menschen ist zugleich Internationalismus. In der UdSSR leben – in der Hälfte von Europa und auf einem Drittel von Asien – 100 Völker und 40 Volksgruppen. Rund 270 Millionen Sowjetbürger, vereint und geschützt durch die sozialistische Gesellschaftsform, die Prinzipien des Marxismus-Leninismus und die großen Hoffnungen auf die KPdSU und die Umgestaltung.

Die gesamte Geschichte unserer sozialistischen Heimat bekräftigt den tiefen Zusammenhang zwischen Patriotismus und Internationalismus. Wir haben zu einer Auffassung vom Patriotismus als unversöhnliche Ablehnung des Nationalismus, Chauvinismus und Rassismus buchstäblich unter Qualen gefunden.
Der Mensch kommt nicht mit Genen eines Internationalisten oder Nationalisten zur Welt. Es hängt von ihm selbst, von der Erziehung, von der Gesellschaft ab, wozu er sich entwickelt. Jede neue Generation der sowjetischen Menschen muß sich jedes Mal im Umgang zwischen den Nationen, im gemeinsamen Studium und in gemeinsamer Arbeit den Internationalismus von neuem aneignen. Wir leben in einem multinationalen Land. Die Völkerfreundschaft ist sein großer Schatz.
Die Wichtigkeit der sozialistischen Grundlagen bei der Entwicklung der nationalen Beziehungen bedarf wohl keines Beweises. Gerade der Sozialismus hat Schluß gemacht mit nationaler Unterdrückung und Ungleichheit, mit Menschenrechts-

verletzungen aller Art aus nationalen Motiven heraus, er hat den wirtschaftlichen und geistigen Fortschritt aller Nationalitäten und Völkerschaften garantiert. Mit einem Wort, die Erfolge der Nationalitätenpolitik unserer Partei sind unbestreitbar, und wir sind mit Recht stolz darauf.
Aber wir sind verpflichtet, ein realistisches Bild und die Perspektive der Entwicklung der nationalen Beziehungen zu sehen. Heute, da sich Demokratie und Selbstverwaltung erweitern, da das nationale Selbstbewußtsein aller Nationalitäten und Völkerschaften schnell wächst und sich die Prozesse der Internationalisierung vertiefen, erlangt die rechtzeitige und gerechte Lösung auftretender Fragen auf der einzig möglichen Grundlage – im Interesse ihrer weiteren Annäherung, im Interesse der gesamten Gesellschaft – besonderes Gewicht.
(16/44; 21/31)

Hat man als Ausländer die Möglichkeit zu einer Reise in die asiatischen sozialistischen Republiken der Sowjetunion – gewinnt man einen überwältigenden Eindruck von der Größe und Völkervielfalt dieses Landes. Im Westen anerkennt man weitgehend den Umgang der sowjetischen Führung mit ihren Nationalitäten. Es besteht der Eindruck, daß die UdSSR ihr Vielvölkerproblem mit einer guten Politik meistert. Um so betroffener werden Meldungen über politische Unruhen – wie etwa in der Hauptstadt der Republik Kasachstan – registriert. Welche Qualität hat die Nationalitätenpolitik der KPdSU?

Unsere gesamten Erfahrungen zeigen: Nationalistischen Erscheinungen kann mit Erfolg nur der konsequente, erprobte Internationalismus entgegengestellt werden. Alles, was wir erreicht haben, ist durch gemeinsame Arbeit geschaffen worden. Wird in der einen Region Erdöl gefördert, so erhält sie aus der anderen Getreide. Wer Baumwolle anbaut, bekommt Maschinen. In jeder Tonne Getreide, in jedem Gramm Gold, in jeder Tonne Baumwolle, Kohle oder Erdöl, in jeder Maschine – von der einfachsten bis zur hochkomplizierten – steckt die Arbeit des ganzen Sowjetvolkes, des ganzen Landes, unserer ganzes multinationalen Union.
Die ganze Atmosphäre unseres Lebens und der gemeinsamen Arbeit, die Familie und die Schule, die Armee, die Kultur, die Literatur und Kunst sind dazu berufen, bei den sowjetischen Menschen aller Nationalitäten, die edelsten Gefühle herauszu-

bilden und zu entwickeln – Gefühle des Internationalismus und des sowjetischen Patriotismus.
Doch in diesem Zusammenhang darf nicht verschwiegen werden, daß sich negative Erscheinungen und Entstellungen, mit denen wir den Kampf aufgenommen haben, auch im Bereich der nationalen Beziehungen gezeigt haben. Wenn auch selten, so gibt es doch hin und wieder Erscheinungen von lokaler Engstirnigkeit, Tendenzen zu nationaler Abgeschlossenheit, Stimmungen nationaler Überheblichkeit und sogar Zwischenfälle, ähnlich jenen, die es kürzlich in Alma-Ata gegeben hat.
Die Ereignisse in Alma-Ata und das, was ihnen vorausgegangen war, müssen ernsthaft analysiert und prinzipiell eingeschätzt werden. Wir müssen uns mit all dem noch gründlich auseinandersetzen. Bereits heute ist klar: Die Geschehnisse dürfen nicht nur die Kommunisten Kasachstans, sondern müssen auch alle anderen Parteiorganisationen und deren Komitees dazu veranlassen, sich den Problemen der Weiterentwicklung der nationalen Beziehungen sowie der Verstärkung der internationalistischen Erziehung zuzuwenden. Besonders wichtig ist es, die heranwachsende Generation vor dem zersetzenden Einfluß des Nationalismus zu bewahren. Lenin lehrte uns „die Fähigkeit, ... ein wirklicher Internationalist zu sein", und unsere Pflicht ist es, diese Lehre stets zu beherzigen.
Unsere Theorie hat einen großen Rückstand gegenüber der Praxis in den nationalen Beziehungen. Ich meine die offenkundig ungenügende Durchdringung der Fragen der Nationalitätenpolitik entsprechend der heutigen Entwicklungsetappe des Landes. Es ist schließlich eine Tatsache, daß anstelle der objektiven Erforschung der realen Erscheinungen in der Sphäre der nationalen Beziehungen und der Analyse der wirklichen sozialökonomischen und geistigen Prozesse, die von der Sache her kompliziert und widersprüchlich sind, einige unserer Gesellschaftswissenschaftler lange Zeit lieber hochtrabend Traktate verfaßten, die manchmal mehr an schöngeistige Toaste erinnern als an ernsthafte wissenschaftliche Forschungen.
(21/31; 16/45, 44, 46)

Dieser „Nationalstolz" der sowjetischen Völker ist es, der sich von Zeit zu Zeit so negativ auswirkt. Könnte er nicht ein Gefühl des „verletzten Stolzes" einer Minderheit ausdrücken?

Auf dem 27. Parteitag haben wir die Unerschütterlichkeit der von W.I. Lenin begründeten Tradition unserer Partei unterstrichen: in allem, was die Entwicklung der nationalen Verhältnisse betrifft sowie die Interessen jeder Nation und Völkerschaft und die nationalen Gefühle der Menschen berührt, besonderes Einfühlungsvermögen und besondere Umsicht zu zeigen und auf diesem Gebiet entstehende Fragen rechtzeitig zu lösen.

In diesem Sinne ist es unerläßlich, festen Kurs darauf zu nehmen, daß in den Partei-, Staats- und Wirtschaftsorganen, darunter auch auf Unionsebene, alle Nationen und Völkerschaften des Landes repräsentiert sind und sich deren nationale Struktur so genau wie möglich in der Zusammensetzung der Leitungskader widerspiegelt.

Es geht natürlich nicht um eine mechanische Verteilung der Sitze und Ämter nach nationalen Gegebenheiten – das wäre eine Vereinfachung der Idee des Internationalismus. Politische, fachliche und moralische Qualitäten – genau das kennzeichnet einen Funktionär in jeder Situation.

Mit besonderem Feingefühl muß man auch den nationalen Aspekten dieses oder jenes Problems Rechnung tragen, den nationalen Traditionen in der Lebensweise, der Mentalität und dem Verhalten der Menschen. All das muß sehr sorgsam berücksichtigt werden.

Man muß sagen, daß einige Leiter an die Lösung von Fragen, die die Beziehungen zwischen den Nationalitäten betreffen, manchmal ohne die gebührende Verantwortung herangehen. Von Zeit zu Zeit entstehen Mißverständnisse in den Beziehungen zwischen benachbarten Rayons oder Gebieten unterschiedlicher Republiken. Manchmal wachsen sie zu Streitfällen und selbst zu Prozessen aus.

Und die Leiter der Partei- und Staatsorgane weichen prinzipiellen Lösungen aus, statt die Leidenschaften gar nicht erst aufkommen zu lassen oder sie zu zügeln. Politische Funktionäre müssen in solchen Situationen besonnen handeln und ungesunde Emotionen abkühlen. Die nationalen Gefühle der Menschen verdienen Achtung und können nicht ignoriert werden, mit ihnen darf aber auch nicht kokettiert werden. Diejenigen, die mit nationalistischen oder chauvinistischen Vorurteilen ihr Spiel treiben, mögen in dieser Hinsicht keine Illusionen haben und keine Nachsicht erwarten.

Man muß zugeben, daß Fehler im Bereich der nationalen Beziehungen und ihre Erscheinungsformen im Schatten bleiben und

es nicht üblich war, über sie zu sprechen. Das hatte negative Folgen, mit denen wir es nun zu tun haben.
(16/45, 46, 47)

Ausgangspunkt und „Geburtsort" aller Reformbestrebungen ist das Zentralkomitee der KPdSU in Moskau. Es ist vorstellbar, daß die Moskauer Bevölkerung mit den Begriffen der Umgestaltung in stärkerem Maße unmittelbarer konfrontiert ist als die Bewohner der weitab von der Hauptstadt liegenden Gebiete – zum Beispiel der Asiatischen Republiken und andere. Oder ist es der Partei gelungen, sich in zwei Jahren Perestroika, Glasnost und Demokratisierung im ganzen Sowjetbereich zu „etablieren"?

Die Partei erweckte die Aktivität der Massen. Und unsere Pflicht ist es, nicht zuzulassen, daß der Elan nachläßt, sondern ihn zu entwickeln und zu ermöglichen, daß er sich mit voller Kraft offenbart. Darüber muß man sprechen, umso mehr, als die Beunruhigung der Werktätigen über das Schicksal der Umgestaltung nicht schwindet. Die Menschen raten, ich würde sagen, verlangen, nicht haltzumachen, auf dem Wege der Wandlungen voranzukommen.
Vor kurzem wurde ich während meiner Reise nach Baikonur, Kasachstan, bei einem Gespräch mit Werktätigen der Stadt Leninsk gefragt: Wann wird die Umgestaltung auch sie erreichen? Ich habe geantwortet, daß hier die führenden Repräsentanten der Republik und des Gebietes anwesend sind, die unser Gespräch hören: Mögen sie sich darüber Gedanken machen, warum eine solche Frage gestellt wird, und für sich daraus entsprechende Lehren ziehen.
Oder nehmen Sie die Briefe an das ZK der KPdSU, das Präsidium des Obersten Sowjets der UdSSR und den Ministerrat der UdSSR, die Redaktionen der zentralen Zeitungen und Zeitschriften, des Rundfunks und des Fernsehens. Die Menschen schreiben, daß sie für die Umgestaltung sind, aber keine Wandlungen ringsumher sehen. Die Umgestaltung berühre nicht die Arbeitskollektive, die Städte und Dörfer, in denen sie leben und arbeiten. Viele beweisen das mit Fakten.
Folglich hat die Umgestaltung trotz gewaltiger Anstrengungen viele Orte real noch nicht erreicht. Das ist ein sehr ernsthaftes Symptom. Die Partei brachte das Land in Bewegung, begeisterte mit ihren Ideen Millionen von Menschen, brachte gewaltige

Hoffnungen hervor. Und wenn heute die Werktätigen über den langsamen Verlauf der Wandlungen beunruhigt sind, so bedeutet das, daß wir Unzulänglichkeiten in der Arbeit zulassen.
Die vergangenen zwei Jahre haben gezeigt, daß die Überzeugung der Menschen von der Notwendigkeit der Umgestaltung fester wird, viele bekommen sogar Angst, machen sich Sorgen um die Umgestaltung: Wer weiß, ob sie nicht scheitert. In Estland hat mir ein Veteran diese Frage geradeheraus gestellt: Wird unserer Führung der Atem ausreichen, um die begonnene Umgestaltung bis zum Ende zu führen? Ich habe geantwortet: Er wird ausreichen, wenn wir uns alle zusammentun – sowohl die Veteranen als auch die Arbeiterklasse, die Bauern, die Intelligenz, die Wissenschaftler, alle Generationen des Landes.
(36/11, 12; 38/3; 23/9)

Ist es so, daß die das Sowjetvolk sichtbare Ergebnisse der Umgestaltung sozusagen ungeduldig fordert, aber die verantwortlichen Partei- und Wirtschaftsleitungen diese (noch) nicht präsentieren können? Ist „Zeitmangel“ der Grund? Seit dem Start von Perestroika (April-Plenum 1985) sind erst zwei Jahre vergangen.

Als wir vor zwei Jahren von den Partei-, Staats- und Wirtschaftsleitungskadern verlangten, eine effektive Arbeit in die Wege zu leiten, so hörten wir oft als Anwort: Wir verstehen die neuen Aufgaben, aber lassen Sie uns Zeit, die Situation einzuschätzen, neue Methoden und Formen zu meistern, um in der Lage zu sein, sie in der Praxis anzuwenden.
Das Politbüro brachte das Verständnis dafür auf. Wir haben damals gesagt, daß jedem sowohl die Zeit als auch die Chance für die Umgestaltung gegeben werden. Aber die Arbeit leidet keinen Aufschub. Man darf nicht zulassen, daß die Umgestaltung in der Partei hinter den sich vollziehenden ökonomischen, sozialen und geistigen Prozessen zurückbleibt, daß die Wandlungen im Leben und in den Stimmungen der Menschen der Einsicht in diese Prozesse durch die Partei, erst recht durch ihre Leitungsorgane voraus sind.
Zu Recht schreiben die Werktätigen: Wer sich umstellen wollte, hat das bereits getan und arbeitet dementsprechend. Wer aber von der Einsicht in die neuen Aufgaben nicht durchdrungen ist, der klammert sich weiter an das Alte und sabotiert durch seine Untätigkeit faktisch die Umgestaltung. Es stellt sich heraus,

daß einige Genossen unsere Zielsetzungen so verstanden haben, als ob die Umgestaltung mit unserer allgemeinen strategischen Zielsetzung auf die Beschleunigung nicht verbunden wäre, als ob man sie ohne Eile, ohne besondere Sorge, ja ohne sich dabei sehr anzustrengen, realisieren könne. Das ist schon mindestens aus zwei Gründen ein großer Irrtum.
Erstens, wir haben schon ohnehin Jahre und Jahrzehnte verloren; zweitens kommt das „herrliche Morgen" gar nicht, wenn man heute nicht im Schweiße des Angesichts arbeitet, indem man die Denkweise verändert, die Trägheit überwindet, sich neue Methoden aneignet. Die Auslassungen darüber, daß die „Umgestaltung warten kann", sind schädlich und gefährlich. Das Politbüro stellt die Frage so: Schon heute, in der Anfangsetappe der Umgestaltung, muß jedermann an seinem Arbeitsabschnitt, in seinem Tätigkeitsbereich spürbare praktische Ergebnisse erzielen.
Die sowjetischen Menschen verstehen, daß die Erreichung vieler Ziele der Umgestaltung lange Zeit in Anspruch nehmen wird. Sie stellen aber zu Recht die Frage: Warum werden unaufschiebbare und relativ einfache Aufgaben, die die Arbeits- und Lebensbedingungen wesentlich verbessern und die moralisch-geistige Atmosphäre sanieren würden, nicht heute gelöst? (36/12, 16, 17)

Gibt es konkrete „Vorwürfe" an die leitenden Partei- und Wirtschaftskader? In der Diktion des Generalsekretärs gefragt: Durch welche subjektiven Gründe kommt die Umgestaltung nicht mit der erwünschten Schnelligkeit voran?

Unsere Menschen ließen auch die Tatsache nicht unbeachtet, daß mancherorts nicht nur kein Vorankommen zu verzeichnen ist, sondern auch früher eroberte Positionen aufgegeben werden. Nehmen wir zum Beispiel den Kampf für Disziplin und Ordnung, der bei uns hier und da nachgelassen hat. Manche meinen: Kampagne geführt, Hof gefegt, und damit hat sich's. So geht es nicht. Disziplin und Ordnung, eine hohe Arbeitskultur brauchen wir in allen Etappen der Umgestaltung.
Die Fälle der Trunksucht sind wieder häufiger geworden, wieder fühlen sich Nichtstuer, Schmarotzer und Diebe wohl, die auf Kosten der anderen leben. Die Werktätigen sind dadurch beunruhigt. Und diese Beunruhigung ist durchaus begründet.

Von der schlechten Disziplin und dem Fehlen einer gebührenden Ordnung zeugen Fakten der sich periodisch wiederholenden bedeutenden und außerordentlichen Vorfälle. Die Ursachen sind in der Regel die gleichen: Undiszipliniertheit, Unordnung, Mißwirtschaft und Verantwortungslosigkeit.
Davon zeugt auch die Verletzung des sowjetischen Luftraums und die Landung eines westdeutschen Sportflugzeuges in Moskau. Dieser Vorfall ist in jeder Hinsicht präzedenzlos. Er erinnert ein weiteres Mal daran, wie stark und zählebig in unserer Gesellschaft und sogar in der Armee jene negativen Erscheinungen sind, die vom April-Plenum des ZK 1985 und dem 27. Parteitag der KPdSU 1986 aufgedeckt wurden.
Dies unterstreicht die Notwendigkeit, die Wachsamkeit zu erhöhen, noch entschlossener zu handeln, Disziplin, Organisiertheit, Verantwortung und Verläßlichkeit allerorts und auf allen Ebenen zu festigen. Im Namen des Politbüros und des Verteidigungsrates erkläre ich fest: Weder in der Partei noch im Volk darf es Zweifel an der Fähigkeit der Streitkräfte der UdSSR zur Verteidigung des Landes geben.
(36/17; 23/9)

Scharfe Kritik des Generalsekretärs der KPdSU an den „negativen Erscheinungen“ in der Sowjetarmee.
Um auf den vorhin erwähnten Besuch Michail Gorbatschows in Baikonur zurückzukommen (Mai 1987) – dort war doch nur Positives festzustellen? Befindet sich doch in Baikonur, Kasachstan, das sowjetische Raumfahrtszentrum „Kosmodrom“, und die Spitzenposition der UdSSR in der Raumfahrttechnik ist weltweit anerkannt.

Der durch die Arbeit und das Talent sowjetischer Wissenschaftler, Arbeiter, Ingenieure und Militärspezialisten geschaffene einzigartige Forschungs- und Testkomplex ist die reale Verkörperung des Leninschen Traumes von der Umwandlung unseres Staates in eine industrielle Großmacht. In Baikonur sind tatsächlich das geistige Potential und das Ergebnis der Arbeit von vielen Dutzenden Forschungs- und Konstruktionseinrichtungen, sowie der größten Maschinenbaubetriebe unseres Landes konzentriert. Es ist ein echtes Testgelände für fortgeschrittene ingenieurtechnische Ideen, das, wie ich behaupten möchte, nach den modernsten Gesichtspunkten von Wissenschaft und Technik ausgestattet ist.

Auf dem Gebiet der Raketen- und Weltraumtechnik haben in der Tat stets große Wissenschaftler und Konstrukteure unseres Landes gearbeitet. An den Ursprüngen der sowjetischen Kosmosforschung standen die Akademiemitglieder S. Koroljow, M. Keldysch, M. Jangel, W. Tschelomej, M. Piljugin und weitere hervorragende Fachleute aus vielen Bereichen der Wissenschaft und Technik.
Diese Menschen haben sich in der Arbeit nicht geschont. Sie jagten nicht nach Ruhm, denn das Wichtigste waren für sie nicht persönliche Ehrungen und Wohlergehen, sondern die Stärke und das Erblühen unserer Heimat. Diese Menschen besaßen eine hohe sozialistische Moral.
Von Baikonur aus trat die Menschheit erstmals in den Kosmos, wobei ein neues Kapitel in der Geschichte der Zivilisation aufgeschlagen wurde. Von hier aus ist im Oktober 1957 der erste künstliche Erdsatellit – Symbol revolutionärer Wissenschaft und Technik – auf eine Erdumlaufbahn gestartet worden. Von hier aus erfolgte am 12. April 1961 auch der erste Flug eines Menschen in den Kosmos – der denkwürdige Flug unseres Landsmannes Juri Alexejewitsch Gagarin.
Die Arbeit der Menschen im Weltraum verlangt eine außerordentliche Ausbildung, gründlichste Kenntnisse, maximale Willens- und moralische Qualitäten. Auf das Konto sowjetischer Kosmonauten kommt der längste Weltraumflug der Welt.
Wenn wir von Umgestaltung sprechen, so möchte ich folgenden Vergleich ziehen: Die im Lande begonnene Umgestaltung ist wie der Vorstoß einer großen Rakete in den Weltraum. Die Umgestaltung muß ebenso beharrlich, gewissenhaft und gründlich abgesichert werden, wie wir die Zuverlässigkeit von Weltraumflügen vorbereiten und absichern...
(23/9)

Den lobenden Worten Michail Gorbatschows für das „Kosmodrom“ ist zu entnehmen, daß jene ungünstigen Tendenzen, unter denen die sowjetische Wirtschaft leidet und denen die großen Reformen gelten, in der Entwicklung der sowjetischen Weltraumtechnik nicht aufgetreten sind.

Die Forschungen zur friedlichen Erschließung des Weltraums haben uns viel gebracht. Doch vor uns stehen Aufgaben, über die wir alle gemeinsam nachdenken müssen, und zwar, wie der Nutzen aus der Erschließung des Kosmos für die Wissenschaft

und für die ganze Volkswirtschaft noch größer gemacht werden kann. Das ist heute eine praktische Aufgabe, die in voller Größe vor uns steht.
Im Interesse der sozialökonomischen Entwicklung unseres Landes müssen wir von den Experimenten und Versuchen zur planmäßigen und großangelegten Anwendung der vorhandenen Möglichkeiten übergehen. Wir erwarten von der Akademie der Wissenschaften der UdSSR, vom zuständigen Staatlichen Komitee, von allen interessierten Ministerien und staatlichen Organen durchdachte, perspektivische Vorschläge zur erweiterten Nutzung von Leistungen der Weltraumtechnik in der Volkswirtschaft.
Folgendes möchte ich besonders hervorheben: In Baikonur, auf dem „Kosmodrom“, ist alles – angefangen bei den hochkomplizierten Startanlagen, den Testständen und Laboratorien, bis zu den leistungsstarken Trägerraketen, den Raumstationen und ihren Lebenserhaltungssystemen, die mit moderner Rechentechnik und hochempfindlichen Geräte ausgerüstet sind – unsere eigene Produktion, alles ist von hoher Qualität und von modernem technischen Niveau.
Was in Baikonur vor sich geht, und daß derart komplizierte Aufgaben bewältigt werden können, die eine Größenordnung über denen stehen, die in anderen Zweigen gelöst werden, überzeugt mich, daß wir den Aufgaben gewachsen sind, die der 27. Parteitag unserer Wissenschaft und Technik sowie vor allem dem einheimischen Maschinenbau gestellt hat, und daß sie gelöst werden. Das aber ist das entscheidende Kettenglied, um unsere Wirtschaft an neue Grenzen heranzuführen, sie auf einen neuen technischen Stand zu heben, eine immer effektivere Arbeit aller Volkswirtschaftszweige durchzusetzen.
(23/9)

Auch wenn die Forschungs- und Konstruktionsstätten und die Maschinenbaubetriebe in Baikonur nach modernsten Gesichtspunkten von Wissenschaften und Technik arbeiten – eine Konkurrenz, eine Herausforderung stellten sie für die veralteten Betriebe nicht dar. Ein freier Wettbewerb, zum Vorteil des Konsumenten, ist in der sozialistischen Planwirtschaft kein großes Thema. Wird sich daran etwas ändern?

Wir gehen von der Notwendigkeit der Verstärkung des realen Wettbewerbsgeistes zwischen Betrieben und Organisationen, darunter auch zwischen staatlichen und genossenschaftlichen, für eine bessere Befriedigung der Bedürfnisse der Bevölkerung und der Volkswirtschaft aus. Die Sieger in diesem Wettbewerb müssen einen greifbaren ökonomischen Nutzen erhalten, das entspricht den Prinzipien des Sozialismus und ist auch vom menschlichen Standpunkt verständlich.

Vielleicht muß man speziell über die Notwendigkeit einer umfassenden Einführung der wettbewerblichen Grundlagen auch in die wissenschaftlich-technische Sphäre sprechen. Es kommt darauf an, daß in der Vergangenheit nicht selten die Meinung vertreten wurde, daß die Existenz von parallelen Forschungs-, Projektierungs- und Konstruktionsorganisationen zur Verzettelung führt. Aber die Erfahrungen haben uns davon überzeugt, daß die Monopolstellung einzelner Organisationen den wissenschaftlich-technischen Fortschritt ernsthaft hemmt und viel größere Verluste für die Gesellschaft zur Folge hat.

Ich will gar nicht sagen, daß wir in allen Richtungen parallele Strukturen schaffen müssen. Aber für die Lösung einer Reihe von wichtigen wissenschaftlich-technischen Problemen ist die Schaffung verschiedener Wissenschaftskollektive, darunter nicht nur auf ständiger, sondern auch auf provisorischer Grundlage eine richtige Sache, die sich lohnt.

Mit einem Wort, wir müssen, von den Bedürfnissen der Entwicklung der sowjetischen Gesellschaft in der gegenwärtigen Etappe ausgehend, die Vorstellungen von den ökonomischen Formen des Sozialismus erneuern, um Spielraum für die grundlegende Umgestaltung des Wirtschaftsmechanismus zu gewähren.

(36/45, 46)

Kommen die „erneuerten Vorstellungen von den ökonomischen Formen des Sozialismus“ einer Marktwirtschaft nahe?
Wie verträgt sich Marktwirtschaft mit sozialistischer Planwirtschaft?

In Übereinstimmung mit der wissenschaftlichen Auffassung des Sozialismus gehören die Ware-Geld-Beziehungen (= Marktbeziehungen bzw. Marktkonstellationen, Anm. d. Hsg.) organisch seinem ökonomischen System an. Ihre sachkundige Nutzung über die Preise und Finanz- und Kredithebel, die planmäßige Erschließung und Leitung des Marktes unter Berücksichtigung seiner Gesetze, die Festigung und Erhöhung der Autorität

des Rubels tragen zur Schaffung eines effektiven aufwandsenkenden Mechanismus und zur Festigung des Sozialismus in der Tat bei. Natürlich ist die Nutzung der Ware-Geld-Beziehungen im Leitungssystem im Komplex mit den Vorzügen der volkswirtschaftlichen Planung eine schwierigere Aufgabe als Befehlen und Anweisen. Aber unsere Wirtschaftskader müssen sie lösen!
Worin besteht der Hauptmangel des heute bestehenden Mechanismus der Wirtschaftsführung unserer Betriebe? Vor allem in der Unzulänglichkeit der inneren Stimuli bei der Selbstentwicklung. In der Tat. Der Betrieb erhält über ein System von Direktkennziffern eine Aufgabe und Ressourcen. Praktisch alle Ausgaben werden gedeckt. Der Absatz der Produktion ist im Grunde genommen garantiert. Und das Wichtigste – die Einkünfte der Beschäftigten hängen nur unzureichend mit den Endergebnissen der Arbeit des Kollektivs – mit der Erfüllung der Verträge, mit der Qualität der Erzeugnisse und dem Gewinn – zusammen. Im ganzen sieht die Situation wie folgt aus: Bei dem derzeitigen Mechanismus ist es für den Produzenten unwesentlich, billige Rohstoffe und Produkte zu verwenden, die Erzeugnisqualität zu erhöhen und die Erkenntnisse des wissenschaftlich-technischen Fortschritts einzuführen.
Bei einem solchen Wirtschaftsmechanismus gibt es praktisch keinen Unterschied zwischen Betrieben, die gut arbeiten, und solchen, die systematisch zurückbleiben. Auf der jüngsten Beratung im Zentralkomitee der KPdSU hat der Generaldirektor der Vereinigung „Omskschina", Pjotr Wassiljewitsch Buderkin, zu Recht all diese Fragen gestellt. Tatsächlich. Die Omsker Vereinigung zählt mit zu den besten im Zweig. Die Autoreifen, die sie produziert, zeichnen sich durch eine hohe Qualität aus. Sie haben eine 1,5mal höhere Nutzungsdauer als andere. In den letzten 20 Jahren gab es keinen einzigen Verstoß gegen vertraglich gebundene Lieferungen. Und was bringt das dem Arbeitskollektiv? Im Grunde genommen hat es keine Vorteile: weder bei der Lohnerhöhung noch bei der Befriedigung der sozialen Bedürfnisse.
Und was erklärt dieses Paradox: Für die Reifen, die in bezug auf Qualität im Lande die besten sind, zahlt man der Omsker Vereinigung denselben Preis wie auch anderen Werken!
Hinter dem ragen die „Ohren" unseres Wirtschaftsmechanismus hervor, der, ob wir es wollen oder nicht, auf eine mittelmäßige oder sogar schlechte Arbeit orientiert ist.

Wie kann die Wirtschaft vorankommen, wenn sie Treibhausbedingungen für die zurückbleibenden Betriebe schafft und die vorbildlich arbeitenden Betriebe benachteiligt?
Natürlich können wir nicht weiter auf diese Weise arbeiten. Der neue Wirtschaftsmechanismus muß alles regeln. Er ist berufen, zu einem mächtigen Hebel, zu einer anregenden Kraft einer guten, unternehmungslustigen und initiativreichen Arbeit zu werden.
(36/45, 47, 48, 49)

Impliziert der neue Wirtschaftsmechanismus auch den freien Wettbewerb der sowjetischen Betriebe?

Das Wichtigste, was wir durch den neuen Wirtschaftsmechanismus erreichen müssen, besteht darin, den Betrieben umfassende Rechte zu gewähren und ihre wirkliche wirtschaftliche Selbständigkeit auf der Grundlage der vollständigen wirtschaftlichen Rechnungsführung zu sichern.
Es steht bevor, in der Tat das zu verwirklichen, was bereits für notwendig anerkannt wurde. Von den realen gesellschaftlichen Bedürfnissen ausgehend, stellt der Betrieb selbst einen Plan für die Produktion und die Realisierung der Erzeugnisse auf. Für die Betriebe müssen solche Bedingungen geschaffen werden, unter denen sich zwischen ihnen ein ökonomischer Wettbewerb für eine bessere Befriedigung der Nachfrage der Verbraucher entfaltet. Dabei werden die Interessen des Staates durch ein System von staatlichen Aufträgen garantiert. Für ihre Erfüllung müssen aber vorrangige, ökonomische Vorzugsbedingungen gesichert werden. Ferner muß die gegenseitige Verantwortung der Seiten vorgesehen werden. Die Aufträge werden dann in der Regel auf wettbewerblicher Basis erteilt.
Eine prinzipiell wichtige Forderung ist die Überführung der Betriebe und Vereinigungen auf die Eigenerwirtschaftung und Selbstfinanzierung. Das bedeutet, daß alle laufenden Aufwendungen, einschließlich der Entlohnung, und die Investitionen für den Ausbau und die Rekonstruktion der Produktion sowie die soziale Entwicklung der Kollektive aus von ihnen erarbeiteten Mitteln gedeckt werden müssen. Die Haushaltsfinanzierung bleibt nur für die Lösung besonders großer und wichtiger staatlicher Aufgaben erhalten. Zugleich werden den Betrieben umfassende Möglichkeiten für die verantwortungsvolle Nutzung des Bankkredits gewährt. Somit muß das Arbeitskollektiv die

volle ökonomische Verantwortung für die Ergebnisse seiner Tätigkeit tragen.
Der neue Wirtschaftsmechanismus sieht eine grundsätzliche Veränderung des Systems der materiell-technischen Versorgung von Betrieben – den Übergang von der zentralisierten materiell-technischen Versorgung zum Großhandel mit Produktionsmitteln vor. Man muß den Betrieben die Möglichkeit sichern, für das erarbeitete Geld alles zu kaufen, was für die Herstellung von Erzeugnissen, den Bau und die Rekonstruktion sowie die Lösung von sozialen Fragen notwendig ist. Der Übergang der Arbeitskollektive zur Selbstverwaltung, bei der sie alle Fragen der inneren Organisation der Produktion bis hin zur Wahl der Leiter selbständig lösen, wird zu einem mächtigen Stimulus für die Entfaltung der Initiative und Selbsttätigkeit der Werktätigen.
(36/49, 50)

Finanzielle Eigenverantwortlichkeit, selbständige Produktionsplanung und Gewinnbildung können als Bestandteile der Marktwirtschaft angesehen werden. Welchen Einfluß nehmen im neuen Wirtschaftsmechanismus noch die übergeordneten zentralen Planungsstellen auf die Arbeit der Betriebe?

Im Zusammenhang mit der Veränderung des Herangehens an die Planung erhebt sich die Frage der Natur und der Zweckbestimmung der Prüfziffern. Sie sind berufen, die Betriebe in der ökonomischen Situation zu orientieren. Dafür müssen die Prüfziffern den gesellschaftlichen Bedarf an der entsprechenden Produktion des Betriebes, das minimale Effektivitätsniveau und die Aufgaben des sozialen Charakters widerspiegeln, das heißt, den Betrieb gleichsam auf das erforderliche Entwicklungsniveau bringen.
Die Prüfziffern müssen nicht einen Direktivcharakter haben und das Arbeitskollektiv bei der Aufstellung des Plans binden, indem man ihm einen großen Spielraum für die Wahl von Entscheidungen und Partnern beim Abschluß der Wirtschaftsverträge gewährt. Die Erfüllung der Aufträge und Verträge muß zum wichtigsten Gradmesser bei der Einschätzung der Tätigkeit des Betriebes und der materiellen Stimulierung des Kollektivs werden.
Beim Übergang zu diesem neuen Mechanismus kann natürlich

eine Reihe ungewöhnlicher Fragen entstehen. Eine dieser Fragen ist folgende: Was soll man mit jenen Betrieben machen, die sich wegen der schlechten Wirtschaftsführung als unfähig erweisen, die Zahlungen an den Staat und ein normales Niveau von Einkommen des Arbeitskollektivs zu sichern? Wahrscheinlich kann man hier verschiedene Formen der Hilfe nutzen: seitens der Bank oder des Zweigs. Wenn es aber auch nach all diesen unternommenen Maßnahmen zu keiner Wende zum Besseren kommt, so kann ausgehend von der Priorität der Interessen der Gesellschaft die Frage nach der Reorganisation oder Einstellung der Tätigkeit des Betriebs gestellt werden.

Das ist natürlich eine extreme Maßnahme. Selbstverständlich soll sich der Staat um die Versorgung der Werktätigen mit Arbeit kümmern.

Gestellt wird auch eine andere Frage: Werden die Erweiterung der Selbständigkeit der Betriebe, der Verzicht auf ein umfassendes System von Direktkennziffern etwa nicht zu einer Schwächung des Planprinzips und zu einer Verschlechterung der Ausgeglichenheit der Volkswirtschaft führen?

Solche Befürchtungen sind, wie wir glauben, unbegründet. Zu denken, daß man vom Zentrum aus im Rahmen einer derart riesigen Wirtschaft wie unserer alles vorhersehen kann, bedeutet, sich Illusionen hinzugeben!

(36/49, 50)

Die bisherige zentrale staatliche Wirtschaftsplanung brachte der Sowjetunion – neben allen angeführten Stagnationen und Fehlentwicklungen – immerhin eine vergleichsweise große wirtschaftliche Stabilität, ein stetiges Wirtschaftswachstum und die Ausschaltung von Arbeitslosigkeit. Garantiert die Umgestaltung der gesamtstaatlichen Planung die Aufrechterhaltung dieser sozialistischen Werte der Planwirtschaft?

Nun erst einmal über die volkswirtschaftliche Planung. Wie ist unter den neuen Bedingungen die „Philosophie“ des gesamtstaatlichen Plans? Er soll die Hauptprioritäten und Ziele der sozialökonomischen Entwicklung des Landes, die Richtungen der Struktur- und Investitionspolitik, des wissenschaftlich-technischen Fortschritts, die Aufgaben der Anhäufung des Potentials auf dem Gebiet der Wissenschaft, Bildung und Kultur und der Aufrechterhaltung der Verteidigungsfähigkeit bestimmen.

Unter den neuen Bedingung soll die Rolle jenes Teils der Planung, der sozusagen „Aufgaben“ stellt, vor allem also der Konzeption der sozialökonomischen Perspektivenentwicklung des Landes, für 15 Jahre erhöht werden. Sie soll alle bedeutenden Programme aufnehmen, sie ausgleichen, die Wege zur Erreichung strategischer Ziele bestimmen. Zur Hauptform der gesamtstaatlichen Planung soll in der Tat der Fünfjahrplan unter Aufschlüsselung seiner Aufgaben nach den Jahren des Planjahrfünfts werden.

Es werden Befürchtungen laut, daß es beim Verzicht auf unmittelbare direktive Festlegung von Volumenkennziffern für Vereinigungen und Betriebe unter den Bedingungen der vollständigen wirtschaftlichen Rechnungsführung zu einer zeitweiligen Verringerung des Wachstumstempos der Produktion in einzelnen Zweigen, Regionen und sogar im ganzen Lande kommen kann. Was läßt sich diesbezüglich sagen?

Wenn es sich um höhere Wachstumskennziffern durch die Steigerung von Bruttovolumen, die wiederholte Berechnung ohne eine reale Vergrößerung von Endergebnissen handelt, so wird die Gesellschaft dadurch nicht nur nichts gewinnen, sondern auch Verluste tragen.

Dabei rechnen wir alle damit, daß der Übergang zur wirtschaftlichen Rechnungsführung, zu neuen Methoden der Wirtschaftsführung, die weitgehende Einführung des Kollektivvertrags und anderer fortschrittlicher Formen der Organisation und Stimulierung der Arbeit es gestatten, die Arbeitsaktivität des Volkes zu erhöhen, die zuvor ungenutzten Ressourcen zu verwenden, die Effektivität zu steigern und dadurch ein höheres Tempo des tatsächlichen Wachstums bei hoher Qualität der Erzeugnisse zu erreichen.

Gerade eine derartige Umgestaltung ist natürlich, mehr noch, dringend notwendig, um eine neue Qualität des Wirtschaftswachstums zu sichern. Wenn sie sich auf die Kennziffern unwirksam arbeitender Betriebe auch negativ auswirkt, so wird diese Umgestaltung für die Volkswirtschaft des Landes im ganzen, für die Perspektiven ihrer Entwicklung, die nach Endergebnissen, nach dem Grad der Befriedigung der gesellschaftlichen Bedürfnisse eingeschätzt werden, ohne Zweifel eine positive Rolle spielen.

(36/52, 53, 54)

Durch Rationalisierungen oder „unwirksam arbeitende Betriebe“ könnte es zur Freisetzung von Arbeitskräften kommen. Auch zu einer Arbeitslosigkeit?

Auf den vorangegangenen Etappen nahm unter den Bedingung einer vorwiegend extensiven Entwicklung der Produktion die Zahl der Arbeitsplätze rasch zu. Das Hauptproblem war damals die Suche nach neuen Arbeitskräften. Jetzt ändert sich die Situation grundlegend. Unter den Bedingungen der Beschleunigung des wissenschaftlich-technischen Fortschritts werden immer mehr Arbeitskräfte freigesetzt. Dieser Prozeß wird auch durch den neuen Wirtschaftsmechanismus gefördert. Zu gleicher Zeit wird der Bedarf an Arbeitskräften für die Bereiche Dienstleistung, Kultur, Bildungs- und Gesundheitswesen sowie Freizeitgestaltung wachsen.
Eine solche Umgruppierung der Arbeitskräfte erfordert eine große Aufmerksamkeit und sorgfältig durchdachte organisatorische Maßnahmen. Wir müssen die sozialen Garantien für die Beschäftigung der Werktätigen und ihr verfassungsmäßiges Recht auf Arbeit sichern. Das sozialistische System verfügt über solche Möglichkeiten.

(36/66)

Das Endziel der im April 1985 eingeleiteten Umgestaltung bleibt die Verbesserung der Lebensbedingungen der sowjetischen Bevölkerung. Sind in den vergangenen zwei Jahren die Sozialleistungen für die Werktätigen gestiegen? Ist die Lösung des Wohnungsproblems vorangekommen? Haben sich die Angebote an Lebensmitteln, Dienstleistungen und Konsumgütern verbessert? Oder gehört das Schlangestehen vor den (mangelhaft bestückten) Geschäften nach wie vor zum Alltag der Sowjetmenschen?

Gegenwärtig muß man sich leider mit so einer Situation auseinandersetzen, da über den Nutzen der Umgestaltung viel gesprochen, jedoch nur wenig dafür getan wird, die einfachsten Bedürfnisse der Menschen zu befriedigen. Viele Mitarbeiter an der Basis sind dem Schmarotzertum verfallen. Selbst dort, wo nur eine kleine Anstrengung und ein Minimum an Aufmerksamkeit notwendig sind, um eine Frage zu lösen, beruft man sich nach wie vor auf das Zentrum und erwartet Hilfe von oben. Das ist eine durch und durch falsche Position. Sie muß entschieden verurteilt und überwunden werden.

Viele Tatsachen zeugen davon, daß die Bevölkerung sogar mit den Waren, die in ausreichender Menge vorhanden sind, schlecht versorgt wird. Beachtet man es noch dazu, daß in vielen Handelseinrichtungen und -betrieben keine gebührende Ordnung herrscht, daß die Verkaufskultur niedrig ist, daß es viele Schlangen gibt, weil es an Geschäften selbst mangelt, daß auch der Arbeitsablauf im Handel und in der Dienstleistungssphäre noch immer nicht den Arbeits- und Lebensbedingungen der Bevölkerung in Stadt und Land untergeordnet ist, so wird es verständlich, warum die Versorgung der Bevölkerung so oft Anstoß erregt.
Wir dürfen uns mit dem Zurückbleiben bei der kommunalen und sozialen Versorgung, mit der nicht zufriedenstellenden Lage der Dinge bei der Personenbeförderung, im Post- und Fernmeldewesen, im Tourismus, der Körperkultur und dem Sport nicht abfinden. Kann man es denn als normal betrachten, daß die Reparatur von Wohnungen und Haushaltsgeräten, die Schuh- und Kleidungsfertigungen in Stadt und Land zu einem äußerst komplizierten Problem werden?
Eine andere akute und unaufschiebbare Aufgabe ist die Lösung des Wohnungsproblems. Viele örtliche Organe – darauf möchte ich mit Genugtuung verweisen – haben die vom 27. Parteitag gestellte Aufgabe, bis zum Jahr 2000 praktisch jede Familie mit einer Wohnung für sich oder einem Eigenheim zu versorgen, tatkräftig angepackt. Dabei finden sich bereits recht viele, die nach einer Möglichkeit suchen, diese Aufgabe in kürzerer Frist zu lösen. Das ist richtig, und das muß auf jede Weise unterstützt werden.
Man muß aber geradeheraus sagen, daß im Wohnungsbau vorläufig noch keine einschneidende Wende vollzogen worden ist, und das ist im erheblichen Maße nicht nur auf den Mangel an Mitteln, sondern auch auf die Einstellung vieler Partei-, Staats- und Wirtschaftsorgane sowie der Leitungskader zurückzuführen. Dem allgemeinen Gerede folgen nicht immer eine initiativreiche, beharrliche Arbeit, die Suche nach Reserven für die Lösung dieser dringenden Aufgabe.
Die Werktätigen werden uns nicht verstehen, wenn wir bei der Entfaltung der Umgestaltung keine realen Möglichkeiten ausfindig machen werden, um die Lösung der Wohnungsfrage zu beschleunigen.
Eine der wichtigsten Aufgaben der Wirtschaftsorgane muß die Lösung der Lebensmittel-, Wohnungs- und Konsumgüterpro-

bleme sein. Das bezieht sich in vollem Maße auch auf das Gesundheitswesen und auf das, was wir als Ökologie bezeichnen. Die Lage hier zieht seit den vergangenen zwei Jahren die angespannteste Aufmerksamkeit des Politbüros und der Regierung an. Es muß gesagt werden, daß auf dem Gebiet der medizinischen Betreuung und des Schutzes der natürlichen Umwelt des Menschen sich viele negative Erscheinungen angehäuft haben. Wir ergreifen Maßnahmen, um die Lage zu verbessern. Das ist eine Sache von erstrangiger Bedeutung, die die allgemeine Aufmerksamkeit und eine enorme praktische Arbeit erfordert.
(36/16, 29, 39, 26, 27, 31)

Vor allem die Lebensmittelversorgung der sowjetischen Bevölkerung zufriedenstellend zu lösen ist ein erstrangiges Anliegen, hängt aber weitgehend von den Fortschritten in der Landwirtschaft ab.

Die Situation verbessert sich hier. Ich möchte nur einige Ziffern nennen, die die Veränderungen in den letzten zwei Jahren charakterisieren. Die Produktion von Getreide vergrößerte sich gegenüber 1984 um 37 Millionen Tonnen, von Milch um 4,3 Millionen Tonnen, von Eiern um 4,2 Milliarden Stück, von Fleisch (im Schlachtgewicht) um eine Million Tonnen.
Wir können über eine Belebung der Wirtschaftstätigkeit auf dem Lande sprechen. Dies wurde durch die Veränderung der Wirtschaftsbedingungen, der Methoden der Wirtschaftsführung und vor allem durch die Einführung der vollständigen wirtschaftlichen Rechnungsführung, des Kollektiv- und Familienvertrags möglich.
Das Politbüro ist der Meinung, daß in der heutigen Etappe alle objektiven Bedingungen für einen, ich würde sagen, Durchbruch bei der Steigerung der Produktion landwirtschaftlicher Erzeugnisse entstanden sind. Möglichkeiten für eine grundsätzliche Wende gibt es in allen Kolchosen und Sowchosen.
Man muß aber auch alle Reserven nutzen. Man muß wieder zur Frage der Rolle der individuellen Nebenwirtschaften zurückkehren. Natürlich sind für eine rasche Steigerung der Produktion sowohl gediegene Maschinen und chemische Mittel als auch widerstandfähige Sorten erforderlich. Aber in erster Linie ist ein verantwortungsbewußter Mensch erforderlich, der an den Ergebnissen seiner Arbeit vorbehaltslos interessiert ist.
Wir versuchten lange Zeit, die Wirtschaft auf Grundlage des

Enthusiasmus, manchmal durch Befehlsgewalt zu lenken. Wir vergaßen jedoch die Weisungen Lenins, wonach eine Steigerung der Produktion durch persönliches Interesse, durch materielle Interessiertheit und mit Elan gesichert werden kann. Kommt zu den hochleistungsfähigen technischen Mitteln und anderen Ressourcen, worüber heute unser Land verfügt, eine Massenbewegung für hochorganisierte, engagierte und intensive Arbeit hinzu, so wird die Sache besser laufen. Das Leben zeigt, daß es in allen Rayons und Gebieten Menschen gibt, die in der Lage sind, diesen Umschwung zu sichern. Wir haben uns anhand zahlreicher Fakten von etwas sehr wichtigem überzeugt: Freie Initiativen der Menschen, das Abrücken von übermäßiger Organisation und übermäßiger Zentralisierung gestatten, mit den gleichen Mitteln einen Durchbruch bei der Steigerung der Lebensmittelbestände zu sichern.
Insgesamt wurde in der Landwirtschaft ein riesiges Potential angesammelt, jetzt muß man es durch die Verbindung der Möglichkeiten der gesellschaftlichen Großwirtschaft mit den Möglichkeiten des Kollektiv- und des Familienvertrags tatkräftig nutzen.
(36/18, 20, 22, 23, 26)

Die Kollektivierung der Landwirtschaft in Kolchosen und Sowchosen ist eines der bedeutendsten Ergebnisse des Sozialismus in der Sowjetunion. Die Umgestaltung unter Michail Gorbatschow zielt auf die verstärkte Förderung der „individuellen Nebenwirtschaften, Kollektiv- und Familienverträge“.
Weniger sozialistische Prinzipien in der Landwirtschaft ergeben eine Steigerung der Produktion?

Als die Wege der Kollektivierung diskutiert wurden, war davon die Rede, daß große Kollektivwirtschaften dem Einsatz von Technik, Düngemittel und wissenschaftlichen Erkenntnissen weitreichende Möglichkeiten bieten, aber darin auch die Gefahr der Lostrennung des Bauern von Grund und Boden steckt. Andererseits binden kleine Bauernwirtschaften den Schaffenden wohl an Grund und Boden, bieten jedoch keine Möglichkeit, Erkenntnisse von Wissenschaft und Technik maximal anzuwenden.
In unserem Lande bestehen und funktionieren starke, große Kolchosen und Sowchosen, die über eine starke materiell-tech-

nische Basis und erfahrene Fachkräfte verfügen. Unter diesen Bedingungen ist es wichtig, den Kollektiv- und Familienvertrag sachgerecht zu gestalten, die Interessen der einzelnen Werktätigen mit den Interessen des Kollektivs, mit der Sorge um Grund und Boden sowie um andere Produktionsmittel enger zu verbinden.
Widerspricht es etwa den Prinzipien des Sozialismus, kann ein solches Arbeitsverfahren den Werktätigen verderben? Eher demoralisierte den Ackerbauer die frühere Praxis, bei der nachlässige Arbeit aus dem Budget abgedeckt wurde.
Leider gibt es vorderhand nur wenige Kollektive dieser Art, auch der Familienvertrag wird ungenügend verbreitet, obwohl der Nutzeffekt dieser Formen der Arbeitsorganisation und der Entlohnung ausreichend hoch ist.
Hier ein Beispiel: Im Kolchos „Panfilow“, Rayon Uspenski, Gebiet Pawlodar, wurde 1983 eine Arbeitsgruppe für die Jungrindermast gebildet. Zwischen der Arbeitsgruppe und dem Kolchosvorstand wurde ein Vertrag geschlossen. Die Arbeitsgruppe besteht aus drei Personen: dem Leiter A.J. Rudko, Traktorist und Maschinenführer erster Klasse, seiner Tochter und seinem Schwiegersohn. Und da sind die Kennziffern für das Jahr 1986: Es wurden 563 Jungbullen gemästet, die tagesdurchschnittliche Lebendgewichtszunahme machte mehr als ein Kilogramm aus, auf ein Mitglied der Arbeitsgruppe umgerechnet wurden für 167.000 Rubel Produkte erzeugt. Die Selbstkosten pro Dezitonne Lebendgewichtszunahme machten 95,5 Rubel, im Kolchos 155 Rubel und im Rayon durchschnittlich 230 Rubel aus. Der durchschnittliche Monatslohn eines Mitglieds der Arbeitsgruppe betrug 534 Rubel. Zum Wohlsein! Denn der Lohn wird für die Leistung bezahlt und ergibt sich aus der realen Produktion.
Ich stelle die Frage: Hat es etwa die Kolchosordnung untergraben? Nein! Eben das ist lebendiger, kreativer, von Arbeit erfüllter Sozialismus.
Weil sich das Volk weitgehend – durch kollektive Arbeitsformen – in den sozialistischen Aufbau einschaltet, wird die Verbindung des Werktätigen mit dem Kolchos und Sowchos noch fester. Und die Menschen erwerben ihren Wohlstand durch rechtschaffene Arbeit!
(36/23, 24, 22, 25)

Am Beispiel Moskaus konnte festgestellt werden, daß die Versorgung der städtischen Bevölkerung mit Obst und Gemüse zuweilen auf schwachen Beinen steht. Das Angebot in den großen Supermärkten ist oftmals dürftig, wogegen die „Bauernmärkte" ein besseres Sortiment, aber unverhältnismäßig hohe Preise aufweisen. Der Wunsch vieler Städter nach einem eigenen kleinen Grund und Boden ist verständlich. In einigen sozialistischen Ländern ist diese Form der Familienbewirtschaftung zu beobachten. Gibt es dafür in der Sowjetunion Möglichkeiten?

In den nächsten zwei bis drei Jahren muß man den Bedarf der Bevölkerung an Gartengrundstücken decken. Es ist schon an der Zeit, mit den Berufungen auf einen Mangel an Boden aufzuhören. Dies entspricht nicht der Wahrheit. Den Boden gibt es. Und dort, wo es tatsächlich nur wenig brachliegendes Land gibt, muß man einen Teil der Ländereien, die den Kolchosen, Sowchosen und Betrieben gehören, der Bevölkerung zur Verfügung stellen. Man muß alle Bedürfnisse der Werktätigen vollständig befriedigen und unbegründete Einschränkungen und Hindernisse auf diesem Gebiet abschaffen.
Ich meine, daß die Frage über die Ausnutzung von seit vielen Jahren, ja sogar Jahrzehnten schon leerstehenden Häusern und Hofland in einer Reihe von ländlichen Rayons der UdSSR, besonders in der Nicht-Schwarzerde-Zone, schneller gelöst werden muß. Die Zahl der Häuser, die von ihren Besitzern verlassen worden sind, erreicht heute fast 800.000. Rundum Brachland.
Eine solche Behandlung des Bodens und der Bauten begreifen die Menschen nicht. In ihren Briefen an das Zentralkomitee und andere Organisationen bitten sie um Erlaubnis, diese Häuser zu erwerben und den Boden zu nutzen. Ich glaube, daß es richtig sein wird, wenn die Kolchose und Sowchose die verlassenen Häuser mit Hofland an die interessierten Städter verpachten. In vielen Fällen läßt sich das auf vertraglicher Grundlage machen, damit dieses Land für die Produktion von Agrarerzeugnissen genutzt wird.
Ich denke, daß sowohl unsere eigenen Erfahrungen als auch die Erfahrungen anderer sozialistischer Länder von der Nützlichkeit und Notwendigkeit der sachkundigen Nutzung solcher ökonomischen Formen im Rahmen des Sozialismus zeugen. Sie verhelfen zu einer besonders abgerundeten Befriedigung der lebenswichtigen Bedürfnisse der Menschen, zur Verdrängung der „Schatten"wirtschaft und allerlei Formen des Mißbrauchs.
(36/20, 21, 44)

Wird es in der Sowjetunion bald „Grundbesitzer" und „Hauseigentümer" geben? Und auch „selbständige Unternehmer"? Interessieren sich die Menschen dafür, kleine Unternehmungen zu gründen, also „individuell erwerbstätig" zu sein?

Viele Werktätige möchten sich zu Genossenschaften vereinen, um jeweilige Aufgaben zu lösen, die mit der Befriedigung der Bedürfnisse der Menschen verbunden sind. Viele wünschen, sich individuell zu betätigen. Für die Entwicklung dieses wichtigen Prozesses gibt es allem Anschein nach alle Voraussetzungen. Er geht jedoch sehr schwer und sehr langsam vonstatten. Die Ursache liegt nur in der Initiativlosigkeit der örtlichen Organe, in der ungenügenden Beachtung dieser Frage, oft auch im Unwillen, sich damit zu beschäftigen.
Dabei wird des öfteren nicht davon geredet, wie die gebotenen Möglichkeiten schneller und besser zu nutzen sind, sondern davon, inwieweit diese Formen der wirtschaftlichen Tätigkeit in der heutigen Etappe des Sozialismus rechtmäßig sind. Manch einer erblickte in der Genossenschaft und der individuellen Erwerbstätigkeit nahezu eine Wiedergeburt der privatwirtschaftlichen Praxis.
Andere Menschen möchten für ihre persönlichen Mittel Wohnungen durch den Genossenschafts- oder individuellen Wohnungsbau errichten. Wir haben gesagt: Unabhängig davon, wie der Bedarf unserer staatlichen Baubetriebe an den Materialien ist, muß man sie für das Volk bereitstellen, in den Handel bringen. Alle Reserven müssen aufgeboten werden. Die Menschen wollen sich an der Sache mit ihren eigenen Mitteln beteiligen. Die Menschen haben eine nützliche Sache in Angriff genommen – sollen sie handeln.
(36/64, 44, 6; 38/14)

Die Reformpolitik Michail Gorbatschows bekennt sich zu Ideen und Einschätzungen, die wahrscheinlich nicht nur im Westen Überraschungen auslösen, sondern auch in der Sowjetunion selbst.
Führen die vielen neuen politischen Denkansätze bei manchen Menschen zu Verunsicherung oder sogar Ablehnung?

Die neuen Prozesse verlaufen im ideologischen und politischen Bereich natürlich nicht glatt, und ihre Ergebnisse sind nicht eindeutig. Im gesellschaftlichen Bewußtsein hat sich viel Negatives

als Widerspiegelung entsprechender Erscheinungen im Leben und vor allem der Diskrepanz zwischen Wort und Tat angehäuft. Man sieht sowohl gewisse Ratlosigkeit, Unverständnis und Angst vor Wandlungen als auch manchmal Versuche, dem Neuen Widerstand zu leisten. Es wäre unklug, dies zu übersehen.
Es wäre jedoch noch unklüger und sogar falsch, die Schwierigkeiten und Unzulänglichkeiten unserer ideologischen und politischen Entwicklung zu verabsolutieren, denn dadurch würde man die Umgestaltung an sich, neue günstige politische und ideologische Erscheinungen, die sie im Leben der sozialistischen Gesellschaft hat aufkommen lassen, in Zweifel ziehen.
Wir brauchen keine Angst vor neuen Problemen, neuen Entdeckungen, neuem Herangehen im ideologischen und politischen Prozeß zu haben. Unsere Vernunft, unsere Kräfte und Fähigkeiten werden ausreichen, um unsere Arbeit auf Leninsche Art und Weise unter den Bedingungen der Umgestaltung durchzuführen. Man muß die komplizierte, dialektisch widerspruchsvolle Kunst der Umgestaltung erlernen.
(36/35, 36)

Auf dem Plenum des Zentralkomitees der KPdSU, welches am 25. und 26. Juni 1987 in Moskau stattfand, wurde das von Michail Gorbatschow unzählige Male leidenschaftlich verfochtene Programm für eine radikale Reform der Wirtschaftsleitung angenommen.

Die Reform zielt vor allem darauf ab, unserem Wirtschaftswachstum neue Stimuli und Impulse zu geben, ein festes materielles Fundament für einen beschleunigten sozialen und geistigen Fortschritt der sowjetischen Gesellschaft zu schaffen.
Wir durchleben jetzt eine Art Übergangsperiode, besonders wenn man von der Wirtschaft spricht. Es steht bevor, alle Betriebe und Vereinigungen auf die vollständige wirtschaftliche Rechnungsführung umzustellen, eine radikale Reform der Preisbildung vorzubereiten und zu verwirklichen, sowie die materiell-technische Sicherstellung durch Übergang auf den Großhandel mit Produktionsmittel, die Finanzen und den Kredit und die Organisationsstruktur der Leitung zu verändern.
Ab dem nächsten Jahr, ab 1988, werden nach den neuen Prinzipien Betriebe und Vereinigungen arbeiten, die etwa zwei Drittel der gesamten Industrieproduktion liefern, u. a. der gesamte

Maschinenbau, das Hüttenwesen, der Hauptteil von Betrieben der Brennstoff- und Energiezweige sowie der chemischen, Holz-, Leicht-, Nahrungsmittel- und Fischereiindustrie und auch alle Transportarten. 1989 soll der Übergang zur Arbeit unter den neuen Bedingungen der Wirtschaftsführung abgeschlossen werden.

Auf uns warten neue Probleme und nicht wenige Schwierigkeiten. Das Leben wird die Vorstellungen von der Umgestaltung vertiefen. Wir sind auch gegen Fehler nicht gefeit, obgleich man so arbeiten und handeln muß, daß es sie so wenig wie möglich gibt.

Aber trotzdem bin ich überzeugt, daß der größte Fehler die Angst ist, Fehler zu machen. Wenn jemand die Schwierigkeiten der gegenwärtigen Etappe fürchtet, feige im Arbeitszimmer abwartet und nicht darauf reagiert, daß das Leben lauter und lauter an die Fenster und Türen klopft, dann ist das der größte Fehler.

Wir haben uns fest vorgenommen, den akuten Problemen nicht auszuweichen, die Fragen nicht anzuhäufen – ihrer haben sich ohnehin schon zuviel angesammelt. Die Angst vor Fehlern ist besonders unheilvoll. Sie lähmt den Willen und bremst die Bemühungen bei der Veränderung der Gesellschaft.

Es ist natürlich notwendig, alles dafür zu unternehmen, daß sich diese komplizierte Übergangsperiode bei uns nicht in die Länge zieht, daß wir in dieser verantwortungsvollen Zeit der Umgestaltung entschlossen, bedacht und effektiv handeln. Hier ist alles von Bedeutung, aber das Wichtigste ist wohl, daß wir mit der radikalen Reform der Wirtschaftsleitung beginnen, die die ökonomischen Interessen von Millionen Menschen berührt. Ich wiederhole: Das ist das Bedeutendste, das Allerwichtigste. Deshalb müssen wir bei allen praktischen Angelegenheiten diese Interessen berücksichtigen. Aber das bedeutet bei weitem nicht, daß wir im Kielwasser verschiedener Stimmungen und Schmarotzerinteressen dahinsegeln dürfen. Nein, ich spreche über die gesetzmäßigen Interessen, die wir berücksichtigen müssen. Die Menschen müssen in der Tat zu spüren bekommen, daß sich die Umgestaltung entfaltet, vertieft und reale Früchte in allen Bereichen des Lebens zu tragen beginnt und in erster Linie darin, was die Befriedigung der tagtäglichen und dringlichen Bedürfnisse der Werktätigen betrifft.

Eben danach, wie die Umgestaltung verläuft, nach ihren Ergebnissen, wird man die Möglichkeiten des Sozialismus beurteilen,

wird man beurteilen, was er praktisch dem Menschen gibt und inwiefern die Gesellschaft in sozialer Hinsicht effektiv ist.
(36/71, 74, 68, 75, 77, 5)

Im Westen verfolgt man mit besonderer Spannung die „Standfestigkeit“ und „Durchschlagskraft“ des Generalsekretärs innerhalb der KPdSU. Finden Michail Gorbatschows Reformprogramme die einhellige Zustimmung der Partei?

Ich kann feststellen, daß in der Führung der Partei und des Landes die Einheit der Ansichten zu grundlegenden Fragen der Umgestaltung, der Innen- und Außenpolitik existiert. Diese Einheit ermöglicht es, Entscheidungen, die von der Zeit diktiert sind, zu treffen und sie sicher in die Tat umzusetzen. Ich denke, daß das immer, aber insbesondere in den Umbruchsperioden der Entwicklung, wichtig ist.
Aber ich muß selbstkritisch erklären, daß wir auch unsere Unzulänglichkeiten bei der praktischen Tätigkeit sehen. Es gibt Fakten, daß wichtige Entscheidungen zu großen Fragen der Entwicklung des Landes langsam, nicht in vollem Umfang realisiert werden. Im Grunde genommen sind wir jetzt lediglich auf der ersten Welle der Umgestaltung. Diese Welle brachte stehendes Wasser in Bewegung.
Es ist sehr wichtig, daß in der gegenwärtigen Etappe – einer Etappe der Entfaltung großangelegter praktischer Taten – in die leitenden Funktionen in den Parteiorganisationen besonders aktive Anhänger der gesellschaftlichen Wandlungen, prinzipientreue Menschen gewählt werden, die das Gebot der Zeit erkennen, richtige „Bauführer“ der Umgestaltung sind, die bereit sind, keine Kräfte für ihre erfolgreiche Durchführung zu schonen. Man muß so handeln, daß alle, die auf der Seite der Umgestaltung sind, die die Reform unterstützen, die sich mit Leib und Seele dieser Sache hingeben, daß diese Menschen die aktive Unterstützung und Aufmerksamkeit seitens der Parteiführung genießen.
Mehr noch: Sollten wir jetzt das Unheil des Durcheinanders bei den Kadern an der Basis – ich meine damit die Leiter von Betrieben, Baustellen, Kollektivwirtschaften und Staatsgütern – nicht überwinden, so wird die Reform sehr schwer vorankommen. Deshalb möchte ich noch einmal wiederholen: Alle Kader, die politisch auf der Seite der Umgestaltung sind und die

erforderliche Kompetenz besitzen, müssen unterstützt werden. Man muß sie unterstützen und ihnen bei der Arbeit helfen.
(36/13, 11, 36, 75, 76)

Daß in der praktischen Tätigkeit, in der endgültigen Anwendung aller Bestimmungen der Umgestaltung in der Wirtschaftsleitung das „Unheil des Durcheinanders“ entstehen könnte, ist leicht möglich. Auch die Fragen „Was ist erlaubt? Wie weit kann man gehen?“ werden an diversen Fronten auftauchen.

Unklarheiten in der Frage der Gesetzlichkeit oder Ungesetzlichkeit dieser oder jener Handlungen im Bereich der Wirtschaftsführung müssen völlig ausgeschlossen werden. Es gilt das allgemein rechtliche Prinzip: „Es ist erlaubt, alles zu tun, was nicht vom Gesetz verboten ist“, breiter anzuwenden.
Es gilt auch, ein System dafür zu schaffen, daß die Gesetze und Beschlüsse der Regierung schnell die Arbeitskollektive erreichen. Die Menschen müssen die Gesetze kennen, die ihr Leben und ihre Tätigkeit regeln.
(36/69)

Welche Botschaft gibt Michail Gorbatschow dem Sowjetvolk mit auf den Weg der konstruktiven Arbeit in der Umgestaltung?

Die Umgestaltung ist kein Schlüssel zu übervollen Kornkammern. Die Umgestaltung ist die Aufforderung an alle ohne Ausnahme, besser zu arbeiten und mit gemeinsamen Anstrengungen das Leben der sowjetischen Menschen noch besser zu machen.
Es kommt für uns alle vor allem darauf an, zu handeln und zu handeln, energisch und zielstrebig; nach Reserven zu suchen, Fehlschläge, Mängel zu kritisieren und zugleich auch das Neue, Konstruktive zu unterstützen.
Wie ich bereits sagte, werden wir es besonders in den ersten Jahren schwer haben. Wenn wir nicht wankelmütig werden und in dieser Zeit bestimmte Ziele erreichen, und davon sind wir überzeugt, dann wird die Umgestaltung leben und reiche Früchte tragen.
Wir haben uns Aufgaben von revolutionären Dimensionen vorgenommen und müssen wie Revolutionäre handeln. Auch nicht einen Tag können und dürfen wir darin nachlassen. Wir müssen

die Anstrengungen, die gewaltigen, neuen Aufgaben der jetzigen Zeit und die mehrfachen Belastungen im Anfangsstadium der Umgestaltung aushalten.
(23/9; 38/9)

3. TEIL

Außenpolitik und internationale Beziehungen

Führt das von Michail Gorbatschow geprägte „neue Denken" in der Außenpolitik auch zur Umgestaltung – zur Perestroika – in den internationalen Beziehungen?
Dieses Wort – Perestroika – wird heute im Westen schon gar nicht mehr übersetzt, sondern mit lateinischen Buchstaben in seiner russischen Form transkribiert...

Die Umgestaltung ist – hebt man ihren internationalen Aspekt hervor – die Einladung des Sozialismus zu einem friedlichen Wettbewerb mit einem beliebig anderen sozialen System. Und wir werden mit unseren Taten beweisen, daß ein solcher Wettbewerb dem allgemeinen Fortschritt und dem Frieden in der ganzen Welt zum Nutzen gereicht.
Damit aber ein solcher Wettbewerb stattfindet und sich in zivilisierten Formen entwickelt, die der Menschheit des 21. Jahrhunderts würdig sind, ist eine neue Denkweise erforderlich, ist es notwendig, die Denkweise, die Vorstellungen und Dogmen zu überwinden, die von der unwiderruflich der Geschichte angehörenden Vergangenheit geerbt wurden.
Das Problem der neuen Denkweise beschäftigt unsere Gesellschaft, die sowjetische Führung nicht erst seit gestern. Wir haben darüber viel nachgedacht. Wir haben uns selbst und andere kritisiert, haben uns schwere, Kopfzerbrechen verursachende Fragen gestellt, bevor wir die Realitäten in ihrer jetzigen Form sahen und zu der Überzeugung kamen, daß in der heutigen komplizierten und widersprüchlichen Welt, die sich an einem Scheideweg befindet, ein neues Herangehen und neue Methoden der Lösung der internationalen Probleme notwendig sind.
Im Ergebnis des vier Jahrzehnte andauernden nuklearen Wettrüstens steht die Menschheit buchstäblich vor der Frage des Überlebens. Bei all ihrer Vielfalt und Widersprüchlichkeit ist die Welt von heute durch immer engere gegenseitige Verbindungen und wechselseitige Abhängigkeiten sowie ein großes Maß an Ganzheit gekennzeichnet.
Alle Mitglieder der Weltgemeinschaft sind miteinander durch Probleme verbunden, die sie bisher nicht kannte – von der nuklearen Gefahr bis zur außergewöhnlichen Rolle der Massen-

medien. Und verlangt denn die Bekämpfung von Erscheinungen, die die Zivilisation bedrohen, wie Terrorismus, Verbrechen und Rauschgiftsucht, nicht einen Zusammenschluß? Ist denn nicht klar, daß es, wenn wir heute die Anstrengungen bei der Bekämpfung eines neuen Unheils, das über die Menschheit hereingebrochen ist, wie Aids, nicht vereinigen, es morgen schon zu spät sein kann? Dieses Verzeichnis ließe sich fortsetzen. Buchstäblich Dutzende überaus komplizierte Probleme werden heute global, das heißt, sie können lediglich von der vereinigten Weltgemeinschaft gelöst werden.
Daraus folgt, daß der Weg zur Schaffung eines dauerhaften, kernwaffenfreien Friedens, den die Völker so sehr wünschen, die der Konfrontation müde sind und unter ihr fast ersticken, der Weg zu einer gewaltfreien Welt, in der jeder seine philosophischen, ideologischen, politischen und religiösen Anschauung beibehalten kann, Verhandlungen zwischen den Staaten und die gemeinsame Erarbeitung von Vereinbarungen zu den Kernpunkten der internationalen Tagesordnung, und vor allem zu den Abrüstungsfragen, sind.
Das erfordert von den Staaten, in Übereinstimmung mit dem neuen Denken auch die Praxis der internationalen Beziehungen und der Diplomatie zu erneuern.
(14/45; 17/9, 10; 25/18, 19; 32/5; 24/22)

Wie stellt sich der Generalsekretär der KPdSU eine Erneuerung der „Praxis in den internationalen Beziehungen und der Diplomatie" vor?

Erinnern wir uns daran, wie oft in der Vergangenheit Abrüstungsverhandlungen aufgenommen wurden. Doch die Staaten gingen häufig stillschweigend davon aus, daß es zwar gut wäre zu verhandeln, aber nicht gar so schlimm sei, wenn nichts dabei herauskommt.
Jetzt müssen wir alle begreifen, daß es schlimm wäre, daß nicht zugelassen werden darf, daß sich die Menschheit mit immer neuen Schritten der Grenze nähert, hinter der die Existenz aufhört. Es ist ein Gebot des Lebens, darüber übereinzukommen, sich in die entgegengesetzte Richtung zu bewegen.
Das ist jetzt eine kategorische Forderung an Politik und Diplomatie. In diesem Geiste ist unsere internationale Politik konzipiert.
Die Welt ist voll von verschiedenen Interessen und Unterschie-

den. Doch man muß über sie um der allgemein menschlichen Werte willen hinwegsehen und auf eine Ausgewogenheit der Interessen hinarbeiten. Eben darauf ist unsere neue Denkweise begründet. Wir haben damit begonnen, sie zu meistern, und das nicht nur theoretisch, es wurden schon nicht wenige Schritte getan. Wir sind bestrebt, eine Politik der realen Taten durchzuführen. Was aber nottut, ist Gegenseitigkeit. Im Alleingang werden wir die Brücke des Friedens nicht bauen können.

Wir wissen natürlich, daß unsere Umgestaltung auf außenpolitischem Gebiet und unser Appell zum neuen Denken im Westen bei weitem nicht jedem gefallen. Mehr noch: Es wird immer deutlicher, wo sich die größten Widerstandsherde befinden, wer gerne eine Kampffront gegen die neuen Methoden in der Außenpolitik bilden würde.

Ohne Überwindung des Widerstandes derer, die sich an die alte Politik der Stärke und die veralteten Stereotypen in den Ost-West-Beziehungen klammern, kann schwerlich mit einer radikalen Gesundung der internationalen Beziehungen und der Gewährleistung eines festen und sicheren Friedens gerechnet werden. Die Zeit der Großmachtpolitik ist bereits vorbei. Man muß auf neuen Wegen das neue Jahrhundert errichten. Und unsere außenpolitischen Initiativen unterbreiten wir nicht etwa deshalb, um irgendeinen Preis zu gewinnen oder jemandem zu gefallen, sondern um in den internationalen Beziehungen, die Beziehungen zwischen der UdSSR und den Vereinigten Staaten eingeschlossen, eine Wende zum Besseren zu vollziehen.

(25/19; 32/5, 6)

Michail Gorbatschow wird es nicht müde, die USA immer wieder aufzufordern, die Politik der Stärke, das meint das Wettrüsten, zu beenden und endlich seine Abrüstungsinitiativen anzunehmen.
Die Genfer Abrüstungsverhandlungen scheinen im Juli 1987 zu stagnieren, die amerikanische Administration zeigt wenig Bereitschaft zu einem hoffnungsvollen Dialog.
Ist das Mißtrauen gegen die Sowjetunion und ihre „kommunistischen Machtansprüche" unüberwindbar?

Diese Widersprüche haben eine langjährige Vergangenheit. Seit dem Großen Oktober in Rußland, seit der Spaltung der Welt nach dem sozialen und klassenmäßigen Merkmal zeigten sich prinzipielle Unterschiede sowohl in der Einschätzung des Ge-

schehens als auch in den Ansichten über die soziale Perspektive der Welt.
Der Kapitalismus empfand die Entstehung des Sozialismus als einen „Fehler“ der Geschichte, der zu „korrigieren“ sei. Und zwar um jeden Preis, mit beliebigen Mitteln zu korrigieren, ohne sich viel um Recht und Moral zu kümmern; durch bewaffnete Intervention, Wirtschaftsblockade, subversive Tätigkeit, Sanktionen und „Bestrafungen“ durch den Verzicht auf jede wie auch immer geartete Zusammenarbeit. Aber nichts hat die Behauptung der neuen Gesellschaftsordnung und ihres historischen Rechts auf Leben verhindern können.
Wir unsererseits sind bereit, alles zu tun, was von uns abhängt, damit sich die internationale Situation radikal zum Besseren wendet.
Das Lügenmärchen von der sowjetischen beziehungsweise kommunistischen „Bedrohung“ ist im Schwange, es muß das Wettrüsten und die eigene Aggressivität rechtfertigen. Doch wird immer klarer, daß man auf dem Kriegspfad zu keinen vernünftigen Lösungen, ganz gleich, ob internationalen oder inneren, kommen kann. Wenn in der Welt immense nukleare Waffenvorräte gehortet sind und Fachleute nur darüber streiten, wie viele Male oder gar Dutzende Male die Menschheit vernichtet werden kann, ist es höchste Zeit, die praktische Abkehr vom Balancieren am Rande des Krieges, vom Gleichgewicht der Angst einzuleiten und zu normalen, zivilisierten Formen der Beziehungen zwischen den Staaten beider Systeme überzugehen.
(41/16, 18)

Das sozialistische Gesellschaftssystem, der Kommunismus, werden in den USA in Form einer „sozialistischen Weltrevolution“ als permanente Bedrohung empfunden. Ein dementsprechendes Feindbild hat sich aufgebaut. Ein Feindbild ergibt sich aber auch für die Sowjetunion in der Existenz und dem Zusammenspiel von Kapitalismus, Imperialismus und der amerikanischen Politik der Stärke.
Wie beurteilt der Generalsekretär der KPdSU die politischen Ansprüche von Kapitalismus und Imperialismus in unserer heutigen Welt?
Manifestiert die „friedliche Koexistenz“ das friedliche Nebeneinanderbestehen sozialistischer und kapitalistischer Staaten für alle Zukunft?

Der rechte Flügel der monopolistischen USA-Bourgeoisie sieht im Anheizen der internationalen Spannungen auch heute eine

Rechtfertigung für Militärausgaben, globale Ansprüche, die Einmischung in die Angelegenheit anderer Länder und die Offensive auf die Interessen und Rechte der amerikanischen Werktätigen. Nach allem zu urteilen, spielt auch die Absicht nicht die letzte Rolle, die Spannungen zu benutzen, um die Bündnispartner unter Druck zu setzen, sie möglichst gefügig zu machen und dem Diktat Washingtons unterzuordnen.

Die Politik der totalen Auseinandersetzung, der militärischen Konfrontation hat keine Zukunft. Die Flucht in die Vergangenheit ist keine Antwort auf die Herausforderung der Zukunft, eher schon eine Verzweiflungstat, aber davon wird eine solche Position nicht weniger gefährlich.

Anders als der Imperialismus, der versucht, den Gang der Geschichte mit Gewalt anzuhalten und das Vergangene zurückzuholen, hat der Sozialismus seine Zukunft aus eigenem Antrieb nie an die militärische Lösung internationaler Probleme geknüpft. Das bestätigte gleich die erste große Diskussion in unserem Land nach dem Sieg des Großen Oktober. In ihrem Verlauf wurden bekanntlich die Ansichten der „linken Kommunisten" und Trotzkisten entschieden zurückgewiesen, die die Theorie eines „revolutionären Krieges" verfochten, welcher angeblich den Sozialismus in andere Länder tragen kann. Wie W. I. Lenin bereits 1918 hervorhob, wäre eine solche Theorie „ein völliger Bruch mit dem Marxismus, denn dieser hat stets das ‚Anpeitschen' von Revolutionen abgelehnt, die sich in dem Maße entwickeln, wie die Klassengegensätze, die Revolutionen hervorrufen, immer größere Schärfe gewinnen". Wir sind auch heute zutiefst überzeugt: Eine Revolution von außen anzupeitschen, erst recht mit militärischen Mitteln, ist sinnlos und unzulässig.

Gerade um Fragen des realen Gehalts einer Politik, die imstande ist, den Frieden zu erhalten, wird allem Anschein nach in den bevorstehenden Jahren der entscheidende Kampf ausgetragen. Ein komplizierter, vielschichtiger Kampf, denn wir haben es mit einer Gesellschaft zu tun, deren führende Kreise nicht gewillt sind, die Gegebenheiten der Welt und ihre Perspektiven realistisch zu beurteilen und ernste Konsequenzen aus eigenen und fremden Erfahrungen zu ziehen.

In dieser Situation läßt sich also die Zukunft der Beziehungen zwischen sozialistischen und kapitalistischen Ländern, zwischen der UdSSR und den USA nur sehr schwer prognostizieren.

Entscheidend werden dabei das internationale Kräfteverhältnis,

das Wachstum und die Aktivitäten des Friedenspotentials, seine Fähigkeit sein, der Gefahr eines Nuklearkrieges wirksam entgegenzutreten. Nicht wenig wird auch vom Grad des Realismus der herrschenden Kreise des Westens bei der Einschätzung der Lage abhängen. Doch ist es schlimm, wenn Politiker manchmal nicht nur blinde Augen, sondern auch eine blinde Seele haben. Da ein Kernwaffenkrieg absolut unzulässig ist, muß nicht die Konfrontation, sondern die friedliche Koexistenz der Systeme zu einem Gesetz der zwischenstaatlichen Beziehungen werden.
Die vergangene Periode hat viele Bestätigungen für die Vertiefung der allgemeinen Krise des Kapitalismus geliefert. Der gegenwärtige Kapitalismus, dessen Ausbeuterwesen unverändert bleibt, unterscheidet sich in vieler Hinsicht von jenem Kapitalismus, der Anfang und sogar noch Mitte des 20. Jahrhunderts bestand.
Unter dem Einfluß und vor dem Hintergrund der wissenschaftlich-technischen Revolution spitzt sich der Konflikt zwischen den gigantisch gewachsenen Produktivkräften und auf dem Privateigentum beruhenden Charakter der sozialen Verhältnisse noch mehr zu. Davon zeugen das Wachstum der Arbeitslosigkeit, die Verschärfung des gesamten Komplexes der sozialen Probleme, der alles durchdringende Militarismus als das geläufigste Mittel, die Wirtschaft anzukurbeln, die anwachsende Krise der politischen Institutionen, des geistigen Bereichs, der lastende Druck der Reaktion auf der ganzen Linie: in Innen- und Außenpolitik, Wirtschaft und Kultur sowie bei der Nutzung von Erkenntnissen des menschlichen Geistes.
Besonders sei auf eine so gefährliche Erscheinungsform der Krise des Kapitalismus wie den Antikommunismus und Antisowjetismus hingewiesen. Das ist nicht nur eine Außenpolitik. Im heutigen imperialistischen System ist das auch eine höchst wichtige Richtung der Innenpolitik, ein Instrument des Drucks auf alle fortschrittlichen und progressiven Kräfte, die in den kapitalistischen Ländern, im nichtsozialistischen Teil der Welt leben und kämpfen.
Es stimmt, daß auch die gegenwärtige Etappe der allgemeinen Krise keine absolute Stagnation des Kapitalismus mit sich bringt und Möglichkeiten des Wachstums seiner Wirtschaft, der Erschließung neuer wissenschaftlich-technischer Richtungen nicht ausschließt. Sie (die Krise) „läßt" zu, daß konkrete wirtschaftliche, militärische, politische und sonstige Positionen gehalten werden und daß an gewissen Abschnitten sogar die so-

ziale Revanche, das Zurückholen des früher Verlorenen möglich sein könnte. Doch da der Kapitalismus über keine positiven Ziele und Orientierungspunkte verfügt, die die Interessen der werktätigen Massen zum Ausdruck bringen, ist er heute mit einer nie dagewesenen Verflechtung und wechselseitigen Verschärfung aller Gruppen seiner Widersprüche konfrontiert.

Seit Mitte der siebziger Jahre veränderten die immer häufigeren Wirtschaftskrisen und die weitere technologische Umstrukturierung der Produktion die Lage und machten es dem Kapital möglich, zur Gegenoffensive überzugehen und den Werktätigen ihre sozialen Errungenschaften zu einem Großteil zu nehmen. Die Arbeitslosigkeit hat alle Rekorde der Nachkriegszeit geschlagen. Merklich verschlechterte sich die Lage der Bauern und Farmer: Die einen Wirtschaften gehen pleite, ihre einstigen Besitzer füllen die Reihen der im Lohnverhältnis Stehenden auf. Andere geraten in knechtende Abhängigkeit von großen Agrarmonopolen und Banken. Die soziale Differenzierung vertieft sich und wird immer krasser. In den USA zum Beispiel besitzt ein Prozent der reichsten Familien Vermögenswerte, die fast anderthalbmal so groß sind wie der Gesamtreichtum jener 80 Prozent der Familien, die sich im unteren Teil der Eigentumspyramide befinden.

Ein neuer, komplizierter und flexibler Komplex von Widersprüchen ist zwischen dem Imperialismus und den Entwicklungsländern und ihren Völkern entstanden.

Die Befreiung der ehemaligen Kolonien und Halbkolonien war ein wuchtiger politischer und ideologischer Schlag gegen das kapitalistische System. In der Form, wie es sich im 19. Jahrhundert herausbildete und noch in der ersten Hälfte des 20. Jahrhunderts bestand, hörte dieses System auf zu bestehen. Ein langwieriger, schwieriger, doch unaufhaltsamer Prozeß der sozialökonomischen Umgestaltung im Leben der Völker, die die Mehrheit der Menschen ausmachen, ist im Gange. Ein Prozeß, der nicht wenig grundsätzliche Veränderungen gebracht hat, doch auch auf keine geringen Schwierigkeiten gestoßen ist. Durch politische Manöver, Versprechungen und Bestechungen, militärische Drohungen und Erpressung, nicht selten auch durch direkte Einmischung in die inneren Angelegenheiten der national befreiten Länder gelang es dem Kapitalismus, die früheren Beziehungen der wirtschaftlichen Abhängigkeit in hohem Maße zu retten.

Auf diese Grundlage hat es der Imperialismus vermocht, ein äu-

ßerst raffiniertes System der neokolonialistischen Ausbeutung zu schaffen und zu konsolidieren sowie eine beträchtliche Anzahl national befreiter Staaten noch enger an sich zu binden.
Die Folgen sind tragisch. Die Entwicklungsländer mit ihrer Gesamtbevölkerung von mehr als zwei Milliarden sind praktisch eine einzige Armutsregion.
Zu Beginn der achtziger Jahre machte das Pro-Kopf-Einkommen in den national befreiten Ländern als Ganzes nur ein Elftel des Standes in den entwickelten kapitalistischen Ländern aus. In den letzten drei Jahrzehnten nimmt diese Spanne nicht ab, sondern wird noch größer. Und es geht nicht nur um Unwissenheit, chronische Unterernährung und Hungersnot, um eine erschreckende Kindersterblichkeit und um Seuchen, die Hunderte Millionen Menschen befallen.
Eine solche Lage ist ein Schandfleck für die zivilisierte Menschheit! Schuld daran ist der Imperialismus.
Und dies nicht nur vom Standpunkt der Geschichte – der kolonialen Raubpraktiken auf ganzen Kontinenten, die eine unglaubliche Rückständigkeit hinterlassen hatten – sondern auch in gleichem Maße vom Standpunkt der heutigen Entwicklung. Allein im letzten Jahrzehnt waren die Profite, die die USA-Konzerne aus den Entwicklungsländern herausgepumpt haben, viermal so hoch wie ihre Investitionen. In der lateinamerikanischen und der karibischen Region waren die Profite der USA-Monopole in der gleichen Zeitspanne mehr als achtmal so hoch wie ihre Investitionen.
Die Entwicklungsländer werden von allen imperialistischen Staaten ausgebeutet, aber der USA-Imperialismus tut das zweifelsohne mit größter Rücksichtslosigkeit.
Die Notlage der Entwicklungsländer ist ein äußerst ernstzunehmendes weltumspannendes Problem. Gerade darin und nicht in etwas anderem liegen die wahren Ursachen vieler Konflikte in Asien, Afrika und Lateinamerika.
Das ist die Wahrheit, wie sehr sich die herrschenden Kreise der imperialistischen Mächte über die „Hand Moskaus" auch auslassen mögen, um ihre neokolonialistische Politik und ihre globalen Ansprüche zu rechtfertigen.
Nehmen wir das Problem der Verschuldung. In Verbindung mit dem Umfang der aus den Entwicklungsländern alljährlich ausgeführten Profite bedeutet die jetzige Verschuldung nur eins: die Einschränkung ihrer Entwicklungsperspektiven und die Unvermeidlichkeit der weiteren Verschärfung der ohnehin außer-

ordentlich schweren sozialen wirtschaftlichen und anderen Probleme.
Unter den bestehenden Bedingungen werden diese Länder ihre Schulden natürlich nicht tilgen können. Wenn keine gerechte Lösung gefunden wird, kann eine solche Situation ernsthafte sozialökonomische und politische Folgen für die internationalen Beziehungen nach sich ziehen. Man kann nicht sagen, daß die herrschenden imperialistischen Kreise die Gefahr, die diese Situation in sich birgt, übersehen. Aber ihre Sorgen gelten nur dem Ziel, das heutige System ihrer Bereicherung durch Ausbeutung und Superausbeutung der Völker der Entwicklungsländer zu retten.
Fest steht auch etwas anderes. Zwischen den billionenschweren Schulden dieser Länder und dem Wachstum der USA-Militärausgaben um mehr als eine Billion Dollar im letzten Jahrzehnt besteht ein eindeutiger Kausalzusammenhang.
Die mehr als 200 Milliarden Dollar, die jährlich aus den Entwicklungsstaaten herausgepumpt werden, und das praktisch ebenso hohe Militärbudget der USA in den letzten Jahren ist ebenfalls kein zufälliges Zusammentreffen.
Deshalb ist der Militarismus unmittelbar daran interessiert, das System der neokolonistischen Superausbeutung aufrechtzuerhalten und noch zu verhärten.
All das kann nicht unendlich so weitergehen. Selbstverständlich darf man nicht auf Wunder rechnen, die Situation wird sich nicht von allein einrenken. Es bedarf radikaler Lösungen, und zwar im Interesse der Völker der Entwicklungsstaaten.
Wir verstehen sehr wohl, daß bei weitem nicht alles in unseren Kräften liegt, daß vieles vom Westen und vom Vermögen seiner Spitzenpolitiker abhängen wird, an wichtigen historischen Scheidewegen klaren Kopf zu behalten. Der amerikanische Präsident sagte einmal, sollte unserem Planeten die Invasion von Außerirdischen drohen, würden die UdSSR und die USA rasch eine gemeinsame Sprache finden. Ist aber eine nukleare Katastrophe denn keine realere Gefahr als die Landung imaginärer Außerirdischer? Ist denn die ökologische Gefahr nicht groß genug?
Werden die herrschenden Zentren des Kapitals den Weg eines nüchternen, konstruktiven Urteils über die heutige Entwicklung einschlagen können? Am leichtesten wäre es zu sagen: vielleicht ja, vielleicht auch nein. Aber die Geschichte gibt uns kein Recht zu einer solchen Prognose. Wir können ein Nein auf die Frage

„Sein oder Nichtsein der Menschheit" nicht akzeptieren. Wir sagen: Der soziale Fortschritt, das Fortbestehen der Zivilisation müssen und werden überdauern.
Wir sind Realisten und uns durchaus darüber im klaren, daß sehr vieles beide Welten voneinander trennt, und zwar tief trennt. Doch sehen wir auch etwas anderes: Das Bedürfnis, die vordringlichsten allgemeinmenschlichen Aufgaben zu lösen, muß sie zum Zusammenwirken bewegen und bisher unbekannte Kräfte des Selbsterhaltungswillens der Menschheit wecken. Und darin liegt auch ein Impuls zu Entscheidungen, die den Realitäten der Zeit adäquat sind.
Der Gang der Geschichte, des sozialen Fortschritts erfordert immer nachdrücklicher, daß ein konstruktives, dem Aufbauwerk dienendes Zusammenwirken von Staaten und Völkern auf unserem gesamten Planeten in die Wege geleitet wird.
Ein solches Zusammenwirken ist vonnöten, damit ein nukleares Inferno verhindert wird und die Zivilisation überleben kann.
(41/17, 18, 19, 24, 25, 28, 29)

Auch wenn die politische Analyse des Generalsektretärs der KPdSU viele nüchterne Argumente enthält, ist doch Verbitterung über die wenig kooperative Haltung der USA in der nuklearen Abrüstungsdebatte nicht zu übersehen. Nicht zu übersehen ist aber auch, daß in der sowjetischen Öffentlichkeit ein ziemlich schwarzes Amerika-Bild präsent ist. Nicht zuletzt durch die sowjetischen Medien vermittelt.

Wenn wir mitunter scharf über Amerika diskutieren, stellen wir es bei weitem nicht nur in schwarzer Farbe dar, nicht einmal in zwei Farben – schwarz und weiß.
Wir sehen ein reales Amerika, wie es eben ist. Und wir wissen, daß es auch in der amerikanischen Gesellschaft viele Menschen gibt, die das realistische Herangehen an die Gegenwartsprobleme teilen.
Man muß arbeiten und einen neuen Typ von Beziehungen in den internationalen, zwischenstaatlichen Angelegenheiten schaffen. Weder der Sowjetunion noch den Vereinigten Staaten wird es gelingen, die Welt zu kommandieren. Die Welt hat sich verändert. Sieht man das nicht ein, so kann man in der Politik einen schweren Irrtum begehen.
Wenn wir den Austausch von Erfahrungen bei der Lösung mannigfaltiger darunter nationaler Probleme vorschlagen, so

sind wir wirklich aufrichtig. Aber damit dies zum Nutzen gereicht, muß man sich von Spekulationen und Versuchen der Einmischung in die inneren Angelegenheiten lossagen, sich das Gebaren eines Gendarmen oder Schulmeisters abgewöhnen. Man muß auf das „Feindbild“ verzichten. In der gegenwärtigen Situation ist das unzulässig. Das alles ist überholt, ist vorbei. Was nötig ist, ist Aufmerksamkeit für jedes Volk, für jedes Land und selbstkritisches Verhalten sich selbst gegenüber, gegenüber den Problemen des eigenen Landes. Ob wir einander gefallen oder nicht, müssen wir gegenseitig verantworten.
(10/163; 21/14)

Die „Einmischung in die inneren Angelegenheiten“ die sich der Generalsekretär hier verbietet, zielen auf die häufigen amerikanischen Klagen über die „Unterdrückung jüdischer Bürger in der Sowjetunion“ und ihre erschwerten Emigrationsmöglichkeiten.

Soviel zu den sowjetischen Juden. Diese Frage ist Bestandteil einer zügellosen antisowjetischen Propaganda. In der UdSSR sind Antisemitismus wie auch andere Formen der Rassendiskriminierung gesetzlich verboten und gelten als Verbrechen.
In der Sowjetunion ist das unmöglich, was oft genug in den USA, aber auch in anderen westlichen Ländern geschieht – die Schändung jüdischer Gräber, die Tätigkeit neonazistischer Organisationen, welche in Zeitungen und im Rundfunk ihren Haß gegen die Juden propagieren. Die Juden sind bei uns genauso frei und gleichberechtigt wie die Menschen jeder anderen Nationalität.
Sie beteiligen sich aktiv am gesellschaftlichen und staatlichen Leben im Lande. Bei uns erscheinen Bücher, Zeitschriften und Zeitungen in Jiddisch, die Synagogen sind geöffnet.
Und die meiner Meinung nach aufdringliche „Aufmerksamkeit“ der antikommunistischen und zionistischen Propaganda für das Schicksal der Juden in der UdSSR ist nichts anderes als Heuchelei, die weitreichende politische Ziele verfolgt, und zwar Ziele, die mit den wahren Interessen der Sowjetbürger jüdischer Nationalität nichts gemein haben.
Ich meine, daß in einer zivilisierten Gesellschaft generell weder Antisemitismus noch Zionismus noch irgendwelche Erscheinungen von Nationalismus, Chauvinismus und Rassismus überhaupt einen Platz haben dürfen. Und die Frage nach der

Ausmerzung dieses Übel in globalem Maßstab ist äußerst aktuell.
In Südafrika sind die Rassisten zu blutigen Repressalien gegen die schwarze Bevölkerungsmehrheit übergegangen. In Westeuropa nehmen Pogrome sowie die Unterdrückung von Afrikanern, Indern, Türken und Einwanderern aus anderen Ländern Asiens zu. In den USA ist der Rassismus in den letzten Jahren ebenfalls sichtbar zu einem Gegenangriff übergegangen. Und wieviele Jahres ist es schon her – und die Gründe dafür sind bekannt – daß das arabische Volk von Palästina von seinem Boden vertrieben worden ist?
(4/44)

Zwanzig Jahre sind es schon her, seit der Sechstagekrieg stattfand. Seit dieser Zeit bestehen keine diplomatischen Beziehungen zwischen der UdSSR und Israel. Die UdSSR unterstützt das Anliegen der Palästinenser und in Israel „beschuldigt" man die UdSSR des „Antizionismus", des „Antisemitismus" usw.

In jüngster Zeit wird viel über die Beziehungen zwischen der Sowjetunion und Israel gesprochen, dabei werden Berge von Erfindungen aufgetürmt. Ich sage offen: Das Fehlen dieser Beziehungen kann nicht als normal angesehen werden.
An dem Bruch war aber Israel schuld. Er war eine Folge der Aggression gegen die arabischen Länder. Gleichermaßen wie bei allen anderen Staaten wird von uns das Recht Israels auf Frieden und gesicherte Existenz eindeutig anerkannt. Zugleich ist die Sowjetunion nach wie vor kategorisch gegen die Gewalt- und Annexionspolitik Tel Avivs.
Es muß klar sein: Fortschritte in den Beziehungen zu Israel sind nur im Kontext des Prozesses der Nahostregelung denkbar. Diese Frage aus dem Kontext herauszunehmen ist unmöglich. Dieser Zusammenhang ist durch die Entwicklung und die isrealische Politik selbst bedingt.
Wir haben keinen Grund, uns gegenüber Israel anders zu verhalten als zu einem beliebigen anderen Staat, außer dem einen Grund – der aggressiven Politik Israels gegenüber den Arabern.
(30/5; 25/26, 27)

Der Nahost-Konflikt ist ein ständiger Gefahrenherd für die Konfrontation – auch der Supermächte. Wie ist dieser gefährliche Zustand endlich zu beenden?

Bereits seit zwei Jahrzehnten – und rechnet man von Anfang an, dann zweimal so lang – sind Leben und Schicksal der Völker des Nahen Ostens von ihm gezeichnet.
Die Militärausgaben in Milliardenhöhe, die blutigen Zusammenstöße, die einander folgen, die Todesopfer fast jeden Tag, die politischen und psychologischen Spannungen, die Atmosphäre der Angst und Unsicherheit. Damit kann man sich unmöglich weiter abfinden.
Die Wirtschaft leidet, die Entwicklung wird gebremst, das Lebensniveau sinkt, soziale Probleme häufen sich, Zonen eines richtigen Volksleidens entstehen.
Das Setzen auf militärische Gewalt, um einen Konflikt zu besiegen, hat sich völlig diskreditiert. Es scheint, als gäbe es mehr als genug Beweise dafür.
Die Hauptursache für das Andauern des Konfliktes ist die expansionistische Politik der regierenden Kreise in Israel, die von Washington unterstützt werden. Die USA betrachten den Nahen Osten als Versuchsobjekt für ihre imperiale Politik. Die USA nutzen, wie wir sahen, regionale Konflikte überhaupt zur Manipulierung mit dem Niveau der Spannungen und Konfrontationen.
Wir sind solidarisch mit den Arabern, die sich weigern, die Okkupation ihrer Territorien anzuerkennen. Wir verurteilen kategorisch die Diskriminierung des palästinensischen Volkes, dem das Recht auf Selbstbestimmung, das Recht auf Heimat verweigert wird. Wir sind wie in der Vergangenheit auch weiterhin gegen jegliche Separatabmachung, die nur schadet und die Suche nach einer tatsächlichen Regelung vereitelt.
Die israelischen Machthaber klammern sich stur an eine Politik ohne Perspektive. Sie sind bemüht, die Sicherheit ihres eigenen Landes auf der Einschüchterung der Nachbarn aufzubauen. Dazu setzen sie alle Mittel, einschließlich des Staatsterrors, ein. Dies ist eine verwerfliche und kurzsichtige Politik, erst recht weil sie gegen rund 200 Millionen Araber gerichtet ist.
Es gibt einen anderen, einen richtigen und zuverlässigen Weg, eine sichere Zukunft des israelischen Staates zu garantieren: Das ist ein gerechter Frieden und letztendlich gutnachbarliche Beziehungen zu den Arabern.

Wir sind überzeugt, daß sich die kollektiven Anstrengungen zur Regelung auf die Vorbereitung einer internationalen Nahostkonferenz mit Beteiligung aller interessierten Seiten konzentrieren müssen.
Dieser Idee ist bekanntlich kein leichtes Schicksal beschieden. Sie wurde nicht sofort anerkannt. Die Jahre haben jedoch gezeigt, daß dies der einzige Ausweg aus der Sackgasse ist. Heute könnte man bereits ohne Übertreibung sagen, daß ein bedeutender Teil der Weltgemeinschaft der Staaten für die Konferenz ist. Selbst die Vereinigten Staaten und Israel können ihre offen negative Position nicht mehr behaupten.
Es ist an der Zeit, gewissenhaft und sorgfältig mit der Vorbereitung zu beginnen. Die Initiative in dieser Frage könnten die Staaten übernehmen, die ständige Mitglieder des UNO-Sicherheitsrates sind. Ich bekräftige, daß die Sowjetunion zu loyalen und konstruktiven Anstrengungen auf kollektiver und bilateraler Grundlage bereit ist.
(30/4, 5, 6)

Die Sowjetunion hat in Syrien mit Präsident Hafez el Assad einen besonders treuen Verbündeten in der Nahostregion.

In unserem Land empfindet man Hochachtung und Sympathie für das freiheitsliebende syrische Volk und für seine Entschlossenheit, eine fortschrittliche, moderne Gesellschaft zu errichten, die die wahren Werte der Vergangenheit geerbt hat und der ruhmvollen Geschichte seines Landes würdig ist.
Zum Syrien von heute gehören auch Dutzende moderner Industriebetriebe. In ihnen steckt auch Arbeit sowjetischer Menschen. Das stelle ich mit Genugtuung fest. Inzwischen hat unsere Zusammenarbeit kosmische Höhen erreicht. Demnächst findet ein gemeinsamer sowjetisch-syrischer Weltraumflug statt!
Die syrische Arabische Republik stemmt sich seit vielen Jahren mutig gegen die Aggression die Politik des Diktats und die neokolonialistischen Vorhaben. Dabei bringt sie Opfer und nimmt Entbehrungen auf sich.
Unersetzlich ist auch ihre Rolle bei der Konsoldierung der arabischen Welt auf dem Weg zu einer Regelung im Nahen Osten, deren erstes Ziel darin besteht, die von Israel okkupierten Gebiete zurückzuerhalten und die legitimen Rechte der Palästinenser durchzusetzen.

Jetzt, da die vorbereitende Arbeit für eine internationale Nahostkonferenz auf die Tagesordnung gesetzt wird, ist eine gesamtarabische Linie in dieser Frage besonders wichtig. Und hier können die Aktivitäten und das Ansehen der syrischen Freunde nach unserer Auffassung zum entscheidenden Faktor werden.
(30/2, 6)

Wenn wir jetzt wieder auf die große Umgestaltung der sowjetischen Gesellschaft und Wirtschaft zurückkommen. Neben den Mutmaßungen, ob eine „umgestaltete“ Sowjetunion für den Westen vorteilhafter wäre oder nicht, werden hier noch andere Ratespiele angestellt: Welches sozialistische Bruderland wird die Perestroika freudig begrüßen, aber welche sozialistischen Länder werden im Zeitgeist der dreißiger und vierziger Jahre verharren? Hat die Sowjetunion überhaupt den Bruderländern schon „grünes Licht“ für die Umgestaltung erteilt?
Der Westen überantwortet der Sowjetunion Autoritätsfunktionen über die Bruderländer. Was sagt der Generalsekretär der KPdSU dazu?

Die politischen Kreise des Westens sind nicht abgeneigt, mit unserer Umgestaltung zu „manipulieren“. Manche rechnen damit, Samen des Zweifels an der Durchführbarkeit unserer Pläne zu säen oder durch Spekulationen über dieses Thema Meinungsverschiedenheiten in der sozialistischen Welt herbeizuführen. Opportunisten verschiedener Schattierungen versuchen, die Ziele der Umgestaltung auf ihre Art auszulegen und den Anschein zu erwecken, als ob sie mitmachten.
Wir legen uns Rechenschaft darüber ab, daß vorläufig nur die ersten Schritte der Umgestaltung getan sind und daß uns das Schwierigste noch bevorsteht. Wir sind nicht der Ansicht, daß wir auf alle Fragen, die uns das Leben gestellt hat, endgültige Antworten gefunden haben.
Uns liegt auch die Absicht fern, irgendjemanden dazu aufzufordern, uns zu kopieren. In jedem sozialistischen Land gibt es eine eigene Spezifik, die Bruderparteien bestimmen den politischen Kurs unter Berücksichtigung der nationalen Bedingungen. Außerdem sind einige Probleme, die heute in der UdSSR im Vordergrund stehen, in anderen sozialistischen Ländern bereits gelöst oder werden auf eigene Art und Weise gelöst.
Bei all dem verhehlen wir auch nicht die Überzeugung, daß die in der Sowjetunion eingeleitete Umgestaltung den Grundsätzen des Sozialismus, den Geboten des gesellschaftlichen Fort-

schritts in höchstem Maße entspricht. Und unsere Entschlossenheit, die Verwirklichung der Aufgaben, die vom 27. Parteitag der KPdSU und vom Januarplenum des ZK der KPdSU gestellt worden sind, anzustreben, wird um ein Vielfaches stärker durch jene Unterstützung, die unsere Politik bei den Freunden und Verbündeten findet. Diese Unterstützung ist uns sehr teuer!

Bekanntlich nehmen die Kommunisten, die Freunde des Sozialismus, die demokratisch und fortschrittlich gesinnten Menschen in der ganzen Welt, die Umgestaltung in der Sowjetunion mit großer Sympathie auf und bringen damit ihre Zukunftszuversicht in vieler Hinsicht in Verbindung. Im Grunde genommen sind es nur Erzreaktionäre und Militaristen, die diesbezüglich wüten, da sie verstehen, daß die Verwirklichung unserer Pläne den Sozialismus vollkommener und folglich anziehender machen wird.

All das muß man sehen. Wir werden aber die Vervollkommnung der sozialistischen Gesellschaft wegen der Ränke des ideologischen Gegners keinesfalls aufgeben! Wir haben unseren Weg mit voller Sicherheit gewählt und werden nicht davon abweichen.

Gestatten Sie mir, nun auf Fragen der Zusammenarbeit zwischen den sozialistischen Ländern einzugehen.

Auf dem im vorigen November (1986) in Moskau stattgefundenen Arbeitstreffen der führenden Repräsentanten der RGW-Mitgliedsländer wurde die einmütige Schlußfolgerung gezogen, daß unser Zusammenwirken eine größere Dynamik erhalten muß und daß sein Mechanismus einer Art Umgestaltung bedarf.

Hier gibt es etwas, worauf man sich stützen kann. In der Nachkriegsperiode entwickelte sich der Sozialismus zu einem mächtigen internationalen Gebilde. Es wurde ein weitverzweigtes Netz der gegenseitigen Beziehungen auf der Partei-, Staats- und gesellschaftlichen Ebene zwischen den Bruderländern geschaffen. Es wurden feste Grundlagen für die internationale sozialistische Arbeitsteilung geschaffen. Man sammelte eine große Erfahrung bei der Tätigkeit multinationaler Organisationen der sozialistischen Staaten. Der große Austausch von wissenschaftlichen und kulturellen Werten gewann große Ausmaße.

Viele in der Vergangenheit entwickelten Formen und Methoden der Zusammenarbeit werden aber den heutigen Möglichkeiten und Bedürfnissen nicht mehr gerecht. Man kann sagen, daß die

Periode des Werdens des Sozialismus als Weltsystem vorbei ist. Es begann eine neue Etappe, die es erforderlich macht, das gesamte System des Zusammenwirkens zwischen unseren Ländern auf eine qualitiativ neue Stufe zu heben.
Was wurde dabei in den Vordergrund gestellt? Welche Prinzipien erlangten erstrangige Bedeutung?
Vor allem gehen wir davon aus, daß das gesamte System der politischen Beziehungen zwischen den Ländern des Sozialismus unentwegt auf der Grundlage der Gleichberechtigung und der gegenseitigen Verantwortung aufgebaut werden kann und muß. Niemand hat das Recht, auf eine besondere Stellung in der sozialistischen Welt Anspruch zu erheben. Die Selbständigkeit jeder Partei, ihre Verantwortung gegenüber dem eigenen Volk, das Recht, souverän über Fragen der Entwicklung des Landes zu entscheiden, sind für uns unbedingte Prinzipien. Zugleich sind wir zutiefst davon überzeugt, daß ohne die Sorge einer jeden Partei und eines jeden Landes nicht nur um ihre eigenen, sondern auch um die gemeinsamen Interessen, ohne achtungsvolles Verhalten gegenüber Freunden und Verbündeten, ohne die obligatorische Berücksichtigung ihrer Interessen keine Erfolge der sozialistischen Staatengemeinschaft möglich sind.
In den Wirtschaftsbeziehungen ist es nach allgemeiner Ansicht notwendig, konsequent nach den Prinzipien des gegenseitigen Vorteils und der gegenseitigen Hilfe zu verfahren. Der äquivalente Austausch von Produkten der nationalen Arbeit entspricht voll und ganz der Natur des Sozialismus und bildet die natürliche Grundlage der Integration. Zugleich erfordert die internationalistische Natur unserer Gesellschaftsordnung selbst die Unterstützung weniger entwickelter Länder im Interesse ihrer immer vollständigeren Einbeziehung in die sozialistische Arbeitsteilung und letztlich im Interesse des Ausgleichs des wirtschaftlichen Entwicklungsniveaus.
Und schließlich einiges über unsere Zusammenarbeit in den internationalen Angelegenheiten. Sie dient der Lösung für uns lebenswichtiger Frage wie der Sicherheit, der Verhütung einer nuklearen Katastrophe, der Gewährleistung normaler äußerer Verhältnisse für die friedliche Arbeit der Völker. Die Erfahrung hat gezeigt, daß die sozialistischen Staaten desto erfolgreicher gemeinsame Ziele erreichen, je aktiver und initiativreicher jeder einzelne handelt.
Eines der wichtigsten qualitativen Charakteristika der gegenwärtigen Entwicklungsetappe der Zusammenarbeit zwischen

den Ländern des Sozialismus ist unserer Meinung nach die rapide gewachsene Bedeutung des Austausches und der Verallgemeinerung von Erfahrungen, die beim Aufbau des Sozialismus gesammelt wurden.
Bekannt sind die Worte Lenins, der vollständige Sozialismus könne nur infolge einer Reihe von Versuchen entstehen, von denen jeder einseitig sein wird. Die historische Entwicklung wollte es, daß in der ersten Etappe der Formierung des sozialistischen Weltsystems die Sowjetunion als einziges Land Erfahrungen beim Aufbau des Sozialismus hatte. Diese Erfahrungen wurden natürlich als beispielgebend angesehen. Zur Zeit hat eine Reihe von Bruderländern bereits eine reiche Geschichte der sozialistischen Entwicklung hinter sich, in deren Verlauf eigenständige Formen und originelle Lösungen verwendet wurden.
Keine der Parteien besitzt das Wahrheitsmonopol. Und sie alle sind natürlich brennend daran interessiert, all das Wertvolle, was in der sozialistischen Welt entsteht, unter Berücksichtigung der Verhältnisse in ihren Ländern zu verwenden.
Man kann sagen, daß heute nicht nur die Einstellung zur eigenen Erfahrung, sondern auch die Einstellung zu den Erfahrungen der Freunde ein zuverlässiges Kriterium der Ernsthaftigkeit einer regierenden kommunistischen Partei ist. Was aber den Wert dieser Erfahrungen betrifft, so haben wir hier nur ein Kriterium: die gesellschaftspolitische Praxis, die Ergebnisse der sozialistischen wirtschaftlichen Entwicklung, die tatsächliche Festigung des Sozialismus.
Die beim Arbeitstreffen der Generalsekretäre der Zentralkomitees der Bruderparteien getroffenen Einschätzungen und die daraus gezogenen Konsequenzen eröffnen eine neue Etappe bei der Vertiefung der sozialistischen wirtschaftlichen Integration, insbesondere zwischen der UdSSR und der Tschechoslowakei. Es besteht die Möglichkeit, schon im nächsten Planjahrfünft die Struktur der gegenseitigen Arbeitsteilung wesentlich zu veredeln. Wir stimmen mit den tschechoslowakischen Genossen darin überein, daß der Ausbau von Integrationsformen wie der Spezialisierung und Kooperation bei der Produktion, vor allem im Maschinenbau, in den Vordergrund gestellt werden könnte. Es ist nur natürlich, daß wir unsere Anstrengungen bei der Produktion von hochmodernen Erzeugnissen noch mehr vereinigen. Zum Beispiel bei der Produktion von Hüttenausrüstungen, Chemie- und Energieanlagen, Robotern und Motoren für Kraftfahrzeuge, von Videorecordern und Personalcomputern.

Um diese Aufgaben zu lösen, wird Kurs auf direkte Produktions- sowie wissenschaftlich-technische Verbindungen, auf die Schaffung von gemeinsamen Betrieben und Organisationen genommen. Natürlich ist es alles andere als leicht, Direktverbindungen auszubauen und erst recht gemeinsame Betriebe zu schaffen. Heute ist für uns alle aber wichtig, konstruktiv an ihre Lösung heranzugehen, auf jede Art und Weise die neuen Keime der sozialistischen Kooperation zu pflegen, sie erstarken zu lassen. Das wird uns dann hundertfältig vergolten werden.
(24/9, 10, 11, 12, 13)

Eine intensive wirtschaftliche Zusammenarbeit mit der Schaffung von gemeinsamen Betrieben wird erfolgreicher verlaufen, wenn die Betriebskonzepte beider Partner auf etwa gleichem Niveau sind und ähnliche oder gleiche Ausgangsbedingungen aufweisen. In westlicher Betrachtung befindet sich die CSSR mit ihrer Parteiführung seit dem Jahre 1968 in einer ähnlichen (demokratischen und wirtschaftlichen) Situation wie die UdSSR in der Zeit der „Vorkrisenerscheinung", also in der Zeit vor der Perestroika und Glasnost. Ist das richtig?

Die Bewertung der Ereignisse von 1968 in der Tschechoslowakei ist in erster Linie die Sache unserer tschechoslowakischen Genossen.
Seit jener Zeit hat die Führung der KPTsch mit dem Genossen Gustav Husak an der Spitze eine große Arbeit geleistet. Die CSSR ist in vielen Richtungen wesentlich vorangekommen. Ich konnte mich während meines jüngsten Besuches (April 1987) davon persönlich überzeugen.
Wir haben gesehen, daß die tschechoslowakischen Genossen, ausgehend von ihren Bedingungen, ebenfalls nach Wegen zur Vervollkommnung des Sozialismus suchen. Sie haben ihre eigenen Probleme, und sie lösen sie.
(25/40)

Wenn der Generalsekretär der KPdSU von den sozialistischen Bruderländern spricht, fühlt man sich herausgefordert, auf die große Spaltung in der kommunistischen Weltbewegung hinzuweisen: die Volksrepublik China hielt bis vor etwa zwei Jahren große Distanz zur Sowjetunion.

Unserer Meinung nach lohnt es sich, auch die Beziehungen innerhalb der sozialistischen Welt als Ganzes einmal tiefgründig

zu analysieren. Wir glauben nicht, daß unsere Gemeinschaft von den anderen sozialistischen Ländern durch Barrieren getrennt sei. Die KPdSU setzt sich für ehrliche, offene Beziehungen zu allen kommunistischen Parteien, zu allen Staaten des sozialistischen Weltsystems und für einen kameradschaftlichen Meinungsaustausch mit ihnen ein. Wir sind bestrebt, in erster Linie das zu sehen, was die sozialistische Welt vereint. Deshalb begrüßen die sowjetischen Kommunisten jeden Schritt auf dem Wege der Annäherung aller sozialistischen Staaten, jeden positiven Wandel in den Beziehungen zwischen ihnen.
Mit Genugtuung kann man eine bestimmte Verbesserung der Beziehungen der Sowjetunion zu ihrem großen Nachbarn, dem sozialistischen China, konstatieren. Die Unterschiede in den Betrachtungsweisen, insbesondere im Hinblick auf einige internationale Probleme, bleiben bestehen. Doch wir stellen auch etwas anderes fest: die Möglichkeit, vielfach gemeinsam zu arbeiten, sowie auf gleichberechtigter und prinzipieller Grundlage, keineswegs zum Nachteil von Drittländern, zusammenwirken. Man braucht die Bedeutung, die diesem Faktor zukommt, nicht weiter zu erläutern. Die chinesischen Kommunisten nannten die Siege der UdSSR und der Fortschrittskräfte im Zweiten Weltkrieg den Prolog zum Sieg der Volksrevolution in China. Die Bildung Volkschinas trug ihrerseits zur Festigung der weltweiten Position des Sozialismus, zur Durchkreuzung vieler Vorhaben und Aktivitäten des Imperialismus in den schweren Nachkriegsjahren bei.
Wir messen der Tatsache große Bedeutung bei, daß die UdSSR und die Volksrepublik China an einige grundlegende Fragen der Weltpolitik von ähnlichen Positionen herangehen. Sowohl wir als auch die führenden Repräsentanten Chinas betonen, daß zur Lösung der inneren Aufgaben der sozialen Erneuerung Frieden notwendig sei. Beide Länder haben erklärt, sie würden niemals als erste Kernwaffen einsetzen. Wir sind entschieden gegen das „Sternenkriegs"-Programm. Einen ähnlichen Standpunkt vertritt China. Wir interessieren uns für alles, was in der VR China getan wird, um die Wirtschaft in Ordnung zu bringen und zu modernisieren. Und wir wünschen dem großen Nachbarvolk, der Kommunistischen Partei Chinas, von ganzem Herzen Erfolg in diesem schwierigen Werk.
Trotzdem sind die sowjetisch-chinesischen Beziehungen bislang nicht vollständig normalisiert. Ich nenne das Problem Kampuchea.

Das Khmervolk hat schreckliche Opfer gebracht. Dieses Land, seine Städte und Dörfer wurden mehrfach von den Amerikanern bombadiert. Schwer hat es sich das Recht erkämpft, Freunde und Verbündete zu wählen. Und es ist nicht zulässig, es in seine tragische Vergangenheit zurückzuzerren, über das weitere Schicksal dieses Staates in fernen Metropolen oder gar in der UNO zu entscheiden.
Vieles hängt hier wie auch bei anderen Problemen Südostasiens von der Normalisierung der chinesisch-vietnamesischen Beziehungen ab. Das ist eine souveräne Angelegenheit der Regierungen, der Führungen beider Länder. Wir können lediglich unser Interesse daran zum Ausdruck bringen, daß die Grenze zwischen diesen sozialistischen Staaten erneut zu einer Grenze des Friedens und der guten Nachbarschaft wird, daß der kameradschaftliche Dialog wiederaufgenommen und daß unnötiges Mißtrauen und Argwohn aus der Welt geschaffen werden. Es scheint, der Augenblick ist dafür günstig, und schließlich ist ja auch ganz Asien daran interessiert.
(41/102, 103; 25/23; 9/26)

Gestalten sich die Beziehungen zur Volksrepublik China derzeit noch nicht allzu brüderlich, hat die UdSSR in Asien einen anderen großen Freund? Wir denken an Indien.

Lew Tolstoi schrieb in einer Erzählung: Wenn man vom Mittelpunkt Rußlands über zehntausend Werst geradeaus in Richtung des winterlichen Sonnenaufgangs geht und die schneebedeckten höchsten Berge der Welt durchquert, betritt man indischen Boden.
Heute kann der Weg nach Indien in wenigen Stunden zurückgelegt werden. Die Beziehungen der Sowjetunion zu Indien stellen für uns einen großen selbständigen Wert dar und wir werden in unserer internationalen Politik keinen einzigen Schritt tun, der den realen Interessen Indiens zum Schaden gereichen könnte.
Die sowjetischen Menschen wissen gut, welche Anstrengungen es dem Volk und der Regierung Indiens abverlangt, die eigene Souveränität, Einheit und territoriale Integrität zu verteidigen. Kennzeichnend ist dabei folgendes.
Je gewichtiger in der Welt die Stimme Indiens klingt, je attraktiver sein Beispiel eines eigenständigen außenpolitischen Kurses wird, der Diktat und Einmischung des Imperialismus ablehnt,

je höher sein Ansehen in der Bewegung der Nichtpaktgebundenen, desto heftiger sind die Angriffe auf dieses Land.
In der Sowjetunion werden alle diese Intrigen und Verschwörungen gegen den Staat Indien, jedwede Versuche, die Integrität und die Einheit zu erschüttern, entschieden abgelehnt. Wir sind zutiefst überzeugt, daß es niemandem gelingen wird, den realen großen Beitrag Indiens zur gegenwärtigen Entwicklung Asiens und der Weltzivilisation in Zweifel zu ziehen, geschweige denn zu schmälern.
(14/44)

Das gewaltige Programm zur Rekonstruktion der Volkswirtschaft, die geplanten Modernisierungen, Rationalisierungen und Neuausstattungen in den sowjetischen Fabriken, die ganze Umgestaltung der Wirtschaft auf intensive Entwicklung bedingen gute Beziehungen – mindestens aber eine ökonomische Zusammenarbeit – mit den großen westlichen Industrienationen.

In der Welt von heute kann sich kein einziger Staat in ökonomischer Hinsicht von den anderen isoliert betrachten. Keine Ausnahme bildet in diesem Sinne auch unser Land. Die sowjetische Wirtschaft ist ein Bestandteil der Weltwirtschaft. Die gegenseitigen internationalen Handels-, Valuta- und Finanzbeziehungen zwischen den Ländern, die neuesten wissenschaftlich- technischen Umgestaltungen wirken sich unvermeidlich auf die eine oder andere Weise auch auf die Lage der Dinge in unserer Wirtschaft aus.
Von einer erfolgreichen Realisierung der Pläne zur Umgestaltung in unserem Lande, von der Modernisierung unserer Wirtschaft werden nicht nur wir selbst und unsere Verbündeten gewinnen, sondern auch all diejenigen, die an der Zusammenarbeit mit unserem Land unter den neuen, dafür günstigeren Bedingungen interessiert sind.
(36/57, 58)

An der Zusammenarbeit mit der Top-Industrienation Japan wäre die Sowjetunion sehr interessiert. Wie sieht Michail Gorbatschow die sowjetisch-japanischen Beziehungen?

Der Stand dieser Beziehungen ist einstweilen noch nicht sehr klar. In den vergangenen Jahren hat man sich bemüht, ihnen einen Impuls zu verleihen und ein normales Klima in den Beziehungen zu schaffen. Unserer Meinung nach haben die beiden Seiten dafür stimulierende Motive, die nicht nur ökonomischen Charakters sind. Zwischen der Sowjetunion und Japan könnte sich eine ernsthafte, solide Partnerschaft etablieren, die – dessen bin ich sicher – auch ein schwerwiegender Faktor der Stabilität für die Situation in der gesamten asiatisch-pazifischen Region sein würde.
Kürzlich ist scheinbar eine Hoffnung aufgeleuchtet, man begann, sogar meinen Besuch in Japan zu erörtern. Innerlich war ich bereit, dieses bemerkenswerte Land zu besuchen, das eine immense Rolle in der Weltwirtschaft und auch zunehmend eine merkliche Rolle in der Weltpolitik spielt. In Japan haben sich jedoch Kräfte gefunden, die es vermochten, wieder Wolken am Horizont heraufzubeschwören.
(40/10)

Die Ausfuhr- und Handelssperren der westlichen Länder gegenüber der Sowjetunion für bestimmte – u. a. dem strategischen Bereich zufallende – Warengruppen, die Embargoentscheidungen: Wie stark könnten sie als Störfaktor auf die Umgestaltung wirken?

Keinerlei Embargo und keinerlei Verbote, uns Technologien und Ausrüstungen zu verkaufen, die manche Kreise im Ausland unternehmen, werden die Entwicklung unseres Landes sowie die Verwirklichung der großen sozialökonomischen Pläne behindern, die mit der Umgestaltung und der Beschleunigung unserer wirtschaftlichen Entwicklung in Zusammenhang stehen. Ich bin der festen Überzeugung, daß es keinen Grund gibt, weshalb wir vor dem Ausland kniefällig werden sollten
(23/9)

Seit Jahrzehnten ein starker ausländischer Wirtschaftspartner der Sowjetunion ist die Bundesrepublik Deutschland – der einstige Kriegsaggressor. Werden die politischen Beziehungen zur Bundesrepublik von Michail Gorbatschow als harmonisch eingeschätzt?

Die Sowjetunion berücksichtigt in ihrer Haltung zur BRD deren Potential und Möglichkeiten, deren Platz in Europa und in der Welt. Sie geht davon aus, daß die jahrhundertlange Geschichte der Verbindungen zwischen beiden Ländern, in der es sowohl viel Schweres als auch Positives gab, sie verpflichtet, sich gebührend zueinander zu verhalten. Ich erinnere: Selbst in den schwersten Zeiten des vergangenen Krieges haben wir den Sinn für die Realitäten nicht verloren. Wir haben das deutsche Volk nicht mit dem Naziregime verwechselt. Und wir geben ihm auch keine Schuld an dem Elend, das uns die Aggression Hitlerdeutschlands gebracht hat.
Wir sehen, daß es in vielen Schichten der bundesdeutschen Gesellschaft ein entgegenkommendes Streben gibt, die Beziehungen zu uns auf den verschiedensten Gebieten zu entwickeln. Es kann zu allerlei Zwischenfällen kommen. Keiner ist dagegen gefeit. Wenn man aber am Wichtigsten, an der prinzipiellen Linie, festhält, lassen sich alle Fragen regeln.
(37/1, 2)

Auch die „deutsche Frage"?

Wenn wir immer wieder zu hören bekommen, daß die „deutsche Frage" offen bleibt, daß in bezug auf die „Ostgebiete" nicht alles geklärt ist und daß Jalta und Potsdam „nicht rechtskräftig" sind, kommen uns Zweifel, ob die BRD-Führung gewillt ist, sich konsequent an den Moskauer Vertrag zu halten.
Die Ehrlichkeit der Beziehungen zwischen der BRD und der UdSSR ist von wahrhaft historischer Tragweite. Beide Staaten könnten, indem sie in ihren Systemen und in ihren Bündnissen sich selbst treu bleiben, eine sehr große Rolle in der internationalen Entwicklung spielen.
Ehrlichkeit in den Beziehungen zwischen unseren Ländern wird heute und künftig auf Seiten der sowjetischen Führung eine adäquate Antwort finden. Dazu bedarf es jedoch einer Politik, die keinerlei Schwankungen und konjunkturbedingten Reaktionen auf vorübergehende Geschehnisse unterworfen ist und die die eigenen und nicht fremde Interessen repräsentiert.
Es besteht die Möglichkeit, die Beziehungen zwischen beiden Ländern neu zu gestalten. Wir sind dazu bereit. Es gilt jedoch, sich von komplexen, politischen Märchen und dem Feindbild in Gestalt der Sowjetunion zu befreien.

Die Stabilität der Beziehungen zwischen unseren Ländern bedeutet Stabilität in Europa und entspricht eigenen Interessen sowie den Interessen der europäischen und der Weltgemeinschaft der Staaten.
(37/2, 3)

Die „Ehrlichkeit in den Beziehungen" meint die bundesdeutsche Sicht auf das geteilte Deutschland.
Das „geteilte Deutschland", nach Meinung von Michail Gorbatschow eine unabänderliche politische Realität?

Es gibt zwei deutsche Staaten mit unterschiedlicher Gesellschaftsordnung. Sie haben ihre eigenen Werte. Beide haben sie Lehren aus der Geschichte gezogen, und jeder kann seinen Beitrag zu den Angelegenheiten Europas und der Welt leisten.
Und was in 100 Jahren sein wird, wird die Geschichte entscheiden. Ein anderes Herangehen ist unannehmbar. Wenn irgendjemand einen anderen Weg gehen würde, wären die Folgen sehr ernst. Darüber muß absolute Klarheit herrschen. Wir erinnern an die Pläne Churchills und der Amerikaner nach Kriegsende und daran, daß die Sowjetunion an der Teilung unschuldig ist.
Heute sind die beiden deutschen Staaten Realität.
Und davon muß man ausgehen.
(37/4)

Der Generalsekretär der KPdSU hat als schweres Erbe der Vergangenheit nicht nur Stagnation, erstarrte Strukturen in Gesellschaft und Wirtschaft der UdSSR übernommen – sondern auch das Afghanistan-Problem. Eine militärische Tragödie. Für alle. Auch für die jungen sowjetischen Soldaten, die den schrecklichen Krieg führen müssen.

In diesem Zusammenhang kann ich nicht ohne seelische Bewegung über Tausende junge sowjetische Menschen sprechen, die eine Feuerprobe in Afghanistan bestanden haben. Sie bewährten sich als wahre Internationalisten, die dem Brudervolk halfen, seine revolutionären Errungenschaften zu verteidigen, als wahre Patrioten, die die Sicherheit der Südgrenze unserer Heimat schützen.
(16/31)

„Die Sowjetunion verteidigte die revolutionären Errungenschaften des Brudervolkes". Eine Darstellung, die von vielen Staaten nicht angenommen wird.

Ist es denn möglich, irgend jemandem das Recht auf Wahl zu nehmen? Das ist die allgemeine Prämisse bei der Erkenntnis dessen, warum Konflikte entstehen. Sie entstehen dort, wo die Initiative des Volkes zur Realisierung seines legitimen Rechtes von außen gestört wird.
Afghanistan ist unser Nachbarland. Bei allen Regimes hatten wir sehr gute Beziehungen mit ihm. Wir arbeiteten sowohl mit Königen als auch mit Ministerpräsidenten zusammen und tun das mit dem heutigen Afghanistan, das sich auf der Grundlage revolutionärer Ereignisse in diesem Land gestaltet hat. Es ist die Angelegenheit des afghanischen Volkes, was für eine Gesellschaftsordnung es haben soll. Es soll selbst seine Wahl treffen und der Entwicklung der Gesellschaft, die hinter den anderen wesentlich zurückgeblieben ist, einen Impuls geben.
Wir haben ein begrenztes Truppenkontingent auf Einladung der afghanischen Regierung nach Afghanistan entsandt, da wegen der ausländischen Einmischung die selbständige Wahl des afghanischen Volkes bedroht worden ist. Und wir haben einen Teil der Truppen schon wieder abgezogen. Wir haben nicht die Absicht, in Afghanistan irgendwelche Stützpunkte zu haben, wir suchten dort auch keine Rohstoffquellen.
Die Politik der nationalen Aussöhnung, die Afghanistan seit Beginn des Jahres 1987 betreibt, enthält alle notwendigen Komponenten für eine politische Regelung im Land. Das muß natürlich verbunden werden mit einer Regelung, zu der auch Pakistan und die Vereinigten Staaten von Amerika bereit sind. Aber vorerst sehen wir, daß – sobald sich ein Fortschritt abzeichnet – von dieser Seite sofort Maßnahmen ergriffen werden, um ihn zu sabotieren.
Das, was unter der Schirmherrschaft der UNO getan wird – ich meine die Cordovez-Mission – ist ein realer Prozeß. Diesbezügliche Verhandlungen werden bekanntlich über den persönlichen Beauftragten des UNO-Generalsekretärs zwischen Afghanistan und Pakistan geführt.
Einen gewissen Fortschritt gibt es sowohl bezüglich des inneren als auch des äußeren Aspekts. Würden nicht gewisse Kräfte diese Angelegenheit behindern, würden sie nicht massiv moderne Waffen an Konterrevolutionäre liefern, die Ausbildung ihrer

Kampfeinheiten außerhalb Afghanistans fortsetzen und die Rückkehr der Flüchtlinge in das Land behindern, würde die Sache rascher vorangehen.
Dennoch gibt es einen Fortschritt. Die afghanische Führung erklärte, daß sie im Rahmen des nationalen Aussöhnungsprogramms mit den verschiedensten und eigentlich mit den meisten politischen Kräften zusammenarbeiten will und bereit ist, über die Bildung einer Koalitionsregierung zu verhandeln. Die Zusammensetzung der Regierung obliegt dem afghanischen Volk und niemandem sonst. Das ist ein kühnes Vorhaben. Darin kommt nicht die Schwäche, sondern die Stärke der afghanischen nationaldemokratischen Revolution zum Ausdruck.
Die Sowjetunion mischt sich nicht ein und wird sich auch nicht einmischen, wo die afghanischen Genossen die Partner zur Durchführung des nationalen Aussöhnungsprogramms suchen werden – im eigenen Land, unter den Flüchtlingen und Emigranten im Ausland oder sonstwo.
Manchmal wird behauptet, daß die Sowjetunion nur einer solchen politischen Regelung des Afghanistan-Problems zustimmen wird, die Afghanistan im sowjetischen „Einflußbereich" beläßt. Diese Einschätzung ist durch und durch falsch. Die Sowjetunion hat überhaupt keine Einflußbereiche und sie ist auch nicht bestrebt, welche zu schaffen. Was Afghanistan anbelangt, so unterstützen wir voll und ganz die Haltung der Bewegung der Nichtpaktgebundenen, die dahin geht, daß dieses Land unabhängig, souverän und nichtpaktgebunden bleibt.
Wenn auch Afghanistan beschließt, ein neutraler Staat zu werden, so ist dies wiederum Sache des afghanischen Volkes. Das wichtigste ist, auf einer ehrlichen und gerechten Grundlage den Weg der afghanischen Regelung zu beschreiten.
(14/67, 14; 25/25)

Welche Qualität können friedensstiftende Maßnahmen der Vereinten Nationen erreichen?

In letzter Zeit ist die Staatengemeinschaft zahlenmäßig gewachsen, ist die Stimme der selbständigen Staaten, die an Stärke und Erfahrungen gewonnen haben, in der UNO fester und souveräner geworden. Die Versuche, ihnen vorzuschreiben, wofür und wie sie zu stimmen haben, mißlingen in den meisten Fällen. Die Willkür in internationalen Angelegenheiten wird verurteilt.

Das geht manchen wider den Strich, und so begann das Gerede von einer „Krise“ in der UNO. Aber auch nicht nur Gerede, sondern auch Handlungen, die zum Zweck haben, ihre normale Tätigkeit tatsächlich zu erschweren. Wir hingegen sind der Meinung, daß das Gegenteil der Fall ist: Mit der wesentlichen Zunahme der Anzahl und der Selbständigkeit der UNO-Mitglieder nimmt ihre Rolle zu.
Wir sind überzeugt, daß die UNO im nuklear-kosmischen Zeitalter den bei ihrer Gründung proklamierten Beitrag zur Sicherung des Friedens – und zu diesem Zweck, und das in erster Linie, zur Formierung eines neuen politischen Denkens und Handelns – vergrößern kann und muß.
Die Sowjetunion ist dafür, das Potential dieser universellen Weltorganisation wirksamer als zuvor zu nutzen, darunter dadurch, daß ihre Arbeit und ihre Hauptorgane demokratisiert werden. So unterstützen wir den Vorschlag des Generalsekretärs der UNO, im Rahmen dieser Organisation ein multilaterales Zentrum zur Verringerung der Kriegsgefahr einzurichten.
Wir finden es auch wichtig, darauf hinzuarbeiten, daß alle in der UNO-Charta vorgesehenen Methoden zur friedlichen Regelung zwischenstaatlicher Streitigkeiten in vollem Umfang genutzt werden und zwar durch Verhandlungen, Untersuchungen, Aussöhnungen, Arbitrage, gerichtliche Verhandlungen, Anrufung an regionale Organe oder durch Vereinbarungen.
Im allgemeinen sind wir dafür, daß das Ansehen der UNO in jeder Weise erhöht und ihr politischer, rechtlicher und moralischer Status gefestigt wird. Die UdSSR wird nach Kräften ihren Beitrag zur Überwindung der finanziellen Probleme der Organisation leisten.
(14/28, 29)

Nach so vielen Buchseiten des „Dialogs“ gestatten wir uns, eine Frage an den Generalsekretär des ZK der KPdSU zu richten:
Von manchen Staatsmännern ist bekannt, welchen Hobbys oder Interessen sie nachgehen, oder wie sie ihre Freizeit verbringen.
Können wir etwas darüber erfahren, wie Michail Gorbatschow seine Freizeit gestaltet?

Es ist bei uns nicht ganz so üblich, darüber zu sprechen, aber ich werde mich bemühen, darauf zu antworten.
Was die Freizeit betrifft, so haben wir gegenwärtig absolut kei-

ne. Das trifft nicht nur auf mich zu, sondern auf alle Mitglieder der sowjetischen Führung. Die Aufgabe der jetzigen sowjetischen Führung besteht darin, alle Möglichkeiten zu nutzen und die Prozesse der Umgestaltung maximal zu entfalten. Dies zwingt uns dazu, daß wir uns im Grunde genommen mit allem zu befassen haben – mit der Wirtschaft, der Ideologie, der Kultur und dem gesamten geistigen Bereich. Davon werden unsere Kontakte zu den Menschen bestimmt, dem wird praktisch die gesamte Zeit gewidmet. Möglicherweise kann man eine solche Lebensweise nicht als ganz normal bezeichnen. Doch sie wird von der Zeit und von unserer Situation diktiert, die an revolutionäre Zeitabschnitte erinnert, wo es notwendig ist, alles zu geben, ohne sich zu schonen.
Wenn man von den Interessen spricht, so habe ich mich in reifen Jahren mehr für wirtschaftliche Fragen interessiert, habe gelesen und zu diesen Fragen geschrieben. Man kann sagen, daß ich mich hier ziemlich auskenne.
Doch ich interessiere mich nach wie vor für philosophische Fragen, und jetzt besonders. Nebenbei gesagt, dies hilft mir jetzt, die Entwicklungsetappe der sowjetischen Gesellschaft, in der wir uns jetzt befinden, die Probleme der heutigen Welt und ihre Wechselwirkungen theoretisch zu erfassen. Das bietet die Möglichkeit, nicht auf der Grundlage irgendwelcher Wünsche, sondern auf der Grundlage einer ernsthaften Analyse und realistischer Schlußfolgerungen für die Verbesserung des Lebens der sowjetischen Menschen zu kämpfen.
Ich habe viel Literatur über philosophische Fragen gelesen, und zwar nicht nur jene, die bei uns geschrieben wurde, sondern auch aus dem Westen.
Ich kann sagen, daß bei uns in der Sowjetunion sozusagen die „Epoche der Renaissance" angebrochen ist, der Wiedergeburt des schöpferischen Geistes des Leninismus. Wir lesen erneut und durchdenken neu die Werke Lenins, um die Leninsche Methode gründlich zu verstehen. Das Verständnis dieser Methode hilft uns bei unserem ernsthaften Wirken. Zitieren bringt uns dabei nicht weiter. Denn wenn wir nicht die schöpferische Methode Lenins beherrschen, können wir keine Analyse der Gegenwart geben und keine richtigen Entscheidungen treffen.
Lenin setzte die Hoffnung in seine Nachfolger, die der Sache des Sozialismus ergeben sind, einer Sache, der er sein herausragendes Leben widmete. Er glaubte daran, daß sie seine Lehren schöpferisch weiterentwickeln werden.

Mich interessiert natürlich auch das geistige, kulturelle Leben der Gesellschaft, unseres Volkes. Es ist sehr wichtig zu verstehen, wie sich die Veränderungen in unserem gesellschaftlichen Bewußtsein widerspiegeln.

4. Teil

Der Oktober und die Umgestaltung: Die Revolution wird fortgesetzt*

Ansprache des Generalsekretärs des ZK der KPdSU, Michail Gorbatschow, am 2. November 1987 auf der gemeinsamen Festsitzung des Zentralkomitees der KPdSU, des Obersten Sowjets der UdSSR und des Obersten Sowjets der RSFSR anläßlich des 70. Jahrestages der Großen Sozialistischen Oktoberrevolution

Liebe Genossen!
Verehrte ausländische Gäste!

Sieben Jahrzehnte sind seit den unvergeßlichen Tagen des Oktober 1917 vergangen. Seit jenen legendären Tagen, mit denen die Zeitrechnung einer neuen Epoche des gesellschaftlichen Fortschritts, der Epoche wahrhaft menschlicher Geschichte eingeleitet wurde. Der Oktober ist in der Tat eine wirkliche „Sternstunde" der Menschheit, ist ihre Morgenröte. Die Oktoberrevolution – das ist die Revolution des Volkes und für das Volk, für den Menschen, für seine Befreiung und Entwicklung.
Sieben Jahrzehnte, das ist gar kein großer Zeitabschnitt in dem viele Jahrhunderte währenden Aufstieg der menschlichen Zivilisation, doch nach den Maßstäben des Vollbrachten kannte die Geschichte noch nie zuvor eine solche Periode, wie sie unser Land nach dem Sieg des Großen Oktober durchlebte. Und es gibt keine höhere Ehre, als den Weg der Bahnbrecher zu gehen, alle Kraft, Energie, Kenntnis, alle Fähigkeiten für den Triumph der Ideen und Ziele des Oktober einzusetzen!
Das Jubiläum – das ist ein Moment des Stolzes. Des Stolzes auf das Vollbrachte. Außerordentlich schwere Prüfungen hatten wir zu bestehen. Und wir bestanden sie ehrenvoll. Wir haben sie nicht nur einfach bestanden, wir haben das Land aus Zerrüttung und Rückständigkeit gerissen, es zu einer starken Macht aufgebaut,

* Aus: *Die Wahrheit*, Sozialistische Tageszeitung Westberlins, 4. November 1987

das Leben umgestaltet und die geistige Welt des Menschen durch und durch verändert. In den schwersten Kämpfen, die das 20. Jahrhundert sah, verteidigten wir das Recht auf eine eigene Lebensweise, verteidigten wir unsere Zukunft. Mit vollem Recht sind wir auch darauf stolz, daß unsere Revolution, unsere Arbeit und unser Kampf weiterhin alle Seiten der internationalen Entwicklung – die Politik und die Wirtschaft, den sozialen Bereich und das Bewußtsein der Zeitgenossen – tiefgreifend beeinflussen.

Das Jubiläum – das ist ein Moment des Gedenkens. An all jene Millionen Menschen, von denen jeder einen Beitrag zu unseren gemeinsamen sozialistischen Errungenschaften geleistet hat. An jene, die den Stahl schmolzen, das Getreide säten, die Kinder unterrichteten, Wissenschaft und Technik voranbrachten und die Höhen der Kunst erklommen. Es ist das schmerzerfüllte Andenken an jene, die, die Heimat verteidigend, im Kampf fielen und um den Preis ihres Lebens der Gesellschaft die Möglichkeit gaben voranzuschreiten. Es ist das unauslöschliche Andenken an das Durchlebte, Durchschrittene, denn all dies hat das Heute entstehen lassen.

Das Jubiläum – das ist ein Moment des Nachdenkens. Darüber, daß sich unsere Taten und unsere Schicksale zeitweilig nicht einfach und eindeutig gestalteten. Es gab alles – sowohl Heroisches als auch Tragisches, große Siege und bittere Rückschläge. Wir denken über die 70 Jahre angestrengten Aufbaus von der Position des Volkes aus nach, das bereit ist, all seine Kräfte, das ganze gewaltige Potential des Sozialismus für die revolutionäre Veränderung des Lebens zu mobilisieren.

Das Jubiläum – das ist ein Blick in die Zukunft. Unsere Errungenschaften sind grandios, gewichtig und bedeutend. Sie sind ein festes Fundament, die Grundlage für neue Erfolge, für die weitere Entwicklung der Gesellschaft. Gerade in der Entwicklung des Sozialismus, der Fortsetzung der Ideen und der Praxis des Leninismus und des Oktober sehen wir das Wesen unseres heutigen Tuns und Trachtens, unsere allererste Aufgabe und moralische Pflicht. Aus all dem ergibt sich die Notwendigkeit einer ernsthaften und fundierten Analyse der historischen Bedeutung des Oktober, all dessen, was in den sieben Jahrzehnten nach dem Oktober geschaffen worden ist.

Der Weg des Oktober – der Weg der Bahnbrecher

Genossen! Unser Weg – der Weg der Bahnbrecher – ist gewaltig und kompliziert. Mit einer kurzen Analyse kann man ihn nicht erfassen, nicht begreifen. Da ist sowohl die Last des materiellen und moralischen Erbes der alten Welt, des Ersten Weltkrieges und des Bürgerkrieges, der Intervention. Da ist auch das Neue der Veränderungen, die daran geknüpften Hoffnungen der Menschen, das Tempo und die Maßstäbe, wie das Neue und Ungewohnte sich Durchbruch verschaffte und mitunter keine Zeit zum Rückblick und Nachdenken ließ. Da sind subjektive Faktoren, die eine besondere Rolle in Perioden revolutionärer Stürme spielen. Da sind die vom Maximalismus der Revolutionszeit durchdrungenen und bisweilen vereinfachten und zurechtgebogenen Vorstellungen von der Zukunft. Da ist das hehre und unbändige Streben der Kämpfer für ein neues Leben, alles so schnell, so gut, so richtig wie möglich zu machen.
Das Geleistete mit seinem Heldentum und seiner Dramatik kann die Zeitgenossen nicht ungerührt lassen. Wir haben nur eine Geschichte, und sie ist unumkehrbar. Welche Emotionen sie auch ausgelöst haben mag – es ist unsere Geschichte, sie ist uns teuer. Heute wenden wir uns den Oktobertagen zu, die die Welt erschüttert haben, suchen und finden wir in ihnen sowohl eine solide geistige Stütze als auch aufschlußreiche Lehren. Immer und immer wieder überzeugen wir uns von der Richtigkeit des sozialistischen Weges, den wir mit dem Oktober gewählt haben.
Dorthin führte uns die objektive Logik des historischen Fortschritts der Menschheit. Die Oktoberrevolution war bei aller Widersprüchlichkeit und Vielschichtigkeit der Wege des Voranschreitens der Zivilisation ein gesetzmäßiges Ergebnis der Entwicklung der Ideen und der Praxis des jahrhundertelangen Kampfes der Werktätigen für Freiheit und Frieden, für soziale Gerechtigkeit, gegen die Unterdrückung von Klassen, Nationen und auf geistigem Gebiet.

Das Jahr 1917 zeigte, daß die Wahl zwischen Sozialismus und Kapitalismus die wesentlichste gesellschaftliche Alternative unserer Epoche ist, daß man im 20. Jahrhundert nicht vorankommt, wenn man nicht zu einer höheren Form der gesellschaftlichen Organisation – zum Sozialismus – schreitet. Diese grundlegende Leninsche Schlußfolgerung ist heute nicht weniger aktuell als damals, als sie gezogen wurde. Das ist die Gesetzmäßigkeit der vorwärtsgerichteten gesellschaftlichen Entwicklung.

Die Revolution in Rußland wurde gewissermaßen zur Krönung des Freiheitsstrebens, zur lebendigen Verkörperung der Träume der besten Köpfe der Menschheit – von den großen Humanisten der Vergangenheit bis zu den proletarischen Revolutionären des 19. und 20. Jahrhunderts. Das Jahr 1917 war durchdrungen von der Energie des Volkskampfes für selbständige Entwicklung und Unabhängigkeit, der fortschrittlichen nationalen Bewegungen und der gegen die Leibeigenschaft gerichteten Bauernaufstände und -kriege, die für unsere Geschichte kennzeichnend sind. Es verkörperte die geistige Suche der Aufklärer des 18. Jahrhunderts, der Helden und Märtyrer der Dekabristenbewegung, der flammenden Tribune der revolutionären Demokratie sowie das moralische Kämpfertum der großen Meister unserer Kultur.

Für die Geschichte unseres Landes war die Zeit von entscheidender Bedeutung, als Wladimir Iljitsch Lenin zu Beginn des 20. Jahrhunderts eine eng geschlossene Gruppe von Gesinnungsgenossen auf den Weg zur Schaffung einer proletarischen Partei neuen Typs in Rußland führte. Gerade diese großartige Leninsche Partei führte das Volk, seine besten, ehrlichen Kräfte zum Sturm auf die alte Welt.

Die Grundpfeiler für das Fundament des Erfolgs der Oktoberrevolution legte die erste russische Revolution von 1905 bis 1907. Hierzu zählen sowohl die bitteren Lehren aus dem 9. Januar als auch das selbstlose Heldentum der Moskauer auf den Barrikaden im Dezember und die Heldentaten Tausender bekannter und unbekannter Freiheitskämpfer.

Der Sieg des Großen Oktober erwuchs auch aus den Errungenschaften der Februarrevolution 1917, die die erste siegreiche

Volksrevolution in der Epoche des Imperialismus war. Wie Lenin unterstrich, begann nach dem Februarsieg die Revolution sich mit unglaublicher Schnelligkeit weiterzuentwickeln. Ihre Hauptakteure waren Arbeiter und Bauern in Soldatenmänteln. Das Frühjahr 1917 zeigte die Stärke der Volksbewegung. Zugleich zeigten sich auch ihre Begrenztheit, die Widersprüchlichkeit des revolutionären Bewußtseins in dieser Etappe und die Kraft des historischen Trägheitsmoments, in deren Folge sich die abtretenden Ausbeuterklassen zeitweise die Früchte des Volkssieges zunutze machen konnten.
Die Februarrevolution gab dem Oktober die wichtigste Waffe in die Hand: die Organisation der Macht in Gestalt der wiedererstandenen Sowjets. Der Februar – das ist die erste Erfahrung realer Demokratie, politischer Erziehung der Massen in der Praxis, eine Erfahrung, die unter den komplizierten Bedingungen der Doppelherrschaft erworben wurde. Eine Besonderheit des Februar war auch die Möglichkeit einer friedlichen Machtübernahme durch die Werktätigen, eine Möglichkeit, die infolge der historischen Umstände leider nicht zur Wirklichkeit wurde. Die Februarrevolution war die wichtigste historische Etappe auf dem Weg zur Oktoberrevolution.
In der komplizierten Verflechtung und in dem Kampf zwischen den Klassenkräften, die an der Februarrevolution teilgenommen haben, erkannte Lenin genial die sich bietenden Möglichkeiten für einen Sieg der sozialistischen Revolution. Die Aprilthesen waren die wissenschaftliche Voraussicht und das Modell eines revolutionären Aktionsprogramms unter diesen historischen Bedingungen. Lenin zeigte nicht nur die Logik des Hinüberwachsens von der bürgerlich-demokratischen Revolution in die sozialistische, sondern auch die Form dieses Prozesses – über die Sowjets, ihre Bolschewisierung, deren Wesen darin bestand, dem Volk zu helfen, den Massen den Sinn ihres eigenen Kampfes verständlich zu machen und bewußt die Revolution in ihrem Interesse zu vollenden. Der Weg vom Februar zum Oktober – das war die Zeit ungestümer gesellschaftlicher Veränderungen, die Zeit des schnellen politischen Reifens der Massen, der Konsolidierung der revolutionären Kräfte und ihrer Vorhut, der Leninschen Partei.

In jener Zeit – von Februar bis Oktober – trat die politische Kunst Lenins und seiner Mitkämpfer, die eine lehrreiche Lektion in lebendiger Dialektik des revolutionären Denkens und Handelns lieferten, besonders deutlich zutage. Die Führung der Partei demonstrierte ihre Fähigkeit zum kollektiven schöpferischen Suchen, zum Verzicht auf Stereotype und auf Losungen, die noch gestern, in einer anderen Situation, unanfechtbar und die einzig möglichen zu sein schienen. Man kann sagen, daß die Leninsche Denkweise, die gesamte Tätigkeit der Bolschewiki, die sich durch raschen Wechsel der Arbeitsformen und -methoden, durch Flexibilität und Außergewöhnlichkeit der taktischen Entscheidungen, durch politische Kühnheit auszeichnete, ein außerordentlich markantes Beispiel von antidogmatischem, wirklich dialektischem und folglich neuem Denken war. So und nur so denken und handeln echte Marxisten-Leninisten, insbesondere in Zeiten des Umbruchs, in kritischen Zeiten, in denen die Geschicke der Revolution und des Friedens, des Sozialismus und des Fortschritts entschieden werden.

Kehren wir zum April 1917 zurück: Das Leninsche Programm der Wende zur sozialistischen Revolution erschien vielen – sowohl Freunden als auch Feinden – als Utopie, geradezu als Frucht einer zügellosen Phantasie. Das Leben aber hat gezeigt, daß nur ein solches Programm zur politischen Grundlage der weiteren Entwicklung der Revolution und im Grunde genommen zur Grundlage der sozialen Rettung der Verhinderung einer nationalen Katastrophe werden konnte und in der Tat auch wurde.

Rufen wir uns die Julitage des Jahres 1917 in Erinnerung. Mit welchem Schmerz sah sich die Partei gezwungen, auf die Losung der Übergabe der ganzen Macht an die Sowjets zu verzichten. Es konnte aber nicht anders gehandelt werden, denn die Sowjets waren für einige Zeit in die Hände der Sozialrevolutionäre und Menschewiki geraten und waren machtlos angesichts der Konterrevolution. Wie feinfühlig hielt Lenin den Finger am Puls der Revolution, wie genial bestimmte er den Beginn der Wiedergeburt der Sowjets, die im Prozeß des Kampfes wahren Volkscharakter erlangten, wodurch sie zu

Organen des siegreichen bewaffneten Aufstandes und danach auch zur politischen Form der Arbeiter-und-Bauern-Macht werden konnten.
Das alles sind nicht bloße Seiten in der Chronik der Großen Revolution. Es ist auch eine ständige Mahnung an uns, die heute Lebenden, daß die Kommunisten die hohe Pflicht haben, immer auf der Höhe der Ereignisse zu sein, die Fähigkeit zu besitzen, kühne Entscheidungen zu treffen und die ganze Fülle der Verantwortung für Gegenwart und Zukunft auf sich zu nehmen.
Die Oktoberrevolution war der gewaltige Aufbruch von Millionen Menschen, in dem sich die grundlegenden Interessen der Arbeiterklasse, die jahrhundertealten Hoffnungen der Bauern, der Friedensdurst der Soldaten und Matrosen, das unauslöschliche Streben der Völker des multinationalen Rußlands nach Freiheit und Licht vereinten. In dem komplizierten Geflecht verschiedener Interessen hat es die Partei der Bolschewiki vermocht, die Hauptsache herauszufinden, die unterschiedlichen Tendenzen und Bestrebungen zu vereinen und sie auf die Lösung der Hauptfrage der Revolution – die Frage der Macht – zu orientieren. Bereits in seinen ersten Dekreten – in dem Dekret über den Frieden und in dem Dekret über den Boden – antwortete der Staat der Diktatur des Proletariats mit Taten auf die Forderungen der Zeit und brachte die innersten Interessen nicht nur der Arbeiterklasse, sondern auch der absoluten Mehrheit des Volkes zum Ausdruck.
Und an noch eine sehr wichtige und prinzipielle Lehre der Oktobertage gilt es heute zu erinnern. In unserer Zeit ist die Leninsche Antwort auf eine Frage, die das Leben, die revolutionäre Wirklichkeit stellt, ungewöhnlich aktuell – es ist dies die Frage nach dem Verhältnis des theoretischen „Modells“ für den Weg zum Sozialismus zur realen Praxis des sozialistischen Aufbaus. Der Marxismus-Leninismus als schöpferische Lehre ist keine Sammlung fertiger Rezepte und doktrinärer Vorschriften. Die marxistisch-leninistische Theorie, der engstirniger Dogmatismus fremd ist, gewährleistet das aktive Zusammenwirken von neuem theoretischem Gedankengut mit der Praxis, mit dem eigentlichen Verlauf des revolutionären Kampfes. Ein Lehrbeispiel dafür ist der Große Oktober.

Bekanntlich weigerten sich sogar viele bedeutende Funktionäre der Arbeiterbewegung jener Zeit, in der sozialistischen Oktoberrevolution eine gesetzmäßige Erscheinung zu sehen: Sie sei „regelwidrig“, nicht in Übereinstimmung mit den vorhandenen theoretischen Anschauungen verlaufen. Ihrer Vorstellung nach hatte der russische Kapitalismus im Oktober 1917 noch nicht alle notwendigen materiellen und kulturellen Voraussetzungen für den Sozialismus geschaffen. Ich denke, es ist aufschlußreich und nützlich, daran zu erinnern, was Lenin solchen Kritikern unserer Revolution erwiderte. „Für die Schaffung des Sozialismus, sagt ihr, ist Zivilisiertheit erforderlich“, widersprach er ihnen. „Ausgezeichnet. Nun, warum aber konnten wir nicht zuerst solche Voraussetzungen der Zivilisiertheit bei uns schaffen, wie es die Vertreibung der Gutsbesitzer und die Vertreibung der russischen Kapitalisten ist, um dann schon mit der Vorwärtsbewegung zum Sozialismus zu beginnen?“

Wer den Marxismus dogmatisch und pedantisch interpretiert, kann das Wichtigste an dieser Lehre nicht begreifen – ihre revolutionäre Dialektik. Gerade dadurch aber zeichnet sich die gesamte Tätigkeit Lenins nach dem Oktober aus. Gerade sie war es, mit deren Hilfe buchstäblich an der Grenze zum Unmöglichen die politische und moralische Heldentat des Brester Friedens vollbracht werden konnte, der Tausende und aber Tausende Leben, ja die Existenz des sozialistischen Vaterlandes rettete.

Ein weiteres Beispiel. Wie Marx und Engels war Lenin fest davon überzeugt, daß die Volksmiliz zum bewaffneten Schutz der Revolution würde. Die konkreten Bedingungen geboten jedoch eine andere Entscheidung. Der dem Volk aufgezwungene Bürgerkrieg und die Intervention von außen erforderten ein neues Herangehen. Auf Dekret Lenins wurde die Rote Armee der Arbeiter und Bauern geschaffen. Das war eine Armee neuen Typs, die sich im Bürgerkrieg und bei der Abwehr der ausländischen Intervention unsterblichen Ruhm erwarb.

Der jungen Sowjetmacht brachten diese Jahre harte Prüfungen. In aller Deutlichkeit und Härte stand die Frage nach dem Sein oder Nichtsein des Sozialismus. Die Partei schloß das Volk zusammen und mobilisierte es für die Verteidigung des sozialistischen Vaterlandes, der Errungenschaften des Oktober. Hungernd und nur mangelhaft mit Uniformen, Stiefeln und Waffen ausgestattet, zerschlugen die Rotarmisten die gutausgebildete und gutbewaffnete konterrevolutionäre Armee, die von den Imperialisten in West und Ost im Überfluß versorgt wurde. Die Feuerlinie des Bürgerkrieges verlief durch das ganze Land, durch jede Familie, wirbelte die gewohnte Lebensweise, die Gefühle und das Schicksal der Menschen durcheinander. In dieser Schlacht auf Leben und Tod siegte der Wille des Volkes, das Streben von Millionen nach einem neuen Leben. Das Land tat alles, um der jungen Armee zu helfen. Es lebte und handelte unter der von Lenin verkündeten Losung: „Alles für den Sieg".

Die großen Taten der legendären Helden, der mutigen Seeleute und der Reiter, der Kämpfer und Kommandeure der jungen Roten Armee und der Roten Partisanen werden für immer in unserem Gedächtnis bleiben. Sie haben die Revolution verteidigt, ihnen gebührt ewiger Ruhm!

Von der zutiefst revolutionären Dialektik war auch der Beschluß über die Neue Ökonomische Politik durchdrungen, die die Horizonte der Vorstellungen über den Sozialismus und über die Wege zu seiner Errichtung wesentlich erweitert hat.

Oder nehmen Sie folgende Frage: Bekanntlich hat Lenin die Beschränktheit des „Genossenschaftssozialismus" kritisiert. Unter den konkreten Bedingungen, die sich nach der Oktoberrevolution im Ergebnis der Eroberung der Macht durch das Volk herausgebildet hatten, betrachtete er diese Frage auf neue Art. In dem Artikel „Über das Genossenschaftswesen" wird der Leitsatz vom Sozialismus als eine Gesellschaft „zivilisierter Genossenschaften" herausgearbeitet.

So stark und kühn war die marxistische Dialektik, die das Wesen der revolutionären Lehre zum Ausdruck brachte und die Lenin so glänzend beherrschte. Hinsichtlich der Schaffung der neuen Welt war er der Auffassung: „Vollenden, umgestalten, wieder von vorn anfangen – das werden wir noch mehr als einmal tun müssen."

Ja, wir mußten nicht nur einmal etwas vollenden, Begonnenes

umgestalten, langwierigen und beharrlichen Kampf bestehen, historische Prozesse von umwälzendem, revolutionärem Charakter durchmachen. Sie haben die Umstände, die Bedingungen unseres Voranschreitens in vielem geändert. Sie haben auch uns selbst verändert, uns gestählt, mit Erfahrungen und Wissen bereichert und uns noch größere Gewißheit in den Erfolg der Revolution gegeben.
Wenn man den von uns zurückgelegten Weg weltgeschichtlich einschätzt, dann kann man sich immer wieder davon überzeugen: Wir haben in einer kurzen Zeit das getan, wofür andere Jahrhunderte benötigten.
Die sozialistische Revolution vollzog sich in einem Land mit einem Kapitalismus auf mittlerem Entwicklungsniveau, mit einer hohen Konzentration der Industrie, einer überwiegend ländlichen Bevölkerung, mit großen Überresten des Feudalismus und sogar vorangegangener Gesellschaftsformationen. Rußland gab der Welt größte Errungenschaften auf dem Gebiet der Wissenschaft und Kultur, drei Viertel seiner Bevölkerung aber waren Analphabeten. Das Land war durch den imperialistischen Krieg und durch eine unfähige Führung nahezu zugrunde gerichtet.
Der Aufbau eines neuen Lebens hatte keine Vorbilder, er setzte unermüdliche Suche nach schöpferischen Lösungen voraus. Für die Partei der Kommunisten war das Ziel klar – Revolution und der Weg des Sozialismus, Sowjetmacht. Lenin führte die Partei eben auf diesen Weg.
Aus der komplizierten Struktur der in Rußland nebeneinander bestehenden Elemente mehrerer Gesellschaftsformationen kristallisierten sich im lebendigen Schaffen der Massen die Prinzipien und Normen der künftigen sozialistischen Ordnung, in der Geschichte nie dagewesene Formen der Organisation der Gesellschaft, heraus. Die anfangs rein theoretischen Vorstellungen von den Formen der Volksmacht, den Wegen und Grenzen der Vergesellschaftung des Eigentums, der Organisation der sozialistischen Produktion, der Herausbildung einer neuen kameradschaftlichen Disziplin sowie dem Platz und der Rolle des Menschen in der Gesellschaft wurden präzisiert und mit realen Lebensinhalten ausgefüllt.

Der Hauptsinn der Oktoberrevolution lag im Aufbau eines neuen Lebens. Dieser wurde keinen einzigen Tag unterbrochen. Jede kurze Atempause wurde genutzt, um aufzubauen, um Wege in die sozialistische Zukunft zu suchen.
Einen großen Aufschwung der Initiative und des Schöpfertums des Volkes gab es zu Beginn der zwanziger Jahre. Sie wurden zu einem wahren revolutionären Labor für gesellschaftliches Neuerertum, für die Suche nach optimalen Formen des Bündnisses der Arbeiterklasse und der werktätigen Bauernschaft, für die Herausbildung eines Mechanismus zur Verwirklichung des gesamten Spektrums der Interessen der werktätigen Menschen.
Von den unter den Bedingungen des Krieges und der Zerstörung erzwungenen Methoden des Kriegskommunismus zur Organisation der Produktion und der Konsumtion ging die Partei zu flexibleren, ökonomisch begründeten, „regulären" Instrumenten der Einflußnahme auf die gesellschaftliche Wirlichkeit über. Die Maßnahmen der Neuen Ökonomischen Politik waren auf den Aufbau der materiellen Grundlagen des Sozialismus gerichtet.
Wir wenden uns jetzt immer öfter den letzten Arbeiten Lenins, den Leninschen Ideen der Neuen Ökonomischen Politik zu und versuchen, diesen Erfahrungen alles für uns heute Wertvolle und Notwendige zu entnehmen. Natürlich wäre es falsch, ein Gleichheitszeichen zwischen der NÖP und dem zu setzen, was wir derzeit auf einer prinzipiell anderen Entwicklungsstufe, tun. Im Lande gibt es heute nicht mehr diese Einzelbauernschaft wie damals, als die wesentlichsten Ziele der Wirtschaftspolitik der zwanziger Jahre davon bestimmt waren, mit ihr ein Bündnis einzugehen.
Doch die NÖP hatte auch ein noch weiter gestecktes Ziel. Es bestand die Aufgabe, „nicht auf Grund des Enthusiasmus unmittelbar", wie Lenin schrieb, „sondern mit Hilfe des aus der großen Revolution geborenen Enthusiasmus, auf Grund des persönlichen Interesses, der persönlichen Interessiertheit, der wirtschaftlichen Rechnungsführung..." die neue Gesellschaft aufzubauen. „So hat es uns das Leben gelehrt. So hat es uns der objektive Entwicklungsgang der Revolution gelehrt."
Wenn vom schöpferischen Potential der NÖP die Rede ist, muß

wohl noch einmal von dem politischen und methodologischen Ideenreichtum der Naturalsteuer gesprochen werden. Uns interessieren natürlich nicht ihre damaligen Formen, die dazu dienten, die Arbeiter und Bauern zusammenzuschließen, sondern die in der Idee der Naturalsteuer liegenden Möglichkeiten zur Freisetzung der schöpferischen Energie der Massen, zur Erhöhung der Initiative des Menschen, zur Beseitigung der bürokratischen Hindernisse, die die Wirkung des Grundprinzips des Sozialismus „Jeder nach seinen Fähigkeiten, jedem nach seiner Leistung" einschränken.

Der unter Führung Lenins begonnene sozialistische Aufbau hat viel prinzipiell Neues hervorgebracht.

Erstmals in der Weltgeschichte wurden Methoden der Planwirtschaft ausgearbeitet und angewandt. Der GOELRO-Plan ist eine wahrhafte Entdeckung, eine ganze Stufe in der Bewegung des ökonomischen Denkens und der ökonomischen Praxis in der Welt. Das war nicht nur der grandiose Plan der Elektrifizierung, sondern das von Lenin entworfene Projekt der „harmonischen Vereinigung" von Landwirtschaft, Industrie und Verkehrswesen, heute würde man sagen, ein Komplexprogramm der Standortverteilung und Entwicklung der Produktivkräfte des Landes. Lenin nannte es das zweite Programm der Partei, „einen Arbeitsplan, der dazu führt, daß die gesamte Volkswirtschaft wieder aufgebaut und auf das Niveau der modernen Technik gehoben wird".

Eine neue Kultur wurde geboren, die sowohl die Erfahrungen der Vergangenheit als auch die reiche Vielfalt, den Mut, die Originalität der Talente und der markanten Persönlichkeiten, aufgewühlt von der Revolution und inspiriert zum Dienst am Volk, in sich aufnahm. Unvergängliche Bedeutung hat die Anfangs-, die Leninsche Etappe der Formierung des Vielvölkerstaates der Sowjets für uns nicht nur hinsichtlich der Ergebnisse, sondern auch der Erfahrungen und des methodischen Vorgehens.

Als Lenin über die Zeit nachdachte, in der aus dem Rußland der NÖP ein sozialistisches Rußland wird, konnte er nicht das Bild der künftigen Gesellschaft in allen Details und Einzelheiten zeichnen, und er stellte sich auch nicht diese Aufgabe. Doch die Wege und Methoden der Bewegung zum Sozialismus über die Schaffung einer Maschinenindustrie, die breite Kooperation, die Einbeziehung eines jeden Werktätigen in die Leitung des Staates, die Organisation der Arbeit des Staatsapparates nach dem Prinzip „Lieber weniger, aber besser", über die kulturelle Entwicklung der Volksmassen, die Festigung der Föderation freier Nationen ohne Lüge und Zwang – all das sollte das Antlitz des Landes formen, das zu einer grundsätzlich neuen Stufe der gesellschaftlichen Ordnung überging.

In den letzten Leninschen Arbeiten, die sich durch außerordentlichen hohen geistigen und emotionalen Gehalt auszeichnen, entstanden das System der Auffassungen vom Aufbau des Sozialismus in unserem Lande und sogar die Konzeption dazu. Das ist ein gewaltiger theoretischer Schatz der Partei. Der frühe Tod Wladimir Iljitsch Lenins erschütterte die ganze Partei und das Volk zutiefst. Die Trauer war grenzenlos, der Verlust unersetzlich. Das verstanden alle. Es standen Taten von kolossaler historischer Bedeutung bevor. Die Führung der Partei mußte ohne Lenin, gestützt auf seine Lehre und sein Vermächtnis, optimale Lösungen suchen, die geeignet waren, die Errungenschaften der Revolution zu festigen und das Land unter den konkreten Bedingungen des damaligen Sowjetrußland zum Sozialismus zu führen.

Die Geschichte stellte der neuen Gesellschaftsordnung ein hartes Ultimatum: entweder in kürzester Frist ihre sozialökonomische und technische Basis zu schaffen, zu überleben und somit der Menschheit erste Erfahrungen einer gerechten Organisation der Gesellschaft zu vermitteln oder unterzugehen und im Gedächtnis der Jahrhunderte bestenfalls nur als heroisches, jedoch mißglücktes gesellschaftliches Experiment zu bleiben. Lebenswichtige, im wahrsten Sinne des Wortes schicksalhafte Bedeutung gewann vor allem die Frage des beschleunigten Tempos der sozialistischen Veränderungen.

Die Periode nach Lenin – die zwanziger und dreißiger Jahre – nahm in der Geschichte des Sowjetstaates einen besonderen Platz ein. In nur anderthalb Jahrzehnten wurden grundlegende gesellschaftliche Veränderungen vollzogen. Diese Jahre umfaßten so vieles – sowohl aus der Sicht der Suche nach optimalen Varianten des sozialistischen Aufbaus als auch aus der Sicht des real Erreichten bei der Schaffung der Grundlagen der neuen Gesellschaft. Das waren Jahre angestrengter Arbeit bis an die Grenze menschlicher Möglichkeiten, Jahre harten Kampfes an vielen Fronten. Die Industrialisierung, die Kollektivierung, die Kulturrevolution, die Festigung des multinationalen Staates, die Konsolidierung der internationalen Positionen der UdSSR, die neuen Formen der Leitung der Wirtschaft und des gesamten gesellschaftlichen Lebens – all das fiel gerade in diesen Zeitraum. Und all das hatte weitreichende Folgen.

Im Laufe der Jahrzehnte sind wir immer wieder auf diese Zeit zurückgekommen. Dies ist natürlich, denn damals begann der Aufbau der ersten sozialistischen Gesellschaft in der Welt. Das war eine Heldentat von historischer Dimension und Bedeutung. Die Bewunderung für die Heldentaten der Väter und Großväter, die Wertschätzung unserer wahren Errungenschaften werden ewig leben wie diese Heldentaten und Errungenschaften selbst. Wenn wir heute mitunter mit kritischem Blick auf unsere Geschichte schauen, dann nur deshalb, weil wir uns eine bessere und umfassendere Vorstellung von den Wegen in die Zukunft machen wollen.

Die Vergangenheit muß mit dem Gefühl historischer Verantwortung und auf der Grundlage der historischen Wahrheit bewertet werden. So muß man herangehen, erstens, angesichts der gewaltigen Bedeutung jener Jahre für das Schicksal unseres Staates, für das Schicksal des Sozialismus. Zweitens, weil diese Jahre im Mittelpunkt langjähriger Diskussionen sowohl bei uns im Land als auch im Ausland stehen, wo neben der Suche nach der Wahrheit des öfteren Versuche unternommen werden, den Sozialismus – die neue Gesellschaftsordnung, die reale Alternative zum Kapitalismus – zu diskreditieren. Letzten Endes brauchen wir wahrheitsgetreue Wertungen dieser und aller anderen Perioden unserer Geschichte besonders jetzt, da die Umgestaltung begonnen hat. Wir brauchen sie nicht zu politischer Abrechnung oder, wie man sagt, zur Selbstzerfleischung, sondern um allem Heldenhaften, das es in der Vergangenheit gab, das zu geben, was ihm gebührt, um die Lehren aus den Fehlern und Fehlschlägen zu ziehen.

Kommen wir nun zu den zwanziger und dreißiger Jahren nach Lenin. Obwohl die Partei und die Gesellschaft über die Leninsche Konzeption vom Aufbau des Sozialismus, über die Arbeiten Wladimir Iljitschs nach der Oktoberrevolution verfügten, war die Suche nach dem Weg sehr schwer, erfolgte sie in angespanntem ideologischem Kampf und in einer Atmosphäre politischer Diskussionen. In deren Mittelpunkt standen grundlegende Entwicklungsprobleme der Gesellschaft, vor allem die Frage nach der Möglichkeit des Aufbaus des Sozialismus in unserem Land.

Der theoretische Gedanke und die Praxis suchten, in welche Richtungen und in welchen Formen die sozialökonomischen Veränderungen zu verwirklichen sind, wie deren Lösung auf sozialistischen Prinzipien unter jenen konkreten historischen Beziehungen abzusichern ist, unter denen sich die Sowjetunion befand.

Auf der Tagesordnung stand die praktische, konstruktive Arbeit, die höchste Verantwortung erforderte. Besonders aktuell war die Frage der Industrialisierung sowie der Rekonstruktion der Wirtschaft, ohne die der sozialistische Aufbau und die Festigung der Verteidigungsbereitschaft undenkbar waren. Dies resultierte aus den direkten Hinweisen Lenins, aus seinem theoretischen Erbe. Auf dieser Ebene und entsprechend dem Leninschen Vermächtnis stand die Frage nach der sozialistischen Umgestaltung auf dem Lande.

Es ging also um wichtigste, umwälzende Probleme und Aufgaben. Und obwohl die Partei, ich wiederhole, über die Leninschen Richtlinien zu diesen Fragen verfügte, entbrannten dazu scharfe Diskussionen.

Es muß offenbar auch davon gesprochen werden, daß vor und nach der Revolution, in den ersten Jahren des sozialistischen Aufbaus, durchaus nicht alle führenden Parteifunktionäre die Leninschen Ansichten zu einigen der wichtigsten Probleme teilten. Außerdem konnten die Leninschen Hinweise nicht alle konkreten Fragen des Aufbaus der neuen Gesellschaft umfassen. Bei der Analyse des ideologischen Streits jener Zeit muß berücksichtigt werden, daß die Durchführung der gigantischen revolutionären Veränderungen in solch einem Land wie dem damaligen Rußland schon an sich eine Aufgabe von außerordentlicher Schwierigkeit war. Das Land befand sich auf einem historischen Marsch, seine Entwicklung wurde rapide forciert, und alle Seiten des gesellschaftlichen Lebens wurden rasch und tiefgreifend verändert.

Der ideologische Kampf, der die ganze Bandbreite der Interessen der Klassen, sozialen Gruppen und Schichten, der Forderungen und Aufgaben der Zeit, der historischen Traditionen widerspiegelte, der Druck der dringlichen Aufgaben sowie die Bedingungen der feindlichen kapitalistischen Umzingelung – dieser ideologische Kampf verflocht sich untrennbar mit den Ereignissen und Prozessen in Wirtschaft, Politik und in allen Lebensbereichen der Menschen.

Mit einem Wort, sich Klarheit zu verschaffen und den einzig richtigen Kurs in einer so komplizierten und bewegten Situation zu finden, war außerordentlich schwer. Der Charakter des ideologischen Kampfes komplizierte sich erheblich auch durch persönliche Rivalität in der Parteiführung. Alte Differenzen, die es bereits zu Lebzeiten Lenins gab, machten sich auch in der neuen Situation bemerkbar, und das in sehr krasser Form. Vor der Möglichkeit einer solchen Gefahr warnte bekanntlich Lenin. In dem „Brief an den Parteitag" unterstrich er, daß „das keine Kleinigkeit, oder eine solche Kleinigkeit ist, die entscheidende Bedeutung erlangen kann". So geschah es auch in vielerlei Hinsicht.

Kleinbürgerliche Wesensart gewann bei einigen angesehenen Funktionären die Oberhand. Sie bildeten Fraktionen. Das brachte die Parteiorganisationen in einen fieberhaften Zustand, entfernte sie von der lebendigen Wirklichkeit und behinderte sie in ihrer Tätigkeit. Sie provozierten die Spaltung sogar dann weiter, als dem überwiegenden Teil in der Partei klar wurde, daß ihre Ansichten den Leninschen Ideen und Plänen zuwiderlaufen, ihre Vorschläge falsch sind und das Land von dem richtig eingeschlagenen Kurs abbringen können.

Das trifft vor allem auf L. D. Trotzki zu, der nach Lenins Tod maßlose Führungsansprüche in der Partei erhob und somit in vollem Maße die Leninsche Charakteristik seiner Person als übermäßig selbstsicheren, sich stets drehenden und windenden betrügerischen Politiker bestätigte. Trotzki und die Trotzkisten negierten die Möglichkeit der Errichtung des Sozialismus unter den Bedingungen der kapitalistischen Umzingelung. In der Außenpolitik setzten sie auf den Export der Revolution und in der Innenpolitik auf das „Ansetzen von Daumenschrauben" bei der Bauernschaft, auf die Ausbeutung des Dorfes durch die Stadt und auf administrativ-militärische Methoden bei der Leitung der Gesellschaft. Der Trotzkismus ist eine politische Strömung, deren Ideologen im Grunde eine kapitulantenhafte Haltung einnahmen, wobei sie sich mit linken, pseudo-revolutionären Phrasen tarnten. Dem Wesen nach stellte er eine Attacke gegen den Leninismus an der gesamten Front dar. Es ging praktisch um das Schicksal des Sozialismus in unserem Land, um das Schicksal der Revolution.

Unter diesen Bedingungen mußte dem Trotzkismus vor dem ganzen Volk der Nimbus genommen, mußte sein antisozialistisches Wesen entlarvt werden. Die Situation gestaltete sich noch komplizierter dadurch, daß die Trotzkisten in einem Block mit der neuen Opposition unter der Führung G. J. Sinowjews und L. B. Kamenews agierten. Die Führer der Opposition hatten begriffen, daß sie in der Minderheit waren, und drängten der Partei immer neue Diskussionen auf, wobei sie auf eine Spaltung ihrer Reihen setzten. Aber die Partei sprach sich letztendlich für die Linie des ZK und gegen die Opposition aus, die ideologisch und organisatorisch zerschlagen wurde.

Somit behauptete der führende Kern der Partei unter Leitung J. W. Stalins den Leninismus im ideologischen Kampf, formulierte Strategie und Taktik der Anfangsetappe des sozialistischen Aufbaus, und ihr politischer Kurs fand die Billigung der meisten Parteimitglieder und Werktätigen. Eine wichtige Rolle bei der ideologischen Zerschlagung des Trotzkismus spielten N. I. Bucharin, F. E. Dzierzynski, S. M. Kirow, G. K. Ordshonikidse, J. E. Rudsutak und andere. Ganz am Ende der zwanziger Jahre entbrannte ein scharfer Kampf auch um die Wege des Übergangs der Bauernschaft zum Sozialismus. In diesem Kampf trat im Grunde genommen die unterschiedliche Einstellung der Mehrheit des Politbüros und der Gruppe um

Bucharin gegenüber der Anwendung der NÖP-Prinzipien in der neuen Entwicklungsetappe der sowjetischen Gesellschaft zutage.

Die konkreten Bedingungen jener Zeit – sowohl die inneren als auch die internationalen – machten eine beträchtliche Steigerung des Tempos des sozialistischen Aufbaus zu einer dringenden Aufgabe. Bucharin und seine Anhänger unterschätzten in ihren Plänen und Theorien praktisch die Bedeutung des Zeitfaktors beim Aufbau des Sozialismus in den dreißiger Jahren. Ihre Haltung war in vielem durch dogmatisches Denken, durch undialektische Einschätzungen der konkreten Lage bestimmt. Sowohl Bucharin selbst als auch seine Anhänger sahen sehr bald ihre Fehler ein.

In diesem Zusammenhang sei daran erinnert, wie Lenin Bucharin charakterisierte: „Bucharin ist nicht nur ein überaus wertvoller und bedeutender Theoretiker der Partei, er gilt auch mit Recht als Liebling der ganzen Partei, aber seine theoretischen Anschauungen können nur mit sehr großem Bedenken zu den völlig marxistischen gerechnet werden, denn in ihm steckt etwas Scholastisches (er hat die Dialektik nie studiert und, glaube ich, nie vollständig begriffen.)“ Erneut bestätigte das Leben, daß Lenin recht hatte.

Die politischen Diskussionen jener Zeit spiegelten also einen komplizierten Prozeß in der Entwicklung der Partei wider, der gekennzeichnet war durch heftigen Kampf bei den wichtigsten Problemen des sozialistischen Aufbaus. In diesem Kampf, der durchgefochten werden mußte, entstand die Konzeption der Industrialisierung und Kollektivierung.

Unter Führung der Partei und ihres Zentralkomitees wurden im Lande in kurzer Zeit die Schwerindustrie einschließlich des Maschinenbaus, die Verteidigungsindustrie, eine für jene Zeit moderne chemische Produktion praktisch neu aufgebaut, wurde der GOELRO-Plan erfüllt. Ruhmreiche Symbole dieser Leistungen wurden das Hüttenkombinat Magnitogorsk, das Kusnezker Becken, das Dnepr-Wasserkraftwerk, Uralmasch, das Chibinsker Kombinat, die Autowerke in Moskau und Gorki, Flugzeugwerke, die Traktorenwerke Stalingrad, Tscheljabinsk und Charkow, das Landmaschinenwerk in Rostow am

Don, Komsomolsk am Amur, die Turksibirische Eisenbahn, der Große Fergana-Kanal und viele andere Großbauten der ersten Fünfjahrpläne. In dieser Zeit entstanden Dutzende von Forschungsinstituten und ein umfangreiches Netz von Hochschulen.
Die Partei schlug einen bisher nicht erkundeten Weg der Industrialisierung vor, nämlich sofort die Schwerindustrie voranzutreiben ohne auf äußere Finanzquellen zu hoffen, ohne auf langjährige Akkumulationen aus der Entwicklung der Leichtindustrie zu warten. Das war unter jenen Bedingungen der einzig mögliche, wenn auch für das Land und das Volk ungemein schwere Weg. Es war ein bahnbrechender Schritt, bei dem der revolutionäre Elan der Massen als Komponente des Wirtschaftswachstums ins Kalkül gezogen wurde. Die Industrialisierung in einem Zug brachte das Land auf ein qualitativ neues Niveau. Ende der dreißiger Jahre war die Sowjetunion in der Industrieproduktion auf den ersten Platz in Europa und auf den zweiten Platz in der Welt vorgerückt und zu einer wahrhaft großen Industriemacht geworden. Dies war eine Heldentat von weltgeschichtlicher Bedeutung, eine Heldentat der befreiten Arbeit, eine Heldentat der Partei der Bolschewiki.
Blickt man realistisch auf die Geschichte und berücksichtigt man die Gesamtheit der inneren und internationalen Realitäten, drängt sich unwillkürlich die Frage auf: Hätte unter jenen Bedingungen ein anderer Kurs gewählt werden können als der, den die Partei vorschlug? Wenn wir auf dem Boden der Historie, der Wahrheit des Lebens bleiben wollen, kann es nur eine Antwort geben: Nein. Unter jenen Bedingungen, als das Gefühl der Gefahr einer imperialistischen Aggression spürbar wuchs, festigte sich in der Partei die Überzeugung, daß es notwendig ist, die Distanz vom Vorschlaghammer und Hakenpflug zur entwickelten Industrie – ohne die das Ende der Revolution unvermeidlich wäre – nicht einfach zu durchlaufen, sondern in historisch kurzem Zeitraum im wahrsten Sinne des Wortes zu durcheilen.
Die Lebensfähigkeit der von der Partei aufgestellten und von den Massen verstandenen und akzeptierten Pläne, Losungen und Vorhaben, in denen der revolutionäre Geist des Oktober

verkörpert war, fand ihren Ausdruck in jenem Enthusiasmus, der die Welt in Erstaunen versetzte und mit dem sich Millionen sowjetischer Menschen in den Ausbau der sowjetischen Industrie einreihten. Unter den schwersten Bedingungen, ohne jede Mechanisierung, mit Hungerrationen vollbrachten die Menschen Wunder. Es erfüllte sie mit Begeisterung, daß sie an einem großen historischen Werk mitwirkten. Ohne ausreichende Bildung begriffen sie mit ihrem Klassengespür, daß sie Teilnehmer eines großartigen, noch nie dagewesenen Werkes waren.

Unsere Pflicht und die Pflicht derer, die nach uns kommen, ist es, stets dieser Heldentat unserer Großväter und Väter eingedenk zu sein. Jeder muß wissen, daß ihre Arbeit und ihre selbstlose Hingabe nicht umsonst waren. Sie haben all das Schwere überwunden, was ihnen das Schicksal zuteil werden ließ. Sie haben den größten Beitrag zur Festigung der Errungenschaften des Oktober, zur Schaffung jener Grundlagen unserer Stärke geleistet, die es ermöglichte, angesichts der tödlichen Gefahr die Heimat zu retten und den Sozialismus für die Zukunft, für Sie, Genossen, zu bewahren. Ihnen gilt Ruhm und ehrendes Gedenken!

Zugleich hat die Zeit, von der die Rede ist, auch Verluste gebracht. Sie hingen in gewisser Weise mit den Erfolgen zusammen, von denen ich sprach. Damals glaubte man an die universelle Effektivität einer strikten Zentralisierung, daran, daß Kommandomethoden der kürzeste und beste Weg zur Lösung jeglicher Aufgaben seien. Das wirkte sich auf die Einstellung zu den Menschen und zu ihren Lebensbedingungen aus.

Es entstand ein System des Administrierens und Kommandierens der Partei- und Staatsführung des Landes. Es verstärkte sich der Bürokratismus, vor dessen Gefahren Lenin seinerzeit gewarnt hatte. Es begannen sich auch die entsprechenden Strukturen der Leitung und Methoden der Planung herauszubilden. In der Industrie mit ihrem damaligen Umfang, da alle wichtigen Objekte im wahrsten Sinne des Wortes überschaubar waren, brachten solche Methoden und ein solches Leitungssystem im großen und ganzen ihre Ergebnisse. Doch ein so striktes System der Zentralisierung und des Kommandierens war

bei der Lösung der Aufgaben der Veränderung des Dorfes unzulässig.
Man muß offen sagen: In der neuen Etappe mangelte es an Leninscher Aufmerksamkeit für die Interessen der werktätigen Bauernschaft. Und die Hauptsache – es wurde die Tatsache unterschätzt, daß sich die Bauernschaft in den Jahren nach der Revolution als Klasse grundlegend verändert hatte. Zur Hauptfigur wurde der Mittelbauer. Er setzte sich als Eigentümer durch, dieser werktätige Bauer, der seinen Boden von der Revolution erhalten hatte und sich in den ganzen zehn Jahren davon überzeugt hatte, daß die Sowjetmacht auch seine Macht ist. Er wurde zum treuen und zuverlässigen Verbündeten der Arbeiterklasse, zum Verbündeten auf neuer Grundlage und überzeugte sich in der Praxis davon, daß sich sein Leben immer mehr zum Besseren wendet.
Wäre den objektiven ökonomischen Gesetzen mehr Rechnung getragen und den sich auf dem Lande vollziehenden sozialen Prozessen mehr Aufmerksamkeit geschenkt worden, wäre überhaupt die Einstellung zu dieser gewaltigen Masse der werktätigen Bauernschaft, deren Mehrheit an der Revolution teilgenommen und diese gegen die Weißgardisten und Interventen verteidigt hatte, politisch ausgewogener gewesen, wäre die Linie des Bündnisses mit dem Mittelbauern gegen den Kulaken konsequent verfolgt worden, dann wäre es auch nicht zu jenen Überspitzungen gekommen, die bei der Kollektivierung auftraten.
Heute ist klar: Bei dem gewaltigen Werk, das die Geschicke der Mehrheit der Bevölkerung des Landes berührte, wurde ein Abweichen von der Leninschen Politik gegenüber der Bauernschaft zugelassen. Dieser hochwichtige und sehr komplizierte gesellschaftliche Prozeß, bei dem sehr viel von den örtlichen Bedingungen abhing, wurde vorwiegend mit administrativen Methoden geleitet. Es entstand die Überzeugung, alle Probleme könnten auf Anhieb in kürzester Frist bewältigt werden. Ganze Gebiete und Regionen des Landes wetteiferten darum, wer rascher die volle Kollektivierung betreibt. Von oben wurden willkürlich Prozente vorgegeben. Grobe Verstöße gegen die Prinzipien der Kollektivierung waren allgegenwärtig. Der

Kampf gegen das Kulakentum verlief nicht ohne Überspitzungen. Der an sich richtige Kurs auf die Bekämpfung des Kulakentums wurde oftmals so breit ausgelegt, daß auch ein bedeutender Teil der Mittelbauern erfaßt wurde. Das ist historische Realität.

Will man aber, Genossen, die Gesamtbedeutung der Kollektivierung für die Festigung der Positionen des Sozialismus auf dem Land einschätzen, so war sie letztendlich ein Umbruch von prinzipieller Tragweite. Die Kollektivierung bedeutete eine grundlegende, auf sozialistischen Prinzipien basierende Veränderung der gesamten Lebensweise für die Mehrheit der Bevölkerung des Landes. Sie schuf die soziale Basis für die Modernisierung des Agrarsektors und seine Überleitung zu einer kulturvollen Wirtschaftsführung. Sie ermöglichte eine bedeutende Steigerung der Arbeitsproduktivität und setzte eine beträchtliche Anzahl von Arbeitskräften frei, die in anderen Bereichen des sozialistischen Aufbaus gebraucht wurden. Das alles hatte historische Konsequenzen.

Für das Verständnis der Situation in jenen Jahren muß man bedenken, daß sich das System des Administrierens und Kommandierens, das sich im Verlauf der Industrialisierung herauszubilden begonnen hatte und während der Kollektivierung einen neuen Impuls erhielt, auf das gesamte gesellschaftspolitische Leben des Landes auswirkte. Nachdem es sich in der Wirtschaft durchgesetzt hatte, dehnte es sich auch auf den Überbau aus, wo es die Entfaltung des Potentials der sozialistischen Demokratie einschränkte und ihr Voranschreiten hemmte.

Das Gesagte macht jedoch nicht die ganze Kompliziertheit jenes Zeitabschnitts deutlich. Was geschah hier? Ein Gebiet ernstester ideologischer und politischer Prüfungen der Partei blieb faktisch zurück. Millionen Menschen schlossen sich mit Enthusiasmus der Arbeit zur Verwirklichung der sozialistischen Veränderungen an. Es gab erste Erfolge. Gleichzeitig wurden die Methoden, die von der Zeit des Kampfes gegen den feindlichen Widerstand der Ausbeuterklassen diktiert waren, in die Zeit des friedlichen sozialistischen Aufbaus mechanisch übernommen, in der sich die Bedingungen grundlegend geändert hatten. Im Lande entstand eine Atmosphäre der Unduldsamkeit, der

Feindschaft und des Mißtrauens. Später wurde diese politische Praxis ausgebaut und mit der falschen „Theorie" der Zuspitzung des Klassenkampfes im Prozeß des Aufbaus des Sozialismus begründet.

Dies hatte einen verheerenden Einfluß auf die gesellschaftspolitische Entwicklung des Landes und brachte schwerwiegende Folgen mit sich. Es ist vollkommen offensichtlich, daß gerade das Fehlen des nötigen Niveaus der Demokratisierung der sowjetischen Gesellschaft sowohl den Personenkult als auch die Verletzungen der Gesetzgebung, die Willkür und die Repressalien der dreißiger Jahre ermöglichte. Offen gesagt – Verbrechen, verübt auf dem Nährboden des Machtmißbrauchs. Tausende Mitglieder der Partei und Parteilose waren Massenrepressalien ausgesetzt. Das ist die bittere Wahrheit, Genossen. Dem Sozialismus und dem Ansehen der Partei wurde ernster Schaden zugefügt. Darüber müssen wir offen sprechen. Das ist notwendig, damit sich das Leninsche Ideal des Sozialismus endgültig und unumkehrbar durchsetzt.

Jetzt gibt es viele Diskussionen über die Rolle Stalins in unserer Geschichte. Seine Persönlichkeit ist äußerst widersprüchlich. Wir müssen bei den Positionen der historischen Wahrheit bleiben und sowohl den unbestreitbaren Beitrag Stalins zum Kampf für den Sozialismus und zum Schutz seiner Errungenschaften als auch die groben politischen Fehler und die Willkür sehen, die er und seine Umgebung zugelassen haben, für die unser Volk einen hohen Preis zahlte und die für das Leben unserer Gesellschaft schwerwiegende Folgen nach sich zogen. Manchmal wird behauptet, Stalin habe von den Gesetzlosigkeiten nichts gewußt. Aus den Dokumenten, über die wir verfügen, geht hervor, daß dies nicht so ist. Die Schuld Stalins und seiner nächsten Umgebung gegenüber Partei und Volk für die zugelassenen Massenrepressalien und die Gesetzlosigkeiten ist gewaltig und unverzeihlich. Das ist eine Lehre für alle Generationen.

Natürlich war der Personenkult entgegen den Beteuerungen unserer ideologischen Gegner nicht unausweichlich. Er ist dem Wesen des Sozialismus fremd. Er stellt eine Abweichung von seinen grundlegenden Prinzipien dar, und demzufolge gibt es für ihn keinerlei Rechtfertigung. Auf dem XX. und XXII. Parteitag der KPdSU verurteilte die Partei scharf sowohl den Kult um Stalin als auch seine Folgen. Wir wissen jetzt, daß die politischen Anklagen und Repressalien gegen eine Reihe von Persönlichkeiten der Partei und des Staates, gegen viele Kommunisten und Parteilose, gegen Wirtschafts- und Armeekader, Wissenschaftler und Kulturschaffende ein Ergebnis vorsätzlicher Fälschungen waren.

Viele Anklagen wurden später – besonders nach dem XX. Parteitag – aufgehoben. Tausende unschuldig Leidende wurden vollständig rehabilitiert.

Doch der Prozeß der Wiederherstellung der Gerechtigkeit wurde nicht zu Ende geführt und kam faktisch Mitte der sechziger Jahre zum Stehen. Jetzt muß man in Übereinstimmung mit den Beschlüssen des Oktober-Plenums (1987) des ZK erneut darauf zurückkommen. Das Politbüro des ZK hat eine Kommission zur allseitigen Untersuchung neuer und schon früher bekannter Fakten und Dokumente zu diesen Fragen gebildet. Auf der Grundlage der Ergebnisse der Arbeit dieser Kommission werden die entsprechenden Entscheidungen getroffen.

All das wird seinen Niederschlag auch im Abriß der Geschichte der KPdSU finden, dessen Ausarbeitung einer Sonderkommission des ZK übertragen wird. Das müssen wir tun. Um so mehr, da wir es auch gegenwärtig noch mit Versuchen zu tun haben, den schwierigen Fragen unserer Geschichte auszuweichen, sie zu verschweigen und so zu tun, als ob nichts Besonderes geschehen wäre. Damit können wir uns nicht einverstanden erklären. Das wäre eine Mißachtung der historischen Wahrheit und des Andenkens an jene, die unschuldige Opfer der Gesetzlosigkeit und Willkür wurden. Wir können es auch deshalb nicht, weil eine wahrheitsgemäße Analyse uns bei der Lösung unserer heutigen Probleme helfen muß, den Problemen der Demokratisierung, der Gesetzlichkeit, der Offenheit, der Überwindung des Bürokratismus, kurz gesagt, den brennenden Problemen der Umgestaltung. Deshalb brauchen wir auch hier volle Klarheit, Gründlichkeit und Konsequenz. Das klare Verständnis sowohl unserer gewaltigen Errungenschaften als auch vergangenen Unheils sowie dessen vollständige und richtige politische Einschätzung geben eine echte moralische Orientierung für die Zukunft.

Zieht man Bilanz der Periode der zwanziger und dreißiger Jahre nach Lenin, so kann man sagen: Wir durchliefen einen schweren, an Widersprüchen und Komplikationen reichen, aber großen und heldenhaften Weg. Weder gröbste Fehler noch Abweichungen von den Prinzipien des Sozialismus konnten unser Volk, unser Land von dem Weg abbringen, den es mit seiner Entscheidung im Jahr 1917 eingeschlagen hat. Der Impuls des Oktober war zu stark! Die Ideen des Sozialismus, die die Massen ergriffen hatten, waren zu stark! Das Volk fühlte sich als Beteiligter an dem großen Werk. Es begann, die Früchte seiner Arbeit zu ernten. Sein Patriotismus bekam einen neuen, sozialistischen Inhalt.

Das zeigte sich mit aller Kraft in den harten Prüfungen des Großen Vaterländischen Krieges 1941–1945.

Heute erörtert man im Westen eifrig die Situation am Vorabend des Krieges. Die Wahrheit wird mit Halbwahrheiten vermischt. Besonders emsig sind jene, die mit den politischen, territorialen und sozialen Ergebnissen des Zweiten Weltkrieges unzufrieden sind und immer noch darüber nachsinnen, wie man sie korrigieren könnte. Deshalb sind sie auch daran interessiert, die historische Wahrheit von den Füßen auf den Kopf zu stellen, Ursache und Wirkung durcheinanderzubringen und die zeitliche Reihenfolge zu fälschen. In diesem Kontext nehmen sie zu jeder Lüge Zuflucht, nur um der Sowjetunion die Schuld für den Zweiten Weltkrieg zuzuschieben, dem angeblich durch den Nichtangriffspakt Ribbentrops und Molotows der Weg gebahnt wurde. Diese Frage ist eine etwas ausführlichere Behandlung wert.

Im Grunde genommen wurde der Zweite Weltkrieg nicht erst am 1. September 1939 tragische Realität. Die Eroberung Nordostchinas durch Japan (der Mandschurische Zwischenfall 1931/32), der Überfall Italiens auf Äthiopien (1935) und auf Albanien (im Frühjahr 1939), die deutsch-italienische Intervention gegen das republikanische Spanien (1936–1939), der bewaffnete Einfall Japans in Nord- und dann in Zentralchina (im Sommer 1937) – das waren die Brände, mit denen der Zweite Weltkrieg begann.

Eine andere Frage ist es, daß man damals im Westen noch so tat, als ginge es einen nichts an oder als ginge es einen nicht in dem Maße an, daß man die Opfer der Aggression in Schutz nehmen müßte. Haß gegen den Sozialismus, langfristiges Kalkül, Klassenegozentrismus hinderten daran, die realen Gefahren nüchtern zu erkennen. Mehr noch, der Faschismus wurde beharrlich zu der Mission ermuntert, Stoßtrupp im antikommunistischen Kreuzzug zu sein. Nach Äthiopien und China wurden Österreich und die Tschechoslowakei Opfer der „Befriedung". Das Schwert schwebte über Polen und allen Ostsee- und Donaustaaten. Es wurde offen Propaganda betrieben, die Ukraine zur Kornkammer und zum Viehhof des Dritten Reiches zu machen. Letztendlich kanalisierten sich die Hauptströme der Aggression gegen die Sowjetunion. Da man bereits lange vor dem Krieg daran ging, unser Land aufzuteilen, kann man sich leicht vorstellen, wie begrenzt unser Entscheidungsspielraum war. Man sagt, daß der Beschluß, den die Sowjetunion getroffen hat, mit Deutschland einen Nichtangriffspakt zu schließen, nicht der beste gewesen sei. Vielleicht ist dem so, wenn man sich nicht von der harten Realität, sondern von spitzfindigen Abstraktionen, losgelöst aus dem Kontext der Zeit, leiten läßt. unter diesen Bedingungen stand die Frage ähnlich wie zur Zeit des Brester Friedens: Soll unser Land unabhängig sein oder nicht, soll es auf der Welt Sozialismus geben oder nicht.

Die UdSSR hat viel getan, um ein System der kollektiven Sicherheit zu schaffen und einen Weltkrieg zu verhindern. Doch die sowjetischen Initiativen fanden bei westlichen Politikern und Politikastern, die es kaltblütig darauf abgesehen hatten, den Sozialismus am bequemsten in das Feuer des Krieges hineinzuziehen und ihn direkt mit dem Faschismus zu konfrontieren, kein Echo.

Wir, die wir bereits nach unserer sozialistischenGeburt geschmäht wurden, konnten für den Imperialismus unter keinen Umständen als rechtmäßig gelten. Wie ich bereits sagte, sind westliche herrschende Kreise, um sich reinzuwaschen, bestrebt, die Menschen davon zu überzeugen, daß der sowjetisch-deutsche Nichtangriffspakt vom 23. August 1939 der Auslöser für den Überfall der Nazis auf Polen und damit für den Beginn des Zweiten Weltkrieges war. Als wenn es weder das Münchener Abkommen mit Hitler, das noch 1938 von Großbritannien und Frankreich unter aktiver Mitwirkung der USA unterzeichnet wurde, noch den Anschluß Österreichs, weder die Kreuzigung der Spanischen Republik noch die Okkupation der Tschechoslowakei und Klaipedas durch die Faschisten und den Abschluß der Nichtangriffspakte von London und Paris mit Deutschland gegeben hätte. Übrigens hatte auch Vorkriegspolen einen derartigen Pakt geschlossen. All dies paßte, wie Sie sehen, in die Struktur der imperialistischen Politik, wurde und wird für völlig normal gehalten.

Aus Dokumenten ist bekannt, daß der Tag des Überfalls Deutschlands auf Polen („spätestens am 1. September") schon am 3. April 1939, das heißt, lange vor dem sowjetisch-deutschen Pakt, festgelegt wurde. In London, Paris und Washington kannte man haargenau und bis ins kleinste Detail die Vorbereitungen auf den Polenfeldzug, wie man auch wußte, daß der Abschluß eines anglo-französisch-sowjetischen Militärbündnisses spätestens im August 1939 das einzige Hindernis gewesen wäre, das die Faschisten hätte aufhalten können.

Von diesen Plänen wußte auch die Führung unseres Landes, deshalb überzeugte sie auch Großbritannien und Frankreich von der Notwendigkeit kollektiver Maßnahmen. Sie rief, um die Aggression zu unterbinden, auch die damalige polnische Regierung zur Zusammenarbeit auf.

Doch die Westmächte rechneten anders: die UdSSR durch das Versprechen eines Bündnisses zu locken, auf diese Weise den Abschluß des von uns vorgeschlagenen Nichtangriffspaktes zu verhindern und uns die Möglichkeit zu nehmen, uns besser auf den unausbleiblichen Überfall Hitlerdeutschlands auf die UdSSR vorzubereiten. Wir können auch nicht vergessen, daß die Sowjetunion im August 1939 vor der realen Kriegsgefahr an zwei Fronten stand – im Westen mit Deutschland und im Osten mit Japan, das am Fluß Chalchin Gol einen blutigen Konflikt entfesselt hatte.

Doch Leben und Tod zerrissen die Mythen und nahmen ihren Lauf. Es wurde ein neues Kapitel aufgeschlagen – das schwerste und schwierigste in der neuen Geschichte. In jener Etappe gelang es uns jedoch, den Kampf mit dem Feind aufzuschieben, mit einem Feind, der sowohl sich als auch dem Gegner nur eine Wahl ließ – siegen oder sterben.

Die uns aufgezwungene Aggression war eine schonungslose Bewährungsprobe für die Lebensfähigkeit der sozialistischen Ordnung, für die Festigkeit des multinationalen Sowjetstaates, für die Stärke des patriotischen Geistes der sowjetischen Menschen. Und diese Bewährungsprobe wurde von uns mit Feuer und Schwert bestanden.

Genossen! Sie wurde bestanden, weil dieser Krieg für unser Volk zum Großen Vaterländischen Krieg wurde, denn im Kampf gegen einen Feind wie den deutschen Faschismus hieß die Frage Leben oder Tod, hieß sie für uns, frei zu sein oder in die Sklaverei zu geraten.

Sie wurde bestanden, weil der Krieg zu einem Krieg des ganzen Volkes wurde. Für die Verteidigung des Vaterlandes hatten sich alle erhoben: Alt und Jung, Männer und Frauen, alle Nationalitäten und Völkerschaften des großen Landes. In ihre erste Schlacht ging auch die vom Oktober geborene und von der sozialistischen Ordnung erzogene Generation. Bisher nicht gekannte Standhaftigkeit und Heldentum auf den Schlachtfeldern, mutiger Kampf der Partisanen und der illegalen Kämpfer hinter der Frontlinie, unermüdliche Arbeit im Hinterland fast rund um die Uhr – das war dieser Krieg für uns.

Die sowjetischen Menschen kämpften und arbeiteten und verteidigten damit die Heimat, die sozialistische Ordnung, die Ideen und die Sache des Oktober. Als das große Unglück über unser gemeinsames Haus hereinbrach, schwankte und beugte sich das sowjetische Volk nicht, weder unter den Schlägen der ersten Mißerfolge und Niederlagen noch unter der Schwere der Millionen Todesopfer, der Qualen und Leiden. Vom ersten Tag des Krieges an glaubte es fest an den kommenden Sieg. Im Soldatenrock und in der Arbeitskluft tat es alles, was im Bereich des Menschenmöglichen war und über die Menschenkraft hinausging, um diesen lang ersehnten Tag näherzubringen. Und als am 1418. Tag des Krieges der Sieg kam, atmete die ganze gerettete Welt frei auf und zollte dem siegreichen sowjetischen Volk, dem Helden und dem Arbeiter, seiner tapferen Armee Anerkennung, die kämpfend Tausende von Kilometern zu-

rückgelegt hatte, von denen jeder viele Menschenleben, viel Blut und Schweiß kostete.
Im Großen Vaterländischen Krieg entfaltete sich im vollen Umfang das Talent der aus dem Volke hervorgegangenen herausragenden Heerführer G. K. Shukow, K. K. Rokossowski, A. M. Wassilewski, I. S. Konew und anderer ruhmreicher Marschälle, Generale und Offiziere, jener, die Fronten und Armeen, Korps, Divisionen und Regimenter, Kompanien und Züge befehligten. Zum Sieg trugen der gewaltige politische Wille, die Zielstrebigkeit und Beharrlichkeit sowie die Fähigkeit bei, die Menschen zu organisieren und zu disziplinieren, was von J. W. Stalin in den Jahren des Krieges bewiesen wurde. Die Hauptlast des Krieges hatte jedoch der einfache Sowjetsoldat zu tragen, der aus dem Volk hervorgegangene fleißige Arbeiter, der mutige Kämpfer, der sein Vaterland liebt. Ihm hohe Ehre und ewiger Ruhm!
Millionen Veteranen des Großen Vaterländischen Krieges stehen auch heute auf ihren Posten und beteiligen sich aktiv an der revolutionären Umgestaltung und Erneuerung der Gesellschaft. Ihnen gilt unser Dank als ihre Nachkommen!
Die Seele aller Schlachten und aller Arbeitstaten war unsere Leninsche Partei. An der Front, in den Schützengräben gingen die Kommunisten als erste zum Angriff vor und rissen die anderen durch ihr Beispiel mit sich; im Hinterland verließen sie als letzte die Werkbänke, die Felder und Ställe. Die sowjetischen Menschen empfanden stärker als je zuvor, daß die KPdSU (B) ihre Partei war, und die Kommunisten bewiesen mit der Tat – als der Kriegsbrand loderte und die Frage lautete: Leben oder Tod –, was es heißt, Avantgarde des Volkes zu sein.
Man kann voll Überzeugung sagen: Die Jahre des Großen Vaterländischen Krieges sind eine der ruhmreichsten und heroischsten Seiten im Leben der Partei, geschrieben mit dem Mut und der Tapferkeit, mit größter Opferbereitschaft und Selbstlosigkeit von Millionen Kommunisten. Der Krieg zeigte, daß Sowjetvolk, Partei, Sozialismus und der Oktober untrennbar sind und daß es in der Welt keine Kraft gibt, die diese Einheit zerstören könnte.
Der Sozialismus hat nicht einfach nur standgehalten und nicht

einfach nur gesiegt. Aus dem schrecklichsten und vernichtendsten aller Kriege ist er moralisch und politisch gestärkt hervorgegangen und festigte seine Autorität und seinen Einfluß in der ganzen Welt.

Nach Kriegsende sagten uns unsere Gegner voraus, unsere Wirtschaft würde verfallen und unser Land auf lange Zeit in der internationalen Politik keine Rolle spielen. Sie waren der Ansicht, wir würden in 50 und noch mehr Jahren nicht mit den Kriegsfolgen fertig werden. Aber das sowjetische Volk stellte in kürzester Zeit die zerstörten Städte und Dörfer wieder her, es baute die Werke und Fabriken, Kolchosen und Sowchosen, Schulen und Hochschulen und die kulturellen Einrichtungen aus den Ruinen wieder auf.

Und erneut trat die große Kraft des sozialistischen Staates zutage: der Wille der Partei, der vom Verständnis der höchsten Interessen der Heimat des Oktober getragen wird; die Standhaftigkeit und proletarische Weisheit der Arbeiter, die die Hauptlast der friedlichen Veränderung der Industriemacht des Landes und den Wiederaufbau des Zerstörten auf ihre Schultern nahmen; die Selbstlosigkeit, die Geduld und der Patriotismus der Bauernschaft, die ihr Letztes gab, um das verwüstete Land zu ernähren. Und die Freundschaft der Völker, ihre gegenseitige Unterstützung und Bereitschaft, gemeinsam und brüderlich jenen zu helfen, die besonders gelitten hatten, jenen Gebieten der gemeinsamen Heimat beim Wiederaufbau zu helfen, die der Krieg besonders schwer und erbarmungslos in Mitleidenschaft gezogen hatte.

Im Heroismus des Arbeitsalltags der nicht leichten Nachkriegsjahre liegt die Quelle für unsere Errungenschaften, für den wirtschaftlichen und wissenschaftlich-technischen Fortschritt, für die Erschließung der Atomenergie, für die ersten Starts von Raumschiffen und für das Wachstum des materiellen und kulturellen Wohlstandes des Volkes.

In der gleichen Zeit jedoch – der Zeit neuer Großtaten des Volkes im Namen des Sozialismus – machte sich immer stärker der Widerspruch zwischen dem Entwicklungsstand, den unsere Gesellschaft erreicht hatte, und den früheren Führungsmethoden bemerkbar. Machtmißbrauch und Verletzungen der sozialistischen Gesetzlichkeit setzten sich fort. Der „Leningrader Fall“ und der „Fall der Ärzte“ wurden inszeniert. Es fehlte, kurz gesagt, an wahrhafter Achtung gegenüber dem Volk. Die Menschen arbeiteten und lernten selbstlos, strebten nach neuem Wissen, fanden sich mit Schwierigkeiten und Entbehrungen ab, spürten aber, daß sich sowohl Besorgnis als auch Hoffnung in der Gesellschaft ansammelten. All dessen bemächtigte sich das gesellschaftliche Bewußtsein sehr bald nach dem Tode Stalins.

In der Mitte der fünfziger Jahre, insbesondere nach dem XX. Parteitag der KPdSU, ging ein Wind der Veränderung über das Land. Das Volk sammelte neue Kräfte, lebte auf, wurde kühner und zuversichtlicher. Die Kritik des Personenkults und seiner Folgen und die Wiederherstellung der sozialistischen Gesetzlichkeit verlangten der Partei und ihrer Führung mit N. S. Chruschtschow an der Spitze nicht wenig Mut ab. Frühere Stereotype in der Innen- und Außenpolitik begannen zusammenzubrechen. Es wurde der Versuch unternommen, die bürokratischen Kommandomethoden in der Leitung, die sich in den dreißiger und vierziger Jahren eingebürgert hatten, zu durchbrechen und dem Sozialismus größere Dynamik zu verleihen, die humanistischen Ideale und Werte zu betonen und den schöpferischen Geist des Marxismus-Leninismus in Theorie und Praxis wiedererstehen zu lassen.

Die Beschlüsse des September-Plenums (1953) und des Juli-Plenums (1955) des ZK der KPdSU waren durchdrungen von dem Bestreben, die Prioritäten der wirtschaftlichen Entwicklung zu ändern und Stimuli einzuführen, die mit der persönlichen Interessiertheit an den Arbeitsergebnissen verbunden waren. Der Entwicklung der Landwirtschaft, dem Wohnungsbau, der Leichtindustrie, der Konsumsphäre sowie all dem, was mit der Befriedigung der Bedürfnisse des Menschen zusammenhängt, begann man mehr Aufmerksamkeit zu schenken.

Mit einem Wort, es vollzogen sich Veränderungen zum Besseren – sowohl in der sowjetischen Gesellschaft als auch in den internationalen Beziehungen. Es wurden jedoch nicht wenige subjektive Fehler gemacht, die das Eintreten des Sozialismus in eine neue Etappe komplizierten und progressive Vorhaben in vielem in Mißkredit gebracht haben. Es geht darum, daß qualitativ neue Aufgaben der Innen- und Außenpolitik und des Parteiaufbaus nicht selten mit voluntaristischen Methoden, mit Hilfe des alten politischen und ökonomischen Mechanismus gelöst worden sind. Die Hauptursachen für das Mißlingen der Reformen, die in jener Periode in Angriff genommen wurden, bestanden jedoch darin, daß sie sich nicht auf eine breite Entfaltung der Demokratisierungsprozesse stützten.

Auf dem Oktober-Plenum (1964) des ZK der KPdSU kam es zu einem Wechsel in der Führung der Partei und des Landes, wurden Beschlüsse gefaßt, die auf die Überwindung voluntaristischer Tendenzen und Verzerrungen in der Innen- und Außenpolitik gerichtet waren. Die Partei war bemüht, eine bestimmte Stabilisierung in der Politik zu erreichen, ihr realistische Züge und Gründlichkeit zu verleihen.

Das März- und das September-Plenum (1965) des ZK der KPdSU brachten ein neues Herangehen an die Leitung der Wirtschaft. Eine Wirtschaftsreform sowie umfassende Programme zur Erschließung neuer Regionen und zur Entwicklung der Produktivkräfte wurden in Angriff genommen. Das hat die Situation im Lande in den ersten Jahren zum Besseren gewendet. Das wirtschaftliche und das wissenschaftliche Potential wuchsen, die Verteidigungsmacht wurde gestärkt, das Lebensniveau der Menschen erhöhte sich. Es wurden viele außenpolitische Aktionen eingeleitet, die das internationale Ansehen unseres Staates festigten. Das militär-strategische Gleichgewicht mit den USA wurde gewährleistet.

Das Land verfügte über große Möglichkeiten für die weitere Beschleunigung seiner Entwicklung. Doch um diese Möglichkeiten zu nutzen und sie wirksam zu machen, waren neue kardinale Veränderungen in der Gesellschaft und natürlich ein entsprechender politischer Wille vonnöten. Es mangelte an einem wie am anderen. Und sogar vieles von dem, was beschlossen wurde, blieb auf dem Papier und hing in der Luft. Das Tempo unserer Entwicklung verlangsamte sich ernsthaft.

Auf dem April-Plenum (1985) des ZK der KPdSU und auf dem XXVII. Parteitag nannte die Partei offen die Ursachen der entstandenen Situation, machte den Mechanismus deutlich, der unsere Entwicklung hemmte, und gab ihm eine prinzipielle Bewertung.

Es wurde unterstrichen, daß in den letzten Jahren des Lebens und der Tätigkeit L. I. Breshnews die Suche nach Wegen zu einer weiteren Vorwärtsbewegung in vielem durch das Verharren in gewohnten Formulierungen und Schemata aufgehalten wurde, die die neuen Realitäten nicht widerspiegelten. Die Kluft zwischen Wort und Tat vertiefte sich. Es häuften sich negative Prozesse in der Wirtschaft, die im Grunde genommen eine Vorkrisensituation schufen. Es bildeten sich viele anomale Erscheinungen in der sozialen und geistig-moralischen Sphäre heraus, die die Prinzipien der sozialistischen Gerechtigkeit entstellten und deformierten, die im Volk den Glauben an sie untergruben und soziale Entfremdung und Amoralität in ihren verschiedenen Formen hervorriefen. Das zunehmende Auseinanderklaffen der hohen Prinzipien des Sozialismus und der Realität des Alltags wurde unerträglich.

Die gesunden Kräfte in der Partei und in der Gesellschaft haben immer stärker das dringende Erfordernis und die Notwendigkeit gespürt, die negativen Erscheinungen zu überwinden, den Lauf der Ereignisse zu ändern, die Beschleunigung der sozialökonomischen Entwicklung des Landes zu sichern und eine moralische Reinigung und eine Erneuerung des Sozialismus zu erreichen.

Antwort auf dieses akute gesellschaftliche Erfordernis waren sowohl die vom April-Plenum (1985) des ZK unterbreitete Konzeption und Strategie der beschleunigten sozialökonomischen Entwicklung des Landes als auch der Kurs auf die Erneuerung des Sozialismus, die in den Beschlüssen des XXVII. Parteitags und den folgenden Tagungen des ZK theoretisch und politisch entwickelt wurden und sich in der Generallinie der revolutionären Umgestaltung aller Seiten des Lebens der sozialistischen Gesellschaft niederschlugen.

Die Idee der Umgestaltung basiert auf unserer 70jährigen Geschichte und auf dem festen Fundament des im Sowjetland errichteten prinzipiell neuen gesellschaftlichen Gebäudes. Sie vereint Kontinuität und Neuerertum, die historischen Erfahrungen des Bolschewismus mit der Gegenwart des Sozialismus.

Wir werden das ganz gewiß durch unsere Arbeit erreichen und dabei die Erfahrungen der Generationen schöpferisch nutzen, die den Weg des Oktober zu uns und für uns gebahnt haben! An uns ist es, das Werk der Bahnbrecher der Revolution und des Sozialismus fortzusetzen und zu mehren.

Zementierende Kraft und Abteilung des Volkes war, ist und bleibt die Arbeiterklasse. Bereits in den Anfängen der revolutionären Bewegung folgte sie dem Aufruf Lenins: „um die Freiheit kämpfen, ohne auch nur einen Augenblick aufzuhören, an den Sozialismus zu denken, ohne aufzuhören für die Verwirklichung des Sozialismus zu arbeiten, ohne aufzuhören, die Kräfte und die Organisation für die Erringung des Sozialismus vorzubereiten". Es war die Arbeiterklasse, die im Bündnis mit allen Werktätigen die Große Oktoberrevolution vollbrachte, den Sozialismus aufbaute und ihn in erbitterten Schlachten gegen den Feind verteidigte. Alles erlitt sie, alles machte sie durch und alles ertrug sie! Auch heute ist sie die Vorhut des sich entwickelnden Sozialismus und der revolutionären Umgestaltung. Ihr gelten Ruhm und hohe Ehre!

Unsere Leninsche Partei entstand und entwickelte sich als kämpferische, aktive Avantgarde der Arbeiterklasse. Aus ihr schöpfte sie große Überzeugungskraft, Festigkeit, Diszipliniertheit, Standhaftigkeit im Kampf um die Ideale des Sozialismus sowie eine weise und humanistische Lebensauffassung. Auch heute, als Partei des ganzen Volkes, bewahrt sie die besten Wesenszüge der offensiven und aufbauenden Klasse. Heute und in allen Etappen der Geschichte des Sozialismus!

Genossen! Wir gehen einen revolutionären Weg, und das ist kein Weg für Schwache und Zaghafte, sondern für Starke und Mutige. So war das sowjetische Volk immer, sowohl während der größten gesellschaftlichen Veränderungen als auch in den Jahren militärischer Prüfungen und während friedlicher schöpferischer Arbeit. Das Volk ist Schöpfer seiner Geschichte und seines Schicksals, das niemals einfach, aber einmalig und kostbar wie das menschliche Leben selbst ist. Und das stimmt hundertfach, wenn es um die Geschichte des Sozialismus, um die Fortführung der Sache der Großen Revolution geht.

Die Grundbedeutung, der eigentliche Sinn unserer Geschichte besteht darin, daß unser Volk während der ganzen 70 Jahre unter Führung der Partei für den Sozialismus, für ein besseres und gerechtes Leben lebte und arbeitete. Das ist die Bestimmung des Volkes als Schöpfer!

Der sich entwickelnde Sozialismus und die Umgestaltung

Genossen! Zu der Schlußfolgerung, daß eine Umgestaltung notwendig ist, führten uns die brennenden und dringenden Erfordernisse. Aber je tiefer wir in unsere Probleme eindrangen und ihren Sinn erfaßten, desto deutlicher wurde, daß die Umgestaltung auch einen immer größeren gesellschaftspolitischen und historischen Kontext hat.

Die Umgestaltung ist nicht nur eine Erlösung von Stagnation und Konservatismus der vorhergehenden Periode, eine Korrektur der gemachten Fehler, sondern auch eine Überwindung der historisch begrenzten, der überlebten Wesenszüge der gesellschaftlichen Organisation und Arbeitsmethoden. Dies verleiht dem Sozialismus modernste Formen, die den Bedingungen und den Erfordernissen der wissenschaftlich-technischen Revolution, dem intellektuellen Fortschritt der sowjetischen Gesellschaft entsprechen. Das ist ein relativ langwieriger Prozeß der revolutionären Erneuerung der Gesellschaft, der seine Logik und seine Etappen hat.

Lenin sah die historische Aufgabe des Sozialismus darin, den Übergang zum Kommunismus durch die Arbeit einer langen Reihe von Jahren vorzubereiten. Der Führer der Revolution schätzte die Fähigkeit von Marx und Engels hoch ein, „mit außerordentlicher Sorgfalt gerade die Übergangsformen zu analysieren, um je nach den konkret-historischen Eigentümlichkeiten jedes Einzelfalles festzustellen, wovon und wozu die betreffende Form den Übergang bildet". Unsere Lehrer haben also mehrfach darauf hingewiesen, daß der Weg des Aufbaus der neuen Gesellschaft eine lange Reihe von Übergängen ist.

Wir haben alle Veranlassung, die Umgestaltung als eine bestimmte historische Etappe im progressiven Voranschreiten

unserer Gesellschaft zu betrachten. Und in Beantwortung der Leninschen Frage, wovon und wozu wir übergehen, müssen wir mit aller Bestimmtheit sagen: Wir müssen dem Sozialismus eine neue Qualität geben, wie man so sagt, einen zweiten Atem, und dafür alle Seiten des Lebens der Gesellschaft tiefgreifend erneuern – sowohl die materielle als auch die geistige Seite – und so vollständig wie möglich den humanistischen Charakter unserer Ordnung zur Geltung bringen.
Ziel der Umgestaltung ist es, theoretisch und praktisch die Leninsche Konzeption vom Sozialismus vollständig wiederherzustellen, in der dem arbeitenden Menschen mit seinen Idealen und Interessen, den humanistischen Werten in der Wirtschaft, in den sozialen und politischen Beziehungen und in der Kultur die unangefochtene Priorität zukommt.
Unsere Hoffnung auf revolutionäre Reinigung und Erneuerung stützt sich darauf, daß durch die Aktivierung der Persönlichkeit, des Faktors Mensch die gewaltigen sozialen Ressourcen des Sozialismus zur Geltung gebracht werden. Durch die Umgestaltung kann und muß der Sozialismus seine Möglichkeiten als Ordnung des realen Humanismus, die dem Menschen dient und ihn erhebt, in vollem Maße verwirklichen. Das ist eine Gesellschaft für die Menschen – für die Entfaltung ihrer schöpferischen Arbeit, ihr Wohlergehen, ihre Gesundheit, ihre körperliche und geistige Entwicklung – eine Gesellschaft, in der sich der Mensch als ein mit allen Rechten ausgestatteter Hausherr fühlt und es in der Tat auch ist.
Zwei Schlüsselprobleme der Entwicklung der Gesellschaft werden das Schicksal der Umgestaltung bestimmen. Das sind die Demokratisierung des gesamten gesellschaftlichen Lebens und die radikale Wirtschaftsreform.
In Fortführung der Sache des Oktober hat die Umgestaltung die weitere Vertiefung und Entwicklung der sozialistischen Demokratie zur erstrangigen Aufgabe gemacht.
Die Demokratisierung der Gesellschaft ist das Herz der Umgestaltung, und davon, wie es mit ihr vorangeht, hängen sowohl der Erfolg der Umgestaltung selbst als auch – das kann man ohne Übertreibung sagen – die Zukunft des Sozialismus insgesamt ab. Sie ist die stabilste Garantie für Veränderungen in Po-

litik und Wirtschaft, die jede Rückwärtsbewegung ausschließt.
Die Veränderungen, die sich jetzt bei uns vollziehen, sind vielleicht der größte Schritt auf dem Weg der Entwicklung der sozialistischen Demokratie seit dem Oktober.
Bei der Umgestaltung unseres ökonomischen und politischen Systems haben wir die Pflicht, erstens einen zuverlässigen und flexiblen Mechanismus zur realen Einbeziehung aller Werktätigen in die Lösung staatlicher und gesellschaftlicher Angelegenheiten zu schaffen, zweitens die Menschen praktisch das Leben in einer sich vertiefenden Demokratie zu lehren, die Menschenrechte zu erweitern und zu festigen und die derzeitige politische Kultur der Massen weiterzuentwickeln – anders gesagt, Demokratie zu lehren und zu lernen.
Heute, da wir den 70. Jahrestag unserer Revolution begehen, da wir über die Zukunft nachdenken, müssen wir noch konzentrierter beobachten, wie der Prozeß der Demokratisierung der Gesellschaft verläuft und was ihn behindert. Hierbei gibt es viele und oft unerwartete Schwierigkeiten und Widersprüche. Es geht nicht ohne den Kampf des Neuen und Fortschrittlichen gegen das Alte und Überlebte. Es ist eine gewisse Unsicherheit und Unentschlossenheit vorhanden.
In den ersten Tagen nach der Oktoberrevolution sagte Lenin, daß die Arbeiter und Bauern noch „zaghaft", noch nicht entschlossen genug sind, sich noch nicht dessen bewußt sind, daß gerade sie alle Leitungshebel in die Hand nehmen müssen. „Aber gerade darin besteht die Stärke, darin besteht die Lebenskraft, die Unbesiegbarkeit der Oktoberrevolution von 1917", schrieb Lenin, „daß sie diese Eigenschaften weckt, alle alten Schranken zerbricht, die morschen Fesseln sprengt, die Werktätigen auf den Weg des selbständigen schöpferischen Aufbaus eines neuen Lebens führt."
Und jetzt sehen wir, wie schwer sich die Menschen an die neue Lage, an die Möglichkeit und Notwendigkeit gewöhnen, im Leben alle Fragen mit demokratischen Methoden zu lösen. Viele sind bislang „zaghaft", wirken mit Vorsicht, fürchten sich vor Verantwortung, sind noch im Banne veralteter Regeln und Instruktionen. Die Aufgabe besteht darin, bei den Menschen Ge-

schmack an Selbständigkeit und Verantwortung bei der Behandlung von Angelegenheiten der Produktion und der Gesellschaft, welchen Ausmaßes sie auch sein mögen, zu wecken und die Selbstverwaltung als Macht des Volkes zu entwickeln, die vom Volk und im Interesse des Volkes ausgeübt wird.

Die Entwicklung der Selbstverwaltung wird sich vor allem über die Sowjets vollziehen, die gemäß den Plänen der Partei ihrer Rolle als bevollmächtigte und entscheidende Organe voll gerecht werden müssen. In letzter Zeit wurden die Rechte und Möglichkeiten der Sowjets auf allen Ebenen wesentlich erweitert. Dieser Prozeß wird anhalten. Das bedeutet, die Sowjets werden an Kraft gewinnen, die Sowjetdemokratie wird vertieft.

Wir haben begonnen, das Wahlsystem zu vervollkommnen. Die Wahlen im Juni dieses Jahres überzeugten uns von der Richtigkeit und Fruchtbarkeit des neuen Herangehens. Sie zeigten die gewachsene politische Aktivität des Volkes, das Interesse der Menschen daran, daß wirklich die besten Vertreter der Werktätigen in die Sowjets gewählt werden, obwohl es auch diesmal nicht ohne Formalismus und Überorganisiertheit abging.

Die Umgestaltung und die Entwicklung der Demokratie ermöglichen es, die Energie, die Möglichkeiten und Rechte der Gewerkschaften, des Komsomol und anderer gesellschaftlicher Organisationen voll zu nutzen, darunter auch der Organisationen, die in den vergangenen Jahren gegründet wurden, wie der Allunionsrat der Kriegs- und Arbeitsveteranen, die Frauenräte, der sowjetische Kulturfonds und der Lenin-Kinderfonds. Wichtig ist, daß ihre tägliche Arbeit mit der Lösung lebenswichtiger Aufgaben verbunden wird und die Interessen der breiten Massen der Werktätigen widerspiegelt.

Viel Neues, Hoffnungsvolles ist in den Arbeitskollektiven, in der Arbeit am Wohnort zu beobachten. Nützlicher Initiative, um alle aktuellen Fragen schnell und ohne Verzug zu lösen, bietet sich breiter Raum.

Die sich im Land vollziehenden neuen Prozesse stellen auch die Frage der allgemeinen, politischen und Rechtskultur, ich würde sagen der Kultur der sozialistischen Demokratie, neu. Gerade mit dem Mangel an dieser Kultur sind in vielerlei Hinsicht solche Übel wie Bürokratismus und Amtsmißbrauch, Kriecherei, Mißwirtschaft und Verantwortungslosigkeit verbunden. Die wahre Kultur der sozialistischen Demokratie duldet weder den Kommandostil und den „Druck" noch organisatorische Verschwommenheit und das Ersetzen von Taten durch leeres Geschwätz. Sowohl das eine als auch das andere ist dem Sozialismus wesensfremd. Auch etwas anderes steht außer Zweifel – je breiter und tiefer die Demokratie, desto größere Aufmerksamkeit erfordert die sozialistische Gesetzlichkeit und Rechtsordnung, desto mehr brauchen wir Organisiertheit und bewußte Disziplin.

Die Kultur der Demokratie darf sich nicht nur auf den Bereich der Politik beschränken. Sie muß alle Sphären der menschlichen Beziehungen durchdringen. Wir gehen davon aus, daß der Sozialismus eine Gesellschaft zunehmender Vielfalt der Meinungen, der gegenseitigen Beziehungen und der Tätigkeit der Menschen ist. Jeder Mensch hat seine sozialen Erfahrungen, seinen Wissens- und Bildungsstand und seine Besonderheiten in der Wahrnehmung der Umwelt. Daher rührt die enorme Bandbreite der Meinungen, Überzeugungen und Wertungen, die natürlich aufmerksam berücksichtigt und verglichen werden müssen. Wir sind für die Vielfalt der öffentlichen Meinung, für den Reichtum des geistigen Lebens. Wir dürfen uns nicht scheuen, die schwierigen Probleme der gesellschaftlichen Entwicklung offen zur Sprache zu bringen und zu lösen, Kritik zu üben und zu streiten. Unter diesen Bedingungen bildet sich dann auch die Wahrheit heraus, kommen die richtigen Lösungen zustande. Die sozialistische Demokratie muß voll und ganz dem Sozialismus, den Interessen der arbeitenden Menschen dienen.

Genossen! Eine solide Grundlage für ein schnelleres Vorankommen auf allen Gebieten kann nur durch tiefgreifende Veränderungen in der Wirtschaft geschaffen werden. Auch die Umgestaltung selbst wird erst dann voll zum Tragen kommen, wenn sie die Volkswirtschaft richtig in Schwung bringt. Und das wiederum stützt sich auf grundlegende Veränderungen im Wirtschaftsmechanismus und im ganzen System der Leitung der Wirtschaft.

Ziel der im Lande eingeleiteten radikalen Wirtschaftsreform ist, in den nächsten zwei bis drei Jahren den Übergang vom übermäßig zentralisierten, auf Weisungen beruhenden Leitungssystem zu einem demokratischen System der Leitung zu sichern, das überwiegend auf ökonomischen Methoden, auf einer optimalen Verbindung von Zentralismus und Selbstverwaltung begründet ist. Das setzt eine beträchtliche Erweiterung der Selbständigkeit der Vereinigungen und Betriebe, deren Umstellung auf die volle wirtschaftliche Rechnungsführung und Eigenfinanzierung sowie die Ausstattung der Arbeitskollektive mit allen dafür notwendigen Rechten voraus.
Die Wirtschaftsreform – das sind nicht mehr nur Pläne und Absichten und schon gar nicht abstrakte theoretische Überlegungen. Sie dringt fest und tief in das Leben ein. Heute arbeitet eine bedeutende Zahl von Vereinigungen und Betrieben der Industrie, des Bau- und des Verkehrswesens und der Landwirtschaft nach den Prinzipien der Rentabilität und Eigenfinanzierung. Mit Beginn des nächsten Jahres werden unter diesen Bedingungen Betriebe arbeiten, die 60 Prozent der Industrieproduktion erzeugen. Es wird das Gesetz über den staatlichen Betrieb (Vereinigung) in Kraft treten.
Das alles wirkt sich bereits in der Praxis der Wirtschaft aus. In den Kollektiven nimmt das Interesse an den finanziellen und ökonomischen Ergebnissen der Arbeit spürbar zu. Man beginnt, Aufwand und Ergebnis echt abzuwägen, im großen und im kleinen zu sparen und nach der effektivsten Lösung der Probleme zu suchen. Heute müssen wir noch einmal mit Nachdruck sagen – die Partei wird keinerlei Abweichungen von den beschlossenen Prinzipien der Wirtschaftsreform zulassen. Alle geplanten Veränderungen müssen und werden voll realisiert werden.
Die Wirtschaftsreform und die Umgestaltung insgesamt setzen den Menschen nachdrücklich an die erste Stelle. Die soziale Gerechtigkeit verlangt, daß wir der Entfaltung der individuellen Fähigkeiten der Persönlichkeit mehr Aufmerksamkeit schenken und jene moralisch und materiell würdigen, die besser und mehr arbeiten und damit anderen ein Beispiel geben.
Echte Talente und ausgeprägte Persönlichkeiten sind ein un-

schätzbarer Reichtum der Gesellschaft. Um sie muß man sich kümmern, für ihr Schöpfertum und ihr Leben müssen alle notwendigen Bedingungen geschaffen werden. Wir wollen, daß überall die Würde, das Wissen, die Arbeit und die Fähigkeiten jedes einzelnen geachtet werden. Der rechtschaffene, arbeitsame, schöpferische Mensch soll davon überzeugt sein, daß seine Arbeit gebührend geschätzt wird, daß er stets beweisen kann, daß er im Recht ist und Unterstützung findet, daß Faulenzer, Raffer, Bürokraten und Grobiane in die Schranken gewiesen und entlarvt werden. Die positiven Veränderungen, die bei uns vor sich gehen – und die umfassend in den Massenmedien dargestellt werden – finden bei den Werktätigen große Unterstützung.

Gegenwärtig muß besonders die gewissenlose Einstellung zur Sache unterbunden werden. Der Mensch, der über moderne Kenntnisse und Technik verfügt, produziert immer mehr, und zugleich hängt seine Arbeit immer mehr von der Tätigkeit Tausender anderer Beteiligter an der gesellschaftlichen Produktion ab. Unter solchen Bedingungen kann die Nachlässigkeit nur eines Arbeiters, eines Ingenieurs, eines Wissenschaftlers zu äußerst ernsthaften Folgen, zu enormen Verlusten für die Gesellschaft führen.

Besonders hervorheben möchte ich die zunehmende Bedeutung der geistigen Arbeit, des Zusammenwirkens von Wissenschaft, Technik und Gesellschaft, der humanistischen, moralisch-ethischen Ausrichtung von Wissenschaft und wissenschaftlich-technischem Fortschritt. Wir treten dafür ein, daß alle Errungenschaften von Wissenschaft und Technik dem Menschen dienen und das ökologische Milieu nicht zerstören. Wir ziehen bittere Lehren aus solch tragischem Ereignis wie der Havarie im KKW Tschernobyl. Wir treten dafür ein, dem Mißbrauch der Wissenschaft zu militärischen Zwecken ein Ende zu setzen. Die Pflicht der Ingenieure und Wissenschaftler, der Ärzte und Lehrer, der Literatur- und Kulturschaffenden besteht heute darin, ihre gesellschaftliche Verantwortung, ihre berufliche Kompetenz und ihre schöpferische Wirksamkeit zu erhöhen.

Wenn wir der materiellen Interessiertheit der Werktätigen wieder zu ihrem Recht verhelfen und dabei die Aufmerksamkeit auf deren kollektive Formen richten, dürfen wir die Bedeutung der sozial-kulturellen und moralisch-psychologischen Stimuli nicht unterschätzen. Sie sind für eine normale Entwicklung der Beziehungen im Kollektiv, der Kameradschaftlichkeit und der sozialistischen Lebensweise, für die Behauptung unserer, der sowjetischen Werte im Bewußtsein und im Verhalten der Menschen überaus wichtig.

Genossen! Wir sagen zu Recht, daß die nationale Frage bei uns gelöst ist. Die Revolution hat nicht nur für die juristische, sondern auch für die sozialökonomische Gleichberechtigung der Nationen den Weg gebahnt, indem sie überaus viel für die Angleichung der ökonomischen, sozialen und kulturellen Entwicklung aller Republiken und Regionen, aller Völker tat. Eine der größten Errungenschaften des Oktober ist die Freundschaft der sowjetischen Völker. Sie ist eine einzigartige Erscheinung in der Weltgeschichte. Wir sehen in ihr eine der Hauptstützen für die Macht und Stärke des Sowjetstaates.

Wenn die Völker unseres Landes heute die hervorragenden Erfolge der Leninschen Nationalitätenpolitik würdigen, bringen sie dem großen russischen Volk für seine Selbstlosigkeit und den wahren Internationalismus, für seinen unschätzbaren Beitrag zur Schaffung, Entwicklung und Festigung des sozialistischen Bündnisses freier und gleichberechtigter Republiken, zum ökonomischen, sozialen und kulturellen Fortschritt aller Völker des Sowjetlandes tiefe Achtung und Dankbarkeit entgegen.

Wollen wir, Genossen, unser großes gemeinsames Gut – die Freundschaft der Völker der UdSSR – hüten. Wollen wir deshalb nie vergessen, daß wir in einem multinationalen Staat leben, wo jede beliebige sozial-ökonomische, kulturelle und rechtliche Entscheidung immer direkt oder indirekt auch die nationale Frage berührt. Laßt uns auf Leninsche Art handeln und die Potenzen einer jeden Nation, eines jeden sowjetischen Volkes maximal entfalten.

Die nationalen Beziehungen in unserem Land sind eine lebendige Frage des lebendigen Lebens. Wir müssen uns bei allem, was die nationalen Interessen oder nationalen Gefühle der

Menschen berührt, überaus aufmerksam und taktvoll verhalten, müssen eine aktive Beteiligung der Werktätigen aller Nationen und Völkerschaften an der Lösung der vielfältigen Aufgaben des Lebens unserer multinationalen Gesellschaft gewährleisten. Wir beabsichtigen, diese Fragen in nächster Zukunft unter Berücksichtigung dessen, was Umgestaltung und Demokratisierung und deren neue Entwicklungsetappe in das Leben unseres Landes einbringen, tiefgreifender zu analysieren und zu beraten.

Die Freundschaft und Zusammenarbeit der Völker der UdSSR sind uns heilig. So war es, und so wird es bleiben. Das entspricht dem Geist des Leninismus, den Traditionen des Großen Oktober und den Lebensinteressen aller Nationen und Völkerschaften, die unsere Heimat bewohnen.

Genossen! Der Übergang der sowjetischen Gesellschaft zu einem qualitativ neuen Zustand, der Vorstoß in die Zukunft kann nur auf breiter Front vollzogen werden, auf einer Front, die auch die geistige Sphäre des Sozialismus – Wissenschaft und Bildung, Literatur und Kunst, die sozialen und moralischen Werte des Sowjetvolkes in ihrer Gesamtheit – umfaßt. Die geistige Kultur ist nicht allein eine Zierde der Gesellschaft, sondern ein Bereich ihrer Lebenserhaltung, sie ist das intellektuelle und kulturelle Potential der Gesellschaft. Sie ist gewissermaßen die Legierung für ihre soziale Festigkeit und der Katalysator für ihre Dynamik.

Wir müssen die Autorität der sozialistischen Kultur noch weiter erhöhen. Wissenschaftler und Erfinder, Schriftsteller und Journalisten, Künstler, Schauspieler, Lehrer – alle Beschäftigten der verschiedenen Bereiche von Kultur und Bildung sind aufgerufen, Verfechter der Umgestaltung zu sein. Die Partei zählt auf die aktive staatsbürgerliche und gesellschaftliche Position unserer Intelligenz.

Das sowjetische Volk ist zu einem gebildeten Volk geworden, wovon die großen Aufklärer der Vergangenheit nur träumen konnten. Doch Selbstzufriedenheit ist auch hier unzulässig. Unsere Errungenschaften dürfen nicht die Größe und die Verantwortung der Aufgaben verdecken, die es heute zu lösen gilt. Wir sehen, daß das Bildungssystem in vielerlei Hinsicht den gegenwärtigen Erfordernissen nicht mehr gerecht wird. Die Unterrichtsqualität an den Schulen und Hochschulen sowie die Ausbildung von Arbeitern und Spezialisten entsprechen bei weitem nicht in vollem Umfang den Anforderungen des Lebens.

Es gilt, einen ernsthaften Schritt voran zu tun und auch auf diesem Gebiet grundlegende Veränderungen zu erreichen. Genauso geht die Partei an die Reform der Mittel- und Berufsschulbildung, an die Umgestaltung der Hochschule heran. Das Zentralkomitee der KPdSU hat beschlossen, die aktuellen Fragen des Bildungswesens auf einer seiner Plenartagungen zu behandeln.

Genossen, das sind unsere strategischen Aufgaben, die wir im Laufe der revolutionären Umgestaltung aller Lebensbereiche der sozialistischen Gesellschaft lösen müssen.

Seit dem April-Plenum des ZK der KPdSU sind zweieinhalb Jahre vergangen. Was haben wir geschafft? An welchem Abschnitt befinden wir uns? Ich denke, auf der heutigen Festsitzung sind solche Fragen angebracht und unvermeidlich.

Die allgemeine Schlußfolgerung, die das gerade erst beendete Plenum des ZK der KPdSU zog, ist folgende: Wir erleben eine Zeit des Umbruchs. Die erste Etappe der Arbeit zur Umgestaltung ist im wesentlichen abgeschlossen. Auf der Grundlage einer gründlichen Analyse der Lage und der Entwicklungsperspektiven des Landes wurde eine Konzeption der Umgestaltung ausgearbeitet. Im Land wurde eine neue politische, moralisch-psychologische Atmosphäre geschaffen. Der Partei ist es gelungen, das Interesse der Menschen für die gesellschaftlichen Belange sowie ihre Aktivität zu verstärken, das Niveau der Anforderungen, von Kritik, Selbstkritik und Offenheit zu erhöhen sowie die Voraussetzungen für reale Veränderungen im Denken und in den Stimmungen der Menschen zu schaffen.

Das Wichtigste, was die Haltung der Mehrheit der sowjetischen Menschen in dieser Etappe prägt, ist die Unterstützung der Umgestaltung, die Forderung, daß diese unbeirrt voranschreitet. Die Arbeiter, Kolchosbauern und die Intelligenz verstehen die Notwendigkeit, Disziplin, Effektivität und Qualität der Arbeit zu erhöhen. In Betrieben, auf Baustellen, in Kolchosen,

Sowchosen und in Forschungseinrichtungen findet eine angespannte Suche nach neuen Formen der Arbeitsorganisation und der Entlohnung statt. Die Menschen werden heute anspruchsvoller sowohl gegenüber sich selbst als auch gegenüber den Leitern und den Spezialisten. Sie treten entschieden gegen Mißwirtschaft und Verantwortungslosigkeit auf. Diese staatsbürgerliche Haltung der Werktätigen schätzen wir hoch ein und betrachten sie als unzweifelhafte und gewichtige Unterstützung des Kurses der Partei auf Umgestaltung.
Man kann berechtigterweise auch von einigen positiven Wandlungen in praktischen Dingen sprechen, vor allem im sozialökonomischen Bereich. Das Wachstumstempo der Arbeitsproduktivität ist gestiegen. Es sind qualitative Veränderungen in der Wirtschaft zu verzeichnen, umfangreiche wissenschaftlich-technische Programme werden realisiert, der einheimische Maschinenbau wird modernisiert. Die Landwirtschaft, besonders die Viehwirtschaft, begann sich beständiger zu entwickeln.
Genossen! Sie wissen alle, wie ungünstig in diesem Jahr die Witterungsbedingungen in den meisten Regionen des Landes waren. Dennoch konnten wir mehr als 210 Millionen Tonnen Getreide einbringen. Das ist das Ergebnis der gewaltigen Anstrengungen unseres Volkes und der Partei, die es mobilisierte, auf neue Weise zu arbeiten!
Die begonnene Gesundung der Wirtschaft gestattete es, an die Realisierung umfassender Maßnahmen in der sozialen Sphäre zu gehen. Die Dimensionen des Wohnungsbaus wurden spürbar erweitert, der Dienstleistungsbereich vergrößert sich. Die Einnahmen der Werktätigen wachsen. Der Arbeitslohn für Lehrer und Ärzte ist erhöht worden. Große Programme auf den Gebieten der Bildung und der medizinischen Betreuung der Bevölkerung werden realisiert.
Doch das ist erst der Anfang. Da unsere gesamte Politik und all unsere Beschlüsse jetzt in konkrete Taten umgesetzt, mit Leben erfüllt werden, können wir vom Eintritt in eine neue Etappe der Umgestaltung sprechen. Das verlangt enorme Anstrengungen des ganzen Volkes, der Arbeiterklasse, der Bauernschaft, der Intelligenz, aller unserer Kader. Jetzt wird das

Leben selbst unsere Ideen, unsere Pläne, unser Herangehen und unsere Arbeitsmethoden prüfen.

Heute spürt man in allem eine zunehmende Anspannung. Dabei handelt es sich aber um eine schöpferische Spannung, um eine Spannung aktiver Arbeit, politischer und intellektueller Tätigkeiten. Es ist eine gute, mobilisierende Spannung, Genossen!

Ich möchte betonen, daß von diesem Standpunkt aus die nächsten zwei oder drei Jahre die kompliziertesten, die entscheidenden, in gewissem Sinne kritischen Jahre werden. Vor allem deshalb, weil sowohl in der Wirtschaft als auch im sozialen Bereich, sowohl bei der Umgestaltung der staatlichen und gesellschaftlichen Leitung als auch in Ideologie und Kultur große Aufgaben gleichzeitig zu lösen sein werden.

In der Wirtschaft gilt es, tiefgreifende strukturelle Veränderungen vorzunehmen, einen Durchbruch bei der Beschleunigung des wissenschaftlich-technischen Fortschritts zu erreichen, die Umgestaltung des Wirtschaftsmechanismus im wesentlichen durchzuführen und somit den entscheidenden Schritt bei der Umstellung der Volkswirtschaft auf die Intensivierung zu tun.

Die Kompliziertheit der bevorstehenden Periode besteht auch darin, daß die Veränderungen die Interessen von immer mehr Menschen, sozialen Gruppen und Bevölkerungsschichten, aller Kader berühren werden. Wir sind überzeugt, daß die Situation im Lande auch künftig dadurch bestimmt sein wird, daß die Werktätigen die Umgestaltung umfassend unterstützen, die Notwendigkeit von Veränderungen zutiefst begreifen und trotz gewisser Schwierigkeiten auf diesem Wege die Umgestaltung energisch fortsetzen werden.

Es wäre aber falsch, wollte man übersehen, daß konservative Kräfte, die in der Umgestaltung eine Gefahr für ihre eigennützigen Interessen und Ziele erblicken, ihren Widerstand in gewissem Maße verstärken. Und das geschieht nicht nur in diesen oder jenen Leitungsebenen, sondern auch in Arbeitskollektiven. Es besteht kaum ein Zweifel daran, daß es die Kräfte des Konservatismus nicht unterlassen werden, sich jegliche Schwierigkeiten zunutze zu machen, um die Umgestaltung in Mißkredit zu bringen und unter den Werktätigen Unzufriedenheit hervorzurufen. Manch einer zieht es heute schon vor, über Fehler Buch zu führen, anstatt mit hochgekrempelten Ärmeln den Kampf gegen die Mängel aufzunehmen und nach neuen Lösungen zu suchen. Dabei sagt selbstverständlich niemand, daß er gegen die Umgestaltung sei. Nein, lieber tritt er als Kämpfer gegen ihre Fehler und als Verfechter der ideologischen Grundsätze auf, die angeblich durch die wachsende Aktivität der Massen ins Wanken geraten sind.

Doch wie kann man uns denn, Genossen, mit irgendwelchen Fehlern schrecken! Natürlich sind Fehler bei jeder Sache unvermeidlich, um so mehr bei einer neuen. Doch die Folgen des Auf-der-Stelle-Tretens, der Stagnation und Gleichgültigkeit sind viel schwerwiegender und teurer als die Fehler, die für eine gewisse Zeit im Prozeß der schöpferischen Errichtung neuer Formen des gesellschaftlichen Lebens entstehen.

Wir müssen lernen, die Manöver zu erkennen, zu entlarven und zu neutralisieren, die die Umgestaltungsgegner unternehmen, die Manöver jener Leute, die die Sache hemmen, uns Knüppel zwischen die Beine werfen, über Mißerfolge schadenfroh sind und die versuchen, uns in die Vergangenheit zurückzuziehen. Ebnsowenig dürfen wir dem Druck jener Übereifrigen und Ungeduldigen nachgeben, die der objektiven Logik der Umgestaltung nicht Rechnung tragen wollen, die sich unzufrieden zeigen über das ihrer Meinung nach zu langsame Tempo der Veränderungen und darüber, daß diese angeblich nicht schnell genug die erforderlichen Resultate bringen. Es muß klar sein: Man darf keine Etappen überspringen und nicht versuchen, alles auf Anhieb zu tun.

Die Umgestaltung führt die Sache der Revolution fort. Und heutzutage ist es äußerst notwendig, die Waffe revolutionärer Ausdauer perfekt zu beherrschen. Diese Ausdauer zeigt sich nicht darin, daß man auf der Stelle sitzt oder mit dem Strom schwimmt. Sie besteht in der Fähigkeit, die Situation realistisch einzuschätzen und bei Schwierigkeiten nicht aufzugeben, nicht in Panik zu geraten und weder durch Erfolge noch durch Niederlagen den Kopf zu verlieren – in der Fähigkeit, jeden Tag und jede Stunde angespannt und zielstrebig zu arbeiten, überall

und in allem optimale Lösungen zu finden, die das Leben selbst diktiert.
Daraus ergibt sich die Notwendigkeit, zuversichtlich, beharrlich und zielstrebig zu arbeiten, um das, was wir uns vorgenommen haben, zu realisieren, die uns gestellten Ziele und Aufgaben zu erfüllen, Widersprüche aufzudecken und zu analysieren, ihre Natur zu erkennen und auf dieser Grundlage ein System politischer, ökonomischer, sozialer, organisatorischer und ideologischer Maßnahmen aufzubauen – so müssen wir herangehen, und nicht anders.
Genossen! Der Erfolg der Umgestaltung hängt vor allem von der Energie, Zielstrebigkeit und Vorbildwirkung der Partei und jedes Kommunisten ab. In diesem historisch verantwortungsvollen Moment der sozialökonomischen Veränderungen kämpfte die Kommunistische Partei kühn und entschlossen für die Erneuerung der Gesellschaft und nahm die schwerste Last der Arbeit auf ihre Schultern. Wir können mit Gewißheit sagen, daß die große Sache der Oktoberrevolution – die Sache der revolutionären Umgestaltung – in festen Händen liegt. Die Kommunisten erfüllen ihre Pflicht mit hoher Verantwortung gegenüber dem Volk und der Zeit.
Die grundlegende Verbesserung der Tätigkeit der Parteiorganisationen sowie der Parteiorgane und -kader wird zu einer Hauptaufgabe von heute. Es muß eine Wende in der Tätigkeit jeder Parteiorganisation erreicht und die Arbeit eines jeden Kommunisten aktiviert werden. Wo dies bereits gelang, wo die führenden Parteifunktionäre und Kommunisten die Initiative und der Tätigkeitsdrang der Massen geweckt, kühn den Weg der Demokratisierung und Offenheit, der Einführung der wirtschaftlichen Rechnungsführung und des kollektiven Leistungsvertrages beschritten, den neuen Formen der Arbeitsorganisation und -stimulierung sowie der Befriedigung der Bedürfnisse der Menschen Raum gegeben haben – dort ging es voran, und zwar energisch voran. Doch wir sehen: In einer Reihe von Städten, Rayons und Gebieten und sogar in einigen Unionsrepubliken hat sich die Umgestaltung noch nicht richtig entfaltet. Das ist ein direktes Ergebnis politischer und organisatorischer Trägheit und Initiativlosigkeit der Parteikomitees und ihrer Leiter.

Das muß ebenfalls gesehen werden. Das sind auch unsere Realitäten.
Besondere Verantwortung für die Verbesserung der Lage tragen die Parteigrundorganisationen. Bei ihnen laufen im wesentlichen alle Fäden der Umgestaltung zusammen. Gerade von der Initiative der Parteigrundorganisationen hängt vor allem der Gang der Veränderungen ab, die Fähigkeit, die Menschen zu mobilisieren und zu begeistern, die Fähigkeit, eine konkrete Verbesserung in der Arbeit zu erreichen. Also, Genossen, ohne drastische Aktivierung des Lebens aller Parteiorganisationen können wir die Umgestaltung nicht vollziehen. Deswegen – mehr Sachlichkeit, mehr Demokratie, mehr Organisiertheit und Disziplin. Dann können wir die Umgestaltung auf volle Touren bringen und dem sich entwickelnden Sozialismus neue Impulse verleihen.

Der Große Oktober und die Welt von heute

Genossen! Die Welt wäre nicht so, wie sie heute ist, hätte es nicht die große Revolution in Rußland gegeben. Vor dieser Wende waren in der Weltgeschichte das „Recht" des Starken und Reichen sowie Eroberungskriege die übliche Norm in den internationalen Beziehungen. Die Sowjetmacht, deren erster gesetzgeberischer Akt das berühmte Dekret über den Frieden war, kämpfte dagegen an. Das Land der Sowjets führte in die internationale Praxis ein, was vorher außerhalb der „großen Politik" lag: den gesunden Menschenverstand des Volkes sowie die Interessen der werktätigen Massen.
In den wenigen Jahren, als Lenin die sowjetische Außenpolitik leitete, arbeitete er nicht nur ihre Grundprinzipien aus, sondern zeigte auch, wie diese in den ungewöhnlichsten und sich rasch ändernden Situationen anzuwenden waren. Tatsächlich war ja entgegen ursprünglichen Erwartungen das Herausbrechen des schwächsten Gliedes des kapitalistischen Systems nicht die letzte entscheidende Schlacht, sondern der Beginn eines langwierigen und komplizierten Prozesses.
Das größte Verdienst des Begründers des Sowjetstaates bestand darin, daß er rechtzeitig die reale Perspektive erkannte,

die sich dem neuen Rußland im Ergebnis der siegreichen Beendigung des Bürgerkrieges eröffnete. Das Land hatte es, wie er erkannte, nicht nur „mit einer Atempause zu tun, sondern“ mit etwas viel Wertvollerem – „einem neuen Zeitabschnitt, in dem die Grundlagen unserer internationalen Existenz im Geflecht der kapitalistischen Staaten erkämpft sind“. Und Lenin schlug entschlossen den Kurs vor, das „Zusammenleben“ mit ihnen zu lernen und sich auf eine lange Koexistenz einzurichten. Als Gegengewicht zum linken Extremismus begründete er die Möglichkeit der friedlichen Koexistenz von Staaten mit unterschiedlichen Gesellschaftssystemen. Bereits eineinhalb bis zwei Jahre nach dem Bürgerkrieg wurde es erforderlich, den Arbeiter-und-Bauern-Staat aus der außenpolitischen Isolation herauszuführen. Es wurden Verträge mit den Nachbarstaaten abgeschlossen, dann folgte der Rapallo-Vertrag mit Deutschland. Die Sowjetrepublik wurde diplomatisch anerkannt von Großbritannien, Frankreich, Italien, der Schweiz und weiteren kapitalistischen Staaten. Erste Schritte zur Herstellung gleichberechtigter Beziehungen mit den Staaten des Ostens wurden unternommen – China, Türkei, Iran, Afghanistan.
All das waren nicht einfach erste Siege der Leninschen Außenpolitik und Diplomatie, sondern das war der Beginn einer prinzipiell neuen internationalen Entwicklung. Der Grundstein wurde gelegt für die grundsätzliche Richtung unserer internationalen Politik, die wir zu Recht als den Leninschen Kurs des Friedens, der gegenseitig vorteilhaften Zusammenarbeit der Staaten und der Völkerfreundschaft bezeichnen.
Natürlich bestand nicht unsere gesamte außenpolitische Arbeit in der Folgezeit allein aus Erfolgen und Errungenschaften. Es gab auch Niederlagen. Nicht immer und nicht in allem gelang es – sowohl vor als auch nach dem Zweiten Weltkrieg –, die sich bietenden Möglichkeiten zu nutzen. Die gewaltige moralische Autorität, mit der die Sowjetunion aus dem Krieg hervorging, verstanden wir nicht umzusetzen, um die friedliebenden, demokratischen Kräfte zu konsolidieren und den Organisatoren des „Kalten Krieges“ Einhalt zu gebieten. Nicht immer war unsere Reaktion auf provokatorische Handlungen des Imperialismus angemessen.

Ja, manches hätte besser gemacht, effektiver gestaltet werden können. Dennoch können wir in dieser feierlichen Stunde erklären: Die prinzipielle Linie unserer Politik hielt unbeirrt an der generellen Richtung fest, die Lenin ausgearbeitet und gewiesen hat, das heißt, sie stand stets im Einklang mit der Natur des Sozialismus, mit seiner prinzipiellen Orientierung auf Frieden.

In entscheidendem Maße ist es gerade dadurch gelungen, die Entfesselung eines Kernwaffenkrieges zu verhindern und den Imperialismus den Kalten Krieg nicht gewinnen zu lassen. Gemeinsam mit unseren Verbündeten haben wir der imperialistischen Strategie des Roll back des Sozialismus eine Niederlage zugefügt. Der Imperialismus mußte seine Ansprüche auf Weltherrschaft mäßigen. In der neuen Etappe konnten wir uns gerade auf die Ergebnisse unserer Friedenspolitik stützen und neue Methoden des Herangehens im Geiste des neuen Denkens erarbeiten.

Die Leninsche Konzeption der friedlichen Koexistenz hat natürlich Veränderungen erfahren. Zunächst beruhte sie vor allem auf der Notwendigkeit, minimale äußere Bedingungen für den Aufbau der neuen Gesellschaftsordnung im Lande der sozialistischen Revolution zu schaffen. Als Fortsetzung der Klassenpolitik des siegreichen Proletariats jedoch wurde die friedliche Koexistenz im weiteren, insbesondere im nuklearen Zeitalter, zur Voraussetzung für das Überleben der ganzen Menschheit.

Zu einem Meilenstein in der Entwicklung des Leninschen Denkens in dieser Richtung wurde auch das April-Plenum des ZK der KPdSU von 1985. Der XXVII. Parteitag entwickelte umfassend eine neue außenpolitische Konzeption. Ihr Ausgangspunkt ist bekanntlich folgender Gedanke: Ungeachtet der tiefen Widersprüchlichkeit der Welt von heute und der grundlegenden Unterschiede der sie repräsentierenden Staaten, ist die Welt wechselseitig miteinander verbunden, voneinander abhängig und bildet ein bestimmtes Ganzes.

Das ist bedingt durch die Internationalisierung der Weltwirtschaftsbeziehungen, durch den umfassenden Charakter der wissenschaftlich-technischen Revolution, durch die prinzipiell neue Rolle der Informations- und Kommunikationsmedien, durch den Stand der Ressourcen des Planeten, durch die allgemeine ökologische Gefahr, durch die schreienden sozialen Probleme der Entwicklungsländer, die alle angehen, hauptsächlich aber durch die Entstehung des Problems, daß das Menschengeschlecht überlebt, denn das Aufkommen der Kernwaffen und die Gefahr ihres Einsatzes haben seine Existenz in Frage gestellt.

So hat der Leninsche Gedanke von der Priorität der Interessen der gesellschaftlichen Entwicklung einen neuen Inhalt und eine neue Bedeutung erfahren.

Seit dem April-Plenum haben wir allen deutlich genug gesagt, wie wir uns den Weg zu einem sicheren und dauerhaften Frieden vorstellen. Unsere Pläne und unser Wille sind in den Beschlüssen des höchchsten politischen Forums der Partei, des XXVII. Parteitages der KPdSU, in der Neufassung des Programms der KPdSU, im Programm der nuklearen Abrüstung, das in der Erklärung vom 15. Januar 1986 entwickelt wurde, in der Deklaration von Delhi und in anderen Dokumenten sowie in offiziellen Reden führender Politiker der Sowjetunion dargelegt.

Gemeinsam mit den Ländern der sozialistischen Gemeinschaft haben wir in der Organisation der Vereinten Nationen eine Reihe bedeutender Initiativen unterbreitet, darunter den Entwurf der Schaffung eines umfassenden Systems des internationalen Friedens und der Sicherheit. Die Staaten des Warschauer Vertrags haben der NATO und allen europäischen Ländern den Vorschlag unterbreitet, Streitkräfte und Rüstungen auf ein vernünftiges, ausreichendes Niveau zu reduzieren. Sie haben eine Gegenüberstellung der Militärdoktrinen beider Bündnisse angeboten mit dem Ziel, ihnen ausschließlichen Verteidigungscharakter zu verleihen. Sie haben einen konkreten Plan vorgelegt und wirken tatkräftig für das Verbot und die Beseitigung der chemischen Waffen. Sie haben bei der Organisation effektiver Methoden der Kontrolle des Abbaus von Rüstungen einschließlich Inspektionen vor Ort die Initiative ergriffen.

Wir sind entschieden für die Festigung der Autorität der UNO eingetreten, für die volle und effektive Inanspruchnahme der

Rechte, die die internationale Gemeinschaft der UNO und ihren Organen übertragen hat. Wir tun alles in unserer Kraft Stehende, damit die UNO, dieser universelle Mechanismus, die kollektive Suche nach einem Interessenausgleich zwischen allen Staaten uneingeschränkt erörtern und gewährleisten, damit sie ihre friedensstiftende Funktion effektiv ausüben kann.

Das Wichtigste besteht darin, daß unsere Konzeption und das konsequente Eintreten für den Frieden sich in Taten widerspiegeln, in unserem gesamten Auftreten in der internationalen Arena, im Stil der außenpolitischen und diplomatischen Tätigkeit, die durchdrungen ist von dem Streben nach Dialog – nach einem offenen und ehrlichen Dialog, der die gegenseitige Besorgnis und die Schlußfolgerungen der Weltwissenschaft berücksichtigt, ohne zu versuchen, jemanden zu übervorteilen oder zu betrügen. Nach Ablauf dieser mehr als zwei Jahre können wir mit Gewißheit sagen: Das neue politische Denken ist nicht nur eine Deklaration oder ein Appell, sondern eine Philosophie des Handelns, wenn man so will – eine Philosophie des Lebens. Sie entwickelt sich weiter mit dem Gang der objektiven Prozesse in der Welt. Und sie ist bereits wirksam.

Unter den Ereignissen der neuen Etappe in der internationalen Entwicklung, die es wert sind, an diesem Tage erwähnt zu werden und in die Geschichte einzugehen, ist das Treffen in Reykjavik im Oktober 1986. Es verlieh dem neuen Denken praktische Energie und ermöglichte es ihm, in den verschiedensten gesellschaftlichen und politischen Kreisen festen Fuß zu fassen. Es machte die internationalen politischen Kontakte ergebnisreicher.

Das neue Denken mit seinen die gesamte Menschheit betreffenden Kriterien und seiner Orientierung auf Vernunft und Offenheit begann, sich in den internationalen Angelegenheiten seinen Weg zu bahnen und die Stereotype des Antisowjetismus und des Mißtrauens gegenüber unseren Initiativen und Handlungen zu zerstören.

An den Maßstäben der Aufgaben gemessen, die die heutige Menschheit lösen muß, um ihr Überleben zu sichern, wurde natürlich erst sehr, sehr wenig getan. Der Grundstein wurde

aber gelegt, die ersten Anzeichen von Veränderungen liegen vor. Eine überzeugende Bekräftigung ist die Übereinkunft mit den Vereinigten Staaten von Amerika, in nächster Zeit ein Abkommen über die Mittelstrecken- und operativ-taktischen Raketen abzuschließen.
Der Abschluß dieses Abkommens ist von großer eigenständiger Bedeutung: Erstmals wird eine ganze Klasse von Kernwaffen beseitigt werden, wird der erste reale Schritt auf dem Wege zur Vernichtung der nuklearen Arsenale getan und in der Tat gezeigt werden, daß man in dieser Richtung vorankommen kann, ohne jemandem Schaden zuzufügen.
Das ist zweifellos ein wichtiger Erfolg des neuen Denkens, sind die Früchte unserer Bereitschaft, unter strikter Wahrung des Prinzips der gleichen Sicherheit nach gegenseitig annehmbaren Lösungen zu suchen.
Die Frage dieses Abkommens war jedoch im wesentlichen bereits in Reykjavik, bei meiner zweiten Begegnung mit dem Präsidenten, entschieden worden.
Vom dritten und einem vierten Treffen der höchsten Repräsentanten der UdSSR und der USA in einer so verantwortungsvollen Zeit erwartet die Welt mehr als eine formale Fixierung dessen, worüber wir uns vor einem Jahr geeinigt haben, und nicht nur eine Fortsetzung der Diskussion. Es drängen auch die Zeit und die wachsende Gefahr einer Perfektionierung der Waffen, die außer Kontrolle geraten können.
Gerade deshalb werden wir bei diesen Begegnungen beharrlich einen spürbaren Fortschritt und konkrete Ergebnisse in der Schlüsselfrage der Beseitigung der nuklearen Gefahr – in der Frage der Reduzierung der strategischen Offensivwaffen und der Verhinderung einer Stationierung von Waffen im Weltraum – anstreben.
Welchen Grund haben wir eigentlich für Optimismus und dafür, die umfassende Sicherheit für wirklich möglich zu halten? Darüber lohnt es sich, ausführlicher zu sprechen.
Wenn wir den 70. Jahrestag unserer Revolution begehen, die nicht gesiegt hätte, wenn sie nicht theoretisch vorbereitet worden wäre, arbeiten wir auch jetzt, an der neuen Wende der Weltgeschichte, die Perspektiven des Vorwärtsschreitens zu

einem stabilen Frieden theoretisch aus. Mit Hilfe des neuen Denkens haben wir die Notwendigkeit und die Möglichkeit eines umfassenden Systems der internationalen Sicherheit unter den Bedingungen der Abrüstung grundsätzlich begründet. Jetzt muß bewiesen werden, daß es notwendig und real ist, auf dieses Ziel zuzugehen und es zu erreichen. Und es müssen die Gesetzmäßigkeiten der Wechselbeziehung der Kräfte aufgedeckt werden, die im Kampf, in den Widersprüchen und im Aufeinanderstoßen von Interessen das gesuchte Ergebnis bringen können. In diesem Zusammenhang müssen wir uns zunächst wieder vom Standpunkt unserer Leninschen Lehre aus unter Nutzung ihrer Methodologie schwierige Fragen stellen.

Die erste betrifft das Wesen des Imperialismus. In ihm wurzelt, wie bekannt ist, die größte Kriegsgefahr. Die Natur einer Gesellschaftsordnung kann natürlich nicht unter dem Einfluß äußerer Bedingungen verändert werden. Ist aber in der gegenwärtigen Phase der internationalen Entwicklung, auf dem neuen Niveau der gegenseitigen Abhängigkeit und der Ganzheit der Welt eine solche Einwirkung auf diese Natur möglich, die deren gefährlichste Erscheinungen blockieren könnte? Anders gesagt, kann man damit rechnen, daß die Gesetzmäßigkeiten der Welt als Ganzes, in der den allgemeinmenschlichen Werten die höchste Prioriät zukommt, das Ausmaß der zerstörerischen Wirkung egozentrischer, klassenbeschränkter Gesetzmäßigkeiten des kapitalistischen Systems einschränken können?

Zweite Frage: Sie ist mit der ersten verbunden: Ist der Kapitalismus in der Lage, sich vom Militarismus freizumachen, kann er ohne ihn ökonomisch funktionieren und sich entwickeln? Und ist unsere Aufforderung an die Länder des Westens, Programme für die Umstellung der Wirtschaft, das heißt für ihre Umstellung auf Friedensproduktion, zu erarbeiten und gegenüberzustellen, nicht eine Utopie?

Dritte Frage. Kann das kapitalistische System ohne Neokolonialismus auskommen, der eine der Quellen seiner heutigen Lebenserhaltung ist? Anders gesagt: Ist dieses System in der Lage, ohne den nichtäquivalenten Austausch mit der „Dritten Welt“ zu funktionieren, der voll unabsehbarer Folgen ist?

Und dazu eine weitere Frage. Wie realistisch ist die Hoffnung darauf, daß das Verständnis der katastrophalen Gefahr, in der die Welt schwebt – und wir wissen, daß dieses Verständnis sogar in den oberen Kreisen der regierenden Elite der westlichen Welt Einzug hält – in praktische Politik umschlägt? Denn wie stark die Argumente der Vernunft, wie entwickelt das Verantwortungsgefühl, wie groß der Selbsterhaltungstrieb auch sein mögen, gibt es doch Dinge, die man auf keinen Fall unterschätzen darf und die von wirtschaftlichen und folglich auch von Klasseninteressen bestimmt werden.
Mit anderen Worten, es geht darum, ob der Kapitalismus imstande ist, sich den Bedingungen einer kernwaffenfreien und abgerüsteten Welt, den Bedingungen einer neuen, gerechten Wirtschaftsordnung, den Bedingungen ehrlichen Wettstreits der geistigen Werte zweier Welten anzupassen. Das sind durchaus keine unnützen Fragen. Von der Antwort auf sie wird abhängen, wie sich die historischen Ereignisse in den nächsten Jahrzehnten entwickeln.
Aber es reicht aus, diese Fragen auch nur anzuschneiden, um den ganzen Ernst der Aufgabe zu erkennen. Die Antworten wird das Leben geben. Die Richtigkeit des Programms einer kernwaffenfreien und sicheren Welt wird nicht nur durch die Tadellosigkeit seiner wissenschaftlichen Begründung überprüft werden. Sie wird durch den Gang der Ereignisse überprüft, der dem Einfluß unterschiedlichster und neuer Kräfte unterliegt.
Und das geschieht bereits. Hier sind wir ebenfalls der Leninschen Tradition, dem Wesen des Leninismus treu. Und zwar treu der organischen Verbindung von Theorie und Praxis, dem Herangehen an die Theorie wie an ein Werkzeug der Praxis und an die Praxis wie an einen Kontrollmechanismus für die Richtigkeit der Theorie. So handeln wir auch, indem wir das neue Denken auf die außenpolitische Tätigkeit übertragen, es korrigieren und mit aus der realen Politik gewonnenen Erfahrungen präzisieren.
Worauf rechnen wir also, wissend, daß man eine sichere Welt zusammen mit den kapitalistischen Ländern aufbauen muß?
Die Nachkriegsperiode lieferte Beweise für eine tiefgreifende Modifizierung der Widersprüche, die die Hauptprozesse der

Weltwirtschaft und -politik bestimmten. Ich denke vor allem an eine solche Entwicklung, die in der Vergangenheit unerbittlich zum Krieg, zu den Weltkriegen zwischen den kapitalistischen Staaten führte.

Jetzt ist die Situation anders. Nicht nur die Lehren des vergangenen Krieges, sondern auch die Furcht, sich vor dem Sozialismus, der zu einem Weltsystem geworden ist, zu schwächen, hat es dem Kapitalismus nicht erlaubt, seine inneren Widersprüche bis zum äußersten zu führen. Sie begannen, sich in einen technologischen Wettlauf untereinander zu verwandeln, „entluden sich" mit Hilfe des Neokolonialismus. Es fand eine Art neue, „friedliche" Aufteilung der Welt statt; nach jener Regel, die Lenin aufzeigte, nämlich „nach dem Kapital", das heißt, wer zum gegebenen Zeitpunkt reicher und stärker ist, bekommt auch mehr. In einer Reihe von Ländern hat man begonnen, duch Überleitung von Mitteln in den Militär-Industrie-Komplex unter dem Vorwand der „sowjetischen Bedrohung" die Spannungen in der Wirtschaft abzubauen. Auch die Veränderungen, die sich in der technologischen und organisatorischen Basis der kapitalistischen Wirtschaft vollzogen, halfen, die Widersprüche zu glätten und die Interessen auszugleichen.

Aber es geht nicht nur darum. Wenn in der Vergangenheit angesichts der faschistischen Bedrohung ein Bündnis eines sozialistischen Staates und kapitalistischer Staaten möglich war, ergibt sich dann nicht daraus eine bestimmte Lehre für die Gegenwart, da die ganze Welt vor der Gefahr einer nuklearen Katastrophe und vor der Notwendigkeit steht, die Sicherheit der Kernenergetik zu gewährleisten und die ökologische Bedrohung zu überwinden? Das alles sind sehr reale und schreckliche Dinge, die nicht nur verstanden werden müssen, sondern auch die Suche nach praktischen Lösungen erforderlich machen.

Und weiter. Kann denn die kapitalistische Wirtschaft sich ohne Militarisierung entwickeln? Erinnert sei an das „Wirtschaftswunder" in Japan, Westdeutschland und Italien. Es ist wahr, als das „Wunder" vorbei war, wandten sie sich erneut dem Militarismus zu. Man muß jedoch wissen, inwiefern diese Wende durch wesentliche Gesetze des Funktionierens des modernen Monopolkapitals bedingt war und welche Rolle nebensächliche

Momente spielten: das „ansteckende Beispiel“ des Militär-Industrie-Komplexes der Vereinigten Staaten, das Klima des „Kalten Krieges“, Prestigeüberlegungen, das Verlangen, eine eigene „militärische Faust“ zu besitzen, um mit den Widersachern in einer für sie verständlichen Sprache zu sprechen, sowie der Wunsch, seine ökonomische Invasion in die „Dritte Welt“ mit einer Politik der Stärke zu untermauern. Sei es wie es sei, es gab in einer Reihe von Ländern eine Zeit der raschen Entwicklung der modernen kapitalistischen Wirtschaft bei minimalen Militärausgaben. Diese Erfahrungen verbleiben im Gepäck der Geschichte.

Man kann an das Problem auch von einer anderen Seite, gleichsam von der entgegengesetzten, herangehen. Die Wirtschaft der Vereinigten Staaten ist seit dem Krieg unverändert auf den Militarismus orientiert und stützt sich auf ihn. Anfangs schien sie das zu stimulieren, doch dann verwandelte sich diese nutzlose und für die Gesellschaft unnötige Verschwendung von Ressourcen in eine astronomische Staatsverschuldung und andere Übel und Gebrechen. Es stellte sich heraus, daß eine Übermilitarisierung letzten Endes zu einer wachsenden Verschärfung der Lage im eigenen Lande führt und die Wirtschaft der anderen Länder zum Fiebern bringt. Die jüngste, in fast 60 Jahren beispiellose Panik an der New-Yorker Börse und anderen Börsen der Welt ist ein ernsthaftes Symptom, eine ernsthafte Warnung.

Das dritte Moment sind die nichtäquivalenten, ausbeuterischen Beziehungen mit den Entwicklungsländern. Ungeachtet aller phantastischen Neuerungen bei der Schaffung einer „zweiten“ (künstlichen) Natur konnte und wird der entwickelte Kapitalismus nicht ohne die Ressourcen dieser Länder auskommen. Das ist die objektive Realität.

Die Orientierung auf die Zerstörung der historisch gewachsenen Weltwirtschaftsbeziehungen ist gefährlich und wird keinen Ausweg bieten. Aber auch die Ausbeutung fremder Ressourcen mit Hilfe neokolonialistischer Methoden, die Willkür der transnationalen Gesellschaften, die Schuldenschlinge, die in die Billionen gehenden, offenkundig nicht zu bezahlenden Schulden, führen in eine Sackgasse. Das beschwört ernste Pro-

bleme auch innerhalb der kapitalistischen Länder selbst herauf. Spekulationen gibt es hier mehr als genug. Deren Wesen besteht darin, die „Dritte Welt“ zu einer Art Sündenbock für viele Schwierigkeiten zu machen, darunter auch für den sinkenden Lebensstandard in den Metropolen des Kapitals.
Immer wieder werden Versuche unternommen, auf chauvinistischer Basis „die Nation zusammenzuschließen“, die Werktätigen bei der Ausbeutung anderer Länder in eine „Partnerschaft“ hineinzuziehen und sie gleichzeitig zu zwingen, sich mit der Politik der neuen kapitalistischen Modernisierung abzufinden. Doch weder diese noch andere Raffinessen werden das Problem selbst aus der Welt schaffen, sie können es höchstens eine Zeitlang eindämmen. Der nichtäquivalente Austausch bleibt bestehen und führt letzten Endes zur Explosion. Die Möglichkeit eines solchen Ausgangs scheinen jetzt auch die Führer des Westens langsam zu begreifen, und so suchen sie mit Hilfe aller möglichen Mittel nach einem Ausweg.
In der Tat, das Neue der internationalen ökonomischen und politischen Prozesse unserer Zeit ist noch nicht restlos erkannt und erschlossen. Doch das muß sein, denn die in Gang gekommenen Prozesse besitzen die Kraft eines objektiven Gesetzes. Entweder Zusammenbruch oder gemeinsame Suche nach einer neuen Wirtschaftsordnung, in der die Interessen sowohl der einen als auch der anderen wie auch die Dritter auf gleichberechtigter Grundlage berücksichtigt werden. Der Weg zur Errichtung einer solchen Ordnung scheint sich jetzt abzuzeichnen: Das ist die Realisierung der Konzeption „Abrüstung für Entwicklung“.
So gelangen wir bei der Suche nach einer Antwort auf unsere dritte Frage zu der Erkenntnis: Die Situation sieht nicht unlösbar aus. Auch auf diesem Gebiet lassen sich die Widersprüche modifizieren. Dazu muß man aber die Realitäten begreifen und im Geiste des neuen Denkens zu praktischen Taten schreiten. Und das wiederum wird es erleichtern, sich auf eine sicherere Welt hinzubewegen. Kurzum, auch hier stehen wir vor einer historischen Wahl, die diktiert wird durch die Gesetzmäßigkeiten einer in vieler Hinsicht miteinander verbundenen und einheitlichen Welt.

Da ist noch ein überaus wichtiger, ja entscheidender Umstand. Ein Bestandteil dieser Welt ist der Sozialismus. Er, der seine Geschichte vor 70 Jahren begann und dann zu einem Weltsystem wurde, hat das Antlitz des 20. Jahrhunderts bestimmt. Jetzt tritt er in eine neue Etappe seiner Entwicklung ein und demonstriert dabei erneut die ihm innewohnenden Möglichkeiten.

Man kann sich beispielsweise vorstellen, welch immense Reserve für die friedliche Koexistenz einzig und allein schon die Umgestaltung in der Sowjetunion in sich birgt. Wenn sie uns in allen wesentlichen ökonomischen Kennziffern an den Weltstandard herangeführt haben wird, ermöglicht sie unserem großen und so reichen Land dann eine Beteiligung an der weltweiten Arbeits- und Ressourcenteilung, wie es sie bislang noch nicht gab. Unser großes wissenschaftliches, technisches und Produktionspotential wird zu einem wesentlich bedeutenderen Teil der Weltwirtschaftsbeziehungen werden. Und das wird die materielle Basis für ein umfassendes System des Friedens und der internationalen Sicherheit ganz wesentlich erweitern und stärken. Das ist übrigens ein weiterer sehr wichtiger Aspekt der Umgestaltung, der ihr gebührende Platz im Schicksal der modernen Zivilisation.

Auf objektive Prozesse werden im Interesse des Friedens der Klassenkampf sowie andere Erscheinungsformen der sozialen Widersprüche Einfluß ausüben.

Die fortschrittlichen Kräfte der Arbeiterbewegung suchen nach Wegen zur Hebung ihres politischen Niveaus. Sie sind gezwungen, in einer komplizierten, neuen und sich ständig wandelnden Situation zu handeln. Neuen Inhalt erhalten nicht nur Fragen des Schutzes der ökonomischen Rechte und Interessen der Massen, sondern auch die des Kampfes für Demokratie, darunter für die Demokratie in der Produktion. Nicht selten wird zum Beispiel den Arbeitern „Partnerschaft“ angeboten, jedoch eine solche Partnerschaft, bei der der Zugang zum Allerheiligsten des Business verschlossen bleibt, wo von einer freien Wahl des leitenden Personals keine Rede sein kann.

Die westliche Welt ist voller „Theorien“ darüber, die Arbeiterklasse werde angeblich verschwinden, als habe sie sich bereits in der „Mittelschicht“ völlig aufgelöst, sei sozial entartet usw. usf. Es stimmt, die Arbeiterklasse erlebt große, substantielle Veränderungen. Aber umsonst gibt sich der Klassengegner der Illusion hin, umsonst versucht er, die Arbeiterbewegung zu desorientieren und irrezuführen. Die Arbeiterklasse, die heute in ihren neuen sozialen Grenzen eine zahlenmäßig überwiegende Kraft darstellt, ist in der Lage, eine entscheidende Rolle zu spielen, erst recht an einschneidenden Wendepunkten der Geschichte.

Die Beweggründe können unterschiedlich sein. Einer der wahrscheinlichsten ist die zügellose Militarisierung der Wirtschaft. Der Übergang zur neuen Phase der technologischen Revolution auf militaristischer Grundlage ist ein starker Katalysator, umso mehr, als das der Weg zum Krieg ist und folglich alle Schichten der Bevölkerung berührt und den Rahmen des Massenprotestes über die Grenzen der ökonomischen Forderungen erweitert. Also wird die herrschende Klasse, werden die Machthaber des Monopolkapitals auch hier ihre Wahl treffen müssen. Wir sind überzeugt – und die Wissenschaft bestätigt es –, daß bei dem gegenwärtigen Stand der Technologie und der Organisation der Produktion die Rekonversion, die Demilitarisierung der Wirtschaft möglich ist. Gleichzeitig wird das auch eine Wahl zugunsten des Friedens sein.

Dasselbe trifft auf die Folgen der Krise in den Beziehungen zwischen den entwickelten und den Entwicklungsländern zu. Wenn dies bis an die Grenze einer Explosion führt und es unmöglich erscheint, es sich durch die Ausbeutung der „Dritten Welt“ wohlergehen zu lassen, kann die Frage von der Unannehmbarkeit und Untragbarkeit eines Systems, das anders nicht bestehen kann, zu einer politischen, äußerst brisanten Frage werden. Auch von diesem Standpunkt aus steht der Kapitalismus vor einer harten Wahl: es bis zur Explosion kommen zu lassen oder den Gesetzen einer wechselseitig zusammenhängenden und ganzheitlichen Welt Rechnung zu tragen, die einen Interessenausgleich auf gleichberechtigter Grundlage verlangt. Und nach der Situation zu urteilen, ist dies nicht nur notwendig, sondern auch möglich, und dies umso mehr, weil auch die Kräfte in der „Dritten Welt“ in der gleichen Richtung handeln.

Gewöhnlich wird vom Niedergang der nationalen Befreiungsbewegung gsprochen. Hierbei werden aber offensichtlich Begriffe vertauscht, wird das Neue der Situation ignoriert. Wenn man den befreienden Impuls meint, der in der Etappe des Kampfes um politische Unabhängigkeit wirkte, so schwächt sich dieser verständlicherweise ab. Das ist natürlich. Der Impuls jedoch, der für die neue, die heutige Entwicklungsetappe der „Dritten Welt" notwendig ist, bildet sich gerade erst heraus. Darüber muß man sich völlig klar sein und darf nicht in Pessimismus verfallen.
Die Faktoren, aus denen sich dieser Impuls zusammensetzt, sind mannigfaltig und unterschiedlich. Hierzu gehört auch ein starker ökonomischer Prozeß, der häufig paradoxe Formen annimmt. Zum Beispiel behalten einige Länder die Züge schwacher Entwicklung bei und dringen gleichzeitig in der internationalen Wirtschaft und Politik auf das Niveau von Großmächten vor. Dazu gehört auch das Anwachsen politischer Energie während der Herausbildung von Nationen und der Festigung wirklich nationaler Staaten, unter denen die Länder mit revolutionären Regimes einen wesentlichen Platz einnehmen. Und auf dem Nährboden krasser Polarisierung von Arm und Reich, des Kontrastes zwischen den Möglichkeiten und der realen Lage wächst der Zorn.
In den Organisationen, die die Prozesse der zwischenstaatlichen Konsolidierung der Entwicklungsländer widerspiegeln, tritt die Kraft der Originalität und Eigenständigkeit immer ausdrucksstärker und aktiver zutage. Mehr oder weniger ist dies für alle Organisationen kennzeichnend, und es gibt nicht wenige davon: die Organisation der Afrikanischen Einheit, die Liga der arabischen Länder, die ASEAN, die Organisation der Amerikanischen Staaten, das Lateinamerikanische Wirtschaftssystem, das Südpazifische Forum, die Assoziation der regionalen Zusammenarbeit Südasiens, die Organisation Islamische Konferenz und im besonderen die Bewegung der Nichtpaktgebundenen.
Sie widerspiegeln ein Kaleidoskop von gegensätzlichen Interessen, Bedürfnissen, Wünschen, Ideologien, Ansprüchen und Vorurteilen besonders der jetzigen Etappe. Sie alle, obwohl sie

bereits zu einem bedeutenden Faktor in der internationalen Politik geworden sind, haben noch nicht ihre Möglichkeiten erschlossen. Aber hier liegt ein enormes Potential, und es ist schwer, Ergebnisse auch nur für ein halbes Jahrhundert vorauszusagen.

Eines ist klar – auf der ganzen Welt wird nach Organisationsformen für eine wirksame, gleichberechtigte Teilnahme an der Lösung der Fragen der gesamten Menschheit gesucht. Danach streben 2,5 Milliarden Menschen. Und man kann voraussehen, daß mit dem Tempo von Siebenmeilenschritten nicht nur ihr Einfluß auf die internationale Politik wächst, sondern auch ihre eigenständige Rolle bei der Gestaltung der zukünftigen Weltwirtschaft.

Das transnationale Kapital wird es bei all seiner Macht nicht vermögen, die Wege zur Vorwärtsbewegung der „Dritten Welt" vorzuschreiben. Vielmehr wird die „Dritte Welt" selbst gezwungen sein, sich nach der selbstbewußten Wahl zu richten, die die Völker selbst getroffen haben oder treffen werden. Und es sind auch die Organisationen, ihre Repräsentanten, die äußerst interessiert sind an einer neuen Weltwirtschaftsordnung.

Und ein weiterer, nicht unwichtiger Aspekt. Im Rahmen der kapitalistischen Welt selbst hat die Entwicklung in den letzten Jahrzehnten neue Formen der gesellschaftlichen Widersprüche und Bewegungen hervorgebracht. Es sind dies die Bewegungen gegen die nukleare Gefahr, für den Schutz der Umwelt, gegen die Rassendiskriminierung, gegen eine Politik, die die Gesellschaft in Erfolgreiche und Abgeschriebene spaltet, gegen Notstände in ganzen Industriezonen, die Opfer der neuen kapitalistischen Modernisierung wurden. An diesen Bewegungen beteiligten sich Millionen, zu ihren Initiatoren und Führern werden prominente Wissenschaftler und Kulturschaffende, Autoritäten von nationalem und internationalem Rang.

Eine wichtige Rolle im politischen Prozeß einiger Länder spielen nach wie vor die sozialdemokratischen, sozialistischen und Labourparteien und ihnen analoge oder mit ihnen verbundene Massenorganisationen, die ihren Einfluß in manchen Ländern sogar vergrößern.

So können wir bei allen Parametern – den wirtschaftlichen, den politischen und den gesellschaftlichen – sehen, wie sich in der heutigen Welt allerorts die These bewahrheitet, die Lenin für eine der grundlegendsten im Marxismus hielt, und zwar die These: Mit der Fundiertheit des geschichtlichen Handelns wird auch der Umfang der Massen wachsen, deren Werk es ist. Und das ist immer das sicherste Merkmal und der mächtigste Faktor des sozialen Fortschritts und folglich auch des Friedens.
In der Tat, die Größe und das Neue unserer Zeit liegen darin, daß die Völker immer spürbarer und offener in den Vordergrund der Geschichte treten. Sie haben heute solche Positionen inne, die dazu zwingen, nicht nur in der Endkonsequenz, sondern auch unmittelbar mit ihnen zu rechnen. Auf diese Weise wird auch eine neue Wahrheit sichtbar: Für den Ablauf der Geschichte an der Schwelle vom 20. zum 21. Jahrhundert wird die fortwährende Entscheidung immer charakteristischer. Und ihre Richtigkeit wird davon abhängen, wie und inwieweit die Interessen und Vorstellungen der Millionen und Abermillionen berücksichtigt werden.
Hieraus ergibt sich auch die Verantwortung der Politiker. Denn eine Politik kann nur unter Beachtung des Neuen der Zeit real sein: Der Faktor Mensch tritt jetzt in der Politik nicht als ein fernes und mehr oder weniger spontanes Ergebnis des Lebens und der Tätigkeit der Massen und ihrer Vorhaben auf. Er dringt unmittelbar in die internationalen Angelegenheiten ein. Ohne Verständnis dafür, anders gesagt, ohne neues Denken, das sich auf die gegenwärtigen Realitäten und den Willen des Volkes stützt, wird die Politik zu einer nicht voraussehbaren Improvisation, die sowohl für das eigene Land als auch für andere riskant ist. Eine solche Politik ist auf die Dauer nicht haltbar.
Das sind die Grundlagen für unsere optimistische Sicht auf die Zukunft und auf die Perspektiven der Schaffung eines allumfassenden Systems der internationalen Sicherheit.
Damit verbindet sich vollkommen logisch auch unsere Position zu Verteidigungsfragen. Solange eine Kriegsgefahr besteht und solange die soziale Revanche der Mittelpunkt der Strategie und der militaristischen Programme des Westens bleibt, werden wir auch weiterhin alles Nötige unternehmen, die Verteidigungs-

kraft auf einem Niveau zu halten, das eine militärische Überlegenheit des Imperialismus über den Sozialismus ausschließt.
Genossen! In diesen Feiertagen ist es unsere Pflicht, die Verdienste der internationalen kommunistischen Bewegung zu würdigen. Der Weltmaßstab der Oktoberrevolution bestimmte auch den weltweiten Aufschwung der kommunistischen Bewegung. Die internationale kommunistische Bewegung wächst und entwickelt sich auf dem Boden der jeweiligen Länder, doch gibt es im Wesen der Kommunisten Gemeinsamkeiten, zu welcher Nation sie auch gehören und in welchem Land sie auch tätig sein mögen. Das sind die Treue zu der Idee der besten, der kommunistischen Gesellschaft, die Treue zu den Werktätigen, vor allem zur gesamten Arbeiterklasse, der Kampf für ihre grundlegenden Interessen, für Frieden und Demokratie.
Ich meine, an diesem unserem Jahrestag verdient auch die dritte, die Kommunistische Internationale, genannt zu werden. Die ganze Wahrheit über sie muß erst noch wiederhergestellt, ihre wahrhafte und vollständige Chronik erst noch geschrieben werden. Bei allen Mängeln und Versäumnissen in ihrer Tätigkeit und wie bitter auch die Erinnerung an einige Seiten ihrer Geschichte sein mag, so ist die Komintern doch Bestandteil der großen Vergangenheit unserer Bewegung. Als Kind des Oktober wurde sie nicht nur zur Schule des Internationalismus und der revolutionären Brüderlichkeit. Sie machte den Internationalismus zur praktischen Waffe im Kampf für die Interessen der Werktätigen, für den sozialen Fortschritt der Nationen und Völkerschaften.
Aus ihren Reihen gingen Kohorten wahrer Ritter des 20. Jahrhunderts hervor, Menschen mit Pflicht- und Ehrgefühl, hohem Geist und unbeugsamem Mut, die das Leid der Millionen Unterdrückten in aller Welt mitempfanden, ihren Ruf erhörten und sie zum Kampf riefen. Sie kämpften für die Sache der Arbeiter bis zum Tod und bürdeten sich eine wahrhaft gigantische Arbeit auf. Was für Persönlichkeiten! Kaum eine andere vergleichbar kurze Zeitspanne der Geschichte schenkte der Menschheit eine solche Vielzahl von Persönlichkeiten mit glänzender Begabung, einzigartigen geistigen und menschlichen Qualitäten und großer Willensstärke. Außer den politischen

Verdiensten vor dem eigenen und den anderen Völkern verdanken die Menschen ihnen moralische Werte, die sowohl die heutigen als auch die künftigen Generationen brauchen.
Es waren Kommunisten, die angesichts der Gefahr des Faschismus als erste Alarm schlugen, als erste erhoben sie sich zum Kampf gegen ihn, und sie waren seine ersten Opfer. Sie waren die ersten, die aus der ganzen Welt herbeieilten und die bewaffnete Auseinandersetzung mit dem Faschismus in Spanien aufnahmen. Als erste erhoben sie das Banner des Widerstands im Namen der Freiheit und nationalen Würde ihrer Völker. Und gerade die Kommunisten, vor allem die sowjetischen Kommunisten, leisteten den entscheidenden Beitrag zur vernichtenden Zerschlagung des Faschismus im Zweiten Weltkrieg.
Sowohl später als auch heute stehen die Kommunisten mit derselben Unversöhnlichkeit und demselben Mut in den ersten Reihen des Kampfes gegen jegliche Reaktion und gegen Dunkelmännertum. Es sind Menschen mit legendärem Heroismus bis zur Selbstaufopferung. Und es sind nicht einzelne, sondern Hunderttausende, organisiert und zusammengeschlossen durch einheitlichen Willen, eiserne Disziplin und unbestechliche Prinzipienfestigkeit.
Die Zeiten der Komintern und des Informbüros und selbst die Zeiten der bindenden internationalen Beratungen sind vorbei. Doch die internationale kommunistische Bewegung existiert.
Alle Parteien sind vollkommen und unwiderruflich selbständig. Das haben wir bereits auf dem XX. Parteitag gesagt. Freilich haben sie sich nicht sofort von alten Gewohnheiten gelöst. Jetzt ist das jedoch eine unbestreitbare Realität. In diesem Sinne ist der XXVII. Parteitag der KPdSU auch zu einer endgültigen und unabänderlichen Zäsur geworden. Ich glaube, daß wir das de facto in unseren Beziehungen zu den Bruderparteien während der Umgestaltung bewiesen haben.
Die internationale kommunistische Bewegung befindet sich im Umbruch wie auch der gesamte internationale Fortschritt selbst und seine Triebkräfte. Die kommunistischen Parteien suchen ihren neuen Platz in den tiefgreifenden Veränderungen an der Schwelle des Jahrhunderts. Und ihre internationale Bewegung

erneuert sich, indem sie sich durch die Respektierung der ebenfalls erneuerten Normen des Vertrauens, der Gleichberechtigung und der aufrichtigen Solidarität zusammenschließt. Sie ist offen für den Dialog, für die Zusammenarbeit, für das Zusammenwirken und für das Bündnis mit allen anderen revolutionären, demokratischen und progressiven Kräften.

Die KPdSU zweifelt nicht an der Zukunft der kommunistischen Bewegung – des Trägers der Alternative zum Kapitalismus, der Bewegung der mutigsten und konsequentesten Kämpfer für den Frieden, für Unabhängigkeit und Fortschritt ihrer Länder, für die Freundschaft zwischen allen Völkern der Erde.

Genossen! Wichtigster Markstein in der Weltgeschichte nach der Oktoberrevolution ist die Herausbildung des sozialistischen Weltsystems. Seit vier Jahrzehnten ist der Sozialismus nun schon gemeinsames Schicksal vieler Völker und wichtigster Faktor der heutigen Zivilisation.

Unsere Partei und das sowjetische Volk schätzen die Möglichkeit hoch ein, mit Freunden zusammenzuwirken, die jetzt schon einige Jahrzehnte lang ebenso wie wir die staatliche Verantwortung für den Sozialismus und seinen Fortschritt tragen. Alle sozialistischen Staaten haben viel Interessantes und Nützliches zur Lösung der sozialen, wirtschaftlichen und ideologischen Aufgaben, zum Aufbau des neuen Lebens zusammengetragen.

Das sozialistische System und seine in der Praxis gewonnenen Erfahrungen sind für die gesamte Menschheit von Bedeutung. Es unterbreitete der Welt seine Antworten auf die Hauptfragen des menschlichen Seins, erprobte seine humanistischen und kollektivistischen Werte, in deren Mittelpunkt der arbeitende Mensch steht. Die sozialistische Ordnung verleiht ihm das Gefühl der Würde und das Gefühl, Hausherr im Lande zu sein, gibt ihm soziale Sicherheit und Zukunftsgewißheit. Sie eröffnet weite Räume für den Erwerb von Wissen und kulturellen Werten und schafft die Voraussetzungen für die Verwirklichung der individuellen Fähigkeiten und Talente.

Auf das von den Völkern der sozialistischen Länder Erreichte sind wir alle stolz. Das um so mehr, als es auch das Ergebnis langjähriger erfolgreicher Zusammenarbeit und die Frucht in

Breite und Offenheit nie dagewesener wahrhaft brüderlicher Kontakte ihrer Bürger sind – der Kontakte der Parteien und gesellschaftlichen Organisationen, der Produktionskollektive, der Berufsverbände und der Kultureinrichtungen, familiärer und persönlicher Kontakte, gemeinsamer Arbeit und gemeinsamen Studiums von vielen tausend Menschen.

Aus der Höhe des Zurückgelegten ist vieles besser zu überblikken. An unseren Vorstellungen über die Gesetzmäßigkeiten und das Tempo des Übergangs zum Sozialismus und an unserer Auffassung von der Rolle des Sozialismus im Weltmaßstab hat das Leben Korrekturen vorgenommen. Wir sind weit davon entfernt zu meinen, daß alle fortschrittlichen Veränderungen, die sich in der Welt vollziehen, allein dem Sozialismus zuzusprechen sind. Doch die Art, wie die für die Menschheit wichtigsten Fragen gestellt und wie nach ihrer Lösung gesucht wird, bestätigt die untrennbare Verbindung des Weltfortschritts mit dem Sozialismus als internationale Kraft. Dieser Zusammenhang ist besonders zu sehen im Kampf um die Verhinderung einer nuklearen Katastrophe und im Vorhandensein eines solchen internationalen Kräfteverhältnisses, das es verschiedenen Völkern ermöglicht, mit großem Erfolg ihre sozialpolitische Wahl zu verteidigen.

Mit den gesammelten Erfahrungen können die Beziehungen zwischen den sozialistischen Ländern nach den allgemein anerkannten Prinzipien besser gestaltet werden. Dies sind uneingeschränkte und völlige Gleichheit, die Verantwortung der Regierungspartei für die Dinge in ihrem Staat, der patriotische Dienst an ihrem Volk, die Sorge um die gemeinsame Sache des Sozialismus. Dies sind die gegenseitige Achtung, die ernsthafte Einstellung zu dem von den Freunden Erreichten und Erprobten, die freiwillige vielfältige Zusammenarbeit, die strikte Einhaltung der Prinzipien der friedlichen Koexistenz durch alle. Darauf stützt sich die Praxis des sozialistischen Internationalismus.

Die Welt des Sozialismus offenbart sich uns heute in all ihrer nationalen und sozialen Mannigfaltigkeit. Das ist gut und nützlich. Wir haben uns davon überzeugt, daß Einheit beileibe nicht Identität und Einheitlichkeit bedeutet. Wir haben uns auch da-

von überzeugt, daß der Sozialismus kein „Modell“ hat und haben kann, an dem sich alle messen.
Kriterium für seine Entwicklung in jeder Etappe und in jedem Land sind die Gesamtheit und die Qualität der wirklichen Erfolge bei der Weiterentwicklung der Gesellschaft im Interesse der Werktätigen.
Wir wissen auch um den Schaden, den eine Schwächung der internationalistischen Basis der Wechselbeziehungen der sozialistischen Staaten, ein Abgehen vom Prinzip des gegenseitigen Nutzens und der gegenseitigen Hilfe, die Nichtachtung der gemeinsamen Interessen des Sozialismus bei der Tätigkeit in der Weltarena anrichten können. Wenn wir heute die Delegationen der sozialistischen Länder begrüßen, grüßen wir in ihrer Gestalt die Völker der sozialistischen Länder.
Wir stellen mit Befriedigung fest, daß sich unsere Beziehungen mit allen sozialistischen Staaten in letzter Zeit dynamischer gestalten und vervollkommnen. Und die Zusammenarbeit im Rahmen des Warschauer Vertrages und des RGW ist natürlich fruchtbringender und sachlicher geworden, was übrigens deren Teilnehmer von den anderen sozialistischen Ländern nicht prinzipiell trennt.
Der XXVII. Parteitag hat die Position der KPdSU exakt bestimmt: In der Politik und in allen anderen Bereichen unseres Zusammenwirkens mit jedem sozialistischen Land ist das entscheidend, was die Verbindung des gegenseitigen Interesses mit den Interessen des Sozialismus insgesamt sichert. Die Festigung der Freundschaft und die allseitige Entwicklung der Zusammenarbeit mit den sozialistischen Ländern hat in der internationalen Politik der Sowjetunion Vorrang!
Liebe Genossen! Verehrte ausländische Gäste! Die lebensspendende Kraft der kommunistischen Ideen inspirierte und inspiriert alle unsere Gedanken und Taten. Diese Ideen standen auf dem Banner der Revolution; sie führten Millionen Menschen, die fest an sie glaubten und sie zum Ziel und Sinn ihres Lebens machten, in den Kampf und zu Heldentaten bei der Arbeit.
Arbeit und Kampf des Volkes, seine unermeßliche Beharrlichkeit im Ringen um das frei gewählte Ziel, seine Freuden und Leiden – das alles ist eingeflossen in die Realität des heutigen

Sozialismus, der den Weg revolutionärer Umgestaltung beschreitet. Darin liegt die Stärke des Oktober, die Stärke der Revolution, die nach wie vor im Gange ist.
Die gesamten 70 Jahre über schreitet an der Spitze des sowjetischen Volkes seine bewährte Avantgarde, die Leninsche Partei. Partei und Revolution, Partei und Oktober sind untrennbar!
Ohne die mit der marxistisch-leninistischen Theorie ausgerüstete Partei gäbe es keinen Sieg der sozialistischen Revolution. Ohne Partei, die es gelernt hat, die neue Gesellschaft aufzubauen, gäbe es keinen Sozialismus, gäbe es nicht unsere große Macht. Es gäbe auch nicht jene Basis, auf der jetzt die Erneuerung aller Seiten des gesellschaftlichen Lebens, die Beschleunigung der sozialökonomischen Entwicklung des Landes erfolgen. Die Zeit fordert, daß die Partei auch unter den neuen Bedingungen an der Spitze der revolutionären Erneuerung schreitet, die Wirksamkeit ihrer Politik beharrlich und konsequent erhöht und die Demokratisierung auf allen Gebieten und auf allen Ebenen des gesellschaftlichen Lebens entfaltet.
Die wachsende Rolle der Partei ist ein gesetzmäßiger Prozeß. Am wenigsten jedoch wird diese Rolle durch Worte oder formale Rituale bestimmt. Sie liegt in der Tiefe und Ehrlichkeit der Analyse und Einschätzungen, in der wohldurchdachten Politik und in entschlossenen Aktionen, in der Fähigkeit, Privates und Allgemeines, Persönliches und Gesellschaftliches, Heutiges und Langfristiges ins Verhältnis zu setzen. Sie besteht in der Erhöhung der Verantwortung aller Parteiorganisationen und jedes Kommunisten für den Gang der Dinge in der Gesellschaft.
Unsere Partei vereint fast 20 Millionen Kommunisten in ihren Reihen – das ist ein Zehntel aller Erwachsenen des Landes. Das ist eine gewaltige Kraft. Die Potenzen des Parteieinflusses, der Parteieinwirkung auf die Umgestaltung sind jedoch noch nicht vollständig erschlossen. Von der Vorbereitung und Durchführung der XIX. Unionsparteikonferenz müssen starke Impulse für die Verbesserung dieser komplizierten und mühseligen Kleinarbeit ausgehen.
Heute liegt in unseren Händen das Schicksal der großen Sache der Revolution, der großen Sache Lenins. Wir gehen erneut

einen ungebahnten Weg. Das erlegt der Partei und uns allen eine besondere Verantwortung auf. Um mit den Worten Lenins zu sprechen, ist „die Zeit der Revolution eine Zeit des Handelns, der Aktion sowohl von oben als auch von unten". Das ist die Tradition der Partei neuen Typus von ihren ersten Schritten an. Das ist die Forderung an die Avantgarde der sowjetischen Gesellschaft in der heutigen sehr komplizierten, aber auch in ihrer Neuartigkeit begeisternden Etappe der Entwicklung des Sozialismus.

Genossen! Die Schwelle zur wahren Geschichte der Menschheit wurde 1917 überschritten. Allerdings zeugen die verstrichenen 70 Jahre, die wirtschaftlichen Erschütterungen und sozialen Katastrophen, die den Faschismus und den Zweiten Weltkrieg hervorgebracht haben, der „Kalte Krieg" und das Wettrüsten, die Gefahr einer thermonuklearen Katastrophe und die globalen Krisen davon, daß die Geschichte noch immer einen bedeutenden Teil der Menschheit nicht losläßt. Die ganze Zeit, in der wir leben, den Übergang zwischen dem 20. und 21. Jahrhundert, halten wir zu Recht für einzigartig, sowohl was die Tiefe der sozialen Veränderungen anbelangt, als auch hinsichtlich des Globalen der Aufgaben, die vor den Völkern der ganzen Welt stehen.

Heute sehen wir: Die Menschheit ist wirklich nicht verdammt, ewig so zu leben, wie sie bis zum Oktober 1917 gelebt hat. Der Sozialismus hat sich in eine mächtige, wachsende, sich entwikkelnde Realität verwandelt. Gerade der Oktober, gerade der Sozialismus zeigen der Menschheit die Marschrichtung, die in die Zukunft führt, die neuen Werte wahrhaft menschlicher Beziehungen. Statt Egoismus Kollektivismus, an Stelle von Ausbeutung und Unterdrückung Freiheit und Gleichheit. Statt Tyrannei der Minderheit wahre Volksmacht, statt spontanes und brutales Spiel der gesellschaftlichen Kräfte wachsende Rolle der Vernunft und der Humanität. Statt Zwietracht, Hader und Krieg eine Vereinigung aller Menschen und Frieden.

Die jetzigen Generationen sind – und das nicht nur in unserem Land – verantwortlich für das Schicksal der Zivilisation und des Lebens selbst auf der Erde. Von ihnen hängt letztendlich ab, ob der Beginn des neuen Jahrtausends der Weltgeschichte deren

tragischer Epilog oder aber ein inspirierender Prolog für die Zukunft wird.
Bis zum Beginn des 21. Jahrhunderts sind es nur noch gut 13 Jahre. Im Jahr 2017 begeht unser Volk, die gesamte fortschrittliche Menschheit den 100. Jahrestag des Großen Oktober.
Wie wird die Welt sein, wenn sie den 100. Jahrestag unserer Revolution begeht, wie wird der Sozialismus sein, welchen Reifegrad wird die Weltgemeinschaft der Staaten und Völker erreicht haben? Wir wollen nicht rätseln. Aber wir müssen uns vor Augen halten, daß gerade heute der Grundstein für die Zukunft gelegt wird. Und unsere Pflicht besteht darin, unsere ehemalige Zivilisation, ja, das Leben auf der Erde zu erhalten, den Sieg des Verstandes über den nuklearen Wahnsinn zu erzielen, alle Voraussetzungen für eine freie und allseitige Entwicklung des Menschen und der Menschheit zu schaffen.
Wir sehen die Möglichkeit eines unbegrenzten Fortschritts. Wir sind uns bewußt, daß dieser nicht leicht zu sichern ist. Uns schreckt das nicht. Im Gegenteil – es inspiriert uns, da es das Leben mit einem hohen menschlichen Ziel, einem tiefen Sinn erfüllt!
Im Oktober 1917 haben wir die alte Welt unwiderruflich hinter uns gelassen. Wir gehen einer neuen Welt entgegen – der Welt des Kommunismus. Von diesem Weg werden wir niemals abweichen!

Michail Sergejewitsch Gorbatschow

Der Generalsekretär des ZK der KPdSU, Michail Sergejewitsch Gorbatschow, wurde am 2. März 1931 im Dorf Priwolnoja des Rayons Krasnogwardejski der Region Stawropol in einer Bauernfamilie geboren.

Kurz nach dem Großen Vaterländischen Krieg von 1941 bis 1945 nahm er als Fünfzehnjähriger eine Berufstätigkeit auf. Er arbeitete als Mechaniker in einer Maschinen- und Traktorenstation. 1952 trat Gorbatschow der KPdSU bei. 1955 schloß er ein Studium an der juristischen Fakultät der Moskauer Staatlichen Lomonossow-Universität und 1967 an der Landwirtschaftshochschule von Stawropol im Fach Agronomie und Ökonomie ab.

Im März 1962 wurde Gorbatschow zum Parteiorganisator der Stawropoler territorialen Kolchos-Sowchos-Produktionsverwaltung berufen und im Dezember desselben Jahres als Leiter der Abteilung für Parteiorgane des Regionskomitees der KPdSU bestätigt.

Im September 1966 wurde er zum ersten Sekretär des Stadtkomitees Stawropol der Partei gewählt. Ab August 1968 arbeitete Gorbatschow als zweiter Sekretär und ab April 1970 als erster Sekretär des Regionskomitees der KPdSU der Region Stawropol.

Michail Sergejewitsch Gorbatschow gehört seit 1971 dem Zentralkomitee der KPdSU an. Er war Delegierter des XXII., des XXIV., des XXV. und des XXVI. Parteitages der Partei. 1978 wurde er zum Sekretär des ZK, 1979 zum Kandidaten des Politbüros und im Oktober 1980 zum Mitglied des Politbüros des ZK der KPdSU gewählt. Er war Deputierter des Obersten Sowjets der UdSSR der 8. bis 11. Legislaturperiode, Vorsitzender der Kommission für Auswärtige Angelegenheiten des Unionssowjets und Deputierter des Obersten Sowjets der Russischen Föderation der 10. und der 11. Legislaturperiode.

Michail Sergejewitsch Gorbatschow ist eine herausragende Persönlichkeit der Kommunistischen Partei und des Sowjetstaates. In allen Funktionen, die ihm die Partei anvertraute, wirkte er mit der ihm eigenen Initiative, Tatkraft und Hingabe, setzte er seine Kenntnisse, seine reichen Erfahrungen und sein organisa-

torisches Talent für die Realisierung der Politik der Partei ein. Für Verdienste um die Kommunistische Partei und um den Sowjetstaat wurde Michail Sergejewitsch Gorbatschow dreimal mit dem Leninorden, mit dem Orden der Oktoberrevolution, mit dem Orden des Roten Arbeitsbanners, mit dem Orden „Zeichen der Ehre“ und mit Medaillen ausgezeichnet.
Am 11. März 1985 wählte das Plenum des ZK der KPdSU Michail Gorbatschow einmütig zum Generalsekretär des ZK der KPdSU.

(1/1)

Quellenverzeichnis

1 Beilage zur Monatszeitschrift „Sowjetunion heute“ Nummer 3, März 1985.
Verleger und Herausgeber: Presseabteilung der Botschaft der UdSSR in Österreich. Rede von Michail Gorbatschow auf dem ZK-Plenum der KPdSU vom 11. März 1985.

2 Seite 19 der Monatszeitschrift „Sowjetunion heute“ Nummer 6, Juni 1985.
Aus der Rede des Generalsekretärs des ZK der KPdSU, Michail Gorbatschow, auf der Aktivtagung der Parteiorganisation Leningrads am 17. Mai 1985.

3 Erklärung des Generalsekretärs des ZK der KPdSU vom 15. Januar 1986.
Broschüre Verlag der Presseagentur Nowosti APN-Verlag Moskau, 1986.

4 Beilage zur Monatszeitschrift „Sowjetunion heute“ Nummer 3, März 1986.
Politischer Bericht des Zentralkomitees der KPdSU an den XXVII. Parteitag der Kommunistischen Partei der Sowjetunion. Gehalten vom Generalsekretär des ZK der KPdSU, Michail Gorbatschow, am 25. Februar 1986.

5 Seite 4 und 5 der Monatszeitschrift „Sowjetunion heute“ Nummer 4 (952), April 1986. Rede von Michail Gorbatschow auf der Schluß-Sitzung des XXVII. Parteitages der KPdSU.

6 Ansprache von Michail Gorbatschow im sowjetischen Fernsehen, 29. März 1986.

Broschüre Verlag der Presseagentur Nowosti APN-Verlag Moskau, 1986.
7 Kurs des Friedens kontra des Krieges.
Aus der Rede bei der Begegnung mit Werktätigen der Stadt Togliatti vom 8. April 1986. Broschüre Verlag der Presseagentur Nowosti APN-Verlag Moskau, 1986.
8 Über den Fünfjahresplan der wirtschaftlichen und sozialen Entwicklung der UdSSR für die Jahre 1986 bis 1990. Dokumente des Plenums des ZK der KPdSU vom 16. Juni 1986. Broschüre der Presseagentur Nowosti APN-Verlag Moskau, 1986.
9 Sonderbeilage „Sowjetunion heute" Dokumente 1986.
Rede auf der Festversammlung anläßlich der Überreichung des Leninordens an die Stadt Wladiwostok am 28. Juli 1986.
10 Michail Gorbatschow „Das Moratorium".
Der Generalsekretär des ZK der KPdSU zum Problem der Einstellung der Nukleartests (Januar – September 1986). APN-Verlag Moskau, 1986.
11 Die Umgestaltung duldet keinen Aufschub, sie betrifft alles und jeden.
Rede vor dem Aktiv der Regionsparteiorganisation Chabarowsk vom 31. Juli 1986. Broschüre Verlag der Presseagentur Nowosti APN-Verlag Moskau, 1986.
12 Beilage zur Monatszeitschrift „Sowjetunion heute" Nummer 11, November 1986.
Pressekonferenz Michail Gorbatschows in Reykjavik vom 12. Oktober 1986.
13 Noch einmal über Reykjavik: Die Völker müssen die Wahrheit wissen.
Ansprache Michail Gorbatschows im Sowjetischen Fernsehen von 22. Oktober 1986. Broschüre Verlag der Presseagentur Nowosti APN-Verlag Moskau, 1986.
14 Stabilität und Sicherheit – gemeinsames Anliegen.
Besuch des Generalsekretärs des ZK der KPdSU in Indien, 25. bis 18. 11. 1986. Broschüre Verlag der Presseagentur Nowosti APN-Verlag Moskau, 1986.
15 Michail Gorbatschow: Für eine kernwaffenfreie Welt.
Der Generalsekretär des ZK der KPdSU zu Problemen der nuklearen Abrüstung. Buchausgabe des APN-Verlages Moskau, 1987.
16 Über die Umgestaltung und die Kaderpolitik der Partei.

Bericht und Schlußwort des Generalsekretärs des ZK der KPdSU auf dem Plenum des ZK der KPdSU am 27. und 28. Januar 1987. Broschüre Verlag der Presseagentur Nowosti APN-Verlag Moskau, 1987.
17 Für die Unsterblichkeit der menschlichen Zivilisation. Ansprache vor den Teilnehmern am internationalen Forum „Für eine Welt ohne Kernwaffen, für das Überleben der Menschheit" vom 16. Februar 1987. Broschüre Verlag der Presseagentur Nowosti APN-Verlag Moskau, 1987.
18 Der Schöpfer der Umgestaltung ist das Volk. Ansprachen des Generalsekretärs des ZK der KPdSU bei seinem Aufenthalt in Lettland und Estland, 19./20. und 21. Februar 1987. Broschüre Verlag der Presseagentur Nowosti APN-Verlag Moskau, 1987.
19 Die Umgestaltung ist das ureigenste Anliegen des Volkes. Rede auf dem XVII. Kongreß der Gewerkschaften der UdSSR vom 25. Februar 1987. Broschüre Verlag der Presseagentur Nowosti APN-Verlag Moskau, 1987.
20 Erklärung des Generalsekretärs des ZK der KPdSU, M. S. Gorbatschow, in „Prawda" vom 1. März 1987. Presseagentur Nowosti Büro für Österreich Nr. 42 vom 1. 3. 1987 (WOKP2-870302-501).
21 Die Jugend als schöpferische Kraft der revolutionären Erneuerung. Ansprache auf dem XX. Komsomolkongreß 16. April 1987. Broschüre Verlag der Presseagentur Nowosti APN-Verlag Moskau, 1987.
22 Gorbatschow empfing Shultz, 14. April 1987/Gorbatschow sprach mit einer Delegation des Repräsentantenhauses des USA-Kongresses, 15. April 1987. Broschüre Verlag der Presseagentur Nowosti APN-Verlag Moskau, 1987.
23 Seite 9 der Zeitung Neues Deutschland (DDR) vom 16./17. Mai 1987. Rede Michail Gorbatschows mit Werktätigen der Stadt Leninsk.
24 Rede von Michail Gorbatschow in Prag 10. April 1987. APN-Dokumente Nr. 19 (D) 1987-04-12. Herausgeber Presseagentur Nowosti, Büro für Österreich, Wien.
25 Antworten M. S. Gorbatschows auf Fragen der Redaktion der Zeitung „Unita" aus Prawda 20. 5. 1987. Nowosti/APN Büro für Österreich, Wien.

Zusammenfassung Nr. 92 vom 25. Mai 1987.
26 Tischrede von Michail Gorbatschow in Bukarest am 28. Mai 1987.
APN-Dokumente Nr. 28 (D) 1987-05-26.
Herausgeber Presseagentur Nowosti, Büro für Österreich, Wien.
27 Rede von Michail Gorbatschow auf einer Kundgebung in Bukarest am 26. Mai 1987.
APN-Dokumente Nr. 29 (D) 1987-05-27. Nowosti Österreich.
28 Antwort von Michail Gorbatschow an die Sechs-Staaten-Initiative vom 12. Juni 1987.
APN-Dokumente Nr. 33 (D) 1987-06-12. Nowosti Österreich.
29 Grußansprache von Michail Gorbatschow bei der Eröffnung des Weltfrauenkongresses in Moskau. 15 Seiten Telex 23. Juni 1987 an Presseagentur Nowosti/APN Wien.
30 Tischrede Michail Gorbatschows für Hafez El Assad am 24. April 1987 anläßlich eines zu Ehren des Generalsekretärs der Arabischen Sozialistischen Bath-Partei und Präsidenten Syriens, Hafez El Assad, im Kreml gegebenen Essens. APN-Dokument Nr. 24 (D) 1987-04-27. Nowosti Wien.
31 20 Teile aus dem Referat von Michail Gorbatschow auf dem Plenum des ZK der KPdSU in Moskau, 25. Juni 1987.
Telex TASS vom 25. Juni 1987 an Nowosti Wien.
32 Schlußwort Michail Gorbatschows auf dem Plenum des ZK der KPdSU in Moskau 26. Juni 1987 (14 Teile).
Telex TASS vom 26. 6. 1987 an Nowosti Wien.
33 Michail Gorbatschow empfing Jimmy Carter, 2. 7. 1987. Bulletin 4 – 7.
Telex an Nowosti vom 2. 7. 1987.
34 Das Leben der Werktätigen reicher und sinnvoller machen. Rede des Generalsekretärs des ZK der KPdSU auf der Kundgebung der rumänisch-sowjetischen Freundschaft Bukarest 26. Mai 1987. Broschüre Verlag der Presseagentur Nowosti APN-Verlag Moskau, 1987.
35 Michail Gorbatschow: Grußansprache an die Teilnehmerinnen des Weltfrauenkongresses 23. Juni 1987. Broschüre Verlag der Presseagentur Nowosti APN-Verlag Moskau, 1987.
36 Über die Aufgaben der Partei bei der grundlegenden Umge-

staltung der Leitung der Wirtschaft. Bericht und Schlußwort des Generalsekretärs des ZK der KPdSU am 25.–26. Juni 1987. Broschüre Verlag der Presseagentur Nowosti APN-Verlag Moskau, 1987.

37 Treffen von Michail Gorbatschow mit Richard von Weizsäcker am 7. Juli 1987 im Katharinensaal des Moskauer Kreml. APN-Dokumente Nr. 36 (D) 1987-07-08. Presseagentur Nowosti, Wien.

38 Durch praktische Taten die Umgestaltung vertiefen. Rede Michail Gorbatschows vor Leitern der Massenmedien und Künstlerverbänden anläßlich eines Treffens im ZK der KPdSU am 14. Juli 1987.
20 Seiten Text von Presseagentur Nowosti/APN, Wien („Prawda" 15. 7. 1987).

39 Freundschaftliches Gespräch zwischen Michail Gorbatschow und Gabriel García Márquez anläßlich eines Zusammentreffens am 15. Juli 1987 in Moskau.
APN-Dokumente Nr. 38 (D) 1987-07-16. Presseagentur Nowosti, Wien.

40 Antworten Michail Gorbatschows auf Fragen der indonesischen Zeitung „Merdeka" und ihres Verlegers und Chefredakteurs B. M. Diah anläßlich eines Treffens im Kreml am 21. Juli 1987.
APBN-Dokument Nr. 39 (D) 1987-07-23. Presseagentur Nowosti, Wien.

41 STP Sozialismus: Theorie und Praxis Nr. 4, April 1986. Politischer Bericht des ZK der KPdSU an den XXVII. Parteitag der KPdSU und Ansprache des Generalsekretärs des ZK der KPdSU, Michail Gorbatschow, anläßlich der Beendigung des Parteitages, 6. März 1986.
Monatlicher Digest der Sowjetpresse. Herausgegeben von der Presseagentur Nowosti. STP-Redaktion Moskau.

Fotos
Presseagentur Nowosti
Wr. Pressebildagentur Votowa (S. 229)